数字经济研究系列

企业数字化转型的理论机制与实践路径

Enterprise Digital Transformation

高保中 著

本书为国家社会科学基金重大项目“新质生产力的科学意义、深刻内涵与统计测度研究”（24&ZD035）、国家社会科学基金青年项目“数智化‘零碳’工业园建设效果的统计测度与提升路径研究”（23CTJ025）的阶段性成果。

中国经济出版社
CHINA ECONOMIC PUBLISHING HOUSE
·北京·

图书在版编目（CIP）数据

企业数字化转型的理论机制与实践路径 / 高保中著 .
北京 ：中国经济出版社，2025. 7. --（数字经济研究系列）. -- ISBN 978-7-5136-8231-2

Ⅰ. F272. 7

中国国家版本馆 CIP 数据核字第 2025K64F57 号

责任编辑　牛慧珍
责任印制　李　伟
封面设计　任燕飞

出版发行　中国经济出版社
印 刷 者　涿州市京南印刷厂
经 销 者　各地新华书店
开　　本　710mm×1000mm　1/16
印　　张　23. 5
字　　数　400 千字
版　　次　2025 年 7 月第 1 版
印　　次　2025 年 7 月第 1 次
定　　价　98. 00 元
广告经营许可证　京西工商广字第 8179 号

中国经济出版社 **网址** http://epc. sinopec. com/epc/ **社址** 北京市东城区安定门外大街 58 号 **邮编** 100011
本版图书如存在印装质量问题，请与本社销售中心联系调换（联系电话：010-57512564）

序言

数字化转型是企业的生存必选项

在数字经济浪潮席卷下，企业面临前所未有的变革挑战。数字化转型重塑商业格局，颠覆传统经营范式，推动组织管理进化，催生平台生态新模式。企业唯有主动拥抱变革、重构战略逻辑，方能在未来的竞争中脱颖而出。数字化转型已成为企业的生存必选项。

一、数字经济重塑商业格局

数字经济正从根本上重塑全球商业格局，重构市场竞争规则。在这一新范式下，传统的产业边界为技术突破所打破，企业的生存法则从资源驱动转向数据驱动，市场竞争的逻辑也随之发生颠覆性变化。可以说，数字经济的崛起不仅是互联网技术的应用深化，也是全球经济范式的重新定义，它正在加速推动各行各业进入一个前所未有的智能化、平台化、生态化时代。在这一背景下，企业若不能快速适应数字经济的运行机制，完成从传统模式向数字化模式的跃迁，最终必将在新一轮产业变革中被淘汰。

回顾历史，每一次技术革命都会催生新的商业模式，并引发大规模的企业洗牌。工业革命推动了制造业和交通业的崛起，使得手工作坊被机械化工厂取代，催生了现代工业体系。20 世纪的信息革命让企业进入计算机和互联网时代，催生了电子商务、在线金融等新兴行业，使传统商业模式经历了第一次数字化冲击。今天，以人工智能、大数据、云计算、区块链、物联网为核心的数字技术，正在推动全球商业进入全面智能化的新时代。面对这场比工业革命更为深远的技术变革，没有任何行业能够置身事外，企业唯有主动拥抱数字化，才能在新的竞争环境中占据优势。

数字经济的核心特征是“数据驱动、智能赋能、万物互联、生态协同”。在传统工业经济时代，企业的竞争优势主要依赖资本积累、规模效应、供应链管理等，而在数字经济时代，数据成为新的生产要素，智能算法成为核心驱动力，网络协同成为主导模式。企业的竞争力不再取决于拥有多少工厂、多少门店，而是取决于数据资产的深度、算法模型的先进性以及平台生态的健全程度。阿里巴巴、亚马逊、谷歌、字节跳动等全球领先企业，无一不是依靠数据驱动的模式颠覆了传统行业，重塑了市场格局。例如，亚马逊通过精准的数据分析优化供应链管理，实现库存最小化、高效配送，并借助云计算构建庞大的数据生态，使其不仅是一个零售商，还成为全球最重要的云计算服务商之一。传统零售巨头沃尔玛若不能在数字化转型中找到新的竞争优势，将难以抗衡数字原生企业的冲击。

数字经济不仅改变了企业的运营方式，还深刻影响了消费者行为、市场需求和产业链协同方式。在过去，企业的市场竞争主要依赖渠道、品牌和规模，消费者的选择相对有限。在数字经济环境下，消费者可以通过互联网随时获取信息、比较产品，企业只有具备精准匹配用户需求的能力，才能在市场竞争中占据主动。因此，数字化不仅是一种技术变革，还是一种消费模式和市场逻辑的重构。例如，特斯拉不仅依靠智能制造提升生产效率，还通过车联网和大数据分析精准了解用户需求，实现远程软件升级，彻底改变了汽车行业的服务模式。而传统汽车企业如果依然依赖“销售即终点”的商业逻辑，就无法适应这种“产品+数据+服务”的新模式，最终将被市场边缘化。

数字经济还极大地改变了企业的成长路径，使得小型创新企业有可能快速崛起，颠覆原有的市场格局。在传统工业经济环境下，新企业往往需要经过漫长的资本积累和市场拓展期，才能在竞争中站稳脚跟，而在数字经济时代，借助平台经济、共享经济、智能算法等手段，新兴企业可以实现指数级增长。例如，短短几年间，字节跳动凭借强大的算法推荐能力和海量数据处理技术，从一个初创公司迅速成长为全球社交媒体和内容分发领域的巨头，而这一成长速度在传统商业环境下几乎是不可想象的。可以说，数字技术的加持，正在让企业竞争从“资源依赖”走向“技术赋能”，从“规模经济”转向“数据经济”，彻底改变了商业世界的游戏规则。

数字经济时代的产业生态不再是传统的线性供应链模式，而是一个高度复杂、相互交织、协同共生的网络生态系统。在过去，企业主要通过纵向一体化控制整个供应链，而在数字经济环境下，企业需要通过开放平台、数据共享、生态协同的方式，与上下游企业、跨行业合作伙伴建立共生关系。例如，华为的智能制造生态系统，不仅连接了供应链上的制造商，还通过云计算、大数据分析赋能合作伙伴，实现智能生产优化。这种生态模式打破了传统企业间的竞争壁垒，使“竞合”成为企业新的发展策略。未来，企业的竞争力不仅取决于自身的数字化能力，还取决于其在数字生态系统中的角色和影响力。

数字经济的到来使得企业面临的商业环境发生了根本性变化，从竞争逻辑到经营模式，从组织架构到产业协同，一切都在被重新定义。在这一变革趋势下，数字化转型已经不再是企业的选择，而是生存的必要条件。未来的商业竞争不再是传统企业之间的竞争，而是数字化企业与非数字化企业之间的竞争，是数字生态系统之间的竞争。企业只有快速调整自身战略，积极拥抱数字技术，重构商业模式，才能在数字经济时代占据竞争优势，实现可持续发展。

二、企业经营范式的颠覆性变革

在数字经济时代，数据被誉为“新石油”，但其价值远超石油。石油的价值源于燃烧释放能量，而数据的价值在于它可以通过算法不断提炼、分析、优化，形成智能决策的依据，并在不同场景中持续创造商业价值。数据不仅是企业的“新生产要素”，也是未来市场竞争的核心资源，它正在重塑企业经营范式。在数字化转型进程中，数据不仅是结果，也是起点，它不仅关乎企业的运营优化，还关乎商业模式的根本变革。

数据驱动的精准决策模式彻底改变了企业的运营效率。在传统商业模式下，企业的市场决策往往依赖经验主义和有限的市场调研，而数据驱动的企业基于海量实时数据进行决策，使企业能够以前所未有的精准度预测市场趋势、优化资源配置、降低运营成本。例如，阿里巴巴的智能供应链管理系统，能够基于消费者行为数据、市场动态分析和销售预测，实时调整库存配置，优化物流路径，减少库存积压，提高资金周转率。相比之下，传统企业往往依赖固定供应链结构，缺乏实时数据支撑，在市场波动中容易陷入库存过剩或供应短缺的两难境地。这种运营范式的改变，使得数据驱动的企业能够更灵活地应对市场变化，从而在竞争中占据优势。

数据驱动的商业智能极大地提升了企业的客户洞察能力，使精准营销成为可能。过去，企业营销策略往往依赖粗放的市场划分和广告投放，难以真正理解消费者的个性化需求；如今，通过大数据和人工智能分析，企业可以精准描绘用户画像，实现千人千面的个性化营销。例如，字节跳动基于强大的推荐算法，通过用户行为数据、兴趣偏好分析，为每位用户提供高度匹配的内容推荐。亚马逊的电商平台通过用户购买历史、浏览行为、交互数据，精准推送商品推荐，实现个性化购物体验，极大地提升了用户黏性和复购率。这表明，在数字经济时代，企业的竞争力不仅取决于产品质量，也取决于其能否有效利用数据与消费者建立深度连接。

数据驱动的智能生产正在重塑制造业的竞争格局。工业 4.0 的核心在于智能制造，即通过物联网、大数据、人工智能等技术，实现生产全流程的数据化、智能化、自动化。智能制造不仅提高了生产效率，还降低了成本，使得大规模个性化定制成为可能。例如，特斯拉的汽车生产体系，借助数字孪生技术和车联网数据，能够实时监控生产设备运行状态，优化生产流程，甚至可以根据用户数据进行个性化配置，极大地提高了生产灵活性。这种数据驱动的制造模式，使得企业可以摆脱传统制造的刚性供应链限制，更加贴合市场需求，提高竞争力。相比之下，仍然依赖传统制造模式的企业面临生产效率低、市场响应慢、库存成本高等问题，难以在数字化竞争环境中立足。

值得注意的是，数据的价值并不在于简单的收集和存储，而在于深度应用和智能化决策。当前，许多企业已经拥有大量数据资源，但如果缺乏有效的数据治理和应用能力，这些数据将只是“沉睡资产”，无法真正转化为商业价值。例如，虽然一些传统企业搭建了数据平台，但数据孤岛现象严重，部门之间缺乏数据共享机制，导致数据利用率低下，无法形成智能化决策体系。相比之下，领先企业通过构建“数据中台”模式，使数据在企业内部流通共享，并借助人工智能和机器学习进行深度分析，最终形成数据驱动的商业智能体系。因此，企业在数字化转型过程中，必须构建完善的数据治理体系，提高数据的质量、整合度和应用价值，才能真正释放数据的商业潜力。

数据驱动的竞争优势并非一蹴而就，而是需要企业在长期实践中不断积累、优化、迭代。只有能够通过数据驱动决策，不断优化商业模式、提升运营效率、增强用户体验的企业，才能在数字经济时代获得持续竞争优势。例如，谷歌通过搜索数据分析，不断优化广告投放模型，使其广告业务在全球市场占据主导地位；苹果通过用户数据分析，精准预测市场趋势，提前布局产品创新，保持行业领先。这些成功案例说明，数据不仅是一种技术资源，还是一种战略性资产，能够帮助企业在竞争激烈的市场环境中获得长期可持续的增长动力。

在数字经济时代，数据不仅是企业的核心资产，也是企业经营范式变革的根本动力。未来的商业竞争不再是传统意义上的市场份额争夺，而是数据能力和智能化决策体系的比拼，企业若不能在数据应用和智能化运营方面建立优势，就很难在数字经济的浪潮中立足。而真正能够掌握数据红利的企业，将成为未来市场的主导者，引领行业发展，实现持续增长和创新突破。

三、数字化驱动企业管理模式重塑

在数字经济时代，企业的管理模式正经历深刻的变革。传统的组织架构、决策方式、运营流程正在被智能化、数据化、平台化的管理体系取代，企业的生存逻辑已经从“规模驱动”转向“智能驱动”，从“科层控制”演进为“数据协同”。面对瞬息万变的市场环境、复杂多变的商业生态，以及日益增强的用户个性化需求，传统以层级制、线性管理和经验决策为主导的管理体系已难以支撑企业的持续竞争力。数字化时代的到来，使企业不得不重新思考管理模式的底层逻辑，探索如何以更灵活、高效、智能的方式进行组织变革，以适应新时代的商业法则。在这一过程中，“组织敏捷化、管理智能化、决策数据化”成为企业数字化转型的核心主题，决定着企业未来的竞争力与生存空间。

科层制走向终结，企业组织形态从封闭走向开放。传统企业管理体系受泰勒科学管理理论的影响，建立在严格的分工、明确的层级和稳定的流程之上。这种金字塔式管理架构在工业化时代能够有效提升生产效率、确保决策的可控性。然而，随着数字技术的渗透和市场环境的不确定性增强，企业的运营逻辑已发生根本性的变化，依靠层层审批、逐级汇报的决策方式，已无法支撑企业在数字化时代的竞争需求，反而成为创新的障碍。企业管理正在从封闭式层级管控向扁平化、网络化的开放协同体系转变，强调高效决策、跨部门协作和敏捷响应市场。例如，特斯拉推行去层级化管理，员工可直接向管理层反馈问题，避免冗长的审批流程，从而大幅提升产品创新和市场适应能力。相比之下，仍然依赖传统管理模式的企业，在面对行业变革时往往行动迟缓，错失市场机遇。在未来，以数据和智能驱动的扁平化组织模式将成为企业竞争的标配，构建敏捷、高效、协同的组织形态将是企业生存和发展的必要条件。

数据驱动决策成为企业管理新范式，管理模式从经验管理向智能管理跃迁。过去，企业的管理和决策主要依赖经验主义，高层管理者往往凭借过往的市场经验和行业直觉判断趋势。然而，经验管理模式在数字化时代的复杂市场环境中逐渐显现出局限性，市场变化越来越快，消费者需求日益个性化，依靠主观判断做决策，容易导致误判和滞后。如今，企业正从“经验驱动”转向“数据驱动”，依靠大数据、人工智能、云计算等技术，实现精准决策。数据驱动的管理模式不仅提升了决策的科学性和市场适应性，还优化了企业资源配置，增强了业务增长的可持续性。例如，阿里巴巴通过构建“数据中台”，在供应链管理、市场营销、产品创新等关键业务环节引入数据智能，使企业的管理体系变得更加精准和高效。相比之下，仍然停留在经验管理阶段的企业，面对数字化竞争时往往难以跟上市场节奏，逐渐被淘汰。未来，数据驱动的智能管理将成为企业管理模式的新常态，谁能率先构建数据智能体系，谁就能在数字经济的竞争中占据先机。

敏捷化组织将成为企业从线性管理转向任务驱动的一种新型组织模式。传统企业的组织架构按照职能划分，各部门相对独立，信息流动受限，导致沟通成本高、协作效率低，企业难以快速适应市场变化。而在数字经济时代，企业的管理模式正在从固定职能划分向任务导向的敏捷组织转型，强调跨部门协同、高度自治和动态调整，使组织更具适应性和创新能力。敏捷组织的特点在于，以任务和项目为核心，打破科层管理的壁垒，实现扁平化运营，使团队能够快速响应市场需求。例如，Spotify 采用“敏捷部落”管理模式，将整个组织拆分为多个独立的小型团队，每个团队根据产品开发需求灵活调整结构，使产品创新更加高效，市场响应速度大幅提升。相比之下，仍然依赖传统管理模式的企业，往往在市场竞争中显得迟缓而僵化。未来，企业若要在数字经济中立足，必须推动组织敏捷化，提升团队自驱力和市场适应能力，以此实现快速创新和高效协同。

数字化协作工具重塑企业管理方式。在企业管理模式重塑的过程中，数字化协作工具的应用成为推动变革的关键驱动力。企业的沟通、协作、运营模式正在从传统的线下办公、邮件沟通、面对面会议向云端协同、远程办公、智能化管理方向转变，协作平台成为企业管理的新基础设施。随着云计算、人工智能、区块链等技术的发展，企业协作工具的智能化程度不断提高，极大地提升了团队的沟通效率和任务执行能力。例如，微软 Teams、Slack、Zoom、钉钉等数字化办公工具，使企业能够突破地域限制，实现全球范围内的无缝协作，并支持智能数据分析，提高管理透明度和运营效率。区块链技术的引入，使企业在供应链管理、合同执行、跨企业合作等方面，实现更安全、高效的数字化管理模式。例如，IBM 采用区块链技术优化食品溯源系统，确保全球供应链管理的透明性和可追溯性，大幅提高了食品安全性和物流效率。未来，企业管理模式将越来越依赖智能化、去中心化的协作工具，企业唯有加速推进数字化办公系统的建设，才能适应新商业环境的竞争需求。

企业生态化与自组织模式成为未来管理模式的终极形态。未来的企业管理模式不再是单一组织的优化，而是企业生态系统之间的竞争。在数字经济时代，企业之间的竞争不再是单点优势的比拼，而是整个生态体系的对抗。企业需要构建更加开放、协同、共享的商业生态，实现跨行业、跨领域的资源整合和价值共创，从“封闭管理”向“开放赋能”转型。以苹果为例，其商业模式不仅限于销售硬件设备，还构建了完整的开发者生态系统，吸引全球开发者通过 App Store 进行应用创新，形成强大的用户黏性和市场竞争力。这种平台化、生态化的管理模式，使苹果在竞争中形成强大的壁垒和持续增长动力。未来，越来越多的企业将采用“平台+生态”模式，使管理不再是单一企业的内部优化，而是基于数据和平台的全方位协同创新。企业唯有加速组织管理模式的数字化进化，构建敏捷、高效、开放的企业生态体系，才能在未来竞争中获得持续优势，实现长期增长。

在数字经济时代，企业管理模式将发生根本性变革。仍然坚持传统层级制、依赖经验决策、忽视数据智能化的企业，必将在市场竞争中逐步失去竞争力。未来的企业管理模式，将是数据驱动的、敏捷化的、智能化的、生态化的。企业唯有顺应这一趋势，全面重塑自身的管理体系，才能在数字化时代立于不败之地，实现可持续增长。

四、企业商业模式的数字化跃迁

在数字经济的浪潮下，企业的竞争不再局限于单一企业之间的对抗，而是跨越了单个企业的边界，演变为生态系统之间的竞争。过去，企业的核心竞争力主要集中在资源、技术和市场占有率的争夺上；如今，这一竞争范式已发生根本变化，企业的竞争力越来越依赖其在数字化平台上构建的生态系统。这一变化背后的核心驱动力，是数字技术带来的网络效应和资源共享的可能性，特别是在数据的互联互通、技术的共享协作以及创新的集体智慧推动下，企业与企业之间的关系不再是单一的竞争关系，而是更加多元化、协同化的竞争合作关系。

数字化转型为企业构建商业生态系统提供了前所未有的机遇与挑战。在这一过程中，平台化成为企业商业模式转型的核心方向。传统的垂直一体化的企业结构已经难以适应复杂且动态变化的市场需求，企业通过构建平台型商业模式，能够在开放的市场中汇聚各种资源，快速响应消费者需求，实现更加高效的资源配置与产品创新。通过平台化，企业可以连接大量的合作伙伴、消费者、服务提供商等，形成一个开放共享的商业生态，最大化地释放数据和信息的潜力，提升商业价值。例如，腾讯通过构建社交平台微信，依托大数据和 AI 技术，将社交、支付、娱乐、电商等多个功能高度融合，形成了一个庞大的数字生态圈，跨界融合为其带来了巨大的商业价值。

在数字经济时代，企业不再是孤立的竞争体，而是平台内外合作伙伴的“桥梁”和“纽带”。例如，苹果通过其 App Store 不仅提供了一个应用下载平台，还通过平台的开放性与多样性吸引了全球的开发者，形成了一个庞大的开发者社区，使得苹果的竞争力不仅来源于自身的产品和服务，还依赖平台上开发者和用户之间的互动与价值创造。而在此平台内，数据流通的效率和信息的共享成了推动创新和价值增长的关键。因此，企业在数字化转型过程中必须深刻认识到，构建平台化生态系统的核心竞争力不仅是拥有一个数字平台，还要通过数据的开放性与平台之间的协作，催生新的商业模式和市场机会。

平台化商业模式所带来的价值，远不止于简单的交易或资源交换，它创造了一种更为复杂的、多维度的商业合作关系。数字化企业在构建自身生态的过程中，还能够通过数据分析、算法优化和用户行为预测等手段，帮助合作伙伴提升产品的个性化定制能力，提高用户的整体体验。例如，亚马逊不仅是一个电商平台，还通过 AWS 云计算服务成为全球领先的技术基础设施提供商，其商业价值不仅体现在零售收入，还体现在其为全球企业提供云计算、人工智能等技术服务上，进一步推动了其数字生态的多元化发展。通过提供一体化的技术解决方案，亚马逊成功地将不同类型的企业客户纳入其生态体系，从而提升了整体生态的黏性和活力。

更为重要的是，数字化的商业生态系统还为企业带来了“协同创新”的巨大潜力。在传统经济模式中，创新通常依赖企业内部的研发投入和技术突破，而数字经济下的创新逐渐由跨界合作和开放式创新主导。企业不再局限于自己的研发团队和生产流程，而是通过平台和生态的开放性，吸引外部创新力量参与。以共享经济为例，滴滴出行通过其平台打破了传统出租车行业的壁垒，不仅为传统的出租车公司提供了创新的出行方式，还为众多私家车主提供了新的商业机会。滴滴出行通过数据和算法优化司机与乘客的匹配，形成了一个共创共赢的商业环境，既提升了消费者的出行体验，也增加了司机的收入。这种开放式创新机制，正是数字化转型为企业带来的重要价值之一。

当然，要成功构建一个高效的数字化商业生态系统，企业不仅需要具备强大的技术能力和创新能力，还必须在组织结构、企业文化和战略方向上进行深刻调整。企业需要摒弃传统的“封闭式创新”理念，鼓励跨部门、跨行业的合作与协作，打破部门之间的信息壁垒，促进信息流动与资源共享。企业应当重视数据治理和数据安全问题，确保生态系统内各方数据的合法性、隐私性和透明性，以建立信任基础，增强用户和合作伙伴的黏性。企业还需要在全球化视野下进行战略布局，探索数字经济全球化背景下的跨国合作与全球资源整合机会。

数字经济时代的商业竞争已从传统的资源争夺转向了生态系统的竞争，企业的生存与发展将越来越依赖其在数字化平台上的生态布局。通过构建开放共享的数字生态系统，企业不仅能够实现业务的拓展和资源的优化配置，还能够通过协同创新和跨界融合，提升整体商业价值和市场竞争力。在这一过程中，企业的数字化转型不仅是技术的应用，也是战略眼光、管理模式、组织文化等多方面变革的深刻体现。企业要想在未来的竞争中占据主动地位，就必须从全局视角出发，推动数字化与生态化的深度融合，打造具有全球竞争力的数字商业生态系统。

五、企业数字化转型需要思维革新

在数字经济的快速发展和技术日新月异的背景下，企业数字化转型已不仅是技术或流程的更新，还是一场深刻的思维革新。数字化转型的成功与否，往往取决于企业能否在根本上打破传统的思维框架，拥抱更加开放、灵活和创新的理念。因此，思维革新，尤其是管理层对数字化转型的全新认知与战略眼光，成为企业数字化转型过程中的终极挑战。

传统企业管理的思维模式，往往依赖稳定的结构、明确的层级关系和规范化的流程。在这种模式下，创新往往来自技术部门的单一突破，战略决策由高层制定，业务操作严格按部就班。而数字经济时代的到来，打破了这一封闭的思维模式，要求企业具备更加开放、共享、协作的思维方式。数字化不仅是工具的引入，也是企业认知方式和行为方式的根本转变。成功的数字化转型不仅是购买新技术，或更换 IT 系统，还要全面重新审视如何利用数据驱动创新，如何通过信息流和价值流的高速融合，激活企业在整个产业链中的综合竞争力。

数字化转型要求企业高层管理者必须具备更加敏锐的全球视野和前瞻性思维。在传统行业中，许多决策依赖静态的市场分析和历史数据，而在数字经济时代，市场变化更加快速且不确定。全球范围内的技术、消费者需求、政策环境等因素瞬息万变，传统的管理方法往往显得束手束脚，无法快速响应市场需求。因此，企业领导者需要打破传统“官僚化”的管理模式，转而拥抱更加灵活的决策机制和动态管理模式。这意味着，管理者不仅要具备对数字技术的深刻理解，还要有对行业变革趋势的敏锐洞察力，能够预见行业风口，带领企业在不确定性中找到突破口。

数字化转型要求企业改变对创新的认知。传统的创新模式往往局限于内部研发、技术突破或产品改良，而在数字经济时代，创新的源泉早已超越了企业的边界，变得更加开放和多元。创新不是局部技术的更新，而是从商业模式、组织管理到客户体验的全方位变革。例如，平台型商业模式的兴起，就是通过将资源整合、用户需求与技术创新进行深度融合，创造出全新的价值交换机制。企业在进行数字化转型时必须意识到，创新已经不仅是产品的革新，还是组织结构、企业文化和价值观的创新。在这一过程中，企业的核心竞争力将不再依赖单一的技术优势，而是基于其在数字化生态中的活跃度、资源整合能力和跨界合作能力。

数字化转型要求企业必须转变对数据的认知和利用方式。在传统思维模式下，数据往往被视为业务运作中的附属品，或仅作为历史记录的参考。而数字化转型将数据上升为战略资源，成为驱动企业创新和决策的核心资产。企业需要打破数据孤岛现象，重新构建信息的流动和共享机制。数据不仅是过去行为的反映，也是未来决策的指南针。基于大数据和人工智能的决策支持系统，能够帮助企业实时获取市场动向、消费者行为以及供应链信息，从而做出精准的市场预测和快速响应。在这一过程中，企业的领导者必须具备数据思维，懂得如何通过数据洞察市场机会，如何利用数据引导创新，而非依赖传统的经验和直觉。

数字化转型要求企业从根本上转变对客户的理解。在传统业务模式下，客户往往是一个相对静态的群体，企业的目标是通过市场营销手段向客户推送产品，依赖销售渠道实现利润。而数字化转型带来了全新的客户关系管理模式。借助社交媒体、在线平台和大数据分析，企业能够实时了解消费者的需求、反馈和偏好，构建更加个性化的客户服务体验。数字技术使得客户不再是“被动接受者”，而是成为企业创新的共同参与者和价值创造的合作者。企业需要通过数字平台与消费者建立更加紧密的互动关系，从产品研发到销售、服务的全程，都应围绕客户需求展开，形成一个以用户为中心的数字化业务生态。这种转变不仅是产品服务的升级，也是商业模式的彻底革新。

数字化转型需要企业培养一种更加开放的组织文化。在传统企业中，信息和资源往往高度集中，部门之间存在较大的壁垒，创新通常需要经过烦琐的审批流程才能实施。而在数字化时代，企业必须构建更加开放和协作的文化，打破部门和层级之间的隔阂，促进跨部门、跨职能团队的高效协作。企业应该鼓励创新思维的涌现，为员工提供更多的自由空间和实验机会，使他们能够在数字化转型的过程中成为积极的变革推动者。企业文化的这种创新和开放性，为数字化转型的成功提供了必要的土壤，也让企业能够更好地适应技术发展带来的剧烈变化。

企业数字化转型的核心挑战最终归结为思维的革新。它要求企业管理者从战略视野、创新模式、数据思维到客户导向、文化建设等多维度进行深刻反思与突破。数字化转型并非单一的技术更替，而是从思维方式到组织结构、从战略定位到业务模式的全方位重塑。只有通过这种深层次的思维革新，企业才能在数字经济的浪潮中脱颖而出，赢得未来的竞争优势。

六、走向数字化转型的未来之路

在当今这个瞬息万变、充满无限可能的数字时代，数字化转型已不再是企业发展的锦上添花，而是关乎企业生死存亡的必选项。数字经济的浪潮犹如一股无法阻挡的洪流，席卷全球，涉及所有行业和领域。企业如果停滞不前，固守过时的思维和模式，无疑将为这股风暴所吞噬，消失在历史的长河中。我们正站在一个前所未有的时代交汇点上，未来的商业竞争将不再是传统企业与传统企业之间的逐鹿中原，而是数字化企业与非数字化企业之间的强者对决，是数字生态系统之间的博弈。这种竞争的核心不仅是技术、资金、产品或市场份额，更多的是企业是否具备敏锐的洞察力和快速变革的能力，是否能够在数字化的浪潮中站稳脚跟，迎接未来的挑战。

数字化转型的意义远远超越了对新技术的应用，它是企业战略思维、运营模式、文化理念的全面重塑。它要求企业从根本上重新审视自身的商业模式，突破传统框架，打破旧有的局限。企业需要变得更加敏捷、更加智能、更加数据驱动，并通过科技的力量推动产品、服务、营销乃至整个生态的创新。在全球化、信息化的竞争格局下，企业如果不主动拥抱数字化，迟早会在数字化浪潮的洪流中被淘汰出局。未来的竞争，是数字化企业之间的快速迭代和技术创新，是基于大数据、人工智能、物联网等前沿技术的精准决策与个性化服务，是由数字化平台所带来的跨界整合与资源共享。

数字化转型不再是企业追求卓越的附加选项，而是生存必选项。在这个变革的时代，任何固守过去、抗拒改变的企业，必将走向衰退。只有具备数字化思维的企业，才能在这场革命中立于不败之地，掌握未来的主导权，实现可持续的发展与增长。数字化转型不仅是技术的更新，也是企业基因的重塑，是向未来迈进的必然选择。它赋予企业无限可能，也给予企业勇往直前的力量，帮助企业在变革的洪流中扬帆远航。企业若要在竞争激烈的市场中生存并脱颖而出，就必须跳出传统的框架，拥抱数字化的全新时代，成为未来数字经济舞台上的主角。

目 录

第一章

企业数字化转型的系统认知

企业数字化转型是一场贯穿战略重构、技术融合、组织再造与价值体系重塑的系统性变革，标志着从传统线性增长模式向智能驱动与生态协同模式的深度跃迁。把握其定义特征、关键要素、边界逻辑与阶段路径，是构建数字化能力、引领模式创新、实现高质量发展的基础前提，也是推动企业持续跃升的战略起点。

第一节　企业数字化转型的内涵

企业数字化转型正重构企业的发展逻辑与组织形态，其内涵不断丰富，边界持续延展，核心要素日趋多元，阶段演进呈现递进特征。深入理解其定义、特征与趋势，厘清价值意涵与实践方向，是把握转型本质、推动战略落地的关键。

一、企业数字化转型的定义与特征

企业数字化转型是指企业在数字技术驱动下，实现业务模式、管理体系、组织架构及价值创造方式的系统性重塑，推动从经验驱动向数据驱动、从单一链条向生态协同、从静态运营向动态智能的跃迁。本质上，它不仅是技术应用的升级，也是生产方式的重构、竞争逻辑的变革和商业范式的颠覆。其核心在于融合大数据、人工智能（AI）、云计算、物联网（IoT）等技术，以数据为核心资产，以智能化为关键动能，优化业务流程，提高决策效率，塑造敏捷高效的组织体系，构建开放共赢的数字生态。企业数字化转型的边界并非固定，而是随着技术演进、市场需求和行业特性的变化而动态拓展。成功的转型不仅包括技术采纳，还包括企业战略、文化、能力的深度协同，需兼顾技术可行性、业务适配性与长期价值创造，以数字技术驱动持续创新，实现企业韧性增长和可持续竞争力，最终重塑产业格局，塑造未来商业新范式。

企业数字化转型不仅是技术的变革，也是深层次的商业模式重塑、组织体系重构和竞争逻辑变迁。它打破了传统企业运营的边界，使企业从线性管理走向平台生态，从静态决策迈向动态智能，从单点优化转向全局协同。企业数字化转型的核心特征体现为以下五个方面：

（一）数据驱动的智能决策

企业数字化转型的核心在于从传统的经验决策模式向数据驱动的智能决策模式升级，使数据成为核心生产要素和价值创造的关键变量。传统企业决策依赖管理者的经验和直觉，容易受到主观判断、信息滞后和认知偏差的影响，导致市场响应迟缓、资源配置低效，甚至错失发展机遇。数字化时代，企业通过大数据、人工智能、机器学习等技术手段，对海量数据进行精准采集、实时分析和深度挖掘，从而优化决策流程，提高预测准确性和市场洞察能力。例如，银行和金融机构借助智能风控系统，对用户的交易行为、信用评分、市场波动等进行综合分析，从而精准评估贷款风险，提高放贷决策的科学性和安全性。制造业通过工业互联网平台，实时监测生产线数据，预测设备故障，实现智能维护，避免停机损失。数据驱动的智能决策不仅提升了企业运营效率，还使其具备了更强的市场适应能力和风险预判能力，助力企业从被动应对转向主动优化，甚至创造新的商业模式。未来，随着生成式 AI、强化学习和自动化决策系统的进一步发展，企业的决策模式将逐步从“人主导+数据辅助”转向“数据主导+人监督”，实现更高效、更精准、更具前瞻性的智能化管理。

（二）敏捷性与动态适应能力

数字化转型要求企业从固化的层级管理模式向敏捷、高度灵活的运营体系转型，使其具备快速响应市场变化和业务需求的能力。传统企业往往采用金字塔式管理架构，决策流程烦冗，信息传递层层递进，导致市场反馈滞后，难以适应数字经济的高速变化。而数字化转型推动企业借助云计算、边缘计算、低代码开发等技术，构建动态适配的组织架构，实现扁平化管理和实时决策。例如，互联网行业的“敏捷开发”模式已广泛应用，企业以小型跨职能团队为基本单元，快速迭代产品，根据市场反馈即时优化，极大地提升了创新速度与竞争力。此外，智能供应链体系的应用，使企业能够实时监测供应链各环节状态，预测原材料短缺、物流堵塞等问题，快速调整生产和配送策略。例如，特斯拉在疫情期间凭借数字化供应链系统，迅速调整零部件采购方案，确保生产稳定。敏捷性不仅体现在业务运营层面，也涉及人才管理和文化塑造。数字时代，企业需要通过数字化平台加强跨部门协同，推动扁平化决策，形成以数据驱动、快速响应的组织体系，以在竞争激烈的市场环境中保持领先地位。

（三）生态化与平台化运营

企业数字化转型打破了传统企业的封闭性运营模式，使其从“单点竞争”向“生态协同”转型，构建跨行业、跨地域的数字化产业链与平台经济模式。传统企业的商业模式大多基于线性供应链，即从原材料采购到产品生产、销售、售后服务，形成固定的产业链分工。数字技术的发展使企业能够超越传统价值链限制，通过平台模式连接供应商、合作伙伴、消费者和开发者，打造互联共生的商业生态。例如，阿里巴巴的电商平台不仅是商品交易的场所，也是一个数据驱动的商业生态系统，为商家提供精准营销、金融支持、物流优化等服务，形成协同增长效应。制造业领域，施耐德电气和西门子等企业已建立工业互联网平台，通过物联网和云计算技术，将设备制造商、工厂、供应商和终端用户连接起来，实现数据共享和智能协作。生态化运营模式的优势在于，它突破了单一企业资源限制，使企业可以借助外部能力实现创新，并提升市场渗透力。例如，苹果不仅生产硬件，还依托 iOS 平台吸引全球开发者，共同创造移动互联网生态，形成网络效应。未来，企业将更加依赖数字生态的构建，推动自身从封闭式竞争走向开放式共赢，形成更强的市场竞争力和可持续发展能力。

（四）“以用户为中心”的价值创新

企业数字化转型的重要目标之一，是打破传统“以产品为中心”的运营模式，转向“以用户为中心”的价值创造体系。传统企业往往以规模化生产为核心竞争力，通过标准化产品和大规模营销覆盖市场，然而，这种模式难以满足数字时代个性化、多元化的消费需求。数字化转型借助大数据分析、AI 算法、智能推荐等技术，使企业能够精准洞察用户偏好，提供高度个性化的产品和服务。例如，奈飞（Netflix）通过大数据分析用户的观看行为，智能推荐个性化影视内容，提高用户留存率和满意度。零售行业的千人千面智能营销模式，使每位用户看到的广告和促销活动都基于其历史行为和兴趣标签，大幅提高转化率和忠诚度。此外，智能客服、虚拟现实（VR）/增强现实（AR）沉浸式体验等数字技术，使用户与品牌之间的互动更加紧密。数字化转型不仅优化了用户体验，还推动了企业从单向销售向持续互动转型。例如，特斯拉的 OTA（Over-the-Air，空中升级）技术，使车辆软件能够持续优化，创造“产品即服务”（PaaS）的商业模式，让用户不断获得新体验，从而提升品牌黏性。未来，以用户为中心的企业将依托数据驱动的精准服务，深度绑定用户需求，实现长期增长和品牌价值提升。

（五）业务流程的智能化与自动化

数字化转型推动企业从劳动密集型、流程烦琐的传统运营模式，向智能化、自动化、高效协作的智能运营模式演进。自动化技术不仅能提高企业生产效率，还能减少人为失误，优化资源配置。企业采用机器人流程自动化（RPA）、AI 客服、智能财务分析等工具，并将重复性、规则性强的工作交由智能系统处理。例如，银行业广泛采用 AI 客服进行智能对话，每年节省数百万小时的人工成本，并大幅提高用户满意度。制造业通过工业互联网、智能传感器和 AI 算法，实现设备的自适应调整与预测性维护，避免故障停机，提高产能。例如，施耐德电气采用 AI 技术预测设备运行状态，使生产效率提高 30%。数字孪生技术使企业能够实时模拟和优化业务流程，精准预测市场变化，提高决策智能化水平。未来，随着人工智能物联网（AIoT）、5G 和区块链等技术的成熟，企业将进一步实现“无人化”运营，使智能化、自动化成为主流业务模式。

二、企业数字化转型的边界厘定

企业数字化转型的边界并非固定不变，而是动态演进的。它受到企业战略定位、行业特性、市场环境以及技术成熟度的约束，同时由企业自身的组织能力、文化适应度以及数字化基础设施决定。厘定数字化转型的边界不是限制企业的创新能力，而是确保企业在可控范围内进行有效转型，最大化数字化价值，最小化风险。技术边界决定了数字化的可行性，组织边界影响了转型的适应度，业务边界界定了数字化的适用范围，价值边界确保了数字化投资的回报与长期发展。只有在这四个层面建立清晰的认知，并进行动态优化，企业才能真正实现数字化的深度转型。

（一）技术边界

企业数字化转型的技术边界主要体现在技术赋能的合理性与适配性上。并非所有先进技术都能为企业带来实质性价值，关键在于技术如何有效融入业务场景，提升核心竞争力。当前，人工智能、大数据、云计算、区块链、物联网等技术不断发展，但企业在推进数字化转型时，必须基于自身业务需求、行业特性及战略目标，审慎评估技术的适用性，避免“技术至上”的误区。许多企业在转型初期，往往追求技术的“炫酷感”，而忽略了业务价值创造。例如，一些企业大规模部署区块链技术，却未能形成可靠的商业应用场景，最终沦为成本负担。因此，厘定数字化转型的技术边界，企业需要构建科学的技术选型机制，确保技术与业务模式深度融合。例如，制造企业应关注智能制造、工业互联网的应用，金融行业则应着重发展智能风控与区块链支付体系。企业还需建立持续的技术演进机制，保持对新兴技术的敏感度，同时确保技术的可落地性与经济性。随着人工智能、5G、边缘计算的进一步发展，企业的技术边界仍将不断拓展，但其核心仍在于如何确保技术创新真正转化为业务价值，从而赋能企业的可持续增长。

（二）组织边界

企业数字化转型的组织边界主要受限于企业自身的管理体系、人才结构及文化适应能力。在传统企业中，组织架构往往呈现科层制特点，决策链条冗长，跨部门协作困难，难以适应数字化时代的高速变化。因此，数字化转型不仅是技术升级，也是组织体系和管理模式的重塑，需要企业主动调整组织架构，使其更加扁平化、敏捷化、数据驱动化。例如，特斯拉、华为等企业在推进数字化转型时，通过打造跨职能团队、优化决策流程、强化数据驱动能力，大幅提升了组织的响应速度和市场适应力。企业文化也是决定数字化转型成功与否的关键因素，传统企业文化往往强调稳定、经验和层级管理，而数字化文化更加强调创新、试错、开放与协作。企业需要通过变革领导力、推动内部培训、建立激励机制，逐步培养数字化思维，使员工能够适应新的管理模式。例如，谷歌、字节跳动等企业采用“数据驱动决策+开放协作”的模式，使企业在创新过程中保持高效运作。厘定组织边界，企业还需关注人才结构，构建复合型、跨学科的人才团队，培养既具备技术能力，又理解业务逻辑的数字化人才，确保组织具备持续的数字化适应能力。随着数字经济的加速发展，企业组织模式将进一步向敏捷化、智能化演进，只有适应这一趋势的企业，才能在竞争中脱颖而出。

（三）业务边界

企业数字化转型的业务边界决定了企业能够在多大程度上通过数字技术优化业务流程、提升用户体验、增强市场竞争力。并非所有业务都适合数字化改造，企业在推动转型时，需要明确哪些业务环节能够通过数字技术获得实际收益，哪些业务仍需保留传统模式，以确保转型的可行性和经济性。例如，对于零售行业，通过数字化转型，可以优化供应链管理、精准营销，实现线上线下融合，提升消费者体验；对于高端奢侈品行业，完全依赖数字化可能会削弱品牌的独特价值，降低消费者的专属感。不同行业的数字化边界各不相同。例如，制造业的数字化主要集中在智能制造、数字孪生、工业互联网，而医疗行业更多地关注远程医疗、AI 辅助诊断、智能药物研发。因此，厘定业务边界，企业需结合自身行业特点，分析哪些业务可以借助数字化提高效率、降低成本、增加收益，并合理规划数字化推进节奏。与此同时，企业还需关注市场环境的变化，随着 5G、云计算、人工智能等技术的发展，一些原本难以数字化的业务模式可能会迎来新的变革机遇。例如，自动驾驶技术的发展正在推动传统汽车制造企业向智能出行服务提供商转型。因此，企业应保持动态调整的思维，在厘定业务边界的同时，也为未来可能的数字化创新预留空间，以确保企业始终具备前瞻性的竞争优势。

（四）价值边界

企业数字化转型的价值边界决定了企业数字化投入能否真正转化为商业价值，而不仅仅是技术升级或运营优化。许多企业在数字化转型过程中，往往关注短期技术落地，却忽略了长期价值创造，导致数字化项目投入巨大，但难以形成可持续的商业模式。例如，一些企业斥巨资打造数字化平台，但缺乏有效的市场定位和盈利模式，最终未能形成核心竞争力。因此，厘定数字化转型的价值边界，企业需要明确转型的核心目标，即是提高运营效率、增强用户体验，还是构建新的商业模式、拓展市场边界？企业应制定清晰的数字化关键绩效指标（KPI），衡量转型对业务增长、成本控制、市场竞争力的实际贡献，确保数字化投资能够带来可量化的价值。同时，企业还需考虑数字化转型的长期效益，包括如何利用数据资产推动新业务增长、如何通过生态化运营实现更广泛的价值创造。例如，亚马逊的 AWS 云计算服务，最初只是内部 IT 基础设施的数字化转型，但后来成功转化为全球领先的云计算业务，成为公司最重要的利润增长点之一。因此，厘定价值边界，企业需要站在长期发展的视角，深度思考如何通过数字化增强企业韧性、提升产业链协同效率、优化客户价值，确保数字化不仅是短期的工具，还是构建未来核心竞争力的重要支撑。随着数据经济、人工智能、区块链等技术的发展，企业的价值创造模式也将不断演进，只有精准把握价值边界的企业，才能在数字化时代持续保持竞争优势。

三、企业数字化转型的核心要素

企业数字化转型不仅是技术的变革，还是战略、组织、业务、技术、文化、数据、生态等多维度的系统性重塑。成功的数字化转型并非简单的信息化升级，而是涉及顶层规划、数据驱动、智能技术、组织变革、生态协同、人才体系构建和数字安全与合规等核心要素，每一要素相互作用，共同推动企业构建高度智能化、敏捷化、生态化的运营模式。

（一）顶层规划决定数字化转型的深度与广度

企业数字化转型的成功不仅取决于技术应用，还依赖清晰的战略布局和顶层规划。如果企业只是零散地部署数字化工具，而缺乏整体设计，往往会陷入数据孤岛困境，导致资源浪费和转型失败。因此，企业必须将数字化转型提升至战略高度，由高层决策者主导，确保数字化战略与业务发展方向高度契合。例如，西门子在推进工业 4.0 时，不是简单地引入自动化技术，而是围绕“数字企业”战略，构建覆盖设计、制造、运营全流程的智能化体系，使其工业软件和智能制造业务成为全球标杆。相比之下，柯达在面对数字摄影崛起时，虽然已掌握相关技术，却因战略迟滞未能调整商业模式，最终被市场淘汰。未来企业的数字化转型必须建立长期战略规划，明确转型路径，并通过持续评估与动态调整，确保转型战略始终与市场趋势、行业竞争格局保持同步。

（二）数据成为企业运营的智能引擎

在数字经济时代，数据不再是企业的附属资产，而是驱动商业模式创新和运营效率提升的核心资源。企业必须构建完善的数据采集、存储、分析和应用体系，使数据从被动记录转变为主动赋能。例如，Netflix 基于用户观看习惯、停留时长、评分反馈等数据，构建精准的推荐算法，使个性化推荐贡献了 80%以上的播放量，极大地提高了用户留存率。零售行业的星巴克依托数据分析优化门店选址和会员营销，通过 AI 分析不同区域消费者的消费模式，精准布局新店，避免资源浪费。特斯拉通过实时收集车辆传感器数据，持续优化自动驾驶算法，使其 Autopilot 系统不断进化，形成强大的数据壁垒。企业在数据驱动转型的过程中，需注重数据治理，确保数据质量和安全，同时构建高效的算法和 AI 模型，让数据真正成为企业的智能引擎，而非沉睡的资源库。

（三）智能技术推动企业模式的颠覆性变革

数字化转型不仅是技术应用的优化，还是商业模式和运营逻辑的根本性重塑。人工智能、云计算、区块链、物联网等前沿技术的融合，使企业从传统的线性管理模式向高度智能化、自动化的运营体系跃迁。例如，波音在飞机制造过程中运用数字孪生技术，创建虚拟模型对物理飞机进行实时监测和优化，不仅大幅降低了维护成本，而且提高了飞行安全性。农业行业的约翰迪尔（John Deere）通过物联网和 AI 技术，实现精准农业，使农机设备能够实时分析土壤数据、气象信息，智能调整播种和施肥策略，提高农业生产效率。区块链技术也在重塑金融服务模式，如摩根大通推出基于区块链的支付网络 JPM Coin，提高跨境交易效率，降低金融风险。未来，企业应结合自身行业特点，充分挖掘智能技术的变革潜力，从生产、供应链、客户互动等全方位推进技术融合，以打造更具竞争力的商业模式。

（四）组织变革塑造企业数字化适应力

企业数字化转型不仅关乎技术革新，还是一场深层次的组织变革，决定了企业能否真正适应数字经济的高效、敏捷和智能化发展模式。传统的科层式管理架构往往导致信息流通受阻、决策周期冗长，而数字化企业需要构建扁平化、敏捷化、数据驱动的管理体系。例如，腾讯通过“敏捷组织”模式，减少管理层级，提高跨部门协作效率，使其在短时间内完成云计算、人工智能和企业服务等多个新兴业务的布局。吉利在推动新能源汽车数字化转型时，建立“项目矩阵管理”模式，通过跨团队协同，加速产品研发与市场响应速度。谷歌实行“20%自由时间”制度，鼓励员工探索创新项目，从而孵化出Google Maps、Gmail等一系列具有变革性的产品。未来企业若想成功推进数字化转型，必须摆脱传统的僵化管理模式，强化数据驱动决策，优化内部协作机制，并赋能员工，使组织具备快速适应市场变化的能力，实现持续创新和增长。

（五）生态协同推动企业竞争力升级

数字化转型使企业之间的竞争模式从单体博弈演变为生态协同，未来的市场竞争不再是单个企业之间的较量，而是完整产业链与跨行业生态系统的对决。企业需要通过开放平台、数据共享、产业协同等方式，与供应商、合作伙伴、开发者形成紧密的数字化联结，以提升整体竞争力。例如，苹果构建了以App Store为核心的生态体系，通过吸引全球开发者共同创新，使iOS系统具备强大的应用支持，从而巩固了市场主导地位。在新能源汽车行业，比亚迪通过开放电池供应链，与丰田、戴姆勒等汽车制造商形成合作关系，使其新能源核心技术在行业内形成强大的生态优势。阿里巴巴则通过“云计算+物流+金融”一体化布局，使电商业务与云计算、智能仓储、数字支付形成协同效应，构建了完整的数字经济生态。未来，企业必须打破传统的封闭式运营思维，积极融入或构建行业生态，以确保在数字化浪潮中占据战略制高点。

（六）人才体系构建决定数字化转型的深度

企业数字化转型的关键不仅是技术升级，还依赖于是否拥有数字化思维和跨界能力的复合型人才。未来的企业竞争不仅是资本、资源的竞争，也是人才与创新能力的较量。特斯拉在AI自动驾驶领域的成功，与其全球化的高端技术人才布局密不可分；亚马逊通过持续的数字技能培训，使员工能够快速适应AI驱动的运营模式，并推动供应链智能化升级；西门子设立全球“工业数字化学院”，专门培养智能制造和工业互联网领域的高端人才，以确保在第四次工业革命中保持领先。企业在推动数字化转型时，必须加强人才梯队建设，通过内部培训、跨学科合作、引入外部专家等方式，确保员工具备足够的数字素养，同时建立创新激励机制，吸引并留住顶尖的技术人才和管理人才，使组织具备持续升级的能力。

（七）数字安全与合规保障企业长期稳定发展

随着企业数字化进程的加快，数据已成为核心资产，但随之而来的网络安全、数据隐私保护及合规性风险日益严峻，企业必须建立全面的安全防护体系，以确保数字资产的稳定性和业务的可持续发展。例如，微软在全球部署“零信任安全架构”，通过身份验证、数据加密、动态权限管理等方式，降低企业内部数据泄露和外部攻击的风险。金融行业对安全的要求更为严格。例如，摩根大通每年投入超过6亿美元用于网络安全，构建AI驱动的智能风控体系，以应对金融欺诈和网络威胁。全球各国不断加强数据监管，如欧盟的《通用数据保护条例》（GDPR）、中国的《数据安全法》等，要求企业在数据存储、跨境传输、隐私保护方面严格遵守合规要求，否则可能面临高额罚款甚至业务受限。未来，企业在推进数字化转型时，必须同步加强网络安全和数据治理，确保在享受数据红利的同时，规避潜在的法律和安全风险，以构建长期稳定、可持续的数字化运营模式。

四、企业数字化转型的阶段性特征

企业数字化转型是一个长期、渐进、系统性的变革过程，并非一蹴而就的技术替换，而是对企业运营模式、管理体系、价值链逻辑和竞争策略的深层次重塑。不同企业由于行业特性、市场环境、技术基础和组织能力的差异，在数字化转型的路径上会有所不同，整体上看，数字化转型通常会经历四个关键阶段：数字化基础建设、数据驱动运营、智能化业务创新、生态化商业模式重构。各阶段既有递进关系，又存在相互交叠，企业需要根据自身情况动态调整战略，以确保数字化转型的可行性、经济性和可持续性。

（一）数字化基础建设

企业数字化转型的起点是信息化建设，即构建数字基础设施，提升数据采集、存储、处理和共享的能力，为后续的深度数字化奠定基础。在这一阶段，企业通常会部署企业资源规划（ERP）、客户关系管理（CRM）、制造执行系统（MES）、供应链管理系统（SCM）等信息化系统，使企业核心业务从传统的手工操作或离散式管理向标准化、自动化、数据化管理演进。与此同时，企业需要完善IT基础设施，如云计算平台、数据中心、网络安全体系，确保企业数据能够高效流通、安全存储、实时访问。例如，传统制造企业在这一阶段会开始实施数字化生产管理系统，逐步用软件替代人工统计，提高运营效率。金融机构会加强数据中心建设，搭建核心银行系统，实现业务数据化管理。尽管这一阶段的数字化仍以信息化和自动化为核心，但它为企业下一步的智能化运营和数据驱动决策奠定了坚实的基础。企业在这一阶段的挑战主要在于如何确保IT系统的稳定性、集成性和可扩展性，避免形成数据孤岛，为未来的智能化发展做好铺垫。

（二）数据驱动运营

当企业完成基础信息化建设后，进入数字化转型的第二阶段，即以数据为核心驱动力，优化业务流程，提高运营效率，实现智能化决策。在这一阶段，企业开始从“数据采集”向“数据洞察与应用”升级，通过数据分析挖掘业务增长点、优化供应链、改进客户体验。零售企业会通过用户行为数据分析，优化库存管理，精准预测市场需求，提高供应链协同效率；制造企业会通过工业物联网（IIoT）实时监控生产设备状态，提高生产效率，降低设备故障率。人工智能、机器学习等智能技术也开始应用于运营管理，推动企业从“人驱动运营”向“数据驱动运营”的模式转型。例如，亚马逊的智能仓储系统通过机器学习算法动态调整库存，提高了供应链的敏捷性和响应速度。企业在此阶段的核心挑战在于数据治理能力的提升，确保数据质量、数据安全，并建立以数据驱动的决策机制，使管理层从依赖经验判断向依托数据分析转变，推动企业运营模式的优化和升级。

（三）智能化业务创新

随着企业数据积累和分析能力的成熟，数字化转型进入第三阶段，即通过人工智能、深度学习、智能化等前沿技术，推动业务模式的创新，实现差异化竞争优势。在这一阶段，企业不再仅仅是优化现有业务流程，还通过智能化手段创造新的产品、服务和商业模式。例如，特斯拉的OTA更新技术，使汽车软件能够自动升级，让用户体验持续优化，从而构建出全新的智能汽车服务模式。金融行业的智能投顾（Robo-advisors），通过人工智能分析用户的投资偏好和风险承受能力，实现个性化理财服务，极大地提升了金融产品的智能化水平。在医疗行业，AI辅助诊断技术可以提高医生诊疗效率，使医疗服务更加精准高效。智能化业务创新阶段的关键在于企业如何利用人工智能和自动化技术创造新的价值，而不仅仅是优化现有业务。例如，快消品行业可以借助 AI 驱动的个性化推荐系统，优化客户体验，提高用户转化率。在这一阶段，企业面临的挑战主要包括人工智能应用的可解释性、智能化创新的投资回报率（ROI）、数据隐私保护等，只有在确保数据安全和用户隐私的前提下，才能真正发挥 AI 的商业价值。

（四）生态化商业模式重构

当企业完成智能化业务创新后，数字化转型进入最高阶段，即构建开放式数字生态系统，实现产业链协同，形成平台化、生态化的商业模式。在这一阶段，企业不再局限于单一的产品或服务，而是通过数字技术构建一个多方共赢的商业生态。例如，苹果公司不仅生产 iPhone，还打造了 App Store 生态系统，使全球开发者为其产品创造内容和价值，从而形成强大的平台效应。亚马逊不仅是电商平台，还通过 AWS 云计算服务赋能全球企业的数字化运营，拓展了业务边界。企业在这一阶段的核心任务是打破传统商业模式的限制，通过开放平台、API 经济、区块链等技术，实现跨行业合作。例如，车企与保险公司合作，通过车联网技术提供智能车险服务，拓展新的盈利模式。生态化商业模式重构的挑战主要在于如何构建可信赖的合作机制、如何实现数据互联互通、如何确保各方利益的均衡。未来，企业的竞争将从单一企业竞争转向生态系统竞争，只有能够构建强大数字生态的企业，才能在全球数字经济格局中占据领先地位。

总之，数字化转型并不是单纯的“上云”、“智能化”或“信息化”，而是涉及技术、业务、组织、生态的全面变革。从数字化基础建设到数据驱动运营，再到智能化业务创新和生态化商业模式重构，每个阶段都为企业带来不同程度的价值提升，且需要企业具备不同的技术能力、组织适应力和战略视角。企业在推进数字化转型过程中，需根据自身情况判断当前所处阶段，合理制定数字化战略，避免盲目追求“全栈数字化”或“过度智能化”，确保每一步转型都能带来实质性的商业价值。未来，随着人工智能、5G、区块链、量子计算等前沿技术的融合发展，企业数字化转型的模式和边界将不断拓展，只有具备长期战略眼光、灵活调整能力和生态协作思维的企业，才能真正驾驭数字化浪潮，在全球竞争中占据领先地位。

五、企业数字化转型的意义

企业数字化转型并非单一领域的变革，而是涉及生产方式、商业模式、市场竞争、组织管理、产业协作、社会责任等的系统性变革。它不仅提升了企业的市场竞争力，也深刻塑造了经济运行方式，为全球经济发展注入了新的活力。在数字化浪潮的推动下，企业只有全面拥抱数字技术，重构自身发展逻辑，才能在未来商业格局中占据主动，实现长期可持续增长。

（一）生产力跃升与运营效率重塑

企业数字化转型的核心价值在于突破传统管理与生产模式的局限，以数据驱动的方式重塑生产力和运营效率，实现资源的最优配置。智能化、数字孪生、工业互联网等技术的融合，使生产流程得以深度优化，从以往依赖经验决策和线性管理模式，转向高度智能化、动态调控的模式。通过人工智能赋能，企业能够实时监测生产过程，精准预测设备维护需求，减少因故障停机带来的经济损失，并通过智能算法优化原材料采购和库存管理，降低运营成本。例如，智能制造系统结合大数据分析，使企业可以在产品设计阶段利用仿真模拟优化制造流程，从而降低试错成本，加快产品上市速度。数据流的实时连接使企业内部的协同效率大幅提高，以往信息孤岛和层级壁垒造成的低效沟通问题得以解决，跨部门、跨地域的协作能力显著增强。智能供应链的广泛应用，使得企业能够精准预测市场需求波动，动态调整生产计划，实现供需匹配的最优化，避免库存积压或供应短缺的问题。这种高度数字化的生产方式，既提高了生产灵活性，也增强了企业面对不确定性环境的适应能力。未来，随着分布式制造、云端协同设计等技术的深入发展，企业运营模式将进一步向敏捷化、智能化方向演进，生产力的跃升不再仅依赖传统规模扩张，而是深植于数字化运营体系之中，从而为企业构建长远的核心竞争力。

（二）价值创造方式变革与商业模式创新

数字化转型的深远价值在于重塑企业的价值创造方式，使其突破传统以产品或服务为核心的增长逻辑，转向基于数据、生态和智能技术的复合价值模式。在这一变革过程中，企业的盈利模式、竞争格局以及产业链关系都在发生根本性调整。过去，企业主要依赖物理产品或线下服务获取收益，而数字化技术的普及，使数据资产成为核心竞争要素，数据驱动的精准营销、智能推荐、动态定价等创新模式相继涌现。例如，智能零售企业借助大数据分析和人工智能算法实现高度个性化的商品推荐，提高用户转化率，同时通过动态定价策略优化收益。在更深层次上，数字化转型促使企业从单向价值传递模式转向双向价值共创模式，消费者不再仅是被动的产品接受者，而是企业价值创造体系中的重要参与者。企业通过用户数据分析，精准洞察市场需求，并在研发阶段融入用户反馈，使产品和服务更具市场适配性。平台经济的崛起进一步改变了价值创造逻辑，使企业能够构建开放式生态系统，吸引外部创新者、开发者和合作伙伴共同创造价值。例如，智能网联汽车行业不再仅依赖汽车制造本身获取收益，还通过软件订阅、车联网服务、自动驾驶数据生态等方式，建立长期、持续的商业价值链。未来，随着区块链、人工智能与边缘计算的进一步融合，企业价值创造模式将更加多元化，并持续向高附加值、高智能化方向演进。

（三）竞争格局重塑与市场适应性增强

数字化转型的深远影响不仅限于企业内部效能的提升，还深刻地改变了行业竞争格局，使市场竞争的焦点从规模与资源优势转向数字技术、数据整合与智能决策能力的较量。在传统商业模式中，行业巨头依靠资产规模、渠道网络和品牌影响力维持市场主导地位，而数字化技术的普及降低了市场准入门槛，使新兴企业得以快速崛起，以技术驱动形成差异化竞争优势。例如，金融科技企业依托人工智能和大数据风控模型，颠覆了传统银行业的信用评估体系，使小微企业和个人用户能够获得更具灵活性的金融服务，从而打破了传统金融机构在市场中的垄断地位。数字化转型还增强了企业的市场适应能力，使其能够更加敏捷地应对外部环境的变化。在大数据分析与人工智能预测的支持下，企业能够动态调整供应链、精准定位市场需求，并通过数字渠道快速拓展新兴市场。例如，电商企业依靠实时数据分析快速调整商品品类与库存策略，针对不同市场采取定制化运营方式，增强市场渗透能力。数字化竞争也推动了企业间关系的重塑，以往基于竞争的行业结构正向竞合模式演变，企业通过数据共享、生态协作，实现了共同提升行业效率。例如，智能出行企业、共享单车平台与数字支付企业之间的合作，使出行服务体系更加完整，提升了整体市场效率。未来，随着数字孪生、AI 驱动商业决策和智能供应链网络的进一步发展，市场竞争的逻辑将不再局限于企业间的直接竞争，而是转向生态系统间的竞争，企业必须不断优化数字化能力，才能在动态市场环境中保持长期竞争力。

（四）客户体验优化与用户关系重构

数字化转型正在深刻改变企业与客户的互动方式，使客户体验从单向接受转向深度参与，企业与客户之间的关系从交易模式向长期共创模式演变。在传统商业模式下，客户体验往往受到产品质量、渠道可及性和价格因素的主导，而在数字化时代，客户体验的决定因素进一步延伸到数据驱动的个性化服务、智能交互与全渠道融合体验上。企业通过人工智能和大数据分析，能够精准刻画用户画像，动态预测消费需求，提供个性化的产品和服务。例如，数字银行依托智能客服与数据分析，能够实时提供定制化金融产品，而不再仅依赖传统标准化贷款模式。这种智能化的用户交互，使客户体验从静态满足向动态优化转变，显著增强了用户黏性。数字化技术还推动了用户体验的全场景融合，企业通过线上线下数据整合，打造无缝衔接的全渠道购物体验。例如，零售企业利用 AR 技术，让消费者在虚拟环境中预览商品使用效果，提升购买决策的精准性。社交媒体和数字社群的兴起，使客户关系不再是企业单方面的信息传递，而是高度互动的共创过程。企业通过社交平台收集用户反馈，快速调整产品策略，实现市场需求与产品创新的高效对接。未来，随着人工智能、区块链和 5G 等技术的进一步发展，企业与客户之间的互动将更加智能化、去中心化，并向更高层次的个性化、实时化和情境化方向演进。

（五）组织架构优化与企业治理升级

数字化转型不仅涉及技术和业务模式的变革，还直接推动企业组织架构的重塑和治理体系的升级。传统企业往往采用科层式管理体系，信息流动缓慢，决策链条冗长，难以快速响应市场变化。在数字化环境下，组织形态向扁平化、敏捷化和数据驱动的方向转型，使企业能够更加高效地进行资源调配与决策优化。例如，领先的科技企业普遍采用敏捷管理模式，通过小型跨职能团队协同合作，实现快速产品迭代和市场响应。这种组织结构的调整，使得企业能够最大化地激活内部创新潜能，提高团队协作效率。数据治理能力的提升使企业能够更加精准地进行战略规划和业务优化。通过构建数据中台和智能分析系统，企业管理层能够实时掌握业务运行状态，并基于数据支持决策，而非依赖经验或层层上报。例如，零售企业借助实时销售数据调整供应链策略，使库存管理更加精准，避免库存积压或缺货问题。数字化治理体系的建立，使企业在风控管理、合规运营和透明度提升方面具备更强的能力。例如，区块链技术在供应链金融中的应用，使企业能够实现交易可追溯、数据不可篡改，从而增强行业信任体系，降低信用风险。未来，随着人工智能决策支持系统和智能合同的普及，企业治理将进一步向智能化、去中心化和协作化方向发展，传统组织管理范式将被全面重塑，企业的治理能力也将在数字化赋能下实现新一轮升级。

（六）产业链协同深化与生态体系构建

数字化转型正推动企业从单一竞争主体向产业链协同和生态系统构建方向演进，使价值创造的边界不断延展，跨行业融合成为新的竞争趋势。在传统商业模式下，企业通常以封闭式供应链管理为核心，依靠自身资源进行价值创造，而在数字经济时代，企业间的界限被技术打破，合作成为提升整体竞争力的关键。数字化使产业链上下游的数据流动更加顺畅，企业能够通过实时数据共享，优化供应链运作，提高整体运营效率。例如，智能制造企业利用工业互联网平台，将供应商、制造商和分销商的数据实时对接，实现了需求预测、库存管理和生产排程的自动优化，避免了供应链中断或产能过剩的问题。数字平台经济的发展使企业得以构建更广泛的产业协作网络。例如，新能源汽车产业通过与充电基础设施企业、智能驾驶技术公司和软件服务提供商的合作，共同打造智能出行生态，从而超越传统汽车制造的价值边界，创造全新的商业模式。数字化使跨行业数据整合成为可能。例如，保险公司与健康科技企业合作，基于用户健康数据设计个性化保险产品，推动保险行业从静态赔付模式向主动健康管理模式转变。这种产业生态的构建使企业能够通过共享资源、共创数据价值提升整体市场竞争力。未来，随着物联网、人工智能和区块链技术的进一步成熟，产业链协同将进入更高层次的智能协作阶段，企业不再仅关注自身业务，而是围绕整个生态系统进行战略布局，推动行业整体向更高水平发展。

（七）企业可持续发展能力提升与社会责任深化

数字化转型不仅提升了企业的市场竞争力，还在可持续发展和社会责任领域发挥了重要作用，使企业从单纯的利润导向向社会价值创造迈进。数字技术使企业能够更加高效地实现绿色低碳发展，通过智能能源管理系统优化能源消耗，提高生产过程的环保标准。例如，智能电网利用人工智能优化电力调度，减少能源浪费，同时提高可再生能源的利用效率，推动企业实现碳中和目标。数字化手段使企业能够更加透明化地履行社会责任。例如，区块链技术在供应链透明度管理中的应用使企业能够追溯产品的生产全过程，确保原材料采购符合环保和社会责任标准，提升消费者信任度。数字化转型促进了社会普惠性服务的广泛应用。例如，金融科技企业通过大数据风控，使金融服务覆盖更广泛的中小企业和低收入群体，提高金融普惠性。远程办公、在线教育、数字医疗等数字化模式的发展使企业在推动社会发展和提升公共服务质量方面发挥更大作用。例如，互联网医疗平台通过人工智能辅助诊断，使偏远地区患者能够享受高质量医疗资源，减少医疗资源分配不均的问题。未来，随着数字化转型的深入推进，企业将不再以商业利润为唯一目标，而是通过科技创新赋能社会可持续发展，实现商业价值与社会责任的高度融合。

第二节 数字化转型的驱动因素

数字化转型的驱动因素涵盖技术、市场、政策、社会和竞争等多个方面。云计算、人工智能、5G、物联网等技术创新提供基础支撑，全球化竞争和产业升级推动企业加速数字化布局，政府政策与数据治理强化数字经济发展，消费者需求变化促使企业优化智能服务，市场竞争压力倒逼企业进行数字化创新。数字化能力将成为未来企业和国家竞争力的核心，决定产业升级与经济增长的方向。

一、技术驱动

数字化转型的技术驱动因素涵盖云计算、边缘计算、大数据、人工智能、物联网、5G、区块链及数字安全等多个关键技术。这些技术共同推动企业智能化升级，提高决策精准度和运营效率。云与边缘协同优化计算资源，大数据结合人工智能提升数据价值，物联网与5G加速行业智能化，区块链增强数据安全和信任机制。新兴技术的融合，使数字化转型成为产业升级和全球竞争的核心动力，引领未来经济和社会变革。

（一）云计算与边缘计算

云计算已成为企业数字化转型的核心支撑技术，其本质在于提供高效、弹性、可扩展的计算资源，使数据处理和存储突破传统物理服务器的限制，形成集中化与分布式计算相结合的模式。近年来，云计算体系从基础设施即服务向更高阶的人工智能即服务、无服务器计算等方向发展，大大提高了计算效率和资源利用率。超大规模数据中心依托云计算形成全球性的计算网络，使得跨国企业能够实现数据流的无缝协同。与此同时，联邦学习等隐私保护计算技术正在推动跨组织的数据共享，解决传统数据孤岛问题，为医疗、金融、工业等行业提供更智能化的数据处理方案。边缘计算的兴起进一步弥补了云计算在实时性、安全性、带宽占用等方面的不足，使数据处理从中心云端向边缘设备转移，在智能制造、自动驾驶、智慧城市等场景中展现出巨大潜力。尤其是在5G和物联网普及的背景下，边缘计算大幅提升了数据处理的即时性，使远程控制、工业设备监测和智能零售能够实现更高效的数据流通，形成云、边、端协同的计算架构，加速各行业的智能化升级。

（二）大数据与人工智能

大数据不仅是信息时代最重要的生产要素之一，也成为企业决策智能化的基础。近年来，数据驱动决策模式在金融风控、医疗健康、供应链管理等多个领域得到广泛应用，使得企业能够基于数据挖掘实现精准预测、实时调整和个性化服务。传统的数据分析方法难以应对大数据的高维度、非结构化和复杂关联性，因此深度学习与强化学习在大数据处理中的应用不断深化，使得数据处理不再局限于简单的统计分析，而是能够自动地从数据中发现潜在模式，优化企业运营策略。因果推断方法的引入使得数据分析从相关性探索迈向更精确的因果关系建模，提高了数据分析的可解释性。生成式AI的发展使得大数据不仅能用于模式识别，还能用于创造性任务，如文本生成、图像合成和自动编程，提高了企业在市场营销、自动化客服和智能设计中的应用价值。数据治理与隐私计算技术的突破使得数据共享和跨行业合作变得更加可行，联邦学习、多方安全计算等技术让企业能够在保护数据隐私的前提下，依然能利用多源数据进行高效计算，从而提高决策的科学性和精确度。

（三）物联网与5G

物联网的核心在于构建人与设备、设备与设备之间的智能连接，实现实时数据采集、分析和执行。在工业领域，智能传感器和边缘计算结合，使得设备能够自主感知生产环境，预测故障，优化生产效率，推动智能制造的广泛落地。在医疗领域，物联网赋能远程医疗监测，使慢性病管理和突发疾病救治更加高效，医疗设备的互联互通提升了诊疗精准度。在智能家居领域，依托物联网技术，实现了从单一智能设备向全屋智能生态的转变，使设备协同更具智能化。物联网的发展受到通信技术的高度影响，5G 网络的低时延、高带宽和大连接特性大大增强了物联网的数据传输能力，尤其在车联网、智慧交通、智能电网等领域表现突出。近年来，低功耗广域网技术的进步使得物联网设备的能效大幅提升，使智慧农业、环境监测等领域能够在更低能耗条件下进行长期数据采集和分析。随着人工智能的进一步融入，物联网不仅具备数据采集和传输功能，还具备智能决策和自主学习能力，在自动驾驶、无人仓储和精准农业等场景中展现出革命性的变革潜力。

（四）区块链与数字安全

区块链技术的独特优势在于去中心化、不可篡改性和高透明度，为数据安全、信任机制和价值交换提供了全新的技术范式。近年来，区块链技术从早期的加密货币应用扩展至数字身份认证、智能合约、供应链管理、分布式金融等多个领域，在数据存证、交易透明化和风险管理方面发挥了重要作用。区块链的智能合约技术能够自动执行预设规则，减少中介环节，提高交易的自动化和可信度，在金融、法律、能源管理等场景具有广阔的应用前景。隐私计算技术的突破，如零知识证明、多方计算、全同态加密等，使得区块链在确保数据透明性的同时，也能够实现更高效的隐私保护，推动数据经济的可信流通。在产业应用方面，区块链已被广泛用于食品溯源、供应链金融和知识产权保护，为企业提供可信的数据追踪方案，提高运营效率和市场公信力。然而，区块链的可扩展性问题仍是当前技术发展的瓶颈，分片技术、侧链技术、跨链协议等新兴技术正在不断优化区块链网络的处理能力，使其能够满足大规模商业应用需求。随着数字人民币、去中心化金融和非同质化代币（NFT）等概念的兴起，区块链技术正在重塑全球数字经济的生态体系，并成为未来数字化基础设施的重要组成部分。

二、市场驱动

市场驱动因素正深刻塑造数字化转型的方向。经济全球化与市场竞争促使企业利用数字技术优化供应链与市场布局；产业结构升级与数字化变革推动智能制造、精准农业和数字服务业快速发展；数字平台经济与共享经济重塑商业模式，提高资源配置效率；数字金融与智能投资加速资本流动，提高市场透明度与交易效率。数字经济将不断深化，推动全球产业链优化和经济结构变革，为企业提供更广阔的增长空间。

（一）经济全球化与市场竞争

经济全球化的不断深化，使得企业面临更为复杂和动态的市场环境，数字化转型已成为其提升国际竞争力的关键。随着跨境供应链的高度互联，数字技术正在重塑全球生产和贸易格局。人工智能与大数据技术的深度融合，使得企业能够实时分析市场动态，优化产品定价策略，并精准预测需求波动，提高市场响应速度。跨境电子商务的兴起，使得中小企业也能借助数字平台快速拓展国际市场，降低传统贸易壁垒。近年来，全球贸易摩擦和地缘政治的不确定性加剧，使企业不得不依靠数字化手段增强供应链韧性，通过区块链和分布式账本技术（DLT）确保数据安全和贸易透明度，以降低供应链断裂的风险。金融科技的发展促进了跨境支付的便捷化，加密货币和数字人民币等技术手段的兴起使国际结算更加高效透明。面对数字原生企业的迅猛崛起，传统企业若不积极布局数字化战略，将难以适应全球化竞争的挑战。因此，数字化能力不仅是提升运营效率的工具，也是塑造企业国际影响力的核心驱动力，未来全球竞争的关键在于谁能更快地利用数字技术提升竞争优势。

（二）产业结构升级与数字化变革

全球经济正经历从工业经济向数字经济的深度转型，产业结构升级成为推动经济高质量发展的核心动力。制造业正在向智能制造模式演进，企业普遍采用工业互联网、数字孪生、云计算等技术，构建智能化、柔性化的生产体系。智能传感器、5G、物联网等技术的融合，使得生产设备具备实时感知和自主决策能力，提高生产效率的同时降低运营成本。在农业领域，数字农业的发展使得传统农业模式向精准农业转变，依靠大数据、遥感技术优化农作物生长环境，提高土地利用效率。在服务业领域，在线教育、远程医疗、数字文娱等行业的爆发式增长，使得企业不得不借助人工智能、自然语言处理等技术，实现内容个性化和用户体验优化。在金融领域，数字化技术正在重塑投融资体系，量化投资和智能投顾的兴起使得企业资本管理更加精准和高效。未来，产业结构升级的方向将在智能化、绿色化和数字化的交汇点上展开，企业若能提前布局数字化创新，将在新一轮产业变革中占据先机。

（三）数字平台经济与共享经济

数字平台经济的兴起，正在彻底改变企业的商业模式和市场竞争格局。平台经济的核心在于数据驱动的供需匹配，通过大规模用户连接和算法优化，提高市场交易效率。电子商务、内容社交、共享出行等数字平台，使得企业能够突破地域限制，以较低的边际成本实现业务扩展。人工智能的深度学习算法，使得平台可以根据用户行为数据精准推荐商品或服务，极大地提升用户黏性和市场转化率。例如，短视频平台依托智能推荐系统，使内容分发更加高效，从而带动相关行业的商业化变现。共享经济的发展，使资源使用模式发生重大变革，从个人到企业，越来越多的资产通过数字平台实现共享，提高社会资源利用率。随着区块链和去中心化技术的成熟，平台经济或将逐步向分布式商业模式转变，实现更高程度的自治和可信交易，使企业在全球市场竞争中获得更大的灵活性和创新空间。

（四）数字金融与智能投资

金融科技的突破正在重塑全球金融体系，使资本运作更加智能化、去中介化和普惠化。人工智能在信用评估、资产管理、风险控制等方面的应用，使金融机构能够利用海量数据精准预测市场波动，优化投资策略，提高金融服务效率。区块链技术的引入，使得供应链金融、支付结算、跨境贸易等金融活动更加透明、安全和高效，降低传统金融体系的摩擦成本。近年来，央行数字货币的试点和推广，使得支付体系进一步数字化，强化了政府对货币流通和金融市场的调控能力。智能投资的兴起推动了算法交易和自动化投资决策，使得投资机构能够利用机器学习模型进行高频交易，提高市场流动性。未来，数字金融将进一步融合人工智能、物联网、量子计算等前沿技术，使全球金融体系更加智能化、自动化，并推动金融市场进入更加透明、高效和包容的新时代。

三、政策与法规驱动

各国政府通过数字化战略的引领、数据经济治理与数据监管体系的构建、政府投资与产业扶持政策的赋能，推动数字经济发展，加速技术创新与产业升级。全球数据安全、跨境流通与平台监管成为政策焦点，政府在优化数字基础设施、促进公平竞争、保障隐私安全等方面发挥关键作用，引导企业适应数字化变革。

（一）国家数字化战略的引领

各国政府已将数字化转型提升至国家战略高度，以强化全球竞争力，优化产业结构，并确保科技主权的自主可控。数字经济的快速发展使国家政策从传统经济调控扩展至数字基础设施建设、数据治理、人工智能监管等关键领域。“数字中国”战略和“新基建”政策加速推动5G、人工智能、区块链、工业互联网等技术的普及，使制造业、金融业、教育医疗等行业迈向智能化与高效协同。欧盟的“数字单一市场”战略通过加强数据主权、推动统一的数字经济框架，打破成员国数据壁垒，提高区域内的创新能力和市场竞争力。美国重点投入半导体、人工智能、云计算等领域，制定《芯片与科学法案》以强化科技供应链的自主可控，并推动数字贸易规则，影响全球数字化生态。近年来，国际围绕数字技术标准、数据跨境流动的竞争日趋激烈，形成技术封锁与合作并存的复杂格局。国家层面的政策规划不仅决定数字产业的发展方向，也影响企业的技术选择和市场布局。未来，政府将在数字化转型中扮演更重要的角色，企业需要在政策引导下精准布局，以适应不断变化的全球数字竞争环境。

（二）数字经济治理与数据监管体系的构建

数据作为数字经济时代的核心生产要素，已成为各国政府监管的重点领域，数据治理与行业监管体系的建立正在深刻影响全球数字化进程。大数据、人工智能、物联网等技术的广泛应用，使数据采集、处理和跨境流动的复杂性大幅提高，同时带来了隐私保护、数据安全、算法公平性等问题。在欧盟，《通用数据保护条例》确立了全球数据保护的最高标准，要求企业在数据收集和使用过程中提高透明度，并保障用户对数据的控制权。在中国，《数据安全法》《个人信息保护法》的实施进一步细化了数据跨境流通的合规要求，并强化政府对关键数据领域的监管，以确保国家数据安全。美国、英国、印度等国也相继制定相关法律，对科技巨头的数据垄断、算法偏见等问题进行约束。近年来，人工智能生成内容（AIGC）和深度伪造技术的发展使政府必须进一步完善监管框架，确保技术应用的伦理性和安全性。区块链与隐私计算技术的融合，如零知识证明、多方安全计算的创新，使得数据共享与隐私保护在政策层面逐步趋向平衡。未来，数据治理政策将朝着国际协作、技术驱动和法治化方向发展，企业必须不断强化数据合规管理，并利用先进的隐私保护技术，在确保安全的前提下提升数据价值。

（三）政府投资与产业扶持政策的赋能

政府通过财政支持和产业政策引导，成为推动数字化转型的重要力量，助力企业创新和产业升级。近年来，各国政府纷纷加大对数字基础设施的投资，以促进经济数字化转型。中国的“新基建”政策覆盖5G网络、人工智能、工业互联网、智能算力中心等关键领域，通过政策性银行贷款、政府专项资金等形式支持企业布局数字经济。欧盟通过“数字欧洲计划”设立专项基金，以推动超级计算、网络安全、量子技术和云计算的发展，同时鼓励成员国加快数字政府、智能交通、智慧城市等领域的转型。美国依靠国防和科技研发资金，推动高性能计算、数字货币、智能制造等领域的技术突破，并通过创新补贴政策吸引企业和科研机构加强研发投入。在实践中，政府扶持政策不仅影响企业的创新方向，也对创业生态产生深远影响。近年来，智能医疗、绿色数字经济、数字金融等领域的政策倾斜，使企业投资向可持续方向发展。例如，碳中和目标下的数字能源管理系统、基于区块链的绿色金融方案等，均成为政策驱动的新兴增长点。未来，政府投资与产业扶持政策将更加精准化，围绕数字经济生态构建更完善的公共服务体系。企业在享受政策红利的同时，需要具备敏锐的政策解读能力，把握政府支持的方向，积极参与数字化基础设施建设和数字技术应用推广，以在新一轮产业变革中抢占先机。

四、社会与消费者行为驱动

消费者数字化需求、劳动力市场变化和可持续发展与ESG（环境、社会、治理）共同推动企业加速数字化转型。个性化服务、远程办公和智能管理成为企业运营新常态，ESG标准促使企业采用数字技术优化能源管理、供应链合规和社会责任履行。企业必须构建智能化、绿色化、数据驱动的商业模式，以适应市场变革。

（一）消费者数字化需求推动企业加速智能化转型

在数字经济时代，消费者的需求已从单纯的产品购买转向更加智能化、个性化和互动化的消费体验，这一变化正倒逼企业进行深度数字化转型。随着移动互联网的普及，消费者获取信息、购物、支付、社交等行为全面数字化，在线服务已成为市场竞争的关键领域。例如，电子商务平台依托大数据分析和人工智能推荐算法实现精准营销和个性化推送，使消费者获得高度契合需求的购物体验。社交电商、直播带货等新兴消费模式的兴起，使得传统零售行业加速数字化转型，利用全渠道整合策略增强用户黏性。智能客服、语音交互、AR 购物等技术的应用，进一步提升消费者的交互体验，降低信息搜索成本，提高购买决策效率。生成式 AI 赋能智能推荐、自动客服和文本生成，使企业能够以更低成本提供高质量服务，推动全行业数字化服务升级。未来，企业若要保持竞争力，必须深刻洞察消费者行为变化，加快数字化基础设施建设，构建更加智能化、数据驱动的商业模式，以适应日益复杂的消费者需求。

（二）劳动力市场变化促使企业提升数字化管理能力

劳动力市场的深刻变革正在推动企业采用数字技术优化人力资源管理，提高工作效率，并适应新型就业模式的兴起。远程办公、灵活就业、数字游牧等工作模式的普及，使得传统的线下管理方式逐渐被数字化协作工具取代。云办公软件、视频会议、智能排班系统等数字化工具，使企业能够远程管理员工，提高跨地域团队的协作效率。近年来，企业开始采用 AI 驱动的招聘系统，通过自然语言处理和机器学习技术进行简历筛选、人才匹配和面试预测，大幅提升招聘效率。数字化绩效管理系统和智能薪酬计算工具的应用，使企业能够实时监控员工绩效，提供更精准的激励机制。随着自动化技术的发展，部分重复性劳动岗位正在被智能机器人和 AI 系统取代，使得企业需要重新构建人才培养体系，加强员工的数字技能培训。元宇宙办公、虚拟现实协作等新兴技术的应用，使远程团队管理和沉浸式会议体验成为可能，进一步拓宽了企业数字化管理的边界。未来，企业若要适应劳动力市场的变化，必须加快数字化管理系统的升级，打造智能化、数据驱动的组织结构，以提升企业的竞争力和运营效率。

（三）可持续发展与 ESG 推动企业数字化转型

在全球绿色发展和可持续发展目标（SDGs）的推动下，ESG 成为衡量企业可持续竞争力的重要标准，企业正加速采用数字化技术实现低碳转型和智能化管理。碳中和目标的提出，使得各行业纷纷采用数字能源管理系统，利用物联网传感器、智能算法和大数据分析优化能源消耗，降低碳排放。例如，制造企业通过工业互联网和数字孪生技术实现智能排产，提高生产效率并减少资源浪费。绿色金融的兴起使得企业需要借助区块链技术建立透明的碳信用体系，实现碳排放交易的可追溯性，确保数据合规。智能电网、智慧建筑和新能源汽车产业的数字化升级，使能源结构向更加绿色和智能的方向发展。企业的社会责任（CSR）也在数字化推动下发生深刻变化，数字公益、智能供应链合规审查、AI 驱动的企业伦理评估等新兴技术手段，使企业能够更加精准地履行社会责任。未来，随着全球 ESG 监管体系的日益完善，企业在数字化转型过程中必须平衡商业价值与社会责任，构建更加智能化、绿色化和透明化的运营模式，以在可持续发展时代占据战略优势。

五、竞争压力驱动

数字化转型正成为企业应对竞争压力的必然选择。传统企业面临数字化颠覆，竞争对手的数字化领先加剧行业洗牌，初创企业凭借数字化创新对传统行业形成颠覆性冲击。企业若无法快速适应数字化变革，将被行业淘汰，只有持续创新、深度数字化升级，才能在激烈竞争中保持领先地位。

（一）传统企业面临数字化颠覆

在数字化浪潮的冲击下，传统企业正面临深刻的行业重构，若不主动进行数字化转型，将难以抵御新兴技术带来的市场颠覆。例如，在零售行业，传统实体零售正逐步被电子商务和智能供应链取代，消费者对数字化服务的需求不断提高，使得零售商必须通过数字化运营优化用户体验，提高运营效率。在制造行业，自动化生产、智能供应链和数字孪生等技术的应用，使传统生产模式遭受极大挑战，数字化企业能够通过精准预测需求、优化生产流程，实现低成本、高效率的竞争优势。在金融行业，传统银行业务正被数字银行、智能投顾、区块链支付等新兴模式重塑，去中介化和智能决策成为主流趋势。在医疗行业，数字化也在迅速推进，智能诊疗、远程医疗、个性化健康管理等技术已成为医疗服务的重要组成部分。面对这些变化，传统企业如果仍然依赖过去的线下模式，将难以跟上行业的发展步伐。因此，企业必须加快数字化布局，通过大数据、人工智能、云计算等技术提升自身竞争力，否则将被市场淘汰。未来，企业的竞争力不仅取决于传统的成本控制和市场规模，还取决于其数字化能力和技术创新水平，只有实现深度数字化变革，才能在未来竞争中占据有利位置。

（二）竞争对手的数字化领先加剧行业洗牌

行业内领先企业的数字化优势正在加速市场的马太效应，传统企业如果不能快速适应数字化变革，将面临市场份额被侵蚀甚至淘汰的风险。数字化企业通过大规模数据分析、人工智能优化和智能供应链整合，实现精准市场定位和运营效率的极大提升。例如，在互联网金融领域，数字银行和科技驱动的金融服务机构利用 AI 风控和大数据建模，实现更精准的信贷评估，降低坏账率，而传统银行如果不及时引入智能金融技术，将难以在市场竞争中占据优势。在制造业领域，工业互联网、智能制造和自动化生产体系的建设，使领先企业能够利用数据驱动的生产优化模型，提高产品质量和生产效率，从而在市场竞争中拉开更大差距。在线教育、在线医疗等领域，其数字化先行者依托人工智能教学、远程诊疗平台形成极强的市场渗透力，使得传统模式难以再与其抗衡。随着 5G、区块链、物联网等技术的快速发展，企业间的竞争已不再局限于产品或服务本身，而是全面转向数字化能力的比拼，领先企业的技术积累和数据优势形成强大护城河，使得落后者难以追赶。未来，企业在竞争中必须保持高度的技术敏感度，不断进行数字化创新，以避免被行业领先者拉开不可逾越的差距。

（三）初创企业凭借数字化创新对传统行业形成颠覆性冲击

初创企业依托数字化技术的创新能力对传统行业的竞争格局形成强烈冲击，推动行业进入新的竞争态势。许多行业的新进入者通过数字化技术重构市场规则，打造全新的商业模式。例如，特斯拉通过智能汽车操作系统、大数据分析和自动驾驶技术，彻底改变了汽车行业的竞争规则，使传统车企不得不加速向智能电动汽车转型。共享经济平台，如滴滴、Uber、Airbnb 等，以数字化平台颠覆了传统出租车行业和酒店行业，改变了消费者的出行和住宿方式。人工智能驱动的医疗科技初创企业，依靠 AI 诊断、精准医疗和数字化健康管理，正在挑战传统医院和制药公司的市场主导地位。新兴数字银行通过区块链技术、去中心化金融模式，实现更加便捷的金融服务，而传统银行如果不快速调整策略，将难以与之竞争。这些初创企业的成功并非偶然，它们的核心竞争力在于对数字技术的深度应用，通过数据智能化、用户体验优化和商业模式创新，占领市场制高点。面对这一趋势，传统企业必须加快技术转型，构建敏捷的创新体系，否则将被新兴企业不断蚕食市场份额。未来，数字化初创企业的崛起将进一步加剧行业竞争，迫使传统企业重新审视自身的数字化战略，以适应不断变化的市场环境。

第三节 企业数字化转型的战略模式和业务应用模式

从转型的深度广度与数字化技术在企业业务中的具体应用路径看，企业数字化转型模式可分为战略模式和业务应用模式。战略模式包括：数字化增强，优化现有业务流程；数字化重塑，全面重构商业模式；数字生态构建，打造开放式协同平台；数字赋能，推动产业链智能化升级。业务应用模式涵盖数据智能驱动、智能运营优化、平台生态协同、智能产品创新、跨界融合创新、数字孪生驱动、智能供应链优化、智能营销转化、智能安全防御和绿色低碳数字化，助力企业提升决策效率、优化运营、拓展市场，实现智能化、数字化、生态化的高质量发展。

一、企业数字化转型的战略模式

从转型的深度和广度看，企业数字化转型可以归纳为数字化增强型、数字化重塑型、数字生态构建型、数字赋能型四种主要战略模式。数字化增强型，借助数字工具优化现有业务流程和决策能力；数字化重塑型，通过智能技术全面重构商业模式和价值体系；数字生态构建型，打造开放平台促进多主体协同创新；数字赋能型，通过技术外溢提升产业链智能化水平，推动行业整体升级。企业在制定数字化战略时，应结合业务需求和市场趋势，综合运用多种模式，以确保数字化转型的可持续性和竞争优势。

（一）数字化增强型

数字化增强型模式侧重于企业在既有商业模式基础上，利用数字技术优化流程、提高运营效率和增强客户体验，而不对核心业务模式进行颠覆式变革。这种模式的主要目标是利用智能化手段增强企业在市场中的竞争力，提高业务执行效率，并使企业更具适应性。在这一模式下，企业通过人工智能、数据分析、自动化技术的应用，实现供应链、客户管理、财务风控、产品研发等业务环节的智能优化。例如，金融行业广泛采用 AI 算法进行智能风控和信贷审批，提高风险评估精准度，同时利用智能客服优化客户体验，降低人工服务成本；制造企业通过工业物联网和数字孪生技术，实现精准监控和智能维护，提高生产效率，减少设备停机时间。该模式的运作机制主要依赖智能化数据采集、自动化流程管理以及预测性分析的结合，使企业具备更强的市场响应能力。然而，数字化增强模式的局限性在于，如果企业仅停留在局部优化，而未建立整体数据驱动体系，则难以形成长期竞争优势。此外，该模式也要求企业具备较强的数据治理和分析能力，以确保数据资产能够得到有效利用。企业在应用数字化增强模式时，需要不断提升数据决策能力，并将智能优化手段与核心业务流程深度相结合，以形成持续的数字化竞争力。

（二）数字化重塑型

数字化重塑型模式是企业在数字化浪潮中，通过深度变革技术架构、运营模式和价值创造体系，实现业务模式的彻底颠覆和重构。这一模式的核心在于不仅优化现有流程，还基于新兴数字技术，如人工智能、大数据、区块链、物联网和云计算，全面重塑企业的商业逻辑、组织结构和市场定位。在此模式下，企业往往将数据作为新的生产要素，将智能决策作为业务核心，并将开放协同作为新的市场战略。例如，零售行业已从传统门店模式演进为全渠道数字零售体系，沃尔玛通过智能库存管理和AI驱动的供应链系统，实现了从供应链到消费终端的全程数字化管理。在制造业领域，特斯拉不仅重塑了汽车制造流程，还借助自动驾驶技术、空中升级（OTA）技术和能源管理系统，彻底改变了传统汽车产业格局。该模式的核心运作机制在于数字技术赋能下的产业价值链重构，企业通过智能化数据采集、机器学习优化决策、自动化运营实现生产力的指数级提升。然而，数字化重塑模式的推行面临极高的技术门槛、组织变革阻力和投资回报周期较长等挑战。因此，企业在采用数字化重塑模式时，需要建立灵活的组织架构、优化数据治理体系，并推动企业文化向敏捷创新转变，确保数字化转型的顺利落地和长期价值增长。

（三）数字生态构建型

数字生态构建型模式强调企业通过构建开放型数字平台，打破传统产业边界，实现多主体间的资源共享、智能协同与价值共创。这一模式的核心在于企业不再是单一的产品或服务提供者，而是通过数字化基础设施连接供应商、客户、合作伙伴、第三方开发者等利益相关方，形成互利共生的商业生态系统。在这一体系下，企业通过数据互联、智能算法匹配、平台化运营等手段，促使生态成员协同发展。例如，亚马逊不仅是全球领先的电商平台，还通过 AWS 云计算、物流基础设施、广告服务等业务构建起一个涵盖零售、云计算、金融服务的庞大生态系统，使众多中小企业能够在其平台上实现数字化发展。在工业领域，西门子的 Mindsphere 工业互联网平台通过云端连接全球制造企业，助力其优化生产、预测设备维护，并通过数据分析提升工业流程智能化水平。该模式的核心运行机制依赖网络效应和生态自增强能力，即随着更多参与者的加入，平台数据量增长，智能算法优化能力增强，进而提升整个生态的竞争力。然而，数字生态的建设面临治理复杂性、数据隐私保护、利益分配平衡等挑战。企业在构建生态时，需要建立完善的开放标准、数据安全协议，并通过智能合约或区块链技术保障生态协作的公平性。此外，生态主导者还需具备持续创新能力，确保平台能够不断提高资源匹配效率，以推动整个产业链的智能化和可持续发展。

（四）数字赋能型

数字赋能型模式的核心在于企业通过开放自身的数字技术能力，为产业链上下游或其他行业提供智能化支持，实现整个行业的升级与优化。这种模式强调技术的普惠性，即领先企业通过 AI、云计算、大数据、物联网等技术的外溢效应，使其他企业能够在较低成本下获得先进的数字化能力，推动行业整体向智能化、数据化方向演进。与数字生态构建模式不同，数字赋能更关注技术的可迁移性，即如何将企业内部的智能技术、数字工具、数据分析能力转化为外部服务，提升整个行业的数字化水平。例如，华为通过云计算、大数据分析、5G 技术，赋能智慧城市、智能交通、医疗健康等行业，推动传统行业向数字化转型；在零售业，阿里云为中小型零售企业提供智能营销、供应链优化和数据分析服务，使其具备与大型企业竞争的能力。该模式的运行机制主要依赖技术共享与智能协作，即企业通过构建技术开放平台、提供标准化 API 接口、部署行业级 AI 解决方案，使行业伙伴能够低门槛接入先进技术，实现业务优化。然而，数字赋能模式的挑战在于如何在开放与保护之间寻求平衡，企业既要推动技术共享，又要防止核心技术流失或被竞争对手利用。此外，赋能方需要建立合理的商业模式，确保赋能服务能够持续盈利，而非单纯的技术输出。未来，随着云计算、AI 和物联网的深入融合，数字赋能模式将更加智能化、模块化，推动更多行业进入数据驱动的智能新时代。

二、企业数字化转型的业务应用模式

从数字化技术在企业业务中的具体应用路径来看，企业数字化转型的业务应用模式包括：数据智能驱动模式，利用人工智能和大数据优化决策；智能运营优化模式，通过流程自动化提升效能；平台生态协同模式，构建开放式数字平台；智能产品创新模式，推动产品智能化升级；跨界融合创新模式，打破行业边界探索新模式；数字孪生驱动模式，实现虚拟映射与智能优化；智能供应链优化模式，强化数据协同与高效流转；智能营销转化模式，利用算法精准触达用户；智能安全防御模式，加强网络安全与风险控制；绿色低碳数字化模式，利用数字技术推动可持续发展。

（一）数据智能驱动模式

数据智能驱动模式强调企业利用数据作为核心生产要素，通过人工智能、大数据分析和云计算技术，实现智能决策优化，并推动商业模式升级。现代企业的竞争力不再仅取决于资源和资本，而更依赖对数据的深度挖掘和智能应用。在此模式下，企业通过数据采集、治理、建模和实时分析，形成智能化的运营决策机制。例如，零售行业通过大数据分析用户购买行为，精准预测市场需求，优化库存管理，并基于个性化推荐系统提高客户转化率；金融行业的智能风控系统能够实时分析客户信用风险，使银行精准匹配贷款利率，减少违约损失。智能预测维护在制造业得到广泛应用，企业通过物联网传感器采集设备运行数据，结合人工智能预测算法，实现预测性维护，减少设备停机时间，提高生产效率。该模式的推广面临数据质量管理、隐私保护和算法偏见等挑战，企业需要建立完善的数据治理体系，确保数据流转的安全性和算法决策的透明度，以实现数据驱动的长期商业价值最大化。

（二）智能运营优化模式

智能运营优化模式侧重于企业利用智能技术优化内部运营流程，提高业务效率、降低成本，并增强组织灵活性。传统的运营方式往往依赖人工管理，流程复杂且执行效率低下，而智能运营模式通过人工智能、机器人流程自动化、物联网等技术，使企业的运营体系更加智能化和自动化。例如，在供应链管理中，企业通过人工智能预测市场需求，动态调整采购计划和库存配置，减少库存积压和供应链断裂的风险。在银行业，智能客服系统和自动化交易算法能够提升用户体验，减少人工客服压力，并提高金融服务效率。智能制造企业利用人工智能监测生产环境，通过自动化调控系统优化设备运作，从而提高生产良率，减少资源浪费。该模式的核心优势在于减少人工干预，实现业务流程的智能化闭环，使企业运营决策更加精准和高效，但其推广仍面临诸多挑战，如技术成本高、系统兼容性问题，以及组织对智能技术的适应能力。企业在推进智能运营优化时，需要结合自身业务需求，制定清晰的技术演进路线，并对员工进行数字化能力培训，以确保智能运营体系的有效落地和长期价值实现。

（三）平台生态协同模式

平台生态协同模式强调企业通过构建数字化平台，实现产业链多主体的协同合作，推动资源高效整合和价值共创。不同于传统的线性供应链模式，平台生态模式将企业、供应商、客户、第三方开发者等利益相关方连接在一个开放式生态系统中，以数字化手段提高产业链各环节的运营效率。例如，阿里巴巴不仅构建了电商交易平台，还整合了支付、物流、云计算、智能营销等多元化服务，形成完整的商业生态，使供应商和消费者在其平台上实现高效交易与互动。在制造业，工业互联网平台的兴起使企业能够通过开放式数据接口，与供应链上下游进行实时数据共享，从而优化生产计划和物流调配。平台生态协同模式的核心机制在于网络效应，即随着生态参与者的增加，平台价值呈指数级增长。该模式的实施面临平台治理、数据安全、利益分配等复杂挑战，企业需要建立公平透明的生态机制，并通过智能合约、区块链等技术确保数据隐私和协作透明度，以推动平台生态的长期可持续发展。

（四）智能产品创新模式

智能产品创新模式强调企业通过数字技术改造传统产品，使其具备数据智能化、自适应优化和个性化交互的能力，以提升用户体验和产品竞争力。这一模式的关键在于产品功能的智能化升级，使其能够基于实时数据反馈进行动态调整，为用户提供更精准的服务。例如，智能家居行业的智能音箱、智能温控系统等产品能够根据用户习惯进行自动调节，实现更便捷的智能体验；汽车行业正在从传统制造向“软件定义汽车”（SDV）转型，特斯拉等企业通过 OTA 技术不断优化车辆性能，并结合自动驾驶技术，创造全新的出行体验。医疗器械行业也在向智能化方向发展，如远程监测设备能够通过物联网连接医疗数据平台，实现远程诊断和健康管理。智能产品创新模式的核心机制在于数据闭环，即产品通过传感器采集用户使用数据，利用人工智能进行实时分析，并通过软件算法优化产品体验。该模式面临数据隐私、技术标准化和用户接受度等挑战，企业需要在产品研发过程中注重数据安全性，并建立用户数据管理规范，以确保智能产品的可持续发展和市场竞争力。

（五）跨界融合创新模式

跨界融合创新模式强调企业突破行业边界，利用数字技术推动不同领域的深度融合，创造新的商业模式和价值增长点。随着 5G、人工智能、区块链等技术的广泛应用，行业之间的界限日益模糊，企业不再局限于传统的业务模式，而是通过技术协同、数据共享和跨产业合作，构建新的市场生态。例如，汽车行业正在从单一制造转向智能出行服务，传统车企与互联网科技公司合作，共同开发自动驾驶、车联网、智能充电等新业务，形成以数据驱动的出行服务体系；金融行业通过数字科技与电商、社交、智能支付等行业相结合，催生数字银行、区块链金融、智能投顾等新型金融服务。跨界融合创新模式的核心机制在于产业链整合和资源共享，企业通过数字平台和 AI 技术，使不同产业的数据、技术和服务实现无缝对接，从而提升商业价值。该模式面临多重挑战，包括行业监管障碍、数据互联互通难题、商业模式适应性等。企业在推进跨界融合创新时，需要构建灵活的组织架构，确保新业务模式能够快速适应市场需求，同时推动跨行业数据标准化，以减少融合过程中的技术障碍，实现高效的跨界协同和商业价值的最大化。

（六）数字孪生驱动模式

数字孪生驱动模式强调企业利用虚拟仿真技术，实现物理世界与数字世界的实时映射，以提升产品设计、制造、运营及维护的全生命周期管理效率。该模式的核心在于通过物联网传感器收集设备、生产线或城市基础设施的实时数据，并在虚拟环境中构建高度逼真的数字映射，以进行仿真测试、预测性维护和智能优化。例如，在航空航天领域，航空航天行业广泛采用数字孪生技术进行飞机发动机仿真，使工程师能够在真实生产前模拟不同工况下的性能表现，从而优化设计并降低试错成本；在智能制造领域，西门子利用数字孪生技术实现虚拟工厂规划，使生产流程在物理制造前便可进行仿真优化，减少资源浪费，降低生产风险。智慧城市建设也在利用数字孪生技术模拟交通流量、电网运行和基础设施管理，以提升城市治理的科学性和智能化水平。数字孪生驱动模式的核心机制在于数据驱动的动态优化，即通过不断采集、分析和反馈数据，使虚拟系统能够准确反映现实状态，并提前识别潜在问题。该模式的实施需要高精度的数据建模、实时计算能力和强大的数据集成管理，企业需克服数据采集精度、系统兼容性和计算资源消耗等困难，以实现数字孪生的真正价值。

（七）智能供应链优化模式

智能供应链优化模式通过数据智能化和自动化决策技术，实现从原材料采购、生产、仓储到物流配送的全链条优化，增强供应链的弹性、效率和可预测性。该模式强调数据协同，利用人工智能、大数据分析、区块链和物联网技术，使供应链管理更加智能化、透明化，并能够快速响应市场变化。例如，亚马逊的智能仓储系统通过 AI 算法实时预测订单需求，优化库存补货决策，并结合机器人自动分拣技术提升仓库运作效率；在制造业，宝马等企业通过物联网传感器监测供应链上下游情况，确保零部件供应的稳定性，并利用区块链技术保障供应链数据的安全性和可追溯性。食品行业正在利用智能供应链技术优化冷链物流，确保生鲜食品在运输过程中的温度监测与质量追踪，从而减少损耗并提升食品安全性。该模式的核心机制在于数据驱动的预测性决策，企业通过历史数据分析、实时监测和 AI 模型预测市场需求，优化采购、库存和配送流程。智能供应链的推广面临数据孤岛、系统集成复杂性、供应链合作方数字化程度不一等挑战，企业需建立标准化的数据接口，并推动供应链伙伴的数字化升级，以实现真正高效协同的智能供应链体系。

（八）智能营销转化模式

智能营销转化模式聚焦于利用数据智能技术优化营销策略，实现精准用户洞察、个性化推荐和全渠道互动，以提升客户转化率和品牌忠诚度。现代企业不再依赖传统广告投放，而是通过 AI 算法分析用户行为，动态调整营销内容，实现千人千面的智能化营销。例如，Netflix 通过用户观看数据分析，利用推荐算法提供个性化影视内容，提高用户黏性并降低流失率；电商行业的智能营销系统能够基于用户浏览记录、购物习惯和社交互动数据，实时推送个性化商品推荐，提高转化率和客单价。社交媒体平台正广泛采用 AI 进行情感分析和精准广告投放，使品牌能够针对不同用户群体制定更加精准的营销方案。该模式的核心机制在于数据分析与动态内容匹配，企业通过深度学习算法不断优化推荐系统，使营销内容更符合用户需求。智能营销转化模式面临数据隐私合规、算法透明度和用户体验优化等挑战，企业需要建立用户数据管理规范，确保数据使用的透明性，同时通过 A/B 测试不断优化算法，以平衡精准营销与用户信任之间的关系，确保品牌的长期竞争优势。

（九）智能安全防御模式

智能安全防御模式强调企业通过人工智能和大数据技术增强网络安全防御能力，以应对日益复杂的网络攻击、数据泄露和合规风险。随着数字化程度的提升，企业面临的安全威胁不断增加，传统的静态安全策略已难以应对动态变化的安全挑战，因此，智能安全防御模式正在成为企业 IT 安全体系的关键组成部分。例如，银行和金融机构利用 AI 进行反欺诈检测，实时分析交易模式，识别异常行为，从而降低欺诈风险；大型企业通过自动化安全监测系统，利用 AI 进行网络流量分析，检测潜在的攻击行为，并自动采取防御措施。云安全企业正在采用机器学习技术，实时监测海量数据流，发现潜在的网络威胁，并提供自动化响应解决方案。智能安全防御模式的核心机制在于数据驱动的自适应防御，企业通过不断学习攻击模式、分析安全事件，并利用自动化技术进行实时防护。该模式的挑战在于 AI 安全模型的训练数据质量、安全系统的实时响应能力，以及隐私合规问题，企业需构建端到端的智能安全体系，确保防御策略的有效性和可持续性，以适应不断变化的网络威胁环境。

（十）绿色低碳数字化模式

绿色低碳数字化模式强调企业通过智能技术优化能源管理、减少碳排放，并推动可持续发展战略的实施。随着 ESG 要求的加强，企业需通过数字化手段提高资源利用效率，并推动绿色生产和低碳运营。例如，制造企业正在利用 AI 进行能源消耗优化，通过智能传感器实时监测设备能耗，并调整生产流程，以减少能源浪费；数据中心企业正在采用云计算和液冷技术优化服务器能效，减少数据存储的碳排放。智能电网系统通过大数据分析和区块链技术，优化可再生能源的调度，提高风能、太阳能等绿色能源的利用率。绿色低碳数字化模式的核心机制在于数据驱动的节能优化，即企业通过实时监测、智能算法和自动化管理，实现精准的资源调控。该模式的推广面临企业绿色转型成本较高、智能管理系统建设复杂、政府监管标准变化等挑战，企业需在制定绿色数字化转型策略时，结合政策激励、行业合作和技术创新，确保可持续发展与商业价值的平衡，构建长期竞争优势。

第二章

企业数字化转型的理论基石

企业数字化转型的理论基石包括技术驱动、组织变革、数据赋能和生态系统重构，共同奠定了数字化转型的科学框架。技术驱动为转型提供智能化手段，使企业依托计算能力、算法优化和自动化实现业务创新；组织变革推动企业从传统科层体系向敏捷、去中心化模式演进，以提升创新能力和运营效率；数据赋能使数据成为企业战略资产，推动精准决策和商业模式创新，助力智能化升级；生态系统重构模糊产业边界，使企业从单一竞争转向生态协同，形成跨行业价值网络。这些理论基础共同支撑企业数字化转型，使其在智能化、平台化、生态化方向上持续发展，构建长期竞争优势。

第一节　技术创新扩散理论与企业数字化转型

技术创新扩散理论（Diffusion of Innovations Theory）由美国社会学家埃弗雷特·罗杰斯（Everett Rogers）提出，旨在揭示技术创新如何在社会系统中传播，以及不同个体和组织如何采纳新技术。该理论认为，创新的扩散受技术特性、传播渠道、时间因素以及社会系统等多种变量影响。在企业数字化转型的背景下，技术创新扩散理论不仅是解析新技术采纳和普及过程的重要理论框架，也为企业制定数字化战略、优化组织结构、提升竞争优势提供了重要指引。

一、创新属性与数字化转型的内在逻辑

技术创新扩散理论指出，影响创新扩散速度和范围的五大关键属性分别是相对优势（Relative Advantage）、兼容性（Compatibility）、复杂性（Complexity）、可试验性（Trialability）和可观察性（Observability）。在数字化转型的语境下，这五个属性深刻影响企业对新技术的接受度及其落地实施的难

易度。

（一）相对优势决定数字化技术如何创造企业竞争力

相对优势是指新技术相较于传统技术在效率、成本、质量或市场竞争力上的提升。在企业数字化转型的过程中，相对优势往往是技术能否成功推广的核心驱动力。近年来，云计算、人工智能、大数据分析等技术的兴起，使企业能够实现更精准的市场洞察、更高效的生产管理和更灵活的供应链优化。例如，零售行业在数字化转型过程中借助 AI 推荐算法优化客户购买体验，大幅提高销售转化率。亚马逊的智能仓储系统依托大数据与自动化技术，使订单处理时间减少 50%以上，显著提高物流效率。在制造业，工业 4.0 的智能工厂通过物联网（IoT）设备实时监测生产线状态，优化设备维护策略，减少停机时间，提高生产效率。因此，企业在数字化转型过程中，必须充分评估新技术的相对优势，确保其能为核心业务带来可量化的提升，同时通过 ROI（投资回报率）分析，科学评估新技术的经济收益，以最大化其价值创造能力。

（二）兼容性决定数字化技术如何融入企业现有体系

兼容性是指新技术与企业现有系统、文化、业务流程的匹配程度。在数字化转型过程中，兼容性直接影响新技术的落地速度和推广范围。如果新技术能够无缝嵌入企业现有的 IT 架构，并与当前业务模式深度融合，其采纳率将显著提高。例如，许多传统银行在推进数字化转型时，必须考虑如何将区块链、人工智能和大数据技术与现有的核心银行系统对接，以确保系统稳定性和数据安全性。然而，在实际应用中，许多企业往往面临新技术与旧有 IT 架构不兼容的问题。例如，一些传统制造企业在引入物联网技术时，由于原有生产设备缺乏联网功能，导致数据采集困难，进而影响整体智能制造的推进。因此，在数字化转型过程中，企业应采用分阶段的技术迁移策略，如引入 API（应用程序接口）技术，以打破数据孤岛，增强系统间的互操作性。此外，通过加强员工培训，提高组织对新技术的认知与接受度，也有助于提升技术的兼容性，从而加速数字化转型的步伐。

（三）复杂性决定降低技术门槛如何提升企业采纳率

复杂性是指新技术的理解难度、使用成本以及落地实施的挑战程度。一般而言，技术越复杂，企业和员工的学习成本越高，其推广速度也会受到抑制。在数字化转型过程中，企业往往面临如何降低新技术的使用门槛，以促进更广泛应用的挑战。例如，尽管人工智能技术具备强大的数据分析和决策优化能力，但由于算法复杂、对算力要求高，许多企业难以直接应用。为了解决这一问题，近年来，越来越多的企业开始采用低代码（Low-Code）和无代码（No-Code）平台，使非技术人员也能利用AI和数据分析技术开展业务创新。此外，软件即服务（SaaS）模式的兴起，使企业可以通过订阅制的方式，按需获取云端计算能力，而无须进行复杂的本地部署，从而减少了技术复杂性带来的阻碍。企业还可以通过提供在线培训、技术支持和实践演示，帮助员工快速掌握新技术，从而加快技术扩散，提高组织对数字化技术的接受度。

（四）可试验性决定试点模式如何推动技术落地

可试验性是指企业能够在有限范围内测试新技术的可行性，从而降低采用风险。在数字化转型过程中，许多企业通过“试点模式”（Pilot Programs）来探索新技术的适应性和潜在价值。例如，制造企业在全面推广智能生产系统之前，通常会选择部分生产线进行试验，观察智能设备如何提高生产效率，并根据试验数据调整优化策略。同样，银行在引入区块链技术时，往往会先在供应链金融或跨境支付等特定业务场景中进行小规模测试，以评估技术的稳定性和合规性。试点模式的优势在于，它为企业提供了一个低成本、低风险的探索路径，使决策层能够通过实际运行数据来判断技术的适应性。可试验性的增强也能够提升企业内部对新技术的信任度，尤其是在传统行业中，员工和管理层对数字化技术的接受度较低时，试点模式可以减少抵触情绪，增强数字化转型的可行性。因此，在企业数字化转型过程中，应充分利用小范围试点，通过A/B测试、概念验证（PoC）等方式，逐步推进新技术的落地实施。

（五）可观察性决定成功案例如何促进技术扩散

可观察性是指新技术的应用效果是否容易被其他企业和市场参与者感知。企业数字化转型的技术扩散往往受到市场示范效应的影响，即当某一行业的领军企业成功应用某项新技术并取得显著成果后，其他企业往往会加快跟进。例如，特斯拉的自动驾驶技术在市场上的成功应用，促使其他汽车制造商加速布局智能驾驶系统。类似地，亚马逊 AWS 云计算服务的广泛应用使得全球众多企业纷纷向云端迁移，从而加速了云计算技术的行业渗透。可观察性提高，使得企业在数字化转型过程中能够借鉴行业最佳实践，降低试错成本。例如，一些零售企业在看到沃尔玛成功应用 RFID 技术优化库存管理后，也迅速跟进，并通过数据共享与智能补货系统，提高供应链管理效率。政府、行业协会和研究机构的政策支持与白皮书发布，也能增强新技术的可观察性，从而加速企业对数字化技术的采纳。因此，企业在推动数字化转型时，应主动展示其技术应用成果，如通过案例分析、行业论坛、公开演讲等方式，扩大技术影响力，并在行业中形成良性示范效应，促进技术的广泛应用。

二、创新扩散的社会系统因素与数字化转型中的组织阻力

企业数字化转型不仅是技术的更新换代，而且涉及组织惯性、技术路径依赖、利益相关者抵制、文化障碍以及外部环境不确定性等多个层面的综合变革。要想破解这些组织阻力，企业必须从战略层面构建“渐进式转型+组织适应”的模式，通过灵活调整技术架构、优化利益协调机制、塑造数字化文化，并强化政策适应能力，以确保数字化创新的顺利扩散。随着人工智能、区块链和云计算等技术的进一步成熟，企业如何在复杂的社会系统中高效推进数字化转型，将成为决定其市场竞争力的核心要素。

（一）组织惯性下数字化转型的沉没成本与路径依赖

组织惯性是企业在既有发展轨道上的历史路径依赖，导致其难以快速适应技术变革。许多企业在推进数字化转型时，往往受制于长期形成的管理模式、决策流程和业务逻辑，从而阻碍了新技术的有效采纳。例如，传统制造企业长期依赖精细化管理模式，强调成本控制与流程优化，而数字化转型往往要求更具灵活性和创新性的决策方式。这种矛盾使得企业在引入人工智能、工业互联网等新技术时，不仅需要调整生产系统，还需要重塑管理思维。组织惯性还体现在企业对沉没成本的顾虑上，例如，一些企业在过去几十年内投入大量资源构建本地化 IT 基础设施，而向云计算迁移意味着必须舍弃大量已有投资，这种经济上的包袱进一步强化了企业的路径依赖。因此，要打破组织惯性，企业需要采取渐进式数字化转型策略，如“双模 IT”模式，即在保留核心传统系统的同时，逐步引入敏捷创新团队，实现传统与数字化业务的并行发展。

（二）技术路径依赖下旧系统的锁定效应与新技术的“接纳鸿沟”

技术路径依赖是指企业在长期技术演进过程中形成的依赖性，使得新技术的采用面临阻力。这一现象在企业数字化转型中尤为突出，因为企业往往已经构建了复杂的 IT 基础设施、数据管理系统和业务流程，导致它们难以快速适应新技术。例如，许多银行仍在使用传统计算机语言开发的核心银行系统，迁移至基于云计算的分布式架构不仅成本高昂，而且面临数据迁移、合规性、网络安全等多重挑战。技术路径依赖还导致企业内部技术团队和员工对现有系统产生熟练效应，即长期使用某项技术形成了高度的专业依赖，而新技术的引入可能意味着需要重新学习和适应，这种“接纳鸿沟”会进一步拖延数字化转型的进程。为应对这一挑战，企业可以采取模块化架构设计，使旧系统与新技术逐步融合，同时加强内部技术培训，推动员工从“技能守旧”向“技能升级”转变，以减少技术路径依赖对数字化进程的阻碍。

（三）利益相关者抵制下权力结构的重塑与组织变革的对抗

数字化转型不仅是技术升级的过程，也是组织变革的深层次调整，因此往往会引发利益相关者的抵制。这种抵制可能来自不同层级的组织成员，例如，高层管理者可能担忧新技术对现有商业模式的冲击，中层管理者可能因数字化系统削弱其决策权而产生抗拒，一线员工的抵制则主要源于对工作方式变化的焦虑，特别是自动化技术和人工智能的应用可能被视为“威胁就业”的因素。例如，在零售行业，自动结算系统的推广曾遭遇大量一线收银员的反对；在制造业，智能化生产线的引入也面临技术工人的消极对待。企业要想打破这一困局，需要构建包容性的变革管理机制，例如采取“协商式转型”模式，让员工参与到数字化决策过程中，同时通过培训提升其数字化技能，以提高其对新技术的接受度。企业还可以利用“内部创新孵化器”或“跨职能数字化团队”，让不同层级的利益相关者在试点项目中体验新技术的价值，从而减少抵触情绪，逐步推动数字化技术的全局落地。

（四）文化障碍下传统企业文化对数字化创新的影响

企业文化是组织长期积淀的价值观、行为准则和工作方式，在数字化转型过程中，文化障碍往往成为技术扩散的无形阻力。传统企业文化往往强调稳定性、层级管理和渐进式变革，而数字化转型需要更加开放、敏捷和创新驱动的思维方式。例如，传统制造业企业的管理模式通常依赖自上而下的决策流程，而数字化创新要求企业在产品研发、数据驱动决策和客户互动方面实现高度灵活性，这种文化上的冲突使得数字化项目难以顺利推进。此外，一些企业仍然奉行“经验主义决策”，即依赖资深员工的经验和直觉，而不愿意依赖数据分析和人工智能驱动的智能决策。例如，一些零售企业的采购经理可能更信赖过去 10 年的销售数据，而非基于人工智能算法的市场趋势预测，这种文化惯性严重制约了数字化技术的扩散。为了突破文化障碍，企业需要推动数字化领导力建设，即高层管理者要带头拥抱新技术，同时通过内部宣传、变革培训和激励机制，鼓励员工形成数据驱动思维，从而让企业文化适应数字化变革的需求。

（五）外部环境不确定性下政策、行业规范与市场动态的挑战

除了企业内部因素，外部环境的不确定性也是数字化转型中的一大阻力。这种不确定性主要来源于政府政策、行业规范、市场竞争和客户需求变化。例如，在数据安全和隐私保护日益严格的背景下，《通用数据保护条例》（GDPR）等法规的出台，使得许多跨国企业在推进数字化转型时面临更高的合规成本。此外，一些新兴行业尚未形成统一的标准，如工业互联网的互联互通协议仍处于发展阶段，导致企业在技术选型时存在较大的不确定性。在市场竞争层面，企业往往面临技术投资回报的不确定性，例如，一些零售企业在疫情期间大规模投资线上数字化渠道，随着线下消费复苏，部分企业的数字化投入未能获得预期回报，这种市场的不确定性使得部分企业在数字化转型上保持谨慎态度。因此，企业需要采取“灵活适应”策略，即在政策合规性方面建立敏捷的法律和数据治理团队，快速响应法规变动；同时在市场层面建立数据驱动的决策体系，通过实时监测市场趋势，动态调整数字化投资策略，降低外部环境的不确定性对数字化进程的影响。

三、技术创新扩散模式与数字化转型切入节点抉择

技术创新扩散理论提出技术采纳的不同类型，即创新者（Innovators）、早期采用者（Early Adopters）、早期大众（Early Majority）、晚期大众（Late Majority）和落后者（Laggards），从而为企业提供了一种清晰的数字化转型路径，不同企业需要根据自身的市场定位、资源禀赋和竞争环境，选择适合自己的技术采纳策略。创新者和早期采用者能够通过率先布局新技术，建立市场竞

争壁垒，而早期大众和晚期大众需要在风险可控的前提下，逐步推进数字化升级。对于落后者而言，虽然数字化转型面临挑战，但通过合理的策略调整、外部合作和政策扶持，仍然能够在数字化时代找到可持续发展的路径。

（一）创新者引领数字化变革

创新者是技术扩散曲线中的先锋群体，通常是具备强大研发能力、愿意承担技术风险，并具有前瞻性战略眼光的企业。在数字化转型过程中，创新者往往率先探索新技术，并在行业内形成示范效应。例如，特斯拉在电动汽车领域的成功不仅源于其技术研发实力，还在于其通过自研芯片、自动驾驶系统及软件定义汽车等技术模式，重塑了传统汽车制造逻辑。阿里云作为云计算领域的创新者，在中国率先推出云计算服务，推动了大量企业向云端迁移，加速了整个产业的数字化进程。创新者的特点在于高投入、高风险、高回报，它们往往通过建立技术壁垒、专利保护或产业联盟等方式保持市场领先地位。创新者通常还具备更强的适应性和敏捷性，能够迅速调整战略方向，探索新兴技术与市场需求的结合点。因此，在数字化转型过程中，企业如果希望成为创新者，必须构建强大的技术研发能力，推动跨界合作，并勇于承担试错成本，以在市场变革中抢占先机。

（二）早期采用者利用技术红利构建竞争优势

早期采用者是技术扩散曲线中的关键群体，它们通常是对新技术高度敏感，并能够迅速识别其商业价值的企业。在数字化转型中，早期采用者往往是行业的领导者，它们通过抢先部署新兴技术，提高业务效率，优化客户体验，从而建立先发优势。例如，支付宝早在 2004 年便率先推出在线支付服务，并在 21 世纪 10 年代率先布局移动支付，推动了中国无现金社会的快速发展。通过二维码支付、人脸识别支付等创新技术，支付宝不仅为用户提供了更加便捷的支付体验，还通过大数据和人工智能优化了个性化金融服务，如信用贷款（花呗、借呗）和财富管理（余额宝）。美团作为本地生活服务平台的早期采用者，在 2017 年便开始广泛应用人工智能算法优化外卖配送路径，提高配送效率，降低运营成本，并推动智能调度系统的发展，极大地提升了用户体验和骑手效率。早期采用者的核心策略在于快速验证新技术的商业可行性，并借助市场趋势的助推，实现领先优势。企业在这一阶段需要注重构建敏捷的数字化组织架构，采用试点模式降低技术实施风险，并确保新技术与企业战略目标的高度匹配。早期采用者通常还具备较强的行业影响力，它们的成功案例能够大幅降低市场对新技术的认知风险，从而推动更多企业进入技术扩散曲线的下一阶段。

（三）早期大众在技术稳定性与变革成本间寻找平衡

早期大众是技术扩散的关键节点，代表了主流市场对新技术的正式接受。这一群体通常是行业中的大中型企业，它们在技术决策上相对谨慎，更关注技术的成熟度、市场验证结果以及实施成本。在数字化转型过程中，早期大众通常会在观察创新者和早期采用者的成功经验后，才会大规模引入新技术。例如，在人工智能应用方面，尽管谷歌、特斯拉等企业早期就投入了 AI 研发，但多数制造、零售、金融企业直到 AI 技术成熟，并形成稳定的商业模式后，才逐步将其引入生产和运营体系中。对于早期大众而言，核心挑战在于如何平衡技术创新带来的竞争优势与企业变革的实施成本。因此，早期大众通常采取“跟随创新者”策略，即在市场上筛选经过验证的技术方案，并在最小可行产品（MVP）的基础上进行小规模测试，确保技术与企业运营体系的稳定融合。早期大众还需要建立跨职能的数字化团队，以减少组织内部对新技术的抵触情绪，并确保业务流程的平稳过渡。

（四）晚期大众在市场压力下加速数字化转型

晚期大众是相对保守的企业群体，它们只有在市场竞争和行业趋势的双重推动下，才会选择采用新技术。在数字化转型过程中，晚期大众往往因技术投资回报率的不确定性、组织变革的复杂性以及员工培训成本等问题而延迟技术升级。例如，许多传统制造企业直到新冠疫情暴发后，才意识到数字化供应链的重要性，并开始引入工业互联网、远程协作系统等技术，以提升供应链的灵活性和抗风险能力。对于晚期大众而言，最大的挑战是如何在技术发展到达成熟阶段后，以最小成本实现业务数字化转型。因此，这类企业通常更倾向于采用外包、合作伙伴模式或直接购买成熟的 SaaS 解决方案，而非进行自主研发。政策和行业监管的变化也往往成为晚期大众加速技术采纳的重要因素，例如，在全球 ESG（环境、社会、治理）标准逐步严格的背景下，许多企业被迫引入绿色数字化技术，以满足可持续发展要求。因此，晚期大众需要构建灵活的技术升级策略，通过引进外部技术专家、加强行业对标分析，以及利用政府补贴和产业政策支持，降低技术落地的风险和成本。

（五）落后者在数字化变革中寻求生存之道

落后者是技术扩散曲线的最后一环，它们通常是对技术变革持强烈怀疑态度的企业，或由于市场、资本、政策等多方面限制，无法快速进行数字化升级的企业。落后者的典型特征是依赖传统商业模式，对新技术缺乏认知，同时在行业变革中处于被动地位。例如，许多小型制造企业仍然依靠传统的手工作坊模式运营，缺乏数字化生产管理系统，导致生产效率低下、成本控制能力有限，最终在市场竞争中逐步被淘汰。对于落后者而言，数字化转型并非完全不可行，而是需要寻找适合自身发展路径的“渐进式数字化”方案。例如，许多中小企业可以从基础的数字化工具（如 ERP 系统、CRM 系统）入手，逐步优化业务流程，而不是一开始就大规模引入复杂的人工智能、大数据等高门槛技术。政府、行业协会和大型企业的产业链扶持政策，也可以为落后者提供一定的数字化赋能。例如，阿里巴巴的“云上贵州”计划，帮助大量中小企业通过云计算实现数字化升级。因此，落后者需要改变传统观念，积极寻求市场合作、政策支持和低成本技术解决方案，以在数字化变革的浪潮中找到生存空间。

四、企业数字化转型中技术创新扩散的未来趋势

企业数字化转型的未来趋势正朝着更加开放、智能、沉浸式、可持续和融合化的方向演进。从开放创新生态到人工智能与大模型，从元宇宙与数字孪生到绿色数字化，从新兴技术融合到数字原生企业模式，每一种趋势都在深刻改变企业的运营模式和市场竞争格局。企业要在未来的数字经济中占据先机，不仅需要具备前瞻性的技术战略，还需要在组织架构、业务流程、人才培养、数据安全等方面进行全方位升级。只有真正地将技术创新与商业价值深度结合，企业才能在数字化时代实现可持续增长，并在全球竞争中保持领先地位。

（一）开放创新生态加速数字化技术扩散

在全球数字经济快速发展的背景下，传统的封闭式技术创新模式逐步让位于更具开放性、协同性和共享性的开放创新生态。这一趋势加速了企业数字化技术的扩散，并推动了跨行业、跨国界的技术协作。近年来，许多领先企业通过构建开放创新平台，与初创公司、大学实验室、科研机构以及行业

联盟展开合作，加快前沿技术的产业化。例如，华为通过“沃土计划”开放其人工智能算力和5G基础设施，为全球开发者提供技术支持，促进新一代智能应用的开发。特斯拉通过开放部分电动汽车专利，推动整个新能源汽车产业链的发展，从而加速行业整体的电气化进程。这种开放式创新不仅提升了企业技术扩散的速度，也优化了创新资源的配置，使不同组织可以通过协同创新、联合研发、共享数据等方式，形成更具活力的数字化生态系统。区块链技术的引入也在推动企业间的信任构建，使得企业可以更加高效、安全地共享数据和合作协议，进而降低新技术扩散的门槛，助力企业更快地实现数字化转型。

（二）人工智能与大模型推动行业智能化升级

随着人工智能和大模型技术的持续突破，企业数字化转型的深度和广度正在不断扩大。从早期的规则驱动决策，到如今的深度学习和生成式AI，企业正在利用AI技术优化运营流程、提升决策质量、增强用户体验。尤其是大规模预训练模型的出现，使得企业可以更加智能地处理非结构化数据，如文本、语音、图像等，并将其应用于智能客服、个性化推荐、数据挖掘等场景。例如，金融行业正在利用AI进行智能风控，通过深度学习分析海量交易数据，以识别欺诈行为和信用风险，提高金融安全性；医疗行业通过AI辅助诊断系统，提高疾病检测的精准度，优化治疗方案。在制造领域，AI结合物联网技术，可实现预测性维护，减少设备故障率，提高生产效率。AI与大模型将进一步结合自动化、机器人技术，推动企业向智能化、自治化方向发展。然而，这一趋势也带来了算法偏见、数据隐私、监管合规等挑战，企业需要在技术应用的同时，建立完善的伦理与治理机制，以确保数字化转型在合法合规的框架下健康推进。

（三）元宇宙和数字孪生重塑企业生产与服务模式

元宇宙和数字孪生的融合正在为企业数字化转型开辟全新的空间。这些技术使企业能够在虚拟与现实世界之间建立更紧密的连接，实现从产品设计、生产制造到市场营销和客户服务的全链路数字化升级。例如，波音公司利用数字孪生技术构建虚拟飞机模型，使工程师可以在数字环境中进行仿真测试，从而优化设计方案并缩短新机型的研发周期。汽车制造商宝马在“工业元宇宙”中构建了完整的智能工厂模型，使生产管理人员能够在虚拟工厂中模拟不同的生产流程，并预测优化方案，从而降低成本，提高生产效率。零售企业正在探索“沉浸式购物体验”，通过元宇宙平台构建虚拟商店，消费者可以在虚拟现实环境中试穿服装、观看产品3D展示，从而提升购物体验和品牌影响力。随着5G、云计算、区块链等底层技术的发展，元宇宙与数字孪生的结合将进一步增强企业的数字化能力，为未来商业模式创新带来更大可能。这一趋势的普及也面临算力成本、数据安全、虚拟经济体系建立等挑战，企业需要制定长期发展策略，以确保技术投资的可持续性和商业价值的最大化。

（四）绿色数字化推动企业可持续发展

在“双碳”（碳达峰、碳中和）战略目标的引导下，企业数字化转型正逐步向绿色数字化方向发展，以降低碳排放，提高能源利用效率。绿色计算、智能电网、可再生能源管理等技术正在被广泛应用，以优化企业运营的可持续性。例如，谷歌依托人工智能优化数据中心的冷却系统，使其能耗降低30%以上，提升了数据中心的能效比（PUE）。在制造业，智能工厂正在利用物联网和人工智能技术实时监测能源消耗，并通过智能调度减少资源浪费。物流行业则通过区块链技术提高供应链透明度，提高物流网络的效率，减少运输过程中的碳排放。碳交易市场的数字化也在推动企业通过区块链、人工智能等技术进行碳足迹追踪和碳信用管理，使碳减排目标更加可量化和透明化。未来，绿色数字化将成为企业竞争力的重要衡量标准，数字技术将与可持续发展战略深度融合，为企业创造更多经济与社会价值。企业在推进绿色数字化转型时，也需要权衡短期成本与长期收益，通过政府激励、行业合作和技术创新，实现环保与盈利的平衡，确保企业在全球低碳经济发展中占据有利位置。

（五）新兴技术融合塑造未来企业生态

企业数字化转型的未来趋势并不局限于单一技术的应用，而是由人工智能、区块链、量子计算、5G、边缘计算等技术的融合驱动的新一代智能商业生态。技术的跨界整合正在加速企业向“数字原生组织”转型，即企业运营的核心依赖数据智能，而非传统的人为决策。例如，边缘计算的应用正在解决云计算的高延迟问题，使智能设备能够在本地完成实时计算，提高数据处理效率；区块链技术的智能合约正在推动供应链金融和数字资产交易的透明化，降低信任成本。在医疗行业，量子计算与人工智能结合将极大地提升基因测序、药物发现的效率，加速个性化医疗的发展。5G 网络的普及使工业互联网、自动驾驶、智慧城市等领域的数据传输速度得到大幅提升，为企业创造更大的创新空间。企业需要不断探索这些前沿技术的协同效应，通过技术整合优化商业模式，构建更加智能、高效、可持续的企业生态体系。这一趋势也对企业的技术管理能力、数据安全体系、数字化治理模式提出了更高要求，企业必须具备持续的创新能力和快速适应市场变化的敏捷性，才能在数字化变革的浪潮中保持竞争力。

第二节　数字生态系统理论与企业数字化转型的底层逻辑

数字生态系统理论不仅是企业数字化转型的重要理论支撑，也在成为商业模式创新的核心驱动力。它强调企业之间的协同演化、数据驱动和价值共创，使企业能够在高度不确定的市场环境中找到新的增长点。对于企业而言，拥抱数字生态系统思维，不仅能够提升竞争优势，还能够在全球数字经济竞争格局中占据更加有利的位置。

一、数字生态系统的理论基础与概念演进

数字生态系统理论的提出，源于对自然生态系统概念的借鉴，它强调不同主体之间的相互依存、协同演化和动态平衡。在自然生态系统中，各类生物通过复杂的食物链关系和资源流动机制实现生态平衡和可持续发展。类似地，在数字经济时代，企业、技术提供方、用户、监管机构、供应链伙伴等多方构成了一个高度互联、不断演变的商业生态环境。数字生态系统不仅改变了传统企业的竞争模式，也重塑了全球产业结构，为企业数字化转型提供了新的理论支撑和实践路径。

在传统商业模式中，企业往往是单一的市场主体，通过线性供应链关系与上下游企业进行交易，彼此之间的协同较为有限。然而，随着数字技术的广泛应用，企业与外部环境的互动模式发生了根本性的变化，企业不再是独立运营的个体，而是嵌入一个由多种参与者构成的复杂网络之中。数字生态系统强调企业之间的互联互通，使各个经济主体可以通过数字平台共享数据、技术、市场资源，从而创造更大的经济效益。例如，微软在云计算领域打造的 Azure 生态系统，不仅为企业提供基础的云计算能力，还与众多 SaaS 公司、

AI 初创企业、智能制造公司形成紧密的协同网络，共同推动云端智能服务的发展。这种合作模式不仅降低了各企业的单独技术投入成本，还通过平台化的方式实现技术扩散，使整个行业得以快速升级。

从理论层面来看，数字生态系统理论融合了复杂适应系统（CAS）、网络效应和协同演化等多个学科领域的思想。复杂适应系统理论认为，数字生态系统并非由单一企业或单向价值链主导，而是由多个主体共同构建的复杂网络，每个个体都会根据外部环境和市场需求不断调整自身行为，以适应系统的整体演变。例如，智能手机行业的生态系统并不仅仅依赖硬件制造商，而是由芯片供应商、应用开发者、电信运营商、内容提供商等共同推动。以苹果公司为例，其 iOS 生态系统整合了全球开发者、数字内容提供商、云计算服务商及硬件制造商，形成了强大的技术与商业生态。这种复杂适应系统能够通过市场需求的动态反馈不断优化，促使企业和相关主体形成长期协同关系。

网络效应是数字生态系统形成和扩展的重要驱动力。当生态系统中的用户数量达到一定规模后，平台的价值会随之指数级增长，这一现象在互联网平台经济中尤为明显。例如，阿里巴巴、腾讯等中国科技巨头正是利用网络效应，构建了以支付、社交、电商、云计算为核心的综合性数字生态体系。拼多多依托社交裂变模式，迅速建立了庞大的用户网络，并通过供应链整合和 C2M（Customer-to-Manufacturer，消费者直连制造商）模式优化了商品供给体系，最终在竞争激烈的电商市场中取得一席之地。Facebook 通过整合 WhatsApp、Instagram 和 Messenger，建立了庞大的社交生态，使用户在其平台上的停留时间和互动频率大幅提高，进一步巩固了其商业模式的可持续性。企业在构建数字生态系统时，必须充分利用网络效应，以增强平台的用户黏性和竞争壁垒。

协同演化是数字生态系统持续发展的关键机制。不同企业和组织在生态系统中并非孤立存在，而是相互依赖、共同进化的。例如，在汽车行业，电动汽车制造商、充电桩运营商、智能交通管理部门以及软件开发公司正共同推动智能网联汽车生态的发展。以比亚迪为例，其不仅专注于电动汽车制造，还通过布局动力电池、芯片研发、新能源基础设施等多个领域，实现了完整的新能源生态闭环。这种协同演化机制不仅使比亚迪在市场竞争中占据优势，也推动了整个新能源行业的加速发展。在国际市场上，特斯拉通过与全球充电桩运营商、自动驾驶芯片制造商和人工智能算法提供商建立合作关系，使得其智能电动车系统得以不断优化，进一步巩固了自身在新能源市场的领先地位。企业在推进数字化转型过程中，需要通过生态协同的方式，提高技术与市场的匹配度，以确保自身的长期竞争力。

从实践角度来看，全球领先企业纷纷采用数字生态系统思维，推动产业链的融合与创新。例如，苹果公司通过 iOS 生态系统整合了全球开发者、硬件供应商、数字内容提供商和第三方服务商，形成了涵盖硬件、软件、应用、服务的闭环生态。而京东不仅专注于电商业务，还通过智能供应链技术，与物流公司、制造商、商户形成协同网络，使整个供应链体系的运作效率得以大幅提升。京东的智能仓储系统利用人工智能和自动化技术优化库存管理，实现了精准配送，降低了整体成本，同时提高了物流运作效率。企业通过构建数字生态系统，不仅可以提升产业链的协同性，还能够通过平台经济模式，吸引更多的合作伙伴，共同构建可持续的商业模式。

数字生态系统的本质在于数据、技术和价值链的深度融合。在传统工业时代，企业的竞争主要围绕产品和供应链展开，而在数字经济时代，企业的竞争力越来越依赖其生态系统的规模、活力和可持续性。数据成为新的生产要素，人工智能、大数据分析、区块链等技术的应用，使得数据在企业间的流动更加高效，为价值共创和智能决策提供了支持。例如，字节跳动构建的短视频生态体系，不仅通过数据分析优化内容推荐算法，还通过开放平台模式，使第三方内容创作者、广告商、电商平台能够在其生态体系中获得收益，从而增强整个生态的可持续发展能力。企业在构建数字生态系统的过程中，需要充分考虑数据治理、技术架构、用户增长和商业模式等多方面因素，以确保生态系统能够长期稳定发展。

从未来发展趋势来看，随着人工智能、云计算、5G、物联网等新兴技术的深入发展，数字生态系统的边界将进一步拓展。企业将越来越依赖开放式创新，与外部合作伙伴共同推动技术迭代和市场增长。例如，华为在 5G 和智能终端生态建设方面，推出鸿蒙系统，旨在通过多设备互联和分布式计算能力，构建更加开放的智能生态体系。未来，随着区块链技术的应用，企业之间的数据交互和价值流通将更加透明、安全，从而推动去中心化数字生态系统的兴起。

二、数字生态系统的核心特征

数字生态系统具有多主体协同、开放性与自组织、数据驱动与智能化、价值共创与共享等核心特征，它通过整合不同主体资源，促进生态内企业自主优化，实现数据赋能决策，并推动商业模式创新，使整个系统具有更强的灵活性、适应性和可持续发展能力，提升市场竞争力。

（一）多主体协同推动产业联动和竞争力提升

数字生态系统不同于传统的线性产业链模式，它强调不同主体之间的协同合作，以实现资源优化配置和创新能力提升。在传统商业模式下，企业往往依赖单向供应链进行价值传递，而在数字生态系统中，企业、用户、技术供应商、政府机构等多个主体相互依存，共同创造价值。例如，在中国的新能源汽车产业链中，蔚来汽车不仅作为整车制造商，还通过与动力电池供应商（宁德时代）、智能驾驶软件开发商（百度 Apollo）、充电基础设施运营商（国家电网）等多方协作，构建完整的新能源生态系统。这种多主体协同模式不仅降低了企业单独承担技术创新和市场开拓的风险，还能够形成更具竞争力的产业集群。亚马逊 AWS 云计算平台同样体现了多主体协同的价值，它不仅为企业提供了云计算基础设施，还通过与数千家 SaaS 企业、AI 企业、大数据企业建立合作关系，打造了全球领先的云生态体系。企业要在数字生态系统中取得成功，必须具备开放思维，主动吸引外部合作伙伴，共享资源、技术和市场，以增强生态系统的可持续发展能力。

（二）开放性与自组织促进数字生态的灵活性

与传统封闭式的产业链不同，数字生态系统具有高度开放性和自组织能力，使不同主体能够自由进入、退出，并在动态环境中调整自身战略。开放性是指企业通过开放数据、API、技术标准等方式，使合作伙伴可以无缝对接生态体系，增强系统的灵活性。例如，华为的 HMS（华为移动服务）生态系统，为全球开发者提供一系列开放 API，使其能够快速适配华为设备并开发应用，从而降低开发成本，提高应用生态的多样性。自组织能力意味着企业可以根据市场变化，动态调整合作伙伴关系，优化资源配置。例如，特斯拉在进入中国市场时，最初依赖进口供应链，但随着市场需求的变化，其迅速调整策略，与本土供应商合作，实现本地化生产。阿里巴巴的盒马鲜生模式也是自组织特性的典型体现，它通过实时数据分析动态调整生鲜供应链，并根据用户需求灵活调整门店布局，以提高市场适应能力。开放性和自组织的结合使得数字生态系统能够快速适应市场变化，保持竞争优势。企业在构建数字生态时，必须注重构建开放的技术架构和灵活的合作机制，以确保自身能够在快速变化的市场环境中占据有利位置。

（三）数据驱动与智能化优化生态运营

数据已成为数字经济时代最重要的生产要素，数字生态系统以数据驱动为核心，通过人工智能、机器学习、大数据分析等技术优化运营流程，提高决策精准度。在传统企业运营模式下，决策往往依赖经验判断，而在数字生态系统中，数据实时流动成为驱动商业模式创新和价值创造的关键。例如，抖音依靠数据分析优化内容推荐算法，形成“兴趣电商”模式，使商家能够精准触达潜在用户，提高转化率。京东的智能供应链系统通过 AI 分析用户消费趋势、预测库存需求，并自动调整物流配送策略，从而大幅降低库存成本，提高物流效率。Netflix 利用数据驱动的内容推荐系统，使用户获得高度个性化的观影体验，从而提升用户黏性，增加订阅用户的长期价值。数据驱动与智能化不仅提升了企业的市场竞争力，也使整个生态系统的运行更加高效。企业在构建数字生态时，必须建立强大的数据基础设施，利用 AI 和数据分析技术优化业务流程，以提升运营效率和用户体验，实现长期竞争优势。

（四）价值共创与共享促进生态繁荣

数字生态系统强调“共生共赢”理念，即不同主体通过协作共同创造价值，并在生态系统内部实现收益共享。在传统商业模式中，企业往往依赖自身资源进行价值创造，而数字生态系统依靠跨界合作和资源整合实现更大范围的价值延展。例如，腾讯云与企业微信整合，使得企业不仅能够获得云计算基础设施，还能够借助企业微信的 SaaS 优化内部管理流程，从而增强企业的数字化能力。B 站（哔哩哔哩）的视频内容生态不仅提供平台基础设施，还鼓励用户生成内容（UGC），并通过广告分成、直播打赏、会员订阅等方式，实现价值共享。苹果 App Store 也是价值共创的典型案例，苹果通过提供开发工具、云存储、支付系统等支持，吸引全球开发者为其生态贡献应用，同时通过应用分成模式，实现平台和开发者的双赢。价值共创与共享模式不仅提升了生态系统的可持续性，还增强了参与者的忠诚度和创新能力。企业要想在数字生态系统中占据主导地位，必须建立合理的激励机制，使生态中的各个参与者能够共享技术、数据、市场资源，实现利益最大化，推动生态系统的持续繁荣。

三、数字生态系统驱动企业数字化转型

数字生态系统通过增强企业创新能力、优化产业链协同、提升用户体验和创造新的商业模式，使企业能够在数字化转型过程中提高技术突破效率、优化资源配置、增强用户黏性，并构建多元化盈利模式，从而实现长期竞争优势和可持续发展。

（一）数字生态系统增强企业创新能力

在传统的企业创新模式中，技术研发往往依赖内部资源，导致创新周期长、投入成本高，市场适应性较差。数字生态系统的出现，使得企业可以借助外部资源、平台和合作网络加速创新进程，提高技术落地的效率。数字生态系统的创新能力主要体现在三个方面：知识共享、协同研发和开放平台。知识共享通过数字化平台使得企业可以迅速获取最新的行业趋势、技术专利和市场数据，避免重复研发的成本。例如，全球科技企业广泛使用开源社区（如 GitHub、Apache Foundation）来共享代码，推动人工智能、大数据等技术的发展。协同研发使企业可以与供应链伙伴、高校、研究机构共同开展前沿技术探索，如汽车行业的“软件定义汽车”（SDV）模式，使整车企业、芯片厂商、软件开发商深度合作，共同推进智能驾驶技术。开放平台为企业提供了低成本的技术测试环境，如亚马逊 AWS、阿里云的 AI 平台，企业可以直接调用 API，快速部署和测试新产品。数字生态系统的创新模式，使企业能够从封闭式研发向生态式创新转变，大幅提高市场竞争力。

（二）数字生态系统优化产业链协同

在传统产业链模式下，企业的供应链往往呈现出信息孤岛现象，不同环节之间的协作效率较低，导致库存积压、生产滞后以及物流成本上升。数字生态系统的引入，使得企业能够通过实时数据共享、智能决策和自动化调度，优化产业链的整体协同效率。数字生态系统能够打破信息壁垒、提高资源配置效率，并增强供应链弹性。打破信息壁垒使供应链上下游能够实时共享生产计划、销售数据、库存状态，避免过量生产或供需错配。智能制造中的工业互联网平台，如海尔 COSMOPlat，通过数字孪生技术实时监测工厂生产状态，提高订单交付的准确性。提高资源配置效率意味着企业可以通过人工智能算法优化供应链策略，例如沃尔玛的智能库存管理系统能够基于历史数据

预测销售趋势，并动态调整补货计划，降低库存成本。增强供应链弹性意味着企业能够快速应对市场变化，例如新冠疫情期间，生鲜电商通过数字化供应链技术迅速调整采购渠道，满足消费者的即时需求。数字生态系统使产业链协同从传统的线性模式转向动态智能模式，大幅提高了整体运营效率和抗风险能力。

（三）数字生态系统提升用户体验

用户体验是企业数字化转型的重要目标，而数字生态系统能够通过智能化、个性化和交互式服务，帮助企业构建更具黏性的客户关系。数字生态系统的用户体验提升主要依赖数据驱动、场景融合和社交互动。数据驱动是指企业通过用户数据分析，精准预测客户需求，并提供个性化服务。例如，流媒体平台 Netflix 通过智能推荐系统，根据用户观看历史进行内容匹配，提高用户留存率。场景融合意味着企业能够将线上与线下服务无缝对接，创造沉浸式消费体验。例如，智能零售商店利用 RFID 和 AI 识别技术，实现无人值守支付，使消费者无须排队结账，提升购物体验。社交互动使企业能够通过社交平台增强用户参与感，如社交电商平台通过直播带货、社区互动增强用户对品牌的认同感。数字生态系统赋能企业，从传统的单向市场营销转向个性化、数据驱动的智能服务，使用户体验更加智能、便捷、个性化，提升了用户黏性和品牌忠诚度。

（四）数字生态系统创造新的商业模式

数字生态系统的核心价值在于突破传统商业模式的限制，为企业提供多元化的盈利路径，并创造全新的市场机会。数字生态系统的商业模式创新体现在平台经济、订阅经济和共享经济等多个方面。平台经济是指企业不再仅是产品提供方，而是构建一个开放的生态，使商家、消费者、第三方服务商共同创造价值，例如淘宝和拼多多通过 C2M 模式，改变了传统零售的供需结构。订阅经济是指企业通过持续提供增值服务，增强用户黏性，例如微软的 Office 365 从一次性软件购买转向订阅模式，使其收入模式更加稳定可预测。共享经济是指企业通过资源共享，提高闲置资源利用率，例如滴滴出行和共享单车模式通过数字平台匹配供需，使车辆利用率大幅提高。数字生态系统的商业模式创新，使企业能够更加灵活地适应市场需求，从传统的产品销售转向数据变现、平台分成、智能增值服务等多种盈利方式，从而提升企业在数字经济时代的可持续发展能力。

四、数字生态系统的未来演变趋势

数字生态系统正在迈向更加智能化、开放与去中心化、跨界融合、元宇宙与数字孪生和绿色数字化。企业要想在未来的数字经济中占据领先地位，必须拥抱人工智能、自适应系统、去中心化信任机制、元宇宙、数字孪生等前沿技术，同时构建绿色低碳的可持续商业模式。未来的竞争不再是单一企业之间的竞争，而是生态体系之间的较量，企业需要打造更加协同、高效、智能和可持续的生态战略。

（一）智能化进程加速推动数字生态的自适应演进

未来的数字生态系统将高度智能化，依托人工智能、大数据分析、深度学习等前沿技术，构建具备自主学习、预测分析和动态优化能力的智能生态系统。传统的企业数字化转型依赖静态的技术部署，而未来的数字生态将逐步实现“自适应进化”，即通过持续的数据训练和算法优化，使系统能够实时感知市场变化，自动调整资源配置。例如，AI 驱动的智能供应链将能够根据消费者需求的变化，动态优化库存管理和物流调度，提高整体运营效率。未来的智能商业生态将进一步深化企业的精准营销、智能推荐、风险管理等领域，实现真正的数据驱动决策。比如，未来的电商平台将依靠 AI 预测消费者需求，并结合情感计算和个性化推荐，打造高度定制化的购物体验。企业若要在未来的智能化生态体系中占据优势，必须提升 AI 计算能力、强化数据治理机制，并构建具备自我学习能力的业务模型，以确保生态系统的持续进化和竞争力。

（二）开放与去中心化模式重塑生态治理

未来的数字生态系统将更加开放和去中心化，突破传统平台经济的主导模式，推动产业生态向“分布式协作”方向发展。当前的数字平台主要由大型科技企业掌控，然而，区块链和去中心化技术（DeFi、DAO、智能合约等）的兴起将重新定义企业之间的合作模式，使数字生态系统逐步向“去平台化”演进。例如，Web3.0 的核心理念强调用户数据所有权的回归，通过区块链技术使数据交易透明化，减少平台对用户信息的垄断，推动去中心化应用（DApps）的广泛普及。未来，数字生态系统将采用更具去中心化特征的信任机制，企业、个人和组织可以通过智能合约直接进行价值交换，无须依赖中心化平台。以供应链金融为例，区块链技术的应用将使供应链上的所有交易实时可溯源，提高透明度，降低融资成本，并减少供应链金融欺诈的可能性，从而摆脱银行或核心企业主导的传统融资模式。这种去中心化的商业生态将使中小企业能够公平参与全球市场竞争，推动商业体系更加开放、公正和高效。

（三）跨界融合拓展数字生态边界

数字生态系统的未来发展将突破行业边界，形成跨行业、跨领域的深度融合生态。未来的产业竞争不再是单一行业内部的竞争，而是不同产业生态之间的竞争。传统的行业边界将被模糊化，企业需要通过“产业跨界融合”的方式构建多元化的生态矩阵。例如，未来的智能城市生态将整合智慧交通、智慧医疗、智能能源管理等多个领域的数据和技术，形成更加智能化、数据驱动的城市运营系统。汽车行业将不再仅是制造业，而是与软件、能源、人工智能、通信等多个领域深度融合，形成“车联网+智慧交通+能源管理”的跨界生态。例如，特斯拉不仅生产电动汽车，还布局充电网络、能源存储和自动驾驶软件服务，正在打造完整的智能出行生态系统。未来的企业必须具备跨界整合能力，通过构建生态级别的合作网络，打破行业壁垒，创造新的商业增长点。

（四）元宇宙与数字孪生构建虚实融合生态

元宇宙和数字孪生技术的兴起将使数字生态系统进入虚实融合的全新时代。元宇宙提供了一个高度沉浸式、交互式的数字环境，使用户能够以虚拟身份参与各种数字经济活动，而数字孪生技术通过实时数据建模，将物理世界映射到数字空间，实现精准模拟与优化。例如，未来的智能制造企业将利用数字孪生技术对工厂进行虚拟仿真，在实际生产之前进行测试，优化生产流程，降低试错成本。在零售领域，元宇宙购物体验将使消费者能够在虚拟商店中试穿衣服、查看产品细节，并通过 AR/VR 技术进行交互式购物，从而增强用户体验。例如，耐克已经推出了虚拟鞋类 NFT，并在元宇宙空间中构建了品牌虚拟店铺，未来的品牌营销将越来越依赖元宇宙技术。医疗领域也将深度受益于数字孪生技术，例如未来的数字人体建模将能够实现更精准的个性化治疗方案。企业要想在这一趋势下抢占先机，需要投入 VR/AR、5G、云计算等底层技术的研发，并构建沉浸式互动体验，以满足未来消费者和市场的需求。

（五）绿色数字化推动可持续生态发展

在“双碳”目标背景下，未来的数字生态系统将更加注重可持续发展，绿色数字化将成为企业竞争的新标准。未来的数字基础设施、数据中心、智能工厂等领域将全面向低碳、节能方向发展，推动“绿色计算、智能电网、碳交易数字化”等新模式。例如，谷歌承诺，到 2030 年实现碳中和，并利用 AI 优化数据中心冷却系统，减少能源消耗。区块链技术在碳信用交易中的应用将使企业的碳排放数据更加透明，提高企业参与碳市场的积极性。例如，蚂蚁集团推出的“蚂蚁森林”利用区块链技术追踪用户的低碳行为，并将其转化为碳积分，实现绿色消费激励。未来的企业必须将数字化转型与可持续发展相结合，通过智能管理系统优化能耗，提高环保效率，并利用绿色供应链体系减少碳足迹，以满足日益严格的环境法规和社会责任要求。

第三节 组织变革和动态能力理论与企业数字化转型的核心驱动力

在数字化转型的大潮中，企业的成功不再仅取决于技术的升级和市场拓展，还有更深层次的组织变革和能力重塑。传统的企业管理模式主要依赖科层制、流程优化和经验驱动，然而，这种模式在当前高度不确定、技术快速迭代的环境下，已经难以适应数字经济的挑战。组织变革理论和动态能力理论正成为企业实现数字化转型的核心理论支撑，它们强调企业如何通过结构调整、文化变革、流程重组、战略适配和能力演进，形成长期竞争优势。

一、组织变革与动态能力的理论框架

组织变革理论为企业提供了清晰的转型路径，使企业能够完成从传统管理模式向数字化运营模式的平稳过渡；动态能力理论确保企业在快速变化的市场环境中，能够持续优化资源配置，并不断调整业务战略，实现长期竞争力。企业要想在数字经济中保持领先，必须将组织变革和动态能力有机结合，构建快速响应市场、灵活调整业务、持续创新的数字化管理体系。

（一）组织变革理论与数字化时代的管理范式转换

组织变革理论起源于心理学家库尔特·勒温提出的“解冻—变革—再冻结”（Unfreeze-Change-Refreeze）模型，即企业要想成功进行变革，首先需要打破现有的组织惯性（解冻），随后实施新的管理模式与技术体系（变革），并最终通过文化渗透和制度规范确保变革成果的稳定（再冻结）。在数字化转型中，这一模型强调企业必须克服传统管理模式的路径依赖，重新定义管理机制。例如，在数字经济的推动下，银行业正经历深刻变革，传统的线下网点和人工服务模式被移动支付、智能客服和数字银行取代，许多银行通过削减物理网点，将业务迁移至在线平台，实现了更高效、更智能的金融服务体系。这一过程正符合勒温的变革理论，即先打破传统业务模式的路径依赖（解冻），再推动数字化转型（变革），最后通过新的运营模式和文化塑造确保数字化业务成为核心竞争力（再冻结）。

勒温的三阶段理论在数字化时代暴露出一定局限性，即它假设企业变革是线性、阶段性的，而在当前高度不确定的市场环境下，企业的组织变革更趋向于持续迭代、动态调整，而非一次性的变革过程。数字经济要求企业能够在快速发展的技术浪潮中不断优化组织结构、运营模式和管理机制，以保持长期竞争力。因此，约翰·科特提出的八步变革模型更适用于企业数字化转型的长期管理，该模型强调企业在变革过程中需要建立变革紧迫感、构建变革领导团队、塑造清晰愿景、动员员工、创造短期胜利、持续改进，并最终深化变革，形成稳定的新体系。例如，华为并未将数字化转型视为短期任务，而是采用“数字化+智能化+全球化”的三层次变革模式，持续推动5G、人工智能、云计算、智能终端等领域的发展，并通过组织敏捷化培养企业在全球市场的适应能力，使其能够在快速变化的商业环境中始终保持领先地位。

（二）动态能力理论与企业对数字经济的长期适应性

在数字经济时代，市场环境变化迅速，技术不断迭代，用户需求日益复杂，企业要想在激烈的竞争中保持领先，必须具备高度的灵活性和自我进化能力。动态能力理论由大卫·蒂斯提出，强调企业的竞争力并非依赖静态资源，而是通过持续调整资源、重组能力、优化战略来实现适应性进化。动态能力理论包括感知能力（Sensing）、捕捉能力（Seizing）、重组能力（Reconfiguring）三大核心要素。感知能力要求企业能够快速识别市场趋势、技术突破和用户需求变化。例如，字节跳动敏锐地察觉到短视频的市场潜力，率先推出抖音，并利用人工智能算法优化内容分发，抢占全球市场。捕捉能力是指企业在发现机遇后，能迅速调整战略，构建有效的商业模式。特斯拉不仅在电动汽车领域建立了领先地位，还迅速布局新能源充电网络和智能驾驶系统，实现生态闭环。重组能力意味着企业能够灵活调整组织结构、资源配置和业务模式，以适应环境变化。微软通过调整业务架构，从传统软件许可销售模式转型为云计算服务（Azure），并在人工智能、大数据、企业服务等领域持续扩张。企业要想在数字经济时代保持竞争力，必须构建高度敏捷的组织体系，使自身具备实时感知市场、快速响应需求、持续优化业务的动态能力，以在不确定性中找到持续增长的确定性。

（三）组织变革和动态能力的融合与企业长期竞争优势构建

数字化转型的本质是一个持续动态调整的过程，因此，企业需要将组织变革理论与动态能力理论结合，以形成全局性的竞争战略。组织变革理论强调企业如何实施结构调整、文化变革和流程优化，而动态能力理论关注企业如何在快速变化的环境中持续构建竞争优势。两者的融合使企业能够在数字经济中既能迅速调整自身结构和业务模式，又能确保长期竞争力和市场适应性。例如，腾讯在数字化业务的扩展过程中，实施了“中台战略+敏捷组织”的变革，使企业各业务部门在能够独立创新的同时保持数据和技术的协同。通过建立强大的数据中台，腾讯不仅提高了内容推荐、金融科技和云计算业务的协同效率，也增强了企业的动态适应能力。亚马逊早期通过调整物流和数据系统完成电商数字化变革，后续凭借强大的动态能力迅速扩展到云计算（AWS）、人工智能、智能家居等多个领域，确保企业始终能够在技术变革和市场变化中保持领先。未来，企业必须深度融合组织变革和动态能力，使变革成为企业文化的一部分，并建立快速响应市场、灵活调整业务、持续创新的数字化管理体系，以应对不断变化的商业环境。

二、组织变革在数字化转型中的关键路径

数字化转型不仅是技术层面的升级，还是企业在战略、组织、文化、流程、人才五大维度上的系统性变革。企业必须从传统管理模式向数字化思维转型，优化组织架构，提高敏捷性，并通过数据驱动的企业文化变革，提高科学决策能力。流程再造能够提升企业的运营效率，而人才升级确保组织具

备适应未来市场变化的能力。成功的企业将是那些能够灵活调整自身组织结构、持续提升数字化能力，并通过智能化、数据化手段增强市场竞争力的企业。

（一）从传统管理模式向数字化思维转变的战略调整

在数字经济时代，企业战略的核心已从传统的产品导向、规模效应和成本控制，向数据驱动、智能化运营和生态协同演进。数字化转型不仅是技术升级，还是企业战略思维的彻底变革。企业需要从传统的线性增长模式转向指数级增长模式，即利用数据分析、人工智能和云计算等技术实现更精细化的市场洞察和决策优化。企业的战略需要围绕“用户体验+数据智能+生态协作”三大要素展开，而不是单纯依赖过去的供应链效率或品牌影响力。在此背景下，企业应重新评估自身的核心竞争力，明确数字化时代的增长逻辑，并通过战略调整匹配新的市场环境。战略调整还需关注组织文化的重塑，确保企业员工能够接受和适应数字化思维，以提高组织变革的成功率。企业若能建立起以数据为驱动、以用户为核心的数字化战略体系，将在未来的市场竞争中占据更大优势。

（二）从层级制向敏捷组织演进的组织结构优化

传统的企业组织架构往往是高度层级化的，以严格的科层管理模式运行。然而，这种结构虽然有助于稳定运营，却限制了企业的创新能力和市场响应速度。数字经济时代的竞争要求企业能够快速调整业务方向，灵活响应市场需求，因此“敏捷组织”的理念应运而生。敏捷组织强调跨部门协作、自主决策和扁平化管理，使得企业能够更高效地整合资源，推动创新。例如，数字化企业通常采用“中台+前台”模式，即中台负责数据、技术和运营支持，而前台业务团队能够快速适应市场需求，并进行创新尝试。这种模式不仅提高了企业的业务灵活性，还使得数据和知识能够在组织内部高效流通，打破了部门壁垒。此外，企业在优化组织结构时，还需配合相应的绩效考核机制和激励体系，以确保敏捷组织的高效运作，激发员工的创造力和责任感，形成真正的数字化竞争力。

（三）从经验决策向数据驱动决策演进的企业文化重塑

在传统企业管理中，决策往往依赖高管的经验和直觉，而数字化转型要求企业建立以数据为基础的科学决策文化。数据驱动的企业文化不仅涉及技术的应用，还需要企业全员形成数据思维，从管理层到一线员工都能够基于数据进行分析和判断。这种文化转变要求企业建立健全的数据治理体系，并确保数据的准确性、可用性和安全性。企业文化重塑还需要通过培训、流程优化和内部激励机制，鼓励员工使用数据进行工作决策。例如，数据驱动的企业能够利用实时分析工具优化业务流程，提高市场预测能力，甚至通过 AI 辅助决策来优化供应链管理或客户关系维护。最终，企业文化的重塑将使组织具备更高的适应能力，在面对市场变化时能够快速做出科学决策，增强企业竞争力。

（四）从线性流程向端到端智能化流程转型的流程再造

在传统企业运营中，业务流程往往是静态的、线性的，不仅响应速度慢，还容易形成信息孤岛，导致资源配置低效。在数字化时代，企业必须围绕数据、技术和自动化能力，对业务流程进行端到端的智能化改造。智能流程再造的核心在于通过大数据分析、人工智能决策和自动化工具，提高企业的运营效率，并提高市场适应性。例如，企业可以采用机器人流程自动化（RPA）技术，减少重复性任务，提高运营效率。基于人工智能的动态流程管理系统能够实时分析市场需求，自动调整供应链、生产计划和客户服务模式，从而提升整体业务灵活性。企业在推进流程再造时，还需要构建数据互通机制，确保不同业务部门之间的信息能够高效共享，以消除数据孤岛，提高决策精准度，实现真正的智能化流程优化。

（五）从传统技能向数字化技能转型的人才升级

数字化转型不仅涉及技术变革，还要求企业在人才培养和管理上进行深刻变革。企业的竞争力越来越取决于员工是否具备数据分析能力、数字化工具的使用能力以及跨学科整合能力。因此，企业需要在人才管理方面进行战略性布局，构建持续学习的组织文化，提升员工的数字化素养。人才升级的关键在于“数字技能+创新思维+协作能力”的综合培养，即员工不仅要熟练使用数据分析工具、人工智能算法、云计算等技术，还要具备开放创新思维，并能在跨部门团队中高效协作。企业还需要通过内外部培训、在线学习平台、创新工作坊等方式，提升员工的数字化技能，以确保组织能够适应快速变化的市场环境。通过构建数字化人才体系，企业不仅能够提升自身的技术竞争力，还能够加速组织变革的落地，实现真正的数字化转型。

三、动态能力保障企业在数字化时代的长期竞争力

数字化时代的竞争已不再是单一产品或技术的竞争，而是企业整体能力的竞争。企业要想保持长期竞争力，必须具备感知能力、捕捉能力和重组能力，形成从市场洞察到商业落地，再到组织优化的完整闭环。感知能力确保企业能够精准预测市场趋势，捕捉能力帮助企业将技术机遇快速商业化，而重组能力使企业在复杂环境下具备高度适应性，实现资源的灵活调配。企业必须不断增强动态能力，构建智能化决策体系、敏捷组织架构和生态化协同网络，以在不确定的市场环境中立于不败之地。

（一）感知能力

在数字经济环境中，市场变化日益加速，新技术不断涌现，企业要想保持竞争优势，必须具备强大的感知能力，即快速识别行业趋势、技术突破和用户需求的变化。感知能力不仅依赖传统市场调研，还需要结合大数据分析、人工智能预测和自然语言处理（NLP）等技术，实现对市场信号的实时捕捉和智能解读。例如，基于人工智能的市场情报系统可以自动分析社交媒体、行业报告和竞争对手动态，帮助企业准确判断市场趋势。企业还需要建立前瞻性技术预研机制，即通过跨学科合作、开放式创新和行业联盟，掌握最前沿的技术发展动态。这种能力使企业能够率先发现潜在的商业机会，在市场尚未饱和时就提前布局，实现技术和市场的双重领先。因此，企业应构建一个数据驱动的市场感知系统，结合外部环境变化与内部数据分析，不断调整战略方向，从而提高市场适应性，并在行业变革中占据先机。

（二）捕捉能力

企业仅具备市场感知能力是不够的，更关键的是如何将感知到的技术机遇和市场需求迅速转化为可执行的商业模式。这就需要企业具备捕捉能力，即通过战略资源配置、商业模式创新和敏捷决策机制，实现技术优势向市场优势的有效转化。在数字化环境中，捕捉能力的核心在于企业是否能够建立高效的决策机制，快速响应市场机会。例如，企业可以通过敏捷管理，缩短从产品研发到市场落地的周期，同时采用数字孪生技术对商业模式进行模拟测试，确保新业务模式的可行性。企业还需要依赖平台化战略，即通过构建开放生态，与供应商、合作伙伴和开发者共同打造创新产品或服务，从而提

升市场竞争力。捕捉能力的强弱决定了企业是否能够在竞争环境中占据有利地位，因此，企业需要建立快速的反馈机制、跨职能团队协作体系，并灵活调整资源，以高效地抓住市场机遇，并实现商业化落地。

（三）重组能力

在数字经济环境下，市场的不确定性日益增加，企业要想在长期竞争中保持优势，必须具备重组能力，即在面对市场变化时，能够迅速调整资源配置、优化组织结构，并整合技术、人才与业务模式，确保持续竞争力。传统企业通常依赖固定的商业模式和供应链体系，而数字化企业需要更加灵活、敏捷、模块化，能够适应不同市场环境的变化。企业还应加强生态协同能力，即通过开放式平台，与产业链上下游企业形成紧密合作关系，增强供应链韧性，以应对外部环境的不确定性。数字化时代的企业竞争不再是单独个体的竞争，而是生态系统之间的竞争，企业需要通过内部结构调整、智能化流程优化和外部生态协作，构建一个具备动态适应能力的竞争体系，从而在市场变革中保持持续领先。

第四节　企业数字化转型研究进展与未来方向

企业数字化转型正从工具性应用迈向战略性重构，其研究覆盖内涵演化、驱动因素、绩效路径、治理逻辑等维度。未来应聚焦智能认知、绿色融合、生态协同与组织韧性等方向，深化理论创新与实践探索，推动企业在不确定环境中实现可持续跃迁与高质量发展。

一、数字化转型的内涵演化与理论界定

数字化转型已从早期的信息数字化演进为涵盖技术应用、组织重构与战略重塑的系统性变革过程。研究从静态定义迈向动态框架，融合 IT 能力、动态能力与生态系统理论，逐步形成多层次、多维度的理论体系，为深入理解转型本质提供了坚实基础。

（一）从信息系统建设到组织范式跃迁

数字化转型（DT）的概念源于对信息化建设的延伸，早期主要聚焦在 IT

部署与流程自动化，其目标在于提升效率与降低成本（Brynjolfsson and Hitt，2000；姚建明，2024）。这一阶段的数字化更多地体现为“工具性嵌入”，即以技术为手段的操作层级改进，企业通过引入 ERP 系统、MIS 平台或自动化设备进行流程数字化（Bharadwaj，2000；李万利等，2022）。然而，这种“表层数字化”未能引发组织战略与价值体系的根本重构。随着平台经济、智能技术的快速演进，数字化转型逐渐演变为一种深层次的组织变革与认知范式的跃迁（Westerman et al.，2014；张玉明等，2024）。Verhoef 等（2021）指出，现代数字化转型不再是“自上而下的技术升级”，而是包含对客户关系、产品逻辑、组织结构乃至商业生态的全方位重构。我国学界亦指出，其本质是价值逻辑、组织形态与产业协同的同步再造（董峰，2024；吴烨等，2024）。这一内涵转向标志着数字化转型从“工具驱动”走向“战略协同”的系统跃升。

（二）数字化转型的界定演进与构成要素重构

在理论界与实务界不断交汇的背景下，数字化转型的定义逐渐走向多维度综合与系统化建构。Schallmo 等（2017）强调其为企业通过技术实现业务模式根本性变革的过程；Vial（2019）则提出 DT 是“通过数字技术推动企业持续适应的组织转型机制”。王田力等（2023）与陈红等（2023）从企业生命周期、组织绩效出发，明确提出数字化转型应包含四大核心维度：技术应用、组织重构、文化协同与战略重塑。Bresciani 等（2021）进一步指出，数字化转型的有效实施需要整合内部能力（如数据分析、IT 基础设施）与外部联动（如供应链协同、平台嵌套），强调“价值共创”的动态网络属性。严子淳等（2021）系统厘清其多层要素，提出 DT 应从数字工具使用（Digitization）、业务流程数字化（Digitalization）再进化到系统重构（Digital Transformation）[①]。因此，数字化转型不应被理解为单一技术行为，而应视为多元系统要素嵌套的动态跃迁过程。

---

① Digitization 指数字化（信息转码），是将模拟信息转换为数字格式的过程，是数字技术应用的基础；Digitalization 指数字化应用（流程数字化），是在组织运行中广泛应用数字技术以提升效率与服务，是流程与业务的优化；Digital Transformation 指数字化转型，是以数字技术为核心，对企业战略、组织结构与商业模式进行根本性变革，是深层次、系统性的转型升级。

（三）理论范式的拓展融合与跨学科建构

近年来，学界对数字化转型的研究不断融合战略管理、组织行为、技术创新与平台生态等多个理论传统，逐渐形成多维交叉的分析范式。Bharadwaj等（2013）从“数字企业”理论切入，强调IT能力的战略价值；Tilson等（2010）提出“数字基础设施”概念，突破了IT系统的技术性思维框架。侯普光（2023）提出认知能力、制度契合与战略意图三位一体的转型机制；伍晨与张帆（2023）强调“数字并购”在转型中的知识整合作用。Wessel等（2021）和Susanti等（2023）分别基于平台战略与动态能力框架提出企业必须在开放生态与资源重新配置中不断重构竞争优势。吴烨等（2024）提出以创新能级为中介变量，连接数字化转型与长期价值创造的路径逻辑。多种范式在融合中形成共识：数字化转型是结构性组织变革过程，其内在机制是“认知—能力—制度—技术”的动态协同。这一跨学科融合趋势不仅丰富了理论解释力，也为未来研究提供了坚实的范式基础。

（四）与相关概念的辨析与边界厘定

在实践推广过程中，数字化转型与“数字化”“信息化”“智能化”等相近概念频繁交叉，形成理解混淆的局面。Legner等（2017）指出，数字化（Digitization）仅指数据的数字编码过程，数字化应用（Digitalization）为流程优化与自动化，而数字化转型（Digital Transformation）涉及战略重构与组织创新。Vial（2019）与Verhoef等（2021）进一步强调，DT的独特性在于其系统性和不可逆的结构重构特征。我国学者亦做出明确划分，欧阳生等（2024）认为“信息化”更多偏重技术部署，“数字化转型”则关注企业价值链的系统跃迁。张文文等（2023）通过大语言模型对企业DT行为进行度量，凸显其高阶战略属性与认知能力协同。Buhagiar等（2022）更进一步提出，DT是“组织身份认同的数字重构过程”。因此，厘清DT与其他概念的边界不仅有助于政策设计与实务判断，也有助于提升理论建模的准确性与适用性。数字化转型的真正特征在于其跨越“工具—系统—生态”三重边界的深度重构力。

二、驱动因素与路径机制的多维解析

企业数字化转型的驱动因素呈现多维演进趋势，涵盖政策赋能与环境压力、组织能力与资源整合、战略引导与领导力塑造、路径依赖突破与多元模式等层面，路径机制日益体现出动态性与差异化特征。相关研究正从线性因果向多元组态、生态协同和战略交互拓展，推动理论与实践深度融合。

（一）政策赋能与环境压力的外部驱动机制

企业数字化转型往往始于外部力量的推动，政策引导、市场变化与竞争压力构成最初的外部驱动机制（Moeuf et al.，2018；Weill and Woerner，2018）。在我国，政府在数字基础设施投资、数据资源流通与产业扶持政策方面的强力干预成为推动企业转型的重要力量（李剑培等，2024；郜攀峰，2024）。Cai 和 Zhu（2022）指出，政策型数字化驱动具备激励与约束双重效应，尤其在中小企业中表现出明显的引导价值。柳春等（2024）则强调，区域性政策组合效应与“数字政府”建设密切相关，影响企业数字化转型的节奏与深度。全球化竞争、平台生态压力与客户行为数字化也在重塑企业的市场应对逻辑（Gimpel et al.，2018；王靖茹等，2023）。外部驱动的共同逻辑在于倒逼企业突破路径依赖与惯性结构，为内部变革提供战略窗口与资源支点。

（二）组织能力与资源整合的内生激活逻辑

除了外部力量，企业能否成功实现数字化转型更依赖其内部资源与能力基础的动态整合（Karimi and Walter，2015；Jonathan and Kuika Watat，2020）。企业内部的技术吸收能力、管理者数字认知、组织学习机制以及数据基础设施建设被广泛认为是 DT 推进的核心内因（Gebauer et al.，2020；侯普光，2023）。马文甲等（2023）指出，创新文化与企业家精神是资源重构的启动器，决定转型能否突破“中止点”陷阱。Lu 和 Ramamurthy（2011）强调，“资源编排”而非资源拥有本身才是数字化战略成功的关键，这在高端制造与服务业中尤为显著。陈涛琴等（2023）也发现，组织制度能动性与数据资产可视化水平存在强烈耦合效应。因此，组织能力并非静态变量，而是一种与战略意图互动演化的动态能力结构，其内生驱动机制需与外部压力协同共振，方能实现有效转型。

（三）战略引导与领导力塑造的路径生成机制

战略导向是数字化转型能否持续推进的关键变量。众多研究发现，企业是否具备“数字优先”或“平台优先”的战略视角，决定了其转型方向与组织张力的强弱（Sebastian et al.，2017；Susanti et al.，2023）。中文文献亦有共鸣，张洪胜等（2025）指出，战略不清常导致多系统并存与技术孤岛问题，削弱了转型的整体效能。领导者的数字认知水平、战略敏锐度与组织牵引力被广泛证实为转型成功的“核心驱动因子”（Hanelt et al.，2021；侯普光，2023；戴翔等，2024）。Fitzgerald 等（2013）发现，领导层对转型意义的认知差异会极大地影响企业战略聚焦点的形成和资源配置机制。高翀等（2023）进一步指出，CEO 的复合职能背景可显著提升战略引导的质量。因此，战略逻辑不仅决定了转型路径，也决定了组织在生态位变革中的主导能力，其背后是数字领导力的认知跃迁与组织塑造能力的协同演进。

（四）路径依赖突破与多元模式的嵌套选择

数字化转型并非单一路径推动，而是一个多样化路径共生与动态选择过程。企业往往在路径依赖、能力约束与认知惯性中寻求突破，形成“嵌套型转型轨迹”（Li et al.，2020；Furstenau et al.，2021）。任羽卓等（2024）指出，不同企业在创新资源禀赋与外部协同机制下，会走出差异化路径——“IT 升级路径”“业务协同路径”“生态嵌入路径”并存。Wang 等（2023）强调，不同行业对数字化价值捕获点的认知差异会形成“探索型”、“集成型”与“演化型”三种转型范式。柳雅君等（2024）通过中小企业样本发现，机会—资源匹配程度影响其采取“试探式”还是“跳跃式”转型策略。路径机制研究强调，企业转型并非一次性事件，而是“情境适配—能力构建—结构演化”的周期性过程。唯有精准识别自身处境，合理嵌入资源与能力，企业方能在非线性路径中找到高适应性的生长策略。

三、数字化转型对企业绩效与价值的作用机制

数字化转型通过重塑业务流程、激发创新能力、优化资源配置等机制，显著提升企业绩效与价值创造水平。研究日益关注其在绿色创新、组织韧性与可持续发展等方面的多元作用路径，体现出由效率导向向综合价值驱动的转变趋势。

（一）价值创造方式重构驱动企业绩效提升

数字化转型通过重塑价值创造方式，显著提升企业在复杂环境中的经营绩效（Tortorella et al.，2021；Amit and Zott，2020）。企业依托数字技术实现

产品与服务的精准化、定制化与智能化，将传统“产品导向”转向“客户价值导向”，有效拓展了利润空间与市场边界（Bouwman et al.，2019）。数字化可推动企业实现“从产出逻辑向连接逻辑”的跃迁，从而在价值链上游获得更大主导权（陈红等，2023；李晓华，2022）。特别是在制造业领域，数字化不仅提升了设备利用率与流程效率，还强化了数据驱动的质量控制与柔性响应机制（Ghobakhloo and Fathi，2021；叶永卫等，2022）。张玉明等（2024）基于中国多产品企业研究发现，数字化转型有助于提升出口产品的质量与品牌附加值。企业通过重构产品逻辑、服务模式与客户关系，逐步形成“以数据为基础的价值交付新范式”，成为绩效增长的新动能来源。

（二）资源配置效率优化推动经营绩效改善

数字化转型对资源配置效率的优化机制是企业绩效改善的另一核心通道。数字化可显著降低企业在内部协同、供应链管理与市场响应中的交易成本与冗余资源浪费（Kraus et al.，2021；Zeng and Glaister，2021）。通过实时数据流与智能算法，企业得以在生产、物流、库存与销售等各环节实现精细化管理与协同优化（Vial，2021）。李卫兵等（2023）指出，数字化提升了企业的“组织透明度”与“管理穿透力”，使得资源调度更为高效、流程协同更具弹性。陶锋等（2023）实证发现，数字化转型显著增强企业在产业链、供应链中的“时效韧性”与“结构稳定性”，优化了生产率与风险抵御力。Furstenau等（2021）也指出，平台型企业在数字环境中更易实现异质资源的高效匹配，从而构建新的竞争优势。综上所述，数字化通过提升企业的资源配置效率、加快运营节奏与优化决策质量，有效增强了企业持续绩效提升的能力。

（三）创新能力激发与组织韧性增强的中介机制

创新驱动是数字化转型作用于企业绩效的重要中介变量。研究表明，数字化转型通过促进知识流动、提升组织学习效率与重构研发流程，显著增强企业的技术创新与商业模式创新能力（Nambisan et al.，2017；Kohtamäki et al.，2022）。张波和易珈西（2024）发现，数字化可显著促进企业绿色技术创新效率，激发其“双元创新”能力。郝志强等（2024）强调，数字化为传统企业构建了从“客户共创”到“场景共生”的创新机制，使其在不确定性环境下展现出更强的适应力与创造力。企业在数字化进程中积累的数据资产与流程重塑经验也使其具备更强的组织韧性（Jonathan and Kuika Watat，

2020）。王强等（2023）进一步提出，企业通过“数字基础设施+敏捷机制”协同构建，可实现组织对外部冲击的快速感知、调整与恢复。因此，数字化不仅提升了企业“做对的事”的能力，也强化了“事做对”的稳定性，为长期绩效增长提供了保障。

（四）数字化价值实现的异质性与边际效应分析

尽管数字化转型整体上带来了绩效提升，但其价值实现过程并非普遍线性，而是呈现出显著的异质性与边际差异。企业在不同产业、规模、数字能力基础与治理结构下，对数字化的响应效果高度不一（Susanti et al.，2023；Horváth and Szabó，2019）。赵宸宇等（2022）发现，数字化对企业社会责任绩效存在“双向调节”效应，而非简单正向推动。李雪松等（2022）指出，数字化转型对出口绩效的促进作用受制于企业创新网络结构的协同性与开放度。Wu 等（2022）则提出，“数字化深度”与“治理匹配度”之间存在倒“U”形关系，即转型过度或治理失调反而会产生负向绩效回撤。张文文和景维民（2024）从监管博弈视角出发，提出“收益—成本—制度耦合”的价值实现机制，为解释 DT 绩效波动提供了制度经济学解释路径。因此，未来研究需更加注重数字化价值实现中的边际逻辑、动态演进与治理适配，推动绩效评估体系从静态计量走向系统建模。

四、数字化转型的挑战、瓶颈与治理逻辑

数字化转型面临技术集成难题、组织惰性、数据安全与伦理制度缺位等多重挑战，已成为制约转型成效的关键瓶颈。当前研究正聚焦多元治理逻辑构建，强调战略引领、能力协同与生态共治的融合路径，以打破转型困境、提升治理效能。

（一）技术路径依赖与数字能力错配的结构性制约

企业数字化转型过程中面临的是路径依赖与能力错配的结构性挑战。许多企业在长期的信息化建设中形成了封闭系统与低适配性技术架构，难以承载以云计算、人工智能为代表的开放性数字技术（Li et al.，2022；Bouwman et al.，2021）。早期 IT 系统多以“点状部署”为特征，缺乏顶层架构与统一数据标准，造成企业转型初期“重投资、低回报”的技术错配困境（陈涛琴等，2023；邓伟等，2024）。Liu 和 Chen（2021）发现，企业技术路径依赖不

仅压缩了新技术的引入空间，还制约了组织内部的知识转移效率。而在中小企业中，转型更受限于数字基础设施薄弱与技术人才缺失（Matarazzo et al., 2021；牛璐等，2024）。王稳华等（2024）则强调，转型初期“设备先进—管理滞后”的剪刀差尤为明显。因此，突破路径依赖、提升数字能力与资源适配，是解决转型低效的关键前提。

（二）组织惰性与变革抗拒的内生约束机制

组织惰性与变革抗拒构成企业数字化转型中更为深层的瓶颈。在数字技术导入的过程中，原有权力结构、工作模式与考核机制往往面临重构，易引发员工的不确定感与抵触情绪（Berghaus and Back，2020；Fitzgerald et al., 2014）。赵宸宇等（2023）研究指出，企业中高层在转型中若缺乏数字认知与战略协同，将成为“中间阻力带”，严重干扰组织变革进程。传统企业文化中对“经验决策”“等级控制”的依赖，会弱化数据驱动机制的导入效果（李晓燕等，2023；孙雪荧，2024）。Kane 等（2019）发现，组织变革中的文化不匹配会放大信息孤岛效应与技术部门和业务部门的协调鸿沟。从治理视角看，Hanelt 等（2021）提出，应构建“组织记忆—学习机制—文化更新”三位一体的内部重塑体系，打破制度惯性与认知闭环。数字化转型不仅是“技术变革”，也是“组织动能”的再造过程，必须打破惰性链条与文化约束，激发真正的变革意愿。

（三）数据安全与伦理治理的制度边界困境

随着数据成为数字经济的核心生产要素，企业在数字化进程中面临的数据安全、隐私保护与伦理风险日益突出（Mikalef et al., 2022；George et al., 2024）。在数据采集、处理、共享和跨境流通等环节，技术复杂性与法律制度的不完备构成治理难题。陈玲等（2024）指出，部分企业在客户数据使用中存在“过度算法干预”与“隐私侵犯”的灰色地带，导致品牌信任度下降。吴欢等（2024）则发现，企业在数据资本化过程中面临“价值收益与风险责任”的双重压力，尤其在多平台协同环境下难以界定数据产权边界。另外，数据伦理的挑战不仅在于技术手段不成熟，还在于组织缺乏数字治理意识与伦理框架（Cai and Zhu，2022；Van Veldhoven and Vanthienen，2021）。李鑫等（2023）认为，数字化转型需同步构建“合规—透明—自律”的数据治理三层体系，明确平台责任、强化用户授权、完善外部监管。这一制度边界问题将决定企业能否在转型中实现“技术领先”与“合法合规”的双重目标。

（四）多元主体协同失衡与生态治理缺位的系统风险

数字化转型在提升企业内生动力的同时，也引发了企业间、政企间以及平台主导与边缘参与者之间协同机制失衡的问题（Kohtamäki et al.，2022；Rong et al.，2022）。在实践中，大型平台企业凭借数据、算法与流量优势构建“强控制—弱协商”的合作逻辑，导致中小企业陷入“数字依赖—价值被锁定”的困境（张文文等，2023；谢康等，2024）。Susanti 等（2023）进一步指出，生态位不对称使得企业间的协同创新难以形成公平分配机制，会阻碍产业协作效率提升。卢福财等（2024）认为，缺乏统一接口标准与数据共享规范是当前产业生态协同低效的根本原因。同时，政府在平台监管、公共数据开放与产业协调机制构建方面也存在制度滞后与碎片化问题（林祖辉，2024；邱妍等，2024）。Koivisto 等（2023）提出构建“生态治理平台+跨界调节机制”的双轨框架，以实现多主体间的权责清晰与利益均衡。因此，数字化转型必须跳出企业内部治理范畴，迈向以生态系统为单元的整体治理逻辑。

五、数字化转型的前沿研究方向与未来展望

数字化转型研究正从技术采纳走向战略协同、生态演化与智能治理等前沿方向，关注绿色转型、数据伦理、韧性组织等关键议题。未来应加强跨学科融合与实践验证，构建动态演进的理论体系，以引领企业实现可持续、高质量的数智跃迁。

（一）大模型驱动的智能认知体系构建

随着人工智能特别是大语言模型（LLMs）的突破发展，企业数字化转型正迈向以“智能认知”为核心的新阶段。研究表明，GPT 类模型可在知识管理、客户交互、流程自动化等方面为企业提供“类人思维”的服务支撑（Dwivedi et al.，2023；George et al.，2024）。金星晔等（2024）提出，基于大模型的企业数字化转型测度方法突破了传统指标体系静态性与模糊性，开启了“语义识别+战略映射”的智能测度路径。Buhagiar 等（2022）则指出，未来数字企业将基于 AI 模型构建“认知驱动—数据回馈—自动演化”的新型决策机制。王营和吕静（2024）发现，信息安全治理成为智能认知系统落地的前提。研究趋势显示，企业将从“操作自动化”向“认知赋能”跃迁，核心

是构建跨部门、跨场景、跨生态的语义理解与知识映射体系。未来研究可进一步探索“AI模型—组织能力—战略创新”的联动逻辑，为智能认知型企业生态构建理论基座。

（二）绿色低碳与可持续转型的融合路径创新

在“双碳”背景与ESG浪潮驱动下，绿色转型已成为企业数字化发展的重要方向。数字化被视为实现资源最优配置、过程低碳运作与产品绿色升级的基础路径（Bocken et al.，2022；Mishra et al.，2023）。陈红和张凌霄（2023）、刘海曼等（2023）分别从ESG表现与绿色创新角度实证揭示数字化可显著提升企业环境绩效与绿色技术产出。Horváth和Szabó（2022）指出，绿色转型的数字路径需通过工业互联网、物联网与区块链实现能源动态监测与碳排放精细管理。张文文和景维民（2024）则提出，绿色治理必须嵌入企业战略协同机制中，才能避免“绿色漂绿”现象。未来研究应聚焦于“数字碳足迹”测量模型、“绿色供应链平台化治理”及“绿色数据价值流通体系”等机制创新，推进企业实现从“合规绿色”向“创新绿色”的跃迁。在制度演进与技术迭代的双轮驱动下，绿色低碳与数字化融合将构成下一阶段产业转型的核心路径。

（三）数字生态协同与平台嵌套治理机制演进

随着产业数字化加速深化，单一企业的转型逻辑已转向“生态系统主导—多元主体协同”的复杂体系（Kohtamäki et al.，2022；Rong et al.，2022）。平台型企业凭借其技术、数据与算法优势，重塑了产业边界与价值分配机制，但也带来了生态治理失衡与资源集中化的新挑战。卢福财等（2024）指出，平台主导企业通过数据锁定与规则设计塑造“高嵌入、低协商”结构，边缘企业难以获得创新收益。郜攀峰（2024）提出构建“平台治理+公平竞合”机制，以实现数据共享、价值分润与生态创新的均衡共生。Susanti等（2023）与Koivisto等（2023）强调，未来数字生态治理需纳入制度协调平台、算法伦理机制与责任链重塑三重机制。展望未来，研究应关注“平台外溢机制”、“异质性主体关系重构”与“生态位适配模型”，推动从“平台为王”向“协同共治”的治理范式演进，为数字社会构建可持续的价值网络体系。

（四）动态适应与韧性组织的战略演化路径

在高度不确定的外部环境中，企业组织需具备韧性与动态适应能力以应对数字转型中的持续挑战（Teece et al.，2016；Wessel et al.，2021）。从“战略刚性”到“组织敏捷”的演化已成为企业构建长期竞争力的关键命题。王强等（2023）与赵宸宇等（2022）指出，数字转型可通过信息透明、流程重构与数据协同提升组织响应力与内生恢复力。Susanti 等（2023）提出“感知—响应—修复”三阶段模型，来刻画企业韧性机制在数字化环境下的演进路径。马文甲等（2023）强调数字文化与领导力在激活组织弹性中的关键作用，陈晓东等（2023）则关注产业链韧性视角下的组织调节机制。未来研究可围绕“多维韧性构型”“突发风险下的数据响应体系”“组织微结构与策略快速重构机制”等议题展开，拓展传统动态能力理论的边界，构建适配数字生态与不确定环境的高韧性组织演化模型。

第三章

数字技术重塑企业发展格局

数字技术正深刻重塑企业发展范式，从信息化到智能化的跃迁，使企业运营、管理、协作模式全面升级。智能基础设施推动创新体系重构，云边端协同、数据智能、智能计算提升企业韧性与敏捷性。智能决策体系取代经验导向，实时数据与 AI 优化企业治理，提高决策精准度。竞争模式由资源驱动向技术驱动跃迁，数字平台、跨界融合塑造生态协同格局。

第一节　数字技术跃迁与企业范式重构

数字技术的跃迁正在重塑企业发展格局，从信息化到智能化的技术变革，使企业经营模式、运营逻辑、协作生态发生深刻转型。技术升级推动企业从静态管控向数据驱动的动态赋能演进。智能协作网络重塑企业生态。企业需在数字技术赋能下构建更高效的智能运营体系，实现从传统管理范式向智能化、自主化、去中心化的深度跃迁，以在数字经济时代保持长期竞争优势。

一、从信息化到智能化的技术演进

信息技术从计算机革命到智能化跃迁，推动企业从流程优化向智能决策演进，管理模式由刚性控制转向数据驱动，竞争优势从资源积累转向技术主导。随着人工智能、云计算、区块链等技术融合，企业经营模式正迈向智能化、生态化、去中心化，重塑数字经济格局。

（一）信息技术升级与智能化跃迁

信息技术的升级历程本质上是企业生产力工具从单一功能支撑到深度智能赋能的跨越。在计算机时代，企业的信息化进程主要集中在业务流程自动化、数据存储与检索、通信效率提升等方面，更多地扮演“记录员”和“计算员”的角色。随着互联网技术的普及，信息流动的速度指数级增长，企业开始依赖 ERP、CRM、SCM 等信息系统进行集成化管理，提高运营效率。然而，这些系统的核心逻辑仍然是基于规则设定和经验总结，缺乏自适应和进化能力，无法应对瞬息万变的市场环境。进入大数据时代，海量非结构化数据的挖掘成为信息技术升级的关键节点，企业的关注点逐步从“数据存储”向“数据价值挖掘”转移，推动了商业智能（BI）、机器学习（ML）、自然语言处理（NLP）等新技术的兴起。在此基础上，人工智能和智能自动化的崛起，使得企业从被动信息接收走向主动智能决策，信息技术的作用由“辅助运营”升级为“业务创新驱动引擎”。随着生成式 AI、智能体、量子计算等新兴技术的突破，企业的智能化进程将进一步深化，信息技术将不再仅仅是工具，而是具备认知能力、自主优化、动态适应的新型商业基石，彻底重塑了企业的竞争逻辑与经营范式。

（二）数字技术革新与企业管理范式的深层演变

信息技术的跃迁不仅体现在工具的升级，还深刻地影响着企业管理范式的底层逻辑。在传统管理模式下，企业主要依赖金字塔式层级结构、科层制治理模式、流程驱动的决策体系，强调以经验为导向的管理逻辑。随着数字技术的革新，企业管理范式正经历从刚性控制向柔性适配、从封闭系统向开放生态、从静态优化向动态演进的深刻变革。首先，大数据和人工智能的应用，使得企业管理的核心从“流程驱动”向“数据驱动”转变，企业能够基于实时数据进行精准预测和动态调整，打破了传统管理的滞后性。其次，云计算、区块链等技术推动了企业治理模式的去中心化，传统的自上而下决策模式正在为更加分布式、敏捷化的管理体系所取代，使得组织架构更加扁平、高效、开放。此外，智能自动化和 AI 驱动的企业运营，使得管理职能从事务性执行向智能化决策转型，管理者的角色正在从“决策者”向“智能协调者”演变。未来，企业管理将迈向自适应智能体系，基于智能决策、算法治理、数据反馈闭环的新型管理模式将成为主流，企业将在不断变化的市场环境中实现高动态响应、高度智能化、高度协同的发展模式，塑造全新的数字化竞争优势。

（三）信息化到智能化转型的内在逻辑与驱动力

企业从信息化向智能化转型的过程，是技术、数据、组织、决策四大要素的协同演进。信息化阶段的主要任务是数据的记录与共享，解决的是企业内部信息孤岛的问题，而智能化阶段的核心在于数据的深度学习与实时决策，赋能企业的业务创新和管理变革。首先，技术的演进在这一过程中起到了决定性作用，人工智能的崛起使得企业能够从数据分析走向数据认知，从“基于规则”转变为“基于智能”，使企业的运营体系具备了自主学习与优化的能力。其次，数据作为企业智能化的关键燃料，从静态资产变为动态驱动引擎，数据流动性和分析深度的提升，使得企业能够更敏捷地感知市场需求、优化资源配置、提高决策效率。同时，企业组织架构的变化也在推动智能化转型，由于信息获取和处理能力的极大提升，传统的层级制管理模式逐渐为去中心化、自主协作的新型组织形态所取代。此外，智能化时代的决策模式也发生了根本性变化，从依赖“人”的经验和直觉，转变为依托“机器”的数据分析和预测能力，AI 算法已经开始主导企业在市场策略、供应链管理、产品研发等多个方面的核心决策过程。随着自监督学习、强化学习、人工通用智能（AGI）等技术的突破，企业的智能化水平将进一步进化，最终迈向全场景智能决策、自适应运营体系和高度协同的数字化生态。

（四）技术跃迁塑造企业经营模式新生态

技术跃迁的本质并非简单的效率提升，而是推动企业经营模式从线性增长向指数级扩张演进，进而催生全新的商业生态。在传统的工业经济模式下，企业竞争优势主要依赖资本积累、规模经济、供应链整合，而在数字化时代，企业的核心竞争力转向技术敏捷性、数据驱动决策、智能化运营能力。首先，云计算、人工智能等技术催生了平台经济，企业不再仅仅是产品或服务的提供者，还是整个产业链条的协调者，通过数字平台聚合资源、优化供需关系，实现价值创造的最大化。例如，SaaS 模式、共享经济、订阅制商业模式的崛起，使得企业不再依赖传统的资产驱动增长，而是通过智能技术精准匹配用户需求，提高客户终身价值。其次，区块链和智能合约的普及，使得企业能够基于去中心化技术实现信任机制的重构，从而打破行业壁垒，实现跨领域协作。例如，数字身份、去中心化金融（DeFi）、供应链透明化等应用场景，正深刻改变企业的商业运行逻辑。另外，虚拟现实（VR）、增强现实（AR）、元宇宙等新兴技术的发展，正在催生沉浸式商业模式，企业可以通过数字孪生和智能交互，创造全新的用户体验，拓展虚实融合的商业版图。未来，企业的经营模式将从单一产业链主导，向跨产业协同、生态化经营演化，商业的边界将不再固定，而是由技术创新不断塑造和重构，最终实现智能化、去中心化、数据驱动的商业新生态。

二、数字技术颠覆企业运营逻辑

数字技术推动企业运营从静态管控向动态赋能转型，数据智能驱动精准运营与智能决策，治理模式由科层管理向智能协同演进，企业运营体系日益智能化、自动化和数据驱动。传统产业依托技术创新加速数字化升级，企业竞争逻辑从依赖资源转向技术驱动，形成更加灵活、高效、自适应的运营模式。

（一）从静态管控到动态赋能企业运营范式变革

企业运营模式正经历从静态管控向动态赋能的深刻转型。传统的运营范式以规则设定、流程优化和效率提升为核心，强调通过标准化流程和层级管理来控制运营风险。这种模式的局限性在于缺乏灵活性和动态响应能力，面对市场环境的快速变化，传统企业往往难以适应，导致决策滞后、资源浪费和市场错失。数字技术的崛起，特别是人工智能、大数据、边缘计算和实时数据分析，彻底改变了企业的运营逻辑，使运营模式从被动管理转向主动优化，从静态控制转向动态赋能。数据驱动的运营体系能够实时捕捉市场信号，调整业务策略，实现个性化供应链调度、精准营销推送以及智能化客户体验。更重要的是，数字孪生技术与物联网的结合，使企业能够在虚拟环境中进行业务仿真，提前发现潜在风险并进行优化调整。未来，企业运营模式将不再是固化的管理流程，而是一个自适应、自优化、智能协同的动态系统，能够根据市场变化、用户需求、外部环境的实时反馈不断调整，实现精准运营和极致效率。

（二）数据智能驱动精准运营与决策体系升级

数据已成为企业运营的核心资产，其价值不再局限于记录与存储，而是推动精准运营与智能决策的关键引擎。在传统模式下，企业的运营决策主要依赖历史经验、人工判断和有限的市场调研，存在信息滞后和预测偏差的问题。随着大数据和人工智能的发展，企业可以通过实时数据分析、机器学习建模和智能算法优化，使决策更加精准、高效、前瞻。零售企业利用计算机视觉和 AI 算法进行智能选品和库存管理，大幅降低滞销风险；制造业企业借助工业互联网优化生产流程，实现预测性维护和智能调度；金融机构通过深度学习模型实现精准风险评估，提高资产配置的收益与稳定性。这些变化的本质在于，数据不再是简单的参考信息，而是驱动企业增长和运营优化的核心动能。未来，企业的竞争力将取决于其数据洞察能力、智能分析能力和算法决策能力，谁能更快地掌握市场脉搏，谁就能在竞争中占据主动地位。数据智能驱动的运营体系，将构建起企业高效决策、精准服务和智能增长的全新范式，成为数字经济时代企业成功的基石。

（三）技术融合推动企业治理模式的深层转移

企业治理模式正由科层管理向智能协同演进。传统的治理体系强调层级决策、权责明确和流程固化，但这种模式难以应对复杂的市场环境和跨领域协作需求。随着云计算、人工智能和区块链等技术的融合，企业治理正走向扁平化、智能化、去中心化的新模式。首先，云端治理使得企业能够打破地域限制，跨部门、跨区域的协同更加高效，企业的管理半径大幅拓展。其次，AI 驱动的智能决策系统正在部分取代传统的人工审批流程，使管理者能够更加聚焦战略规划，而日常决策由算法完成，提升治理效率。区块链技术的应用赋予企业更高的透明度和信任度，使得治理结构更加分布化，去中心化自治组织（DAO）的兴起就是这一趋势的体现。例如，供应链金融公司利用区块链进行智能合约执行，实现资金流、物流、信息流的实时匹配，减少人为干预，提高运营透明度。未来，企业治理模式将向算法赋能、智能协同、自动化执行的方向演进，使企业的管理体系更加灵活、透明、高效，真正实现自适应运营。

（四）传统产业数字化重塑的内生动力

传统产业的数字化升级，不仅是技术的革新，也是商业逻辑与价值创造方式的重塑。过去，许多传统行业依赖资源积累、规模效应和人力密集型运营，难以突破产业边界和增长瓶颈。数字技术的渗透使这些行业得以实现智能化、平台化、数据化的跨越式发展。农业通过精准农业与智能传感实现数据驱动的耕作方式，提高产量和质量；制造业企业通过工业 4.0 技术实现柔性生产和智能制造；物流行业借助 AI 与物联网优化路线规划和仓储管理，大幅提高配送效率。推动传统产业数字化升级的核心动力，来自企业竞争环境的变化、消费者需求的升级、政策支持和技术突破。随着 5G、人工智能物联网（AIoT）、区块链等技术的广泛应用，传统企业将加速向智能化方向转型，产业链协同、供应链智能优化、数字孪生技术将成为关键驱动力。传统行业的竞争格局将由“比拼资源”向“比拼数据与技术”演进，只有能够快速适应数字化浪潮的企业，才能在新一轮的产业变革中立于不败之地。

三、智能技术引领企业协作生态演进

智能技术推动企业协作生态从线性管理、科层制组织架构向高度互联、智能协同演进，数字协作网络打破信息壁垒，智能生态圈重塑竞争模式，跨界协作拓展企业边界，推动产业融合。未来，AI、区块链、云计算等技术将深化智能化、去中心化、虚拟化、自主化合作模式，企业需构建灵活开放的数字协作体系，以在智能经济时代占据竞争优势。

（一）数字协作网络的重塑

企业协作生态正经历深刻的数字化重塑，从传统的线性供应链、科层制组织架构，转向高度互联、智能协同的网络化生态体系。在过去，企业协作主要依赖层级式管理和集中化的供应链模式，信息流动缓慢、响应能力受限，跨企业合作成本高昂。而数字技术的兴起，特别是人工智能、物联网、区块链和5G通信，使得企业能够突破传统组织边界，构建高度互联、实时协作的数字网络。区块链技术使得供应链上下游企业能够实时共享数据，消除信息不对称，提高交易的透明度和效率。5G和边缘计算的结合，使得企业能够快速响应市场变化，实现柔性生产和智能供应链协同。人工智能驱动的智能工作流优化系统使企业内部和外部协作更加顺畅，减少人为干预，提高决策效率。未来，数字协作网络将继续深化，企业将更加依赖分布式智能系统，实现跨行业、跨地域、跨组织的高效协同，在高度互联的生态体系中创造更大的商业价值。

（二）智能生态圈协同机制

企业竞争模式正从单一企业主导转向智能生态圈协同，企业之间不再是单纯的竞争关系，而是通过技术赋能形成深度合作的共生网络。在传统商业环境中，企业竞争往往以市场份额争夺为主，缺乏真正的协同价值。而随着人工智能和数据智能的广泛应用，企业可以通过数据共享、智能推荐和自动化资源调配，形成高效协作的智能生态圈。例如，智能供应链生态系统可以利用大数据和人工智能预测需求波动，自动协调供应商、物流公司和零售商，实现无缝连接和优化配置。基于区块链的智能合约技术，使企业间的合作更加透明、高效，降低信任成本，消除冗余环节。平台经济的崛起也促进了智能生态圈的形成，如智能制造平台、开放式创新平台、企业级 SaaS 协作平台等，正在加速企业间的资源整合与价值创造。未来，智能生态圈的竞争力将取决于企业如何利用技术打破边界，实现开放式协作和动态资源整合，以构建更强韧、更可持续的商业生态体系。

（三）跨界协作与企业边界柔性化

数字技术的快速发展正促使企业跨界协作模式的崛起，企业边界不再是固定的，而是随着市场需求和技术创新的变化不断调整和扩展。在传统模式下，企业的业务范围受到行业壁垒、供应链限制和组织架构的制约，很难灵活调整自身的产业定位。人工智能、区块链、云计算和物联网等技术的融合，使企业能够突破传统边界，与不同产业的合作伙伴建立动态协同关系。例如，汽车制造企业通过与智能家居公司合作，共同开发智能车联网生态系统，使汽车成为未来智慧生活的一部分；传统金融机构通过与区块链企业合作，推动去中心化金融应用，实现更加高效透明的金融服务。云计算和 API 经济的发展，也使企业能够迅速集成外部数据和技术，推动产业间的融合创新。未来，企业边界将变得更加柔性化，组织形态将更加开放，跨界协作将成为企业成长的核心战略，只有能够快速适应并融入跨行业智能生态的企业，才能在数字时代获得持续竞争优势。

（四）企业协作生态的未来趋势与战略前瞻

未来，企业协作生态将向智能化、去中心化、虚拟化和自主化方向深度演进，企业之间的协作模式将从传统的契约式合作转变为智能协议驱动的自主协同。人工智能将在企业协作中发挥核心作用，AI 智能代理将自动协调资源配置、供应链优化和市场预测，实现无人干预的高效协同。例如，智能供应链网络将基于人工智能分析供需关系，动态调整库存，提高跨企业合作效率。去中心化和分布式协作模式将成为主流，区块链和去中心化自治组织将重构企业间的信任体系，使合作更加透明、安全、高效。智能合约的广泛应用将推动企业间交易和合同的自动执行，减少人为干预，降低信用成本和合规风险。虚拟化协作将在元宇宙和数字孪生技术的支持下迅速发展，未来的企业会议、跨国研发、供应链管理等都可在沉浸式数字空间中进行，突破物理地域限制，提高协作效率。企业间的合作也将向自主化演进，AI 驱动的智能系统将自动匹配最佳合作伙伴，并完成商务谈判和合同签订，使企业具备更强的动态适应能力。整体而言，企业协作将由集中管控转向智能自治，从线性供应链走向分布式协作网络，从人力驱动升级为智能化调度，从物理空间迈向虚拟化协作。面对这一趋势，企业需提前布局智能协作基础设施，构建开放、灵活、自适应的协作体系，以在数字经济时代占据竞争制高点。

四、数字技术塑造企业未来发展图景

数字技术正重塑企业未来发展格局，元宇宙、区块链等前沿技术深度融合，推动虚实共生的商业生态。新兴数字技术引领企业智能化、分布式、低碳化、个性化发展，数据智能、去中心化协作成为核心动力。数字孪生、AI 决策优化运营模式，企业增长范式从资源驱动转向智能驱动，平台化、生态化、可持续发展成为新常态。

（一）数字前沿技术的深度融合路径

未来企业的发展图景将由元宇宙、区块链等前沿技术深度融合塑造，商业模式、用户交互和产业链协同将经历颠覆性变革。元宇宙的核心价值在于构建虚实融合的数字生态，使企业能够在沉浸式数字空间中创造全新的商业场景。例如，零售企业将不再局限于实体店或传统电商，而是在元宇宙中打造虚拟门店，让消费者在数字环境中试穿、互动并完成交易。区块链技术为这一生态提供可信的底层架构，确保交易、数据、智能合约等环节的透明性和安全性。例如，数字资产确权、智能合约执行、去中心化金融等，将为企业提供去中介化、可信赖的商业环境，增强跨国合作与数据价值流通。人工智能、大数据、物联网等技术的融合，将赋能企业在智能决策、精准营销、自动化生产等方面实现指数级增长。未来，企业将不再局限于物理世界，而是深度布局虚拟经济、数字孪生、去中心化治理，实现跨界创新和生态共建。

（二）新兴数字技术引领企业发展的技术路线图

随着技术演进的加速，新兴数字技术正在重塑企业的核心竞争力，并指引未来的技术路线图。首先，人工智能将从辅助决策走向自主决策，企业将依托智能体构建全自动化运营模式。例如，智能供应链将实现全局动态优化，自动响应市场波动，提高运营效率。其次，量子计算的突破将使企业能够处理极其复杂的数据计算任务，如金融行业的高维度资产定价、制造业的材料模拟和优化等。再次，生物计算、脑机接口等技术的兴起，将改变人机交互模式，使企业能够通过更自然的方式获取用户需求，优化产品与服务。最后，边缘计算与6G通信的结合，将赋能企业打造超低延迟、高实时性的智能系统，推动万物互联的智能时代。未来的技术路线图将围绕智能化、分布式、低碳化、个性化发展，企业需要精准布局核心技术，构建可持续的技术创新能力，以在数字经济时代中占据先机。

（三）数字技术塑造企业发展新格局的核心动力

数字技术不仅是企业发展的工具，还是决定企业竞争格局的核心动力。首先，数据智能化成为企业竞争力的关键，企业不再依赖传统资产，而是依靠数据洞察力、算法优化能力、智能决策系统形成壁垒。例如，零售企业通过人工智能预测用户需求，实现千人千面的精准推荐，制造业企业依托工业互联网优化生产流程，提高资源利用率。其次，去中心化技术正在改变商业运作方式，企业不再依赖单一主体，而是通过区块链、智能合约等技术实现价值共享。例如，企业可以通过去中心化自治组织开展全球化合作，突破传统治理结构的约束。最后，数字孪生技术赋能企业运营优化，企业可在虚拟环境中模拟业务流程，进行精准预测和迭代。例如，智能工厂利用数字孪生模拟生产流程，在现实部署之前优化排产和能耗。未来，企业发展格局将由数据驱动、智能优化、去中心化协作构建，竞争优势不再是规模，而是对数字技术的深度掌控与应用能力。

（四）数字经济时代企业增长范式的未来走向

在数字经济时代，企业的增长范式将经历从资源驱动到智能驱动的根本性转变。首先，企业增长模式将更加智能化，人工智能和大数据驱动的精准决策，使企业能够根据实时市场需求动态调整策略。例如，AI驱动的营销自动化平台能够精准匹配用户需求，提高转化率，减少广告浪费。其次，平台化与生态化成为企业增长的重要途径，企业将不再局限于单一产品或服务，而是构建开放式数字平台，与生态伙伴共建产业价值。例如，制造业企业将依托工业互联网平台，与供应链企业协同创新，实现敏捷生产和智能供应链优化。此外，数字经济时代的企业增长更加强调低碳化和可持续性，智能技术将被广泛应用于节能减排、绿色供应链等领域。例如，AI 优化的能源管理系统可大幅降低企业能耗，提高运营效率。未来，企业增长范式的核心在于技术创新、数据智能、平台协同和可持续发展，企业需要不断适应新技术趋势，构建面向未来的增长战略，以保持长期竞争优势。

第二节　数字基础设施升级与企业创新体系重塑

数字基础设施是企业创新体系的核心支撑，其升级推动智能化、分布式、数据驱动型创新模式的发展。云边端协同技术增强企业计算能力，提高敏捷性和实时响应能力。数据治理优化数据流通与智能决策，提升企业竞争力。智能基础设施赋能企业韧性，提高抗风险能力，并构建可持续创新体系。企业需围绕智能计算、数据智能、云边端融合等前沿技术，打造灵活、高效、安全的数字基础设施体系，以适应快速变化的市场环境。

一、企业数字基础设施的智能化跃升

企业数字基础设施正从传统 IT 架构向智能化、自适应、高效协同演进，数字孪生与物联网加速创新体系升级，智能基础设施推动企业从经验驱动向数据智能驱动转型。前瞻性基础设施投资成为企业长期竞争力核心，云计算、人工智能、区块链等技术构建智能协同生态，支撑企业实现高效、敏捷、可持续发展，在数字经济时代占据领先地位。

（一）IT 架构演进与智能基础设施的关键布局

企业数字基础设施的智能化跃升，是 IT 架构从传统信息化向深度智能化、自主优化演进的关键过程。传统 IT 架构主要围绕数据存储、计算能力和网络通信展开，其核心目标是提高信息流转效率，实现流程自动化。然而，随着数字经济的发展，企业对数据处理能力、智能决策支持和系统弹性的需求不断提升，传统 IT 架构已难以满足日益复杂的业务场景。智能基础设施的构建，以云计算、边缘计算、5G、人工智能和分布式存储等技术为核心，推动企业 IT 架构从集中式向分布式、从被动响应向主动优化转变。例如，云原生架构使企业可以按需扩展计算资源，边缘计算减少数据传输延迟，提升业务实时性，而 AI 驱动的智能运维能实现系统自适应优化，降低运维成本。未

来，企业 IT 架构将向“自学习、自适应、自优化”的方向发展，智能基础设施不仅是业务支撑平台，也是企业创新能力的核心动力，决定着其在数字时代的竞争力与可持续发展能力。

（二）数字孪生与物联网助力企业创新体系升级

数字孪生和物联网的结合，正在推动企业创新体系从静态规划走向动态智能化管理。传统企业的创新体系多依赖线下实验、经验积累和逐步迭代，创新周期长、成本高、风险大，难以适应瞬息万变的市场环境。数字孪生技术通过构建现实世界的高精度虚拟映射，使企业能够在数字空间中进行产品研发、生产优化和业务模拟，大幅提高创新效率。例如，制造业企业可以利用数字孪生技术对生产线进行仿真测试，在实际部署前优化工艺参数，减少资源浪费，提高生产效率。物联网的广泛部署使企业能够实时采集设备运行数据，并与数字孪生模型相结合，实现精准预测和智能决策。例如，智慧城市建设中，交通管理部门可利用数字孪生系统实时监测道路状况，动态优化信号灯配时，缓解交通拥堵问题。未来，数字孪生与物联网将深度融合，形成企业的智能创新中枢，使企业在低成本、低风险的前提下，实现更精准、更高效的创新实践，助力企业在高度竞争的市场环境中保持领先地位。

（三）智能基础设施推动企业创新范式的变革

智能基础设施不仅是企业运营的数字底座，也是企业创新范式变革的核心驱动因素。在传统创新模式下，企业通常依靠内部研发、行业经验和市场反馈进行渐进式创新，创新速度受限，灵活性不足。而智能基础设施的兴起，使企业能够构建开放式、敏捷化、智能化的创新体系。例如，云计算和大数据分析的结合，使企业能够在海量数据中发现创新机会，加快产品开发。人工智能和机器学习技术，使企业能够基于实时数据进行预测分析，提高创新决策的精准度。区块链技术的应用，使企业在开放式协作中能够确保数据安全和知识产权保护，促进跨组织创新。智能基础设施的优势在于，其具备高度可扩展性和灵活适应性，使企业能够快速响应市场变化，并通过智能优化不断迭代创新模式。例如，智能制造企业可以通过物联网和 5G 网络，实现供应链端到端的动态优化，提高生产效率，减少库存积压。未来，企业创新范式将从“经验驱动”向“数据智能驱动”转型，从封闭式研发向生态化协作创新演进，智能基础设施将成为企业创新体系的核心支撑，助力企业实现高效、敏捷和可持续的创新发展。

（四）前瞻性基础设施投资的长期战略价值

智能基础设施的前瞻性投资，不仅决定企业当前的数字化转型成效，还直接影响其长期竞争力和产业地位。在传统投资逻辑中，企业往往将 IT 基础设施视为成本中心，而非核心竞争力，导致在市场环境变化时，基础设施难以快速适应新需求。而在智能时代，基础设施投资的重点已经从单纯的硬件堆砌转向“软件定义、数据驱动、智能协同”，形成长期战略价值。例如，企业在 5G、云计算和边缘计算上的投资，使其能够构建高效的实时数据处理能力，在智能制造、自动驾驶、智慧零售等领域占据技术优势。人工智能驱动的基础设施，使企业能够实现智能预测、自动决策和动态优化，提高运营效率，降低长期成本。未来，企业的基础设施投资决策需要从短期成本考量，转向长期价值创造，构建具备灵活性、智能化、可持续性和安全性的基础设施体系，以支撑企业在数字经济时代的长期增长和持续创新。

二、云边端协同技术体系的企业落地

云边端协同推动企业计算架构从集中式向智能分布式演进，云计算提供全局优化，边缘计算提升实时响应，端设备增强自主决策能力。企业需构建云边端一体化体系，提升敏捷创新能力，实现智能、高效、安全的数字化转型。

（一）云计算与边缘计算融合的智能化演进逻辑

云计算与边缘计算的融合正在重塑企业的计算架构，使其具备更强的智能化能力和实时处理能力。传统云计算依赖远程数据中心进行集中处理，虽然提供了强大的计算资源，但在高并发、大规模实时交互场景下，可能面临带宽瓶颈、延迟过高、安全隐患等挑战。边缘计算的兴起，为企业提供了一种去中心化的数据处理方式，使计算能力下沉至业务前端，提高数据处理的实时性和系统的自治性。例如，自动驾驶汽车依赖边缘计算实时处理车载传感器数据，以毫秒级响应驾驶决策，无须等待云端反馈。与此同时，云计算仍然是核心架构，通过提供大规模数据存储、跨地域计算资源调度和深度学习训练能力，支持企业进行大数据分析和长期智能优化。云边协同的模式，使企业能够在数据传输成本、处理时延、计算效率、安全性之间取得最佳平衡，实现智能制造、智慧城市、金融风控等场景的深度优化。未来，随着 5G 和 AIoT 的普及，云边端融合将进一步深化，企业将构建更加智能、自适应的计算体系，提升运营效率和智能化水平。

（二）云边端协同推动企业智能架构的深层转型

云边端协同技术体系正推动企业智能架构向更加灵活、自适应、高效的方向转型。传统 IT 架构通常以数据中心为核心，业务终端作为计算的被动接受者，而云边端协同模式使得企业能够根据业务需求动态调整计算资源的分布，提高整体运行效率。例如，在工业 4.0 的智能制造体系中，生产设备通过边缘计算进行实时监测和异常检测，确保生产线的稳定性，复杂的数据分析和优化决策交由云端完成。这种模式不仅能减少数据传输带来的时延，还能提高设备的自治能力，降低网络故障导致的运营风险。在智慧零售场景中，边缘计算可以帮助门店实时分析顾客行为，进行精准营销，而云计算负责全局数据整合与供应链优化。云边端协同架构的核心优势在于，使企业能够在高并发、分布式、动态变化的业务环境中，实现更快的响应速度和更高的计算效率。未来，企业智能架构将进一步向无服务器计算、AI 赋能、自适应资源调度方向演进，推动企业在数字化转型中构建更强大的技术竞争力。

（三）边缘计算赋能企业敏捷创新的核心机制

边缘计算不仅是云计算的补充，也是企业敏捷创新的关键支撑技术。随着企业业务场景的复杂化和智能化程度的提高，实时计算和本地数据处理能力成为创新的重要驱动力。边缘计算的核心价值在于，能够减少数据往返云端的传输成本，提高本地计算的自主性，使企业能够更快地进行业务迭代。例如，在医疗健康领域，医院可以利用边缘计算进行患者病情实时监测，提升急救响应速度，无须依赖远程云端服务器处理数据。在金融行业，边缘计算能够支持交易所进行高频交易，确保毫秒级的数据分析和自动化决策，提高市场竞争力。边缘计算的去中心化特性，使其在隐私保护和数据安全方面具有天然优势。例如，智能家居系统可以在本地处理用户数据，无须上传至云端，从而降低数据泄露风险。随着 AI 芯片、5G 网络和分布式计算架构的发展，边缘计算将具备更强的智能决策能力，推动企业在复杂环境下进行敏捷创新，提升市场竞争力。

（四）云边端一体化体系的未来趋势与前瞻布局

云边端协同的深度融合正引领企业计算架构迈向全新的发展阶段，其未来趋势将围绕智能化、分布式、低延迟、高安全性展开。首先，智能计算资源调度将成为关键发展方向，企业将借助 AI 技术，自动优化云、边、端的资源分配，提高计算效率。例如，智能物流系统可以动态调整计算负载，在订单高峰期将任务分配至边缘节点，提高订单处理能力。其次，去中心化计算模式将加速发展，区块链技术与边缘计算的结合，将使企业在多方协作的商业环境中实现更加透明和安全的数据共享。例如，在智能制造领域，不同供应商之间可以通过区块链上的边缘计算节点共享生产数据，优化产业协同。此外，超低延迟计算将成为核心竞争力，6G 技术的发展将推动边缘计算能力进一步提升，使云边端架构能够支持更高并发、超低时延的业务场景，如无人驾驶、沉浸式 VR/AR 交互等。企业需要提前布局云边端一体化技术体系，构建智能计算基础设施，以适应未来智能化商业模式的变革，提升市场竞争力和创新能力。

三、数据治理与数据价值体系重塑

企业数据治理正向智能化、分布式、高效协同演进，数据要素流通与智能挖掘提升价值释放，数据驱动型创新体系加速企业敏捷创新。未来，数据价值战略将多元化，数据资产管理、隐私计算、跨行业数据整合成为竞争核心，推动企业构建智能、高效、安全的数据生态，实现数据驱动型增长模式。

（一）数据资产治理新模式与企业数据资源优化配置

在数字经济时代，数据已成为企业最具战略价值的资产，其治理模式直接影响企业的竞争力和创新能力。传统的数据治理模式主要依赖集中式存储和人工管理，难以应对海量数据的复杂性、实时性和动态增长问题。现代企业需要构建智能化、分布式、合规性强的数据资产治理体系，以优化数据资源配置，提高数据价值挖掘能力。首先，企业需引入数据湖和数据中台，实现跨业务、跨部门的数据整合与共享，打破信息孤岛，提升数据可用性和流通效率。其次，人工智能与自动化治理工具的结合，使数据分类、清洗、标签化等工作更加智能化，提高数据质量并减少人为干预。例如，金融企业可以利用 AI 技术优化风控模型，通过精准的数据治理提升风险预测能力。最后，隐私计算和区块链技术的应用，使企业在满足合规性要求的同时，实现数据的可信流通，提高数据治理的安全性和透明度。未来，企业数据治理模式将进一步向智能化、自治化方向发展，数据资产的管理能力将成为企业竞争力的重要衡量标准。

（二）数据要素流通与智能价值挖掘

数据作为新型生产要素，其价值的释放关键在于高效的流通机制与智能化挖掘能力。传统企业的数据流通模式存在较强的壁垒，数据孤立、共享难、交易成本高，数据的潜在价值难以充分发挥。随着数据要素市场的兴起，企业需探索新的数据流通机制，如数据共享联盟、数据交易平台、隐私计算等方式，推动数据的安全流通与跨行业融合。例如，智能制造领域的企业可以通过数据共享平台与供应链伙伴共享生产数据，实现柔性生产和智能供应链优化。AI 和深度学习技术的应用，使数据价值挖掘从静态分析向动态预测、实时优化演进。例如，零售行业通过数据智能分析用户行为，实现千人千面的个性化推荐，提高用户转化率和品牌忠诚度。未来，数据流通与价值挖掘将更加依赖去中心化架构、联邦学习、区块链数据确权等前沿技术，企业需要构建更加智能、高效的数据生态体系，以挖掘数据要素的最大价值，形成真正的数据驱动型增长模式。

（三）数据驱动型企业创新体系构建

数据不仅是运营优化的关键变量，也是驱动企业创新的重要基石。传统企业的创新体系多依赖经验和行业趋势分析，难以精准预测市场需求和产品迭代方向，而数据驱动型创新体系依靠实时数据分析、智能学习和动态优化，实现更加敏捷、高效的创新模式。首先，企业需构建基于数据智能的创新平台，使数据分析、产品研发、市场反馈形成闭环，例如，AI 赋能的产品设计系统能够基于用户数据自动生成优化方案，提高研发效率。其次，开放式数据协作成为推动创新的重要方式，企业需构建跨部门、跨行业的数据协作机制，通过数据共享促进共创，例如，医疗企业可利用数据驱动的临床试验优化新药研发周期，提高成功率。数据驱动型创新体系还需结合区块链和智能合约技术，确保数据交易的安全性和公平性，避免数据垄断和数据泄露问题。未来，企业的创新模式将由数据感知、智能学习、快速迭代的模式主导，数据驱动型创新体系的成熟度将成为衡量企业创新能力的关键标准，推动企业进入更智能、高效的创新生态。

（四）数据价值战略的未来演进趋势与企业布局启示

在数字经济全面深化的背景下，数据价值战略已成为企业长期发展的核心驱动力，如何从数据资产中提取最大价值，成为企业战略规划的重要方向。首先，数据价值变现模式将更加多元化，企业不再仅依赖传统的产品销售，而是通过数据服务、数据交易、数据驱动的精准营销等方式获取新增收入。例如，智能汽车企业通过车联网数据分析，为保险公司提供精准驾驶行为评估，开拓全新的商业模式。其次，企业数据价值战略将从单点分析走向全链路优化，企业需要建立从数据采集、处理、存储、应用到反馈的完整闭环，以确保数据价值在全业务流程中得到最大化释放。例如，金融机构利用实时数据分析优化风控策略，提高资产管理效率。最后，数据治理与合规性要求同步升级，隐私计算、多方安全计算、零知识证明等技术的应用，使企业能够在保障数据安全的前提下，实现跨行业数据价值整合。未来，企业需要构建更加智能化、分布式的数据价值体系，全面布局数据资产管理、数据交易、数据智能应用，以抢占数据驱动型商业模式的制高点，实现更具前瞻性的竞争优势。

四、数字基础设施提升企业韧性与创新力

智能基础设施已成为企业提升韧性与创新力的核心支撑。数字技术正重塑企业抗风险体系，使其具备智能感知、快速响应和自适应优化能力。数字韧性与企业发展韧性深度融合，推动企业在不确定环境中保持稳定增长。智能基础设施助力企业构建可持续创新体系，促进高效协同和技术突破。智能化、绿色化、灵活化将成为前瞻性基础设施投资的方向，决定企业长期竞争力。

（一）新兴基础设施增强企业抗风险能力

在高度不确定性的市场环境下，企业的抗风险能力已成为可持续发展的核心竞争力，而新兴数字基础设施正成为企业提升韧性的关键支撑。传统企业的抗风险能力主要依赖冗余资源配置和应急预案，而在数字时代，企业需要基于数据驱动、智能响应和分布式技术，构建更加弹性和自适应的风险防控体系。首先，云计算与边缘计算的结合，使企业能够在面对突发事件时迅

速调整计算资源，实现弹性扩展。例如，在疫情期间，在线教育平台利用云计算迅速扩容，支持千万级用户同时在线，确保业务连续性。其次，人工智能与大数据分析赋能企业风险预测，使其能够在风险发生前进行预警和干预。例如，供应链企业可以利用AI分析市场波动，提前调整库存，规避原材料短缺风险。此外，区块链技术的引入，使企业能够建立更加透明、安全的供应链管理体系，提高对突发事件的应对能力。例如，食品行业利用区块链溯源系统，在食品安全事件发生时迅速锁定问题源头，减少损失。未来，企业需要通过构建智能化的数字基础设施，实现实时感知、快速响应、智能决策的抗风险机制，确保在不确定环境中仍保持稳定运营。

（二）数字基础设施的数字韧性与企业发展韧性的融合

数字韧性是指企业在数字化环境下面对突发风险时的适应能力和恢复能力，它与企业发展韧性密切相关。传统企业的韧性构建通常基于物理冗余，如增加库存、扩大产能储备，但这种模式往往成本高昂，缺乏灵活性。而在数字时代，企业的发展韧性需要依赖智能化、分布式和自适应的数字基础设施。首先，数据驱动的智能决策体系，使企业在面对危机时能够快速做出最优调整。例如，金融机构利用实时数据分析和AI风控系统，在市场剧烈波动时调整投资组合，降低风险敞口。其次，智能网络和云计算的结合，使企业具备业务连续性保障能力。例如，企业可以通过多云架构和边缘计算，使核心业务系统具备自动容灾能力，在突发网络攻击或数据中心故障时，实现业务的无缝切换。此外，企业韧性的提升还需要生态协同，即通过数据共享、产业联盟、供应链协同等方式，实现企业间的风险共担和恢复能力提升。例如，智能制造企业可以利用区块链共享生产资源，在供应链受阻时快速调度替代供应商，减少生产停滞的影响。未来，数字韧性与企业发展韧性的融合将成为企业应对外部冲击的重要保障，企业需要构建智能、高度协同的基础设施体系，增强自身的适应性和恢复能力。

（三）可持续创新能力与智能基础设施的协同演进

可持续创新已成为企业长期竞争力的关键，而智能基础设施正在重塑企业的创新模式，使其具备更强的适应性、灵活性和持续进化能力。传统创新模式往往依赖经验驱动和线性研发流程，而智能基础设施的引入使创新过程更加智能化、自动化和数据驱动化。首先，智能计算平台的广泛应用，使企业能够基于实时数据进行动态创新。例如，医药行业利用AI驱动的药物研发平台，可以在短时间内完成药物分子结构筛选，加快新药上市速度。其次，数字孪生与物联网的结合，使企业能够在虚拟环境中进行创新试验，提高实验效率。例如，汽车制造商可以利用数字孪生技术模拟新车型的性能，在投入生产前优化设计方案，降低研发成本。此外，去中心化的创新模式正在兴起，企业通过开放数据平台和区块链技术，实现跨行业、跨地域的协作创新。例如，智能农业企业利用区块链共享农作物生长数据，优化种植策略，提高农业产出效率。未来，智能基础设施将推动企业创新模式从封闭式向开放式、从单点突破向生态协同演进，使企业具备更强的持续创新能力，形成长期的竞争优势。

（四）数字化基础设施投资布局的长期战略与未来趋势

数字基础设施的投资不仅影响企业当前的运营效率，还决定其长期竞争力和市场地位。在传统投资策略中，企业往往将基础设施视为成本中心，而在数字经济时代，基础设施投资已经成为企业核心战略的一部分。首先，智能计算、人工智能、5G等新兴技术的投入，使企业能够构建强大的数据处理和智能决策能力。例如，零售企业通过AI驱动的供应链优化系统，大幅提升库存管理和市场预测能力，实现精准供需匹配。其次，企业在基础设施投资时，需要兼顾可扩展性和灵活性，以应对未来的不确定性。例如，多云架构和边缘计算的结合，使企业能够快速适应市场需求变化，提高资源利用效率。此外，绿色低碳的基础设施投资正成为全球企业关注的重点，例如，企业开始采用绿色数据中心、AI优化能耗管理，以降低碳排放并符合全球可持续发展要求。未来，企业在基础设施投资布局时，需要从“短期成本优化”转向“长期价值创造”，建立具备智能化、可持续性和全球适应能力的基础设施体系，以在未来的竞争格局中占据领先地位。

第三节　数字技术引领企业决策体系变革

企业决策体系正从经验驱动向数据智能驱动跃迁，实时数据流和AI优化决策流程，提升治理透明度与响应能力。智能算法提高企业决策效率，AI预测、深度学习优化资源配置，提高市场适应性。去中心化决策体系推动企业从层级管控向智能协同转型，区块链、智能合约赋能分布式治理，提高透明度和效率。企业需构建智能、自主、高效的决策体系，以提升精准性和灵活性，在复杂市场环境中保持竞争优势。

一、数据驱动决策体系的深层重塑

在数字化时代，企业决策体系正从经验驱动向数据智能驱动演进。实时数据流赋能企业治理，使决策更加精准、高效、动态适应市场变化。智能算法与数据治理的升级推动企业从静态规划迈向智能预测和自动优化，提高决策质量与透明度。未来，企业需构建智能数据治理体系，以增强战略调整能力，在复杂多变的商业环境中保持竞争优势。

（一）企业决策范式转型的数字治理逻辑

在数字化时代，企业决策范式正经历从经验驱动向数据智能驱动的深层次变革，传统依赖直觉、历史经验和层级审批的决策方式，正在为基于实时数据分析、智能算法优化的精准决策体系所取代。数字治理逻辑的核心，在于如何利用数据作为企业决策的基础，提高预测能力和优化资源配置。首先，实时数据流的采集与整合，使企业能够动态调整策略，而不再依赖滞后的市场反馈。例如，智能供应链系统可以实时监测全球市场变化，并基于数据模型自动调整库存配置，降低供应链风险。其次，企业治理结构正在由金字塔式层级向扁平化、智能化转型，数据智能决策系统能够快速处理海量信息，减少中间审批流程，提高决策效率。此外，去中心化治理模式的兴起，使决策权能够下沉至一线业务部门，提高企业的灵活性。例如，银行业利用 AI 风控系统，使分行具备独立的授信决策能力，从而提高金融服务效率。未来，企业决策范式将更加依赖智能数据治理体系，实现实时感知、精准决策、自适应优化，提升企业在高度不确定环境中的竞争力。

（二）实时数据流对企业治理体系变革的广泛影响

实时数据流的应用使企业治理体系从传统的静态规划向动态响应转变，决策流程不再依赖周期性报告，而是基于实时数据分析进行灵活调整。这种变革的核心在于，企业能够在数据驱动的基础上，形成敏捷、高效、透明的治理体系。首先，实时数据赋能企业运营管理，使管理者能够实时监测关键业务指标，快速发现问题。例如，在零售行业，实时销售数据能够帮助企业动态调整营销策略，优化库存管理，避免商品滞销或短缺。其次，数据流的可视化能力，使企业治理更加透明，管理层能够基于实时数据做出符合市场动态的精准决策。例如，智慧城市治理体系利用实时交通数据优化信号灯控制，提高城市通行效率。此外，企业的风险管理模式也在发生变化，AI风控系统能够基于实时数据监测异常行为，并自动触发预警机制，提高企业对市场波动和突发事件的应对能力。例如，金融机构利用AI模型监测市场交易数据，防止异常波动带来的金融风险。未来，企业治理体系将依赖实时数据流，实现高透明度、强预测性、动态适应性，推动企业进入智能治理时代。

（三）从经验决策到智能决策的跃迁

企业决策的核心正在从基于经验向基于智能算法的方向演进，这一跃迁路径不仅是技术的变革，也是管理思维的深度重塑。首先，传统决策模式依赖管理者的行业经验、市场直觉和层层汇报的数据整合，决策过程往往周期长、信息滞后，难以适应快速变化的商业环境。而在数字化时代，AI与机器学习赋能的智能决策系统，使企业能够自动感知、精准预测、快速执行，极大地提升了决策效率和科学性。例如，在制造业，智能调度系统可实时分析设备运行数据，并基于历史故障率和生产节奏自动调整排产计划，提高生产效率。其次，数据驱动的预测模型，使企业能够提前洞察市场变化，而非依赖事后总结。例如，金融行业通过AI风控模型实时预测资产市场波动，提前做出投资调整，降低风险。此外，智能化决策体系还能够减少人为偏见，提高决策的公平性和一致性。例如，企业的人才招聘流程利用AI进行候选人筛选，减少传统面试中的主观偏差，提高匹配度。未来，企业决策体系的跃迁，将以智能预测、自动优化、自适应执行为核心，使企业能够快速应对市场挑战，实现更高效的战略调整。

（四）数据治理变革对决策质量的未来影响

数据治理的持续变革正在深刻影响企业决策质量，使决策体系向更加智能、精准、透明的方向迈进。传统数据治理模式面临数据孤岛、数据质量低、分析滞后等问题，导致企业决策往往基于有限的信息，难以形成最优方案。随着数据治理体系的升级，企业决策质量得到了全方位提升。首先，数据标准化和数据湖架构的应用，使企业能够整合跨业务、跨地域的数据资源，形成更完整的决策依据。例如，大型零售企业可以将门店销售数据、线上流量数据、供应链数据深度融合，优化市场投放策略，提高销售转化率。其次，数据治理的智能化，使决策分析更加精准，AI能够自动识别数据异常，确保输入数据的可靠性。例如，银行利用AI算法检测信用评分数据，自动识别潜在欺诈行为，降低坏账率。此外，隐私计算、区块链等技术的应用，使企业能够在保证数据安全的前提下，实现跨组织数据共享，推动行业间的联合决策。例如，医疗行业通过隐私计算技术，使医院、制药公司和保险机构能够共享医疗数据，提高个性化治疗方案的制定效率。未来，数据治理的变革将使企业决策更加数据完备、智能精准、高度透明，进一步提高企业的市场竞争力和业务可持续性。

二、智能算法增强企业决策能力

智能算法正推动企业决策体系从经验驱动向数据智能驱动跃迁，深度学习、AI预测、实时分析提升决策精准度与灵活性。算法驱动决策体系优化企业资源配置；人工智能提高决策效率并拓展非结构化数据处理能力；可解释性AI提升透明度，缓解算法“黑箱”问题；数据伦理与公平性挑战促使企业构建负责任的AI治理体系，实现高效、透明、公正的智能决策模式。

（一）算法驱动决策的理论框架与实践路径

在数字化转型加速的背景下，企业决策体系正从依赖管理经验和规则设定，向基于智能算法的自动优化模式演进。算法驱动决策的核心在于利用人工智能、机器学习和大数据分析，使企业能够从海量数据中提取信息，形成科学、精准、高效的决策机制。理论上，算法驱动决策的框架由数据采集、特征工程、模型训练、优化执行和反馈学习五大部分组成。企业首先需通过多源数据融合，构建全面的决策数据池，如客户行为数据、市场趋势、供应链流转数据等。随后，机器学习模型对数据进行深度分析，并结合强化学习实现决策优化。例如，在智能零售领域，算法能够实时分析门店销售数据，并基于天气、节假日、库存情况自动调整价格策略，实现收益最大化。实践路径上，企业需要结合自身业务场景选择合适的算法，例如，电商平台利用协同过滤算法进行个性化推荐，金融机构采用深度学习优化风险评估模型。未来，随着自监督学习、因果推理等技术的成熟，算法驱动决策将更具解释性、自适应性和高效性，使企业在不确定环境下保持精准决策能力。

（二）人工智能赋能企业智能决策的前沿探索

人工智能在企业决策体系中的应用，已从辅助分析逐步演进至自主决策，为企业提供了更精准、高效、可扩展的智能决策能力。传统的企业决策模式依赖人工分析数据，耗时长、灵活性差，难以适应瞬息万变的市场环境。AI赋能的智能决策系统，能够基于机器学习和神经网络技术，对复杂业务数据进行实时学习，并预测最优决策方案。例如，在金融领域，人工智能已广泛用于风险控制，银行利用 AI 信用评分模型，基于历史交易行为、社交数据、财务状况等综合评估客户违约概率，优化信贷审批流程。在供应链管理中，AI 可实时预测市场需求，并优化采购和库存管理，降低供应链断裂的风险。AI 的进化使决策系统不仅能处理结构化数据，还能解析文本、图像、视频等非结构化信息，例如，法律 AI 可自动分析合同条款，提供风险预警。未来，人工智能将在决策自动化、认知增强、实时优化等方面发挥更大作用，企业需加速 AI 决策系统的构建，以提升核心竞争力，构筑智能化运营体系。

（三）AI 增强决策透明度与可解释性的技术突破

尽管人工智能在企业决策中展现出强大的优化能力，但其“黑箱化”问题仍然是企业应用 AI 决策时的主要挑战。传统 AI 模型往往依赖深度神经网络进行高维数据计算，虽然能够提供精准预测结果，但难以解释其内部推理过程，导致企业在进行关键业务决策时面临信任危机。为解决这一问题，可解释性 AI（XAI）成为近年来的研究重点，企业通过引入可视化分析、规则增强、模型归因等技术，使 AI 决策过程更加透明。例如，在医疗行业，XAI 技术能够揭示 AI 诊断模型的推理逻辑，使医生理解算法如何得出疾病预测结果，从而提升决策的可信度。法律和金融等行业对决策的透明性要求极高，银行利用 XAI 技术，可以追溯 AI 信用评分的具体依据，为客户提供合理解释，提高信任度。目前，基于注意力机制的 AI 模型、可解释神经网络架构、局部可解释方法（如 LIME、SHAP）等，正在不断提升 AI 决策系统的可解释性和公平性。未来，AI 决策透明度的提升将使企业在智能化转型过程中平衡效率与信任，构建更加可信的智能决策体系。

（四）数字技术在决策伦理与社会责任中的挑战及应对路径

随着人工智能和算法在企业决策体系中的广泛应用，数字决策伦理与社会责任问题日益凸显。企业在使用AI决策时，可能面临数据偏见、算法歧视、隐私泄露、决策责任归属不清等挑战。首先，数据偏见问题使得AI可能在招聘、金融贷款、医疗诊断等关键领域做出不公平决策。例如，某些AI招聘系统可能因历史数据中存在性别或种族偏见，而在无意中强化歧视。其次，算法歧视可能导致企业在信用评级、保险定价等领域做出有偏见的商业决策，损害用户权益。为应对这些挑战，企业需构建公平、透明、可审查的AI治理体系，包括加强数据审查、优化算法公平性、引入伦理审核机制。例如，金融机构可以采用公平性约束优化算法，确保信用评分系统不会因历史数据偏差而产生歧视。隐私保护也是企业智能决策体系建设中的另一关键问题，联邦学习、多方安全计算等隐私增强技术（PETs）的发展，使企业能够在不泄露用户隐私的情况下，实现数据共享和智能决策。未来，企业需要在提升AI决策效率的同时，构建符合社会伦理的智能治理体系，实现公平、透明、合规的数字化决策模式，以增强企业的社会责任感和可持续竞争力。

三、去中心化决策体系的数字化演进

去中心化决策体系正推动企业从层级管控向智能协同演进，分布式决策提升企业响应速度与适应性。云计算、区块链、智能合约优化治理模式，实现高效、透明、自主的决策体系。分布式架构增强风险管控能力，确保协同高效与安全性。未来，智能体驱动、自适应优化、去中心化组织模式将塑造企业决策新范式，构建自主运行、高效协同的数字化决策生态。

（一）企业决策权分布化趋势与技术自主赋能

传统企业的决策体系长期以来以中心化、层级制为主导，决策权集中在高层管理者手中，依赖纵向指令传递和逐级审批。然而，随着商业环境的不确定性加剧和市场竞争的日益激烈，这种集权式决策模式的弊端逐渐显现：信息流转缓慢、决策响应滞后、创新受限、前线业务难以灵活调整，导致企业错失快速变化的市场机遇。数字技术的崛起推动了企业决策权的分布化，使组织能够依托技术自主赋能，实现决策模式的革新。云计算、大数据分析和人工智能的普及，使企业能够基于实时数据分析和智能预测，在更短的时间内做出精准决策，而无须依赖传统的层级审批体系。同时，去中心化治理结构的引入，使一线业务部门、跨职能团队甚至智能系统都具备更高的决策权限，从而提升企业的敏捷性和适应性。例如，数据驱动的零售企业可以让销售终端根据实时数据调整定价，不必层层上报；供应链管理可利用智能算法进行自主优化，无须总部进行过度干预。未来，企业决策权的分布化趋势将进一步加深，决策权将不再是单一层级的专属，而是由数据和智能技术动态赋权，实现高效、精准、灵活的智能决策体系。

（二）去中心化决策模式在企业治理中的应用

去中心化决策模式的核心在于减少对传统管理层的依赖，通过分布式治理、数据共享和智能系统赋能，使决策过程更加灵活、高效和透明。与传统的层级式决策体系不同，去中心化决策模式强调跨层级、跨部门的自主决策能力，结合区块链、智能合约、AI驱动的决策引擎等技术，实现去人工干预的高效协同。以区块链技术为例，企业可以建立智能合约驱动的业务流程，确保供应链、财务管理、绩效考核等环节的决策自动执行，避免人为干预带来的滞后性和不确定性。在此基础上，人工智能和大数据分析能够对不同业务场景的海量数据进行智能解读，形成个性化、预测性的决策建议。例如，在去中心化金融平台中，投资策略由智能算法自动调整，而非人为决策控制，这种机制的应用也在逐步进入企业内部管理。此外，去中心化决策模式在远程办公、虚拟企业、开源协作组织等新兴企业形态中更具优势，使得企业不再依赖单一领导中心，而是依靠高度自适应的智能系统运作。未来，去中心化决策模式的普及，将促使企业构建分布式、自主调节、智能预测的决策体系，使其具备更强的抗风险能力和市场适应性。

（三）分布式决策体系下的风险管理与控制策略

去中心化决策模式虽然提升了企业的响应速度和适应性，但也带来了新的风险挑战，特别是在数据安全、责任归属、决策冲突等方面。由于决策权的分布化，企业可能面临信息碎片化、跨部门协同失效、权责模糊等问题，进而影响整体运营效率。因此，如何在分布式决策体系下实现有效的风险管理，成为企业数字化治理的核心议题之一。首先，企业需要建立数据治理体系，确保所有决策所依赖的数据来源透明、真实、可追溯，避免数据偏差导致的错误决策。同时，区块链技术可用于强化数据溯源和决策可信度，通过智能合约确保关键决策过程的合规性。其次，企业可以引入智能风控系统，结合机器学习算法和自动化规则，设定决策边界，以避免去中心化导致的无序或过度冒险。例如，自动化交易平台会通过AI模型设定交易风险阈值，以防止市场异常波动导致决策失误。最后，企业需要优化协作机制和责任划分，制定智能决策审批流，通过智能系统自动匹配决策责任，使各业务单元的决策与整体战略保持一致。未来，去中心化决策体系的风险管理将更加智能化、自动化，企业将通过算法风控、数据可信计算、智能合规管理等方式，确保去中心化决策的安全性、稳定性和可持续性。

（四）企业数字决策体系的未来发展边界与创新方向

企业数字决策体系正迈向更加智能化、协同化和自适应的发展阶段，去中心化决策模式的持续演进，将打破企业传统的组织边界，并塑造全新的竞争格局。未来，智能体驱动的决策系统将成为主流，企业将依托自主学习算法、分布式智能网络和去中心化治理架构，打造动态适应市场变化的决策机制。例如，在未来的智能企业中，AI智能体将根据市场动态、客户需求变化，自动生成产品定价策略、资源配置方案，甚至营销推广方案，无须人工干预。这种模式下，企业的决策不再仅依赖高层管理者，而是由AI和数据生态系统共同驱动。与此同时，企业的组织形态也将发生根本性变革，去中心化自治组织的理念将在企业管理中得到进一步应用，使企业能够实现自运行、自调节、自优化的管理机制。此外，随着量子计算和下一代人工智能的成熟，企业的决策计算能力将进一步提升，决策系统将能够模拟更复杂的市场变量，从而做出更精准的商业判断。未来，企业的竞争力将不再取决于单个决策者的判断力，而是取决于其决策系统的智能化程度和适应性，真正实现去中心化、全智能、自驱动的决策范式，塑造新一代智能企业。

第四节　数字技术推动企业竞争范式重塑

企业竞争正从资源主导向技术主导跃迁，智能化、数据化成为核心驱动力。数字平台经济推动产业融合，使竞争模式从单点优势向生态协同演进。跨界融合拓展企业竞争边界，柔性战略成为关键。数据智能驱动精准竞争力塑造，全球化与本地化的平衡决定企业未来竞争力。未来，竞争将向智能化、去中心化、虚实融合转型，企业需构建开放、智能、跨界协同的竞争体系，以在数字经济时代占据长期优势。

一、竞争优势从资源主导向技术主导跃迁

企业竞争优势正从资源主导向技术主导跃迁，智能化、数据化成为核心驱动力。技术创新重塑企业核心能力，推动产业链升级与市场格局重构，企业竞争从单点优势转向智能生态协同。全球科技竞争加剧，前沿技术布局成为企业战略重点。未来，企业需强化技术主导战略，以智能决策、数据驱动和跨行业融合构建长期竞争优势。

（一）技术驱动竞争优势的演化路径与企业战略转型

企业竞争优势正经历从资源主导向技术主导的深刻跃迁，传统以资本、土地、劳动力等要素为核心的竞争逻辑，正在为以数据、算法、算力、创新能力为基础的技术主导模式所取代。这一演化路径源于数字化转型对企业经营模式、产业结构和市场竞争的深远影响。首先，传统企业主要依靠规模经济和资源垄断构建壁垒，而在技术驱动时代，算法优化、智能决策、实时数据分析成为决定企业竞争力的关键因素。例如，制造业企业通过智能化生产和工业互联网实现精细化运营，降低成本并提高生产效率。其次，企业战略重心已由单纯的资源投入转向技术驱动的创新模式，通过人工智能、区块链、物联网、云计算等技术，构建高度智能化的业务体系。例如，电商平台依托智能推荐系统和大数据分析，精准匹配用户需求，大幅提高转化率。此外，技术主导的竞争模式还使企业具备更强的市场适应能力，能够通过敏捷创新迅速响应市场变化，实现差异化竞争。未来，企业的战略布局将更加依赖技术创新与智能运营，竞争焦点将围绕数据智能化、数字化生态构建、跨界融合创新展开，重塑行业竞争格局。

（二）智能化、数据化竞争优势重塑企业核心能力

在技术主导的竞争范式下，企业核心能力的构建不再依赖资源控制，而是围绕智能化、数据化展开，以数据洞察力、算法优化能力和智能自动化能力为竞争力核心。首先，数据已成为企业新的生产要素，数据智能化能力决定了企业的市场响应速度和精准度。例如，金融行业通过大数据分析和 AI 智能风控系统，能够精准识别信用风险，提高投资决策的准确性。其次，智能化决策体系使企业在市场竞争中具备更强的实时应变能力，AI 驱动的自动化运营系统能够动态调整营销策略、优化供应链布局，确保资源配置最优。例

如，智能制造企业利用物联网和数字孪生技术，实时监测设备状态，精准预测故障并进行维护，减少停机时间，提高生产连续性。此外，技术主导的竞争模式还加速了商业模式的创新，企业不再依赖单一产品或服务，而是构建数据驱动的开放生态系统，实现跨行业联动。例如，智能汽车企业通过车联网和自动驾驶技术，跨界融合交通、能源、保险等产业，形成多维度竞争优势。未来，企业将更加注重数据资产的深度挖掘、智能决策系统的优化，以及跨行业生态协同，构建更加敏捷、高效、智能的竞争体系。

（三）技术创新推动产业链升级与市场竞争格局重构

技术主导的竞争模式不仅影响单个企业，还深刻重塑了整个产业链和市场竞争格局。在传统模式下，产业链的竞争主要依赖成本控制、供应链整合和资源协同，而技术驱动的竞争模式围绕数据流、智能协同和自主优化展开。首先，智能技术的广泛应用，使产业链协同更加精准和高效。例如，通过区块链技术构建可信供应链体系，实现全链路数据透明化，减少信息不对称，提高交易效率。其次，人工智能和自动化技术，使企业能够动态优化供应链结构，实现柔性生产和智能调度。例如，电商平台利用智能仓储和无人配送技术，大幅提高物流效率，降低库存成本。此外，市场竞争格局正从企业间的单打独斗向产业生态竞争转型，企业通过技术赋能，建立生态化竞争模式。例如，云计算服务商不仅提供基础设施，还通过人工智能、区块链、5G 等技术，赋能传统行业数字化升级，形成平台型竞争力。未来，技术驱动的竞争模式将进一步深化，产业链的智能协同、跨行业数据共享、数字化平台竞争将成为主流，企业需要不断强化自身技术优势，构建具有长期竞争力的产业生态体系。

（四）全球科技竞争新趋势对企业发展的战略启示

在全球竞争格局加速演变的背景下，技术创新正成为决定国家与企业竞争力的核心变量。企业不仅要在国内市场强化技术主导地位，也要在全球范围内布局前沿科技，以抢占产业高地。首先，全球科技竞争加剧，人工智能、量子计算、6G 通信、生物计算等新兴技术正推动产业变革，企业需要前瞻性地进行技术储备。例如，智能制造企业加速布局 AI+工业互联网，以提升全球供应链竞争力。其次，数据主权与数字经济竞争成为全球企业的战略重点，数据隐私、网络安全、跨境数据流通等问题影响企业全球化运营模式。例如，欧洲 GDPR 政策的实施，使跨国企业必须调整数据合规策略，确保技术应用符合全球法规。此外，技术主导的竞争模式正在加速行业边界的融合，企业需从“行业竞争”思维转向“跨行业共创”模式。例如，科技巨头正积极布局自动驾驶、金融科技、医疗健康等新兴领域，形成多产业协同竞争优势。未来，企业需要在全球科技竞争环境下，构建技术主导型战略体系，围绕前沿科技、数据智能化、跨行业协同布局，实现技术赋能下的全球竞争力提升。

二、数字平台经济重塑竞争结构

数字平台经济正重塑企业竞争结构，推动商业模式从单点优势向生态协同演进。智能平台加速跨行业融合，拓展企业边界。数据驱动的智能决策优化资源配置，提高市场适应性。未来，平台经济将向去中心化、智能化、虚实融合发展，区块链、元宇宙等技术重构竞争逻辑，企业需构建开放、智能、跨界协同的平台生态，以在新竞争格局中保持领先优势。

（一）数字平台经济推动竞争模式从单点优势向生态协同转型

传统企业竞争模式往往围绕成本控制、产品差异化或规模经济展开，而数字平台经济的崛起，使竞争模式从单一企业能力比拼，转向多主体协同、数据驱动和生态化运营。平台经济的核心在于连接供需双方，并通过数据智能和算法优化，实现资源的高效匹配和价值最大化。例如，电商平台不再仅依赖自身供应链，而是通过开放生态，让中小商家、物流企业、支付服务提供商等共同参与，形成完整的商业闭环。与传统模式相比，数字平台具备更强的网络效应，用户增长与数据积累呈指数级上升，使得平台在市场竞争中占据先发优势。平台经济还通过算法推荐和数据分析，提高用户黏性和转化率，例如，社交电商通过精准推荐和短视频直播，极大地提升了用户购买率。未来，企业竞争力的核心将从单点产品创新转向如何构建高效、开放、智能的生态体系，平台经济的竞争模式将进一步向跨行业协同、数据共享、智能化运营方向演进，形成难以复制的长期竞争壁垒。

（二）智能平台驱动产业融合与跨界竞争

数字平台经济不仅改变了企业内部竞争模式，也加速了跨行业融合，使企业竞争从传统的行业内较量扩展到跨界生态协同。传统行业边界逐渐模糊，企业不再局限于单一产业，而是通过平台化运营，进入多个相邻或远离的领域。例如，金融科技公司通过数字支付平台，涉足电商、保险、财富管理等领域，实现跨界融合，形成多元化商业模式。智能平台的关键在于数据流的打通，使不同产业之间形成协同效应。例如，车联网平台不仅提供智能驾驶服务，还整合能源补给、保险、交通管理等功能，构建完整的智慧出行生态。人工智能和自动化技术的结合，也使得平台能够在多个行业中实现高效运营。例如，医疗健康平台通过 AI 诊断、在线问诊、药品配送等功能，打破医院与患者之间的传统互动模式。未来，随着区块链、元宇宙等技术的发展，平台经济的跨界融合将更加深入，企业将依托智能平台，形成更广泛的商业网络，推动跨行业竞争格局的重塑。

（三）数据驱动的智能决策优化平台竞争优势

数字平台经济的核心竞争力正从流量获取转向数据驱动的智能决策，企业需要依靠数据分析和智能算法，优化平台运营，提高市场适应性。传统企业依赖经验和线性分析进行市场预测，而数字平台能够通过大数据、AI 模型和实时分析，进行精确的市场动态判断。例如，智能电商平台能够基于用户浏览行为、购买历史、社交关系等数据，精准推送个性化推荐，提高用户转化率。此外，金融科技平台通过数据分析优化信用评估体系，使得信贷决策更加精准，降低违约风险，提高放贷效率。数据驱动的决策体系，使平台能够基于实时市场信息，动态调整业务策略。例如，外卖平台利用 AI 优化配送路线，提高订单履约率，降低成本并提升用户体验。未来，平台竞争的核心不再是单纯的流量积累，而是如何高效利用数据资产，构建实时智能决策、精准匹配供需、动态优化资源配置的高效运营体系，使平台在竞争中持续领先。

（四）平台经济的未来趋势与企业竞争战略转型

随着数字技术的持续突破，平台经济正向更智能、更开放、更去中心化的方向演进，企业竞争战略也需要随之调整，以适应全新的商业环境。首先，平台经济将进一步强化去中心化模式，区块链和智能合约的应用，使平台能够在不依赖传统中介的情况下，实现更加公平透明的价值交换。例如，去中心化金融平台通过智能合约，直接连接借贷双方，降低金融交易成本，提高交易效率。其次，数字孪生、元宇宙等新兴技术的结合，使得平台经济的运营模式从线上扩展至虚拟现实融合的新空间。例如，未来的社交电商可能在元宇宙中构建沉浸式购物体验，使用户能够通过虚拟身份进行社交互动、试穿、试戴等，极大地提升购买体验。此外，企业竞争战略需从单一平台运营向生态体系构建转变，通过技术赋能产业链上下游，打造平台生态闭环，例如，物流平台通过 AI 和物联网技术，实现从订单处理到智能配送的全链路优化。未来，企业必须以技术为核心，构建具备智能化、去中心化、跨界协同能力的数字平台，才能在平台经济的竞争浪潮中占据领先地位。

三、跨界融合重塑企业竞争边界

跨界融合正重塑企业竞争边界，推动商业模式从行业壁垒向生态协同演进。数字技术赋能跨行业协同创新，突破数据壁垒，实现智能共享与价值共创。企业竞争边界动态调整，柔性战略成为关键，推动业务模式灵活扩展。未来，跨界竞争范式将加速向智能生态转型，企业需构建开放、协同、数据驱动的跨界创新体系，以占据竞争优势。

（一）跨界融合推动企业竞争模式从行业壁垒向生态协同演进

企业竞争正从传统的行业内比拼向跨界协同转变，竞争边界逐渐模糊，不同行业间的融合催生了新的商业模式。过去，企业往往专注某一细分市场，通过资源积累和成本控制建立竞争壁垒；如今，数字技术促使企业跨越行业边界，借助数据、智能算法和互联网络，拓展业务生态。例如，新能源汽车企业不仅生产汽车，还整合能源管理、智能交通、车载服务，构建智能出行平台，实现跨界竞争优势。跨界融合的关键在于数据的共享与智能调度，使企业能够借助外部资源强化自身能力。例如，智能农业企业通过无人机、物联网和气候大数据，结合食品供应链，实现从农田到餐桌的全流程优化，打破农业、物流、零售行业的传统边界。此外，金融行业正在与人工智能和区块链深度融合，银行与科技公司联合推出智能投顾、数字钱包等产品，创造全新的用户体验。未来，企业的竞争模式将进一步向跨界生态协同演进，单一行业壁垒将被创新网络取代，企业需构建跨行业合作能力，以实现更广阔的市场布局。

（二）数字技术赋能企业跨行业协同创新

数字技术正在成为跨行业协同创新的核心驱动力，使企业能够突破传统产业限制，重构竞争边界。过去，行业间的合作往往受到物理距离、信息不对称和数据壁垒的限制；如今，人工智能、云计算、5G 和区块链等技术的发展，使企业能够跨行业共享数据和智能系统，实现更高效的协同创新。例如，医疗与人工智能的结合，催生了智能诊疗、基因测序、生物医药数据分析等新兴业态，使科技公司、制药企业和医疗机构形成高度融合的创新生态。跨行业协同创新的另一关键在于开放式平台模式，企业通过开放 API 和标准化数据协议，吸引外部开发者和合作伙伴，共同构建价值网络。例如，智能语音技术企业通过开放语音识别 API，使教育、客服、智能家居等多个行业实现语音交互升级，提升用户体验。此外，云计算和边缘计算的结合，使企业能够实时处理来自多个行业的数据，提高跨行业协同效率。例如，智能建筑企业利用云端 AI 分析楼宇能耗数据，并结合智能电网技术，与能源公司合作优化城市用电管理。未来，企业跨行业协同创新的核心在于构建开放数据架构，推动跨领域技术融合，使企业在多行业联动中创造更大价值。

（三）企业竞争边界的动态调整与柔性战略

在跨界融合趋势下，企业竞争边界不再是固定的，而是随市场环境、技术发展和用户需求不断动态调整。传统企业通常基于固有的行业分类进行战略规划，而在数字时代，灵活的竞争策略成为企业适应跨界竞争的关键。例如，消费电子企业不再局限于硬件制造，而是通过智能家居、云服务、内容生态扩展业务边界，实现从设备制造商向生态平台运营商的转型。企业的柔性战略关键在于资源的动态配置，即如何利用技术、数据和智能系统，在不同业务之间高效切换。例如，航空公司利用大数据分析乘客需求，拓展高端旅游、金融服务等增值业务，实现跨行业收入增长。此外，企业竞争边界的动态调整还需依靠敏捷组织模式，使内部团队能够快速适应外部市场变化。例如，电动车企业不仅构建生产制造能力，还通过软件更新和远程诊断技术，进入智能网联汽车领域，是与传统汽车制造完全不同的商业模式竞争。未来，企业的竞争策略将更加注重边界灵活性，采用“平台+生态”的方式构建高度适应性和延展性的业务体系，以快速应对市场变化，实现跨行业的长期增长。

（四）未来跨界竞争范式的趋势判断与企业应对策略

跨界融合的加速使企业竞争范式向更深层次的技术融合、产业协同和智能生态发展，未来竞争将更加依赖企业的系统性创新能力。首先，行业间的界限将进一步模糊，企业将以数据驱动和智能技术为核心，形成跨界商业模式。例如，数字孪生技术的发展，使得制造业、建筑业、城市规划等多个行业能够共用虚拟仿真技术，实现高效资源调配。其次，企业跨界竞争的核心将在于生态系统的构建，即通过开放合作，形成互利共生的商业网络。例如，智能穿戴设备企业不仅销售硬件，还通过健康数据分析、运动监测和医疗保险合作，打造完整的健康管理生态。此外，去中心化技术的成熟，将使企业竞争从传统平台模式向分布式网络模式转变，例如，去中心化能源交易平台将使能源生产商、消费者和技术提供商直接连接，打破传统能源公司的垄断格局。未来，企业需采取更加开放的战略布局，推动跨行业协同创新，同时增强技术赋能能力，以构建高效、智能、可持续的跨界竞争模式，在不断变化的商业环境中占据竞争优势。

四、数字化竞争新范式的前瞻判断

数字化竞争范式正向技术敏捷性、虚实融合、数据智能和全球化与本地化深度演进。企业需依托敏捷技术快速创新，借助虚拟与现实融合拓展商业模式，以数据智能驱动精准竞争力塑造，同时在全球化与本地化之间找到最佳平衡。

（一）技术敏捷性成为企业竞争核心变量

在数字经济时代，企业竞争的核心不再是规模优势或资源积累，而是对技术的敏捷应用和快速创新能力。过去，企业通常依靠长期积累的市场经验和产业链整合能力建立竞争壁垒；如今，技术迭代速度加快，市场格局变幻莫测，使得技术敏捷性成为企业在竞争中胜出的关键变量。首先，云计算、人工智能、低代码开发等技术的发展，使企业能够快速响应市场需求，推出新产品或优化现有业务。例如，智能体育设备公司通过人工智能和物联网技术实时收集用户数据，并通过云端算法优化产品体验，使其能够比传统制造商更快地满足用户个性化需求。其次，企业竞争不再是静态的，而是围绕技术的动态进化展开，那些能够快速测试、迭代、优化产品和服务的企业，将更容易在市场竞争中占据优势。例如，数字营销行业利用实时数据分析和自动化投放技术，使企业能够根据用户行为即时调整广告策略，提高 ROI。此外，敏捷技术能力还决定了企业的跨行业适应性，使企业能够迅速拓展新业务领域，例如，原本专注于智能家居的企业可迅速进入智能安防市场，形成新的增长点。未来，企业的竞争力将不取决于技术的绝对领先，而在于能否快速部署、灵活调整、精准匹配市场需求，从而在数字化竞争中占据主动。

（二）虚实融合塑造企业竞争的新商业模式

随着数字技术的发展，企业竞争模式正从传统的线下实体或纯线上运营，向虚实融合的智能商业模式转型。企业不再局限于物理空间的市场竞争，而是通过数字孪生、沉浸式体验、混合现实（MR）等技术，创造更具互动性、个性化和智能化的商业模式。例如，房地产行业正在引入 VR 技术，让购房者在不去实地考察的情况下，就能进行沉浸式看房体验，这一模式不仅提高了用户参与度，还加快了成交转化率。此外，零售行业通过全渠道融合，实现线上线下数据互通，精准优化供应链和用户体验。例如，奢侈品品牌利用 AR 试戴技术，让消费者在移动端即可完成个性化体验和下单决策，减少了退货率，提高了客户黏性。与此同时，数字孪生正在改变制造企业的竞争模式，企业可以在虚拟空间模拟生产流程、测试产品性能，从而优化设计、降低试错成本。例如，航空制造商通过数字孪生技术，在真实生产之前对引擎进行仿真测试，提升了产品的安全性和可靠性。未来，企业竞争将不再局限于传统市场边界，而是依托虚拟世界拓展商业模式，实现更精准的市场洞察、更高效的资源利用，以及更具沉浸感的客户体验，从而形成独特的竞争优势。

（三）数据智能驱动精准竞争力塑造

在数字化竞争新范式下，数据已成为企业最重要的竞争资源，数据智能化程度决定了企业能否在市场竞争中占据主动权。传统企业的竞争策略主要依赖经验判断和行业规则，而数据智能赋能的企业能够通过深度分析、预测和自动优化实现精准竞争力塑造。首先，企业需要建立完整的数据智能体系，包括数据采集、存储、处理、分析和应用，使数据成为企业战略决策的核心。例如，物流行业利用人工智能和大数据优化运输路径，实现智能调度，提高配送效率，降低成本，提升客户满意度。其次，数据智能正在推动企业竞争策略从“广撒网”向“精准运营”转变，企业能够基于数据洞察，细分市场，提供高度个性化的产品和服务。例如，在线教育平台通过 AI 分析用户学习行为，个性化推荐课程，并实时调整教学内容，使学习效果最大化。此外，数据智能化的另一个关键优势在于“预测能力”，企业可以提前感知市场变化，主动调整竞争策略。例如，食品行业通过数据分析消费者口味趋势，提前研发新品，并进行精准投放，确保产品上市即获得市场认可。未来，企业的竞争核心不再是单纯的规模扩张，而是数据智能化驱动的精准竞争力塑造，谁能够更高效地利用数据，谁就能在市场中占据主导地位。

（四）全球化与本地化的平衡成为竞争新关键

在数字技术推动的全球竞争格局中，企业的竞争力不仅取决于全球化布局能力，还需要在本地市场实现深度适配，形成“全球化+本地化”的竞争新模式。传统的跨国企业模式依赖规模优势和全球供应链体系，而在数字经济时代，企业需要通过本地化运营构建差异化竞争力，以适应不同市场的文化、政策和消费习惯。例如，流媒体平台在全球扩张时，利用 AI 数据分析不同地区的用户偏好，定制本地化内容，确保内容与目标市场需求高度匹配，从而提高用户留存率。另外，电商平台通过本地化供应链整合，使跨境电商企业能够在全球市场快速落地。例如，国际电商平台亚马逊采用智能仓储和本地配送体系，使不同地区的消费者享受本土化购物体验，同时优化物流成本。未来，企业竞争不仅要具备全球资源整合能力，还要依靠人工智能、数据智能、供应链优化等技术，实现全球化战略与本地化执行的深度融合。例如，新能源汽车企业在全球扩展时，不仅调整产品适应不同市场的能源政策，还通过智能数据分析优化销售渠道，实现本地化精准营销。随着全球化和本地化的交织，企业的竞争模式将进一步向灵活化、智能化、适应性强的方向演进，那些能够在全球范围内高效协同，同时满足本地市场个性化需求的企业，将成为数字经济时代的真正赢家。

第四章

数字化转型的战略规划

企业数字化转型的战略规划需构建系统化路径，确保目标清晰、执行高效、资源匹配、调整灵活。战略定位与目标设定明确数字化本质、愿景、定位，奠定方向。路径设计与实施框架制定数字化落地方案，优化业务模式，分阶段推进。资源配置与能力整合协调资本与技术、组织资源、人才、生态合作，增强核心能力。动态调整与绩效评估依托数据优化战略，监测绩效，推动持续创新。通过系统化规划，企业可构建高效、灵活、可持续的数字化战略体系。

第一节　数字化转型的战略定位与目标设定

数字化转型的战略定位关乎企业未来发展方向，需要从四个关键层面精准布局：明确数字化转型的战略本质，理解其如何推动企业从信息化向智能化跃迁；构建清晰的数字化愿景，以数据驱动战略决策；分层设定战略目标，实现从短期突破到长期智能化升级；精准竞争定位，通过颠覆式创新、生态协同、数据智能与用户体验塑造核心竞争力，确保企业在数字经济时代占据主动优势。

一、数字化转型的战略本质

数字化转型不仅是技术的升级，还是企业战略、组织架构、业务模式的深度重塑。其本质在于从信息化到数据智能的范式跃迁，重塑企业增长逻辑，以数据驱动价值创造。成功转型需系统性变革，实现组织、技术、业务协同演进，并适应竞争格局从产业链竞争向生态圈博弈的升级，构建跨界协同与数据赋能的新竞争优势。

（一）范式变革

数字化转型并非传统信息化的简单升级，而是从信息化到数字化本质跃迁的一次根本性的范式变革。信息化主要聚焦于提高企业运营效率，通过ERP、CRM 等系统实现流程自动化；数字化涉及深层次的商业模式创新，以数据驱动决策，重塑企业竞争逻辑。数字化转型的本质是通过智能技术、算法赋能、数据资产化，将数据从“记录与存储”提升到“预测与洞察”的层面，实现企业运营的高度智能化和自主决策能力。在此过程中，企业不仅是IT 系统的使用者，还是数据价值的创造者和经营者。这种范式变革意味着企业要从线性管理模式向智能自适应模式演进，从以流程优化为核心的传统管理方式转向以数据驱动的智能运营体系。企业若仅停留在信息化阶段，依赖标准化的管理工具，而未能构建数据闭环、打通数据孤岛并建立智能决策系统，就难以真正迈入数字经济的核心竞争层。在这一变革过程中，数字孪生、区块链、人工智能物联网（AIoT）等技术的融合，为企业提供了全新的增长路径，使企业能够以更低的成本、更快的速度、更精准的方式获取市场洞察，从而形成独特的竞争力。

（二）价值创造

传统企业的增长模式主要依赖规模经济、成本控制和供应链优化，而数字化转型带来了全新的增长逻辑。数字经济时代，价值创造的核心不再是单纯的产品销售，而是基于数据驱动的精准服务、用户洞察和生态共创。企业通过数字技术能够挖掘用户行为模式，实现精准需求预测，从而形成动态、智能的产品和服务体系。例如，制造企业可以通过工业互联网平台构建 C2M模式，依据实时数据调整生产策略，降低库存成本，同时提升用户体验；零售企业可以借助 AI 算法进行智能推荐，提高客户转化率，从单次交易模式转向用户生命周期管理。同时，数据作为新型生产要素，使得企业能够突破传统供需关系的局限，通过开放平台、API 经济、区块链智能合约等方式，与上下游企业及跨行业伙伴形成价值共创网络。这种价值创造逻辑的变化，使得企业不再依赖“规模驱动效应”，而是能够通过数据资产的复用、智能化运营的提升，实现指数级增长。对于企业而言，数字化并非单一业务部门的转型，而是需要贯穿整个价值链，以数据驱动运营决策，以智能技术提升组织韧性，构建基于价值共创的竞争新优势。

（三）系统性转型

数字化转型的核心在于系统性变革，它不仅涉及技术创新，还涉及组织架构、商业模式和管理体系的深度重构。企业若仅在单一部门引入数字化工具，而未能在战略、组织和业务模式层面进行整体规划，转型往往难以为继。因此，数字化转型必须是“组织—技术—业务”三位一体的协同演进。在组织层面，企业需要打破传统科层管理模式，构建敏捷、扁平、数据驱动的组织架构，以适应数字时代的快速变化。企业可采用数据中台战略，打破数据孤岛，使不同业务单元共享数据资产，形成智能化协同机制。在技术层面，云计算、人工智能、区块链等前沿技术不再是工具，而成为企业数字化战略的核心支撑，推动企业从 IT 架构优化到智能化运营的深层变革。在业务层面，数字化要求企业打破固有的线性流程，以数据驱动业务决策，通过智能预测、自动化执行和实时调整，实现更灵活的市场响应。例如，传统供应链管理依赖经验决策，而数字化供应链利用 AI 算法预测市场需求，并通过智能仓储、自动化配送提高运营效率。企业的数字化战略若缺乏系统性规划，仅停留在局部优化层面，往往难以实现整体竞争力的跃升。因此，真正成功的数字化企业，必然是组织、技术和业务高度融合，并且能够基于数据智能进行动态优化和演进的企业。

（四）竞争新格局

数字化转型带来的不仅是企业内部的变革，还是商业竞争格局的深刻调整。在传统产业体系中，竞争的核心围绕产业链展开，企业通过成本控制、规模扩张和供应链优化争取市场份额。然而，在数字化时代，企业的竞争维度已从“产业链竞争”升级为“生态圈博弈”。领先企业不再是单一产品或服务的提供者，而是数字生态系统的核心节点，依托开放式平台、数据共享和跨界合作，构建全新的商业格局。例如，苹果的成功不仅在于硬件设备，还在于其构建的 App Store 生态，使得全球开发者共同参与创新，形成强大的网络效应；特斯拉不仅是一家汽车制造商，还通过智能驾驶数据、超级充电网络、OTA 软件更新，构建了完整的智能出行生态。在这一竞争格局下，企业的增长逻辑发生了根本变化，从“市场占有率”转向“数据赋能能力”，从“单点竞争”转向“生态协同”。要在这一新格局中立足，企业必须构建跨行业、跨领域的数字化合作网络，通过数据连接不同产业链参与者，实现价值共创和共享。数字化时代的竞争不仅考验企业自身的技术能力，还考验其构建生态的能力，能否在数字生态体系中占据核心地位，将决定企业未来的行业影响力和竞争优势。

二、企业数字化愿景的构建

企业数字化愿景不仅是技术变革的方向标，也是战略决策、组织文化和执行路径的全方位指引。前瞻性愿景描绘数字化未来图景，数据驱动愿景确保决策智能化，可执行愿景推动战略落地，文化与愿景塑造激发组织共识。只有将愿景融入企业运营体系，才能真正构建长期竞争力，实现数字化转型的持续深化与价值创造。

（一）前瞻性愿景

企业的数字化愿景不再是对未来的一种畅想，而是对技术变革、行业趋势和市场需求演进的深刻洞察。一个真正具有前瞻性的愿景，必须建立在数据智能、平台生态、用户体验等核心维度之上。未来企业的竞争不再仅依赖产品和服务，而是依靠数字技术驱动的价值网络。在这个过程中，企业需要跳出现有行业边界，从“线性增长”模式向“指数型创新”模式演进。例如，制造业需要从传统供应链管理转向智能供应链，实现数据驱动的生产与物流优化；零售业需要借助人工智能和大数据实现全渠道营销，构建精准的用户画像并优化消费体验。因此，企业的数字化愿景不能只是抽象的口号，而应是基于可量化目标、可落地路径和智能化手段的系统化蓝图。制定数字化愿景时，企业需要回答几个关键问题：未来的核心竞争力是什么？如何通过数字技术提升用户价值？数据如何成为企业的战略资产？如何在生态协同中构建自身的不可替代性？通过这些问题的深入思考，企业才能确保数字化愿景既符合未来趋势，又能落地实施，并在动态变化中不断进化。

（二）数据驱动愿景

数字化愿景的核心不是单一的技术应用，而是以数据为驱动的智能化运营体系。在传统管理模式下，企业的愿景往往基于行业经验和高管直觉，而在数字化时代，企业必须建立数据驱动的战略规划逻辑，让智能分析、预测模型和实时反馈机制成为愿景落地的核心支撑。例如，领先企业通过构建数据中台，将分散的业务数据融合，使市场趋势分析、用户需求预测、供应链优化等关键决策能够基于实时数据进行调整。数字化愿景的关键在于让数据成为企业的“第二语言”，让每一层级的管理者都能在数据的支撑下进行精准决策，而非依赖传统的“经验主义”。数据驱动的愿景还意味着企业必须建立完善的数据治理体系，确保数据的质量、流通和安全。企业需要构建从数据采集、清洗、分析到决策闭环的完整系统，确保数据不仅是静态资产，还能转化为动态的竞争优势。真正的数据驱动愿景，不仅是依靠大数据存储和分析，还要让数据成为企业持续增长和创新的引擎，让企业在不确定的市场环境中具备更高的敏捷性和适应力。

（三）可执行愿景

一个成功的数字化愿景不仅要有前瞻性和数据驱动逻辑，还必须具备清晰的可执行性。许多企业在数字化转型过程中，往往制定了高度概括的愿景，却缺乏可操作的实施路径，最终导致愿景成为空谈。因此，企业必须构建从愿景到行动的落地机制，使数字化战略不仅能指导高层决策，也能转化为基层执行的具体指引。首先，企业需要设定分阶段的数字化里程碑。例如，第一阶段实现数据整合，第二阶段推动流程智能化，第三阶段布局 AI 驱动的业务创新。其次，企业应当建立一套量化的绩效评估体系，确保愿景的执行可被追踪和优化。例如，企业可以设定数据资产利用率、数字化渗透率、AI 辅助决策占比等关键指标，确保战略的每一步都能被衡量、调整和优化。此外，数字化愿景的落地还需要管理架构的调整，企业需成立专门的数字化转型办公室，确保跨部门协同推进。通过这种系统化的实施框架，企业才能真正将愿景从纸面蓝图转化为现实成果，并在实践中不断迭代优化，使其适应市场和技术的快速变化。

（四）企业文化与愿景塑造

企业的数字化愿景不仅是战略和技术的体现，还需要渗透到企业文化中，形成全员共识，从而推动组织真正迈入数字化时代。首先，在传统企业中，管理层的愿景往往难以传递到一线员工，而数字化转型能否成功，取决于企业能否让全员理解并认同数字化的价值，并愿意主动参与转型。因此，企业需要打造数字化文化，使“数据驱动思维”成为组织的 DNA。具体而言，企业需要培养数字化意识，让员工认识到数据和智能技术在工作中的核心价值，并提供相应的培训和资源，提升员工的数据素养。其次，企业要建立激励机制，将数字化转型成果与个人绩效挂钩。例如，鼓励员工通过数据分析优化业务流程，或在AI辅助下提高运营效率。此外，企业的领导者必须在数字化转型过程中发挥表率作用，以身作则推动数字化工具的应用，创造“数字优先”的组织氛围。例如，部分领先企业已将数字化实验纳入日常管理，鼓励员工探索低代码开发、AI辅助决策等创新实践，从而让组织整体具备更强的数字化适应能力。最终，企业文化的塑造决定了数字化愿景的落地深度，只有当数字化成为企业的核心价值观，并在组织行为、管理模式和激励体系中得以体现，企业的数字化愿景才能真正内化为可持续的竞争力，并驱动长期增长。

三、战略目标的层级设定

企业数字化转型的战略目标需分层设定，以确保从短期突破到长期智能化演进的有序推进。短期目标以局部优化撬动变革，中期目标推动全链路重构，长期目标构建数据驱动的智能企业，并形成生态竞争力。企业需建立动态管理体系，确保战略目标随市场与技术变化灵活调整，使数字化转型持续优化、稳步推进。

（一）短期突破

数字化转型是一项长期系统性工程，但短期内企业必须通过精准的小目标实现早期突破，以撬动更大范围的变革。短期目标的设定应当遵循“快见效、低成本、高杠杆”的原则，围绕数据整合、流程优化、业务数字化试点等具体方向展开。例如，企业可以在6~12个月内实现核心业务流程的数字化改造，如建立数据中台，打通跨部门的数据孤岛，提高数据利用率，从而提高运营效率。短期目标还可以围绕客户体验优化展开，如通过AI客服、智能推荐系统提升用户互动质量，从而提高客户满意度和留存率。关键在于，这些短期目标要能够快速落地，并具备可衡量的绩效指标，如客户响应时间缩短30%、库存管理误差降低20%等。短期突破还可以借助敏捷迭代的方式，通过快速试错机制持续优化策略，确保企业在数字化转型初期就能形成数据驱动的决策文化，并为后续的中长期战略目标奠定坚实基础。企业在短期内成功完成这些小目标，不仅能增强内部团队的信心，还能为长期转型积累真实可行的经验，使数字化战略更加具备可执行性。

（二）中期升级

短期目标的实现为企业数字化转型奠定基础，而中期目标的重点在于从局部优化向全链路重构的升级。在这一阶段，企业需要实现跨部门协同，将数字技术嵌入企业的核心业务流程，使其成为组织运营的主导模式。例如，制造企业可以从单一生产环节的自动化升级为端到端智能供应链，通过 AI 预测市场需求，优化库存管理，并利用物联网实时监测生产状况，实现柔性制造。对于零售行业而言，中期目标可能是构建全渠道数字化营销体系，让线上线下数据充分融合，形成精准的用户画像，从而优化产品定价、库存配置和个性化推荐服务。同时，企业应当推动组织架构的适应性调整，确保数据流动更加顺畅，使决策过程逐步从经验导向向数据驱动演进。此外，中期目标还需注重建立稳健的数字基础设施，如云计算架构、数据安全体系和 AI 赋能的决策系统，为企业的未来创新提供稳定支撑。企业在中期目标阶段的成功，标志着其已从初步的数字化探索迈向业务模式的系统性升级，并且具备进一步拓展数字生态的能力。

（三）长期愿景

长期目标不仅关乎企业如何生存，还决定其在数字化时代的市场地位。一个真正完成数字化转型的企业，最终应当构建数据驱动的智能化运营体系，使企业能够凭借智能算法、数据分析和自动化系统，达到高度自适应、高度协同的状态。例如，未来的智能制造企业不再依赖传统的供应链管理，而是通过 AI 实时分析市场动态，自动调整生产计划，使供应链具备高度弹性和自我优化能力；金融企业可以利用 AI 风控和区块链技术实现去中心化的信用管理体系，提高交易透明度和安全性；医疗行业可以通过数据分析和智能诊疗系统实现精准医疗和个性化健康管理。在长期愿景中，企业的竞争模式将从传统的产品和服务竞争演变为生态体系竞争，企业需要构建数据护城河，通过开放平台、API 经济、智能服务网络等方式，与上下游合作伙伴深度融合，打造长期稳定的竞争优势。此外，企业在长期发展过程中，必须建立数据伦理与合规体系，确保数据使用符合隐私保护和监管要求，同时培养具有数字化思维的领导团队，推动组织持续进化。只有当企业在战略、技术、组织文化等多个维度实现智能化，才能真正进入“智能企业”时代，并在数字经济中占据主导地位。

（四）目标动态管理

在数字化转型过程中，技术、市场、用户需求都在快速变化，因此企业不能固守静态的战略目标，而需要构建一个具备高度适应性的动态目标管理体系。这一体系的核心在于数据驱动的目标监测和调整机制，确保企业能够根据实时数据不断优化战略方向。例如，企业可以采用 OKR（目标与关键成果）方法，将数字化目标分解为季度或年度关键任务，并通过数据分析评估进展，确保目标的灵活调整。在实际操作中，企业可以通过数据可视化工具实时追踪关键 KPI，如客户转化率、智能化运营效率、供应链响应时间等，以便在市场环境发生变化时迅速调整策略。企业还可以采用 AI 预测分析，在市场趋势发生变化前，基于数据洞察进行前瞻性调整。例如，零售企业可以通过 AI 监测社交媒体情绪，提前判断消费者需求变化，调整营销策略；制造企业可以根据供应链数据分析，优化采购与生产计划，规避风险。目标动态管理体系还要求企业建立敏捷文化，鼓励跨部门协同，并推动员工在数字化决策中拥有更大的自主权，使企业能够在高度不确定的环境下仍然保持灵活性和竞争力。企业若能建立起自适应的目标管理体系，就能确保其数字化战略在长期竞争中不断优化升级，使自身始终处于行业前沿。

四、数字化战略的竞争定位

数字化时代的竞争已从传统产业链竞争升级为生态圈博弈，企业需精准定位，打造独特竞争优势。颠覆式创新重塑行业格局，生态协同突破边界构建跨界竞争力，数据智能形成核心护城河，用户体验则决定市场黏性。唯有深度整合数据、智能技术与生态资源，企业方能在数字经济浪潮中占据领先地位，实现长期竞争优势。

（一）颠覆式创新定位

数字化转型的核心不仅是优化现有业务，更包括推动企业从根本上重塑竞争规则，甚至颠覆行业传统格局。颠覆式创新意味着企业不再仅仅依赖成本控制和规模效应，还通过数字技术创造全新的价值链。例如，网约车平台重塑了传统出租车行业，使数据调度、动态定价成为核心竞争力，而无人零售、智能制造等模式的兴起让传统商业模式面临前所未有的冲击。在此背景下，企业的数字化竞争定位应当围绕数据资产、智能算法和用户连接能力展开，而非单纯追求生产效率的提升。要实现颠覆式创新，企业需要采用“双模运营”策略：一方面持续优化核心业务，另一方面建立独立的创新孵化机制，以适应快速变化的市场环境。例如，部分传统制造企业已开始探索PaaS模式，通过智能化运营和远程监控，实现从单一产品销售向持续性服务转型。这不仅增加了企业与用户的黏性，也创造了全新的商业机会。企业若要在数字化浪潮中占据主动，就必须敢于挑战传统范式，以数据和智能技术构建全新的价值主张，从而在行业竞争中掌握主动权。

（二）生态协同定位

数字经济的竞争已不再是单个企业间的较量，而是生态体系之间的博弈。传统竞争模式主要基于产业链纵向整合，而数字化时代，企业需突破单一行业边界，构建跨界协同的开放生态。例如，特斯拉不仅是一家汽车制造商，还是一个新能源生态的核心，通过充电网络、智能驾驶数据和能源管理系统，与电网、科技企业及用户形成紧密联结。在这一模式下，企业需要重新审视自身的竞争定位，从“单一产品或服务竞争”升级为“平台+生态”的模式。要构建竞争优势，企业需重点打造三个关键要素：一是数据共享机制，确保生态参与者能够利用数据创造价值，如亚马逊云计算平台开放API，推动开发者构建更丰富的应用场景；二是平台效应，通过开放式合作吸引更多企业加入生态，如苹果通过App Store建立全球开发者社区，实现生态共赢；三是用户连接能力，让客户不仅是产品的消费者，还是生态的一部分，如社交电商依赖用户的社交关系链推动市场扩张。企业若想在数字化竞争中占据制高点，必须思考如何突破行业局限，与其他产业协同共生，形成互利共赢的数字化生态体系。

（三）数据智能定位

数据是数字经济时代最重要的资产，而数据的获取、管理和应用能力决定了企业的长期竞争力。要构建数据护城河，企业不能仅停留在数据的存储和分析阶段，还需要形成数据驱动的核心竞争优势。例如，谷歌的搜索引擎、亚马逊的推荐系统、字节跳动的内容分发算法，均是建立在强大的数据积累和智能分析之上的。企业要想在数字化竞争中占据优势，必须具备四个关键能力：一是高效的数据采集体系，确保从供应链、市场营销、客户交互等各环节获取高质量数据；二是强大的数据治理能力，解决数据孤岛、数据冗余和数据安全问题，确保数据的完整性和可靠性；三是智能化的数据分析体系，通过 AI、机器学习等技术，将数据转化为精准决策支持，如银行通过智能风控系统大幅降低信用风险；四是数据商业化能力，探索数据变现路径，例如，零售企业通过精准营销提升销售转化率，制造企业通过设备数据优化产品设计。企业若能将数据管理上升到战略高度，使数据成为核心生产要素，就能在数字化竞争中建立难以复制的竞争壁垒，形成独特的数据护城河。

（四）用户体验定位

在数字经济时代，企业竞争力的核心已从产品功能的比拼，逐步转向用户体验的优化。企业的数字化战略不仅要提高内部运营效率，还要围绕用户体验构建全新的竞争优势。例如，特斯拉的 OTA 远程升级功能，使其汽车可以持续优化用户体验，而苹果通过生态闭环增强用户黏性，使设备、软件、内容服务无缝衔接。企业要想以用户体验为竞争优势，必须具备三个关键能力：一是数据驱动的个性化服务能力，通过 AI 算法深度理解用户需求，实现精准推荐、智能交互，如电商平台根据用户浏览记录推送个性化商品；二是无缝衔接的全渠道体验，让用户在不同场景下都能获得一致的服务，如银行通过线上+线下智能联动，实现一站式金融服务；三是用户共创机制，用户不仅是产品的使用者，还是产品创新的参与者，例如，耐克的 Nike By You 定制服务，让消费者直接参与鞋款设计，提升品牌黏性。企业若能充分利用数字化手段，将用户体验提升到战略高度，就能在竞争激烈的市场环境中构建可持续的优势，并打造出强大的品牌忠诚度。

第二节　数字化战略的路径设计与实施框架

企业数字化转型需系统规划路径，确保战略落地与价值创造。战略路径的选择逻辑明确渐进式优化或颠覆式创新方向，实施框架构建智能架构与数据闭环，业务模式适配推动供应链智能化与平台生态扩展，阶段推进确保从基础设施搭建到生态协同的有序演进。通过科学规划与动态优化，企业可构建高效、智能、可持续的数字化体系，实现长期竞争优势与业务增长。

一、战略路径的选择逻辑

企业数字化转型的战略路径选择关乎其未来竞争力，需要精准匹配市场环境、技术趋势与自身资源。渐进式优化与颠覆式创新决定转型深度，数据驱动确保路径精准，产业链融合与跨界竞争塑造新生态，短期收益与长期竞争力需动态平衡，技术发展周期与商业落地节奏必须匹配。只有综合考量多重因素，企业才能制定高效可行的数字化转型路径，实现可持续增长。

（一）渐进式优化与颠覆式创新的抉择

企业在数字化转型过程中，首先需要决定采用渐进式优化还是颠覆式创新。这一选择不仅影响资源配置，还决定了企业在未来市场中的竞争地位。渐进式优化适用于已有稳定市场份额的企业，通过数字技术提高运营效率、优化供应链、增强客户体验。例如，制造企业可以先从生产流程优化入手，引入工业互联网和数字孪生技术，使生产过程更加透明化和智能化。同时，渐进式优化要求企业构建可持续改进的机制，如通过 AI 分析历史运营数据，实时优化库存管理和生产排程。然而，渐进式优化虽然降低了转型风险，但往往难以带来颠覆性增长。相比之下，颠覆式创新更适合希望重塑行业格局或进入新市场的企业。例如，新能源汽车企业不仅创新产品形态，还通过智能网联、OTA 远程升级等方式彻底改变汽车行业的商业模式。企业在选择战略路径时，需综合评估市场动态、自身资源和技术趋势，确保路径既能在短期带来业务增长，又能在长期形成核心竞争力。无论采取何种方式，关键在于精准定位数字化价值点，使数字技术能够真正驱动业务变革，而不只是辅助优化。

（二）数据驱动战略路径的构建

数据是数字化时代企业最重要的生产要素，而数据驱动的战略路径决定了企业能否真正实现智能化运营。企业在构建数字化路径时，必须建立从数据采集、存储、治理、分析到决策应用的全流程闭环。例如，零售企业可利用 AI 分析消费者购买行为，实时调整库存策略，提高商品流转率；制造企业则可通过设备物联网（IoT）实时监测生产设备状态，预测可能的故障并提前维护，从而减少停机时间。要真正实现数据驱动，企业不仅需构建数据中台，对各业务单元的数据进行整合，打破信息孤岛，使不同部门可以共享数据资源，提高数据利用效率，还需要建立数据质量评估体系，确保数据的准确性、完整性和实时性，避免因数据错误造成决策失误。同时，数据驱动战略必须考虑数据安全性和合规性，特别是在涉及用户隐私和商业机密时，需采用区块链、加密技术等手段确保数据安全。在实施过程中，企业应通过数据分析工具、AI 建模、智能决策系统，使数据成为业务增长的核心动力，而非仅作为辅助工具。

（三）产业链融合与跨界竞争的应对策略

随着数字化的加速发展，企业的竞争边界正在变得模糊，产业链之间的界限不断被打破。因此，企业在数字化路径选择时，必须考虑产业链的整合能力以及如何应对跨界竞争。数字技术的普及使得传统行业间的竞争关系发生改变，例如，科技公司进军汽车行业，电商平台涉足金融科技，打破了行业壁垒。在这一背景下，企业需要建立产业链融合战略，以数据和智能技术提升产业协同效率。例如，智能制造企业可以与供应商和经销商共享实时生产和库存数据，实现供应链端到端可视化管理，提高响应速度，减少库存积压。企业还需关注潜在的跨界竞争者，如支付公司进入零售行业，智能硬件企业进入健康管理领域，这些变化都可能对原有市场格局造成冲击。企业需要在数字化路径中设置“跨界防御”策略，如通过数据壁垒、平台化运营、生态合作等方式增强竞争力。企业还可以主动进行跨界扩展，例如，传统银行可借助 AI 技术优化金融风控，与互联网平台合作打造智能金融服务。通过主动适应产业链融合，企业不仅能规避跨界竞争风险，还能通过合作与整合创造新的增长空间。

（四）短期收益与长期竞争力的平衡

企业在制定数字化转型路径时，既要考虑短期收益，又要着眼于长期竞争力的构建。短期收益可以通过提高运营效率、优化客户体验、降低成本等方式实现。例如，企业可以先在财务、人力资源等支持性部门部署自动化工具（如 RPA），降低人工成本，提高工作效率。短期目标还可以围绕业务优化展开，如利用 AI 推荐系统提升电商转化率，或通过智能客服提高客户满意度。然而，如果企业只关注短期 ROI，容易陷入“战术性数字化”误区，即数字化被视为降本增效的工具，而非推动商业模式升级的核心引擎。因此，企业必须在数字化路径中加入长期竞争力的建设，如通过数据积累形成行业洞察能力，或通过智能技术提升产品附加值。例如，医疗行业企业可利用数据沉淀打造个性化健康管理系统，使数字化转型不仅优化当前业务，还能创造未来价值。企业还应设定短期、中期、长期的 KPI，如短期关注成本节约率，中期关注业务增长率，长期关注品牌影响力和市场占有率，以确保数字化战略既能产生即时效益，又能构建可持续的竞争力。

（五）技术发展周期与商业落地的节奏匹配

技术的发展速度与商业落地的步调不匹配，是许多企业数字化转型失败的重要原因。因此，企业在选择数字化路径时，必须充分考虑技术的成熟度、市场接受度以及内部组织的适应能力。例如，区块链技术虽然在金融、供应链溯源等领域已经展现出巨大潜力，但如果企业在其尚未成熟时盲目投入，可能面临高昂的开发成本和低 ROI 的风险。同样，AI 应用虽然广泛，但其落地效果取决于数据质量和算法成熟度，企业只有具备足够的数据积累和计算能力，才能真正实现智能化升级。因此，企业应建立"技术雷达"机制，持续监测人工智能、5G、边缘计算等前沿技术的发展进度，并结合自身业务需求，合理安排数字化升级时间表。企业应采用模块化架构，使新技术能够快速集成，不影响现有业务稳定性。企业还需关注技术与市场的结合点，如在 5G 普及后加快物联网布局，或在消费者对智能产品接受度提升后推动 AI 交互升级。最终，只有精准匹配技术发展节奏和商业落地需求，企业才能确保数字化投资的高回报率，并在行业竞争中保持技术领先优势。

二、数字化转型的实施框架

企业数字化转型的实施需要智能化驱动的战略架构、端到端数据闭环、业务与技术融合的协同及动态优化与敏捷迭代机制。智能化驱动的战略架构奠定转型基础，端到端数据闭环确保决策精准，业务与技术融合提升运营效率，动态优化与敏捷迭代机制推动持续创新。通过智能驱动、数据赋能和持续优化，企业能够构建高度自适应的数字化体系，在快速变化的市场环境中保持长期竞争优势。

（一）智能化驱动的战略架构设计

企业的数字化转型需要一套以智能化为核心的战略架构，使数据、技术和业务流程深度融合，实现精准决策和敏捷响应。首先，企业应建立多层次智能化架构，包括基础设施层（云计算、大数据平台）、数据处理层（数据湖、数据中台）、算法智能层（AI、机器学习）、业务应用层（智能供应链、智能客服）等，每一层级都需具备高度可扩展性，以适应未来技术演进。其次，在实施过程中，企业应从业务价值最高的场景入手，如智能生产调度、个性化营销等，通过试点验证效果，再逐步扩展至全业务链。最后，企业需引入智能运维（AIOps），利用 AI 监控系统运行状态，预测故障并提前优化，确保数字化系统的高效稳定运行。为确保架构能够持续优化，企业还需设立数字化领导小组，定期评估系统性能，调整智能化应用策略，构建“自学习、自优化”的智能架构，推动企业向更高层次的数字化运营进化。

（二）端到端数据闭环的构建

数字化转型的核心是数据驱动，企业必须构建端到端的数据闭环体系，确保数据从采集、处理、分析到反馈的全流程贯通，并能够持续优化业务决策。首先，企业应搭建统一数据中台，对来自不同业务单元（生产、销售、客户服务等）的数据进行标准化整合，避免数据孤岛问题。其次，数据治理是闭环构建的关键，企业应通过数据质量管理（DQM）和 AI 算法进行自动数据清洗，确保数据准确性和一致性。再次，企业需引入实时数据分析引擎，利用流计算、人工智能分析技术，使业务决策从“基于历史数据”转向“基于实时数据”，如智能制造企业可以通过 IoT 传感器采集设备运行数据，实时预测可能的生产瓶颈并优化调度。最后，企业需构建数据反馈机制，如客户数据分析可以实时调整营销策略、供应链数据分析可以优化库存管理。只有构建起从数据采集到决策反馈的完整闭环，企业才能真正实现数据驱动的智能化运营。

（三）业务与技术融合的协同体系

数字化转型不仅涉及技术升级，还需要业务模式与技术体系的深度协同，使数字化能力能够真正赋能业务增长。首先，企业应建立跨部门数字化运营中心，打破传统业务部门与 IT 部门的壁垒，使数据分析师、产品经理、AI 工程师和业务人员共同参与数字化方案制定，确保技术与业务需求的高度匹配。其次，企业在推进过程中需采用“业务—技术双轮驱动”模式，即每项数字化应用都需经过业务端需求定义、技术团队开发、试点验证、优化迭代的闭环过程。例如，在零售行业，引入 AI 智能导购系统时，应先由业务部门定义用户体验标准，再由技术团队开发算法模型，并在小范围试点后逐步推广。同时，企业应设立技术赋能 KPI，衡量技术对业务的实际贡献，如智能推荐系统的转化率提升、AI 客服的客户满意度变化等。此外，企业还需构建基于 AI

和自动化的智能协同平台，如 RPA+智能分析，确保业务流程在技术赋能下实现持续优化，提高数字化投资的实际回报率。

（四）动态优化与敏捷迭代机制

数字化转型不是一次性工程，而是持续演进的过程，企业需建立动态优化与敏捷迭代机制，使技术和业务始终保持领先。首先，企业应采用“小步快跑”敏捷开发模式，将数字化项目拆分为短周期的迭代任务，每个任务都需快速交付并基于反馈优化，例如，银行在推出智能风控系统时，可先针对高风险用户群体试点，再扩展至全用户范围。其次，企业应引入 A/B 测试与智能实验平台，在不同业务场景中测试多种优化方案，确保优化决策的数据驱动性。例如，电商企业可同时运行不同的智能推荐算法，并基于转化率数据选择最佳方案。再次，企业需构建实时监测与自动反馈系统，结合 IoT、AI 分析、数据可视化工具，使业务调整由“人工干预”转向“智能自适应”。例如，制造企业可部署 AI 驱动的预测性维护系统，当设备异常时自动调整生产计划，无须人工介入。最后，企业需建立数字化人才培养与持续学习机制，定期组织跨部门数字化研讨会，使各部门持续吸收新技术，并推动企业文化向数据驱动和敏捷创新方向转变。只有持续优化、快速迭代，企业才能确保数字化能力始终保持最优状态，适应不断变化的市场环境，实现长期竞争优势。

三、业务模式的数字化适配

企业的业务模式需全面适配数字化转型，以数据驱动创新、智能化升级供应链、优化用户交互体验，并构建平台化生态，实现长期用户价值管理。数据资产化助推智能商业模式，供应链智能化提升协同效率，个性化交互增强用户体验，平台化布局拓展产业生态，用户终身价值管理优化品牌黏性。通过数字化重塑业务模式，企业可提升市场竞争力，实现可持续增长。

（一）数据资产化与智能商业模式创新

在数字化时代，数据不仅是业务运营的副产品，还是核心资产，能够创造新的商业模式和价值增长点。企业应构建数据资产化体系，使数据从静态资源转变为动态生产要素，推动智能商业模式的创新。首先，企业需建立数据采集与治理体系，确保数据来源多样化、数据质量高，并通过 AI 算法进行自动化清洗和结构化处理。例如，零售企业可通过会员系统、社交媒体交互、智能 POS 等手段实时采集用户数据，并基于数据湖架构整合多渠道数据，以优化用户画像。其次，企业可通过数据驱动的精准营销和个性化服务，提升客户体验与商业价值。例如，电商企业可基于 AI 推荐引擎，根据用户浏览行为、购买历史等动态调整产品推荐，提高转化率。更进一步，企业还可探索数据变现模式，如通过数据交易、行业分析服务等方式，为外部合作伙伴提供数据支持。例如，汽车制造商可以将车联网数据出售给智能交通管理机构，以优化城市交通调度。要实现数据资产化，企业还需建立数据治理与安全管理体系，采用隐私计算、区块链等技术，确保数据在合规框架下安全共享，从而实现商业模式的可持续创新。

（二）供应链智能化升级与精准匹配

数字化供应链不仅是物流的自动化升级，更是对整个供应链体系的智能化重塑，使其具备更高的预测能力、响应速度和资源优化能力。首先，企业需引入端到端的数字化供应链平台，通过 IoT 设备监测库存、AI 算法预测市场需求、区块链技术确保供应链透明度。例如，制造企业可在生产环节部署智能传感器，实时监控原材料消耗情况，并结合 AI 预测算法优化采购计划，减少库存积压。其次，企业需构建智能化的供应链调度系统，结合大数据分析市场动态，优化订单管理和物流配送。例如，零售行业可采用智能仓储系统，实现自动补货，并根据消费者行为数据动态调整商品布局，提高配送效率。最后，企业应探索供应链协同生态，与上游供应商、下游经销商构建数据共享平台，提升整个供应链的协同能力。例如，快消品企业可与供应商共享销售预测数据，使供应链更加敏捷。实施过程中，企业可先在关键业务场景试点，如高价值产品的供应链优化，然后逐步推广至全业务链，确保智能供应链升级的稳定落地。

（三）智能交互式用户体验的打造

在数字化环境下，用户体验已成为企业竞争力的核心，智能交互技术的引入使企业能够实现高度个性化的用户体验。首先，企业应构建全渠道智能交互体系，整合线上与线下触点，使客户能够通过 App、社交媒体、智能客服、线下体验店等多种方式无缝交互。例如，银行业可推出智能客服机器人，结合自然语言处理（NLP）技术，实现实时语音交互，提高客户服务效率。

其次，企业需采用 AI 驱动的个性化推荐，基于用户行为数据构建精准推荐系统，提高客户留存率。例如，流媒体平台可以通过深度学习算法分析用户观看习惯，并推送个性化内容，提升用户黏性。最后，企业可探索智能硬件与沉浸式交互，如 AR/VR 技术在零售行业的应用，使客户能够在线虚拟试穿衣物、试戴眼镜，提升购买体验。实施过程中，企业需先明确关键用户触点，建立数据分析模型，优化交互策略，并持续收集反馈，动态调整用户体验设计，确保智能交互的持续优化与演进。

（四）平台化发展与生态化布局

企业要在数字化时代保持竞争优势，必须从单一产品或服务模式向平台化、生态化发展，通过数据和技术赋能更多合作伙伴，实现规模化增长。首先，企业需搭建开放式数字化平台，使合作方能够基于 API、数据共享协议等方式参与企业业务生态。例如，汽车制造商可以开放车联网平台，允许第三方开发者构建智能驾驶应用，从而形成完整的车联网生态。其次，企业应推动跨行业生态协同，打破传统行业边界，与其他产业合作，创造更广泛的市场机会。例如，智能家居企业可与电信运营商合作，将家居设备与 5G 网络深度整合，为用户提供更流畅的智能家居体验。最后，企业需探索多元商业模式，如 SaaS（软件即服务）、PaaS（平台即服务）等，以数字化方式为不同行业提供解决方案。例如，云计算企业可以向制造业提供智能制造平台，助力传统制造企业实现数字化升级。平台化发展需要分阶段推进，企业可先建立核心能力（如数据中台），再逐步拓展合作伙伴生态，最终实现全产业链数字化协同。

（五）从交易驱动到用户终身价值管理

传统商业模式往往关注短期交易，而数字化转型要求企业转向用户终身价值管理，以长期客户关系为导向，最大化客户生命周期价值（CLV）。首先，企业应建立用户数据分析体系，利用 AI 和大数据挖掘用户需求，实现精细化运营。例如，电商企业可基于购买行为分析，预测用户未来可能感兴趣的商品，并提前进行个性化推荐。其次，企业需采用订阅制和会员制，增强用户黏性，提高复购率。例如，新能源汽车企业可提供按月订阅服务，让用户以低成本体验不同车型，增加长期品牌忠诚度。最后，企业应推进品牌社群运营，通过社交媒体、线上社区等方式，与用户建立长期互动关系，提高品牌影响力。例如，运动品牌可搭建用户运动社区，提供智能运动分析和在线课程，形成深度用户黏性。总之，企业需构建智能化客户生命周期管理系统，动态分析用户行为，实时调整营销策略，使用户体验始终保持最佳状态，从而提升长期商业价值，实现从交易驱动向用户关系管理的根本性转变。

四、数字化推进的阶段划分

企业数字化推进需分阶段稳步实施，确保技术与业务深度融合。基础设施建设与数据治理夯实根基，智能化试点优化核心业务，全域数字化扩展重塑业务流程，生态协同与跨界价值链整合提升产业竞争力，持续创新与数据资产变现驱动长期增长。通过系统化推进，企业可构建灵活、高效、可持续的数字化体系，实现智能化运营与商业模式创新。

（一）数字基础设施建设与数据治理优化

数字化转型的第一步是建立稳固的数字基础设施，并优化数据治理体系，以确保后续数字化应用的高效落地。首先，企业需要部署云计算与边缘计算架构，确保数据存储、计算和分析能力的灵活性和扩展性。例如，采用混合云模式，使核心业务数据存储于私有云以保障安全性，而非核心数据存储于公有云以降低成本。其次，企业需构建数据中台，打破传统的数据孤岛困境，使各业务部门的数据能够实时共享，提高数据的可用性和一致性。最后，在数据治理方面，企业需要建立数据标准化体系，制定统一的数据格式、元数据管理和数据访问权限策略，以确保数据质量和安全性。同时，企业应部署自动化数据清理与标签化系统，利用AI算法识别并修正数据异常，提升数据准确性。实施过程中，企业应分阶段推进，如先在供应链、客户管理等核心业务领域试点数据治理方案，再逐步扩展至全公司范围，确保数据基础设施的稳健性，为后续智能化应用奠定基础。

（二）智能化试点与核心业务场景优化

在搭建完数字基础设施后，首先，企业应通过试点项目探索智能化技术的可行性，确保核心业务场景的数字化优化能够带来实际价值。试点阶段的关键在于选择高价值业务场景，如客户交互、智能供应链、自动化运维等，以较小的投入快速获得数字化效益。例如，零售企业可以先在旗舰门店试点智能收银系统，结合AI分析顾客购物习惯，实现精准推荐，再推广至其他门店。其次，企业应采用敏捷开发模式，在短周期内完成试点项目的部署，并快速迭代优化。例如，银行可以先推出 AI 客服试点，收集用户反馈后再优化语音识别模型，提高客户体验。为了确保试点项目能够准确衡量数字化效果，企业需设定 KPI，如用户体验评分提升率、运营成本降低幅度、智能预测准确率等，确保每个试点项目的成果可以量化。试点成功的方案应逐步推广，并结合数据反馈不断优化，使企业在短期内积累可复制的智能化经验，为下一步的全业务链数字化奠定基础。

（三）全域数字化扩展与业务流程重塑

在试点项目成功后，企业需将数字化能力扩展至整个业务流程，实现全链路的数字化协同与优化。首先，企业应构建数字化运营中心（DOC），整合不同部门的数据流、业务流和决策流，实现跨部门数字化协同。例如，制造企业可以构建智能生产系统，将供应链管理、设备维护、库存优化整合至一个数据平台，实现端到端的智能调度。其次，企业应推动业务流程的自动化与智能化改造，如通过 RPA 替代重复性任务，提高运营效率。例如，金融企业可以将贷款审批流程自动化，结合 AI 风控模型，提高审批速度并降低风险。最后，企业需提升客户体验的全渠道数字化整合，如通过 CRM（客户关系管理）系统统一线上、线下客户数据，实现无缝的个性化营销与服务。为了确保全域数字化扩展的稳定性，企业应采用渐进式部署模式，先在数据驱动能力较强的部门推广，再扩展至传统部门，并在过程中不断优化技术架构，最终实现企业全链路的数字化运营。

（四）生态协同与跨界价值链整合

在企业内部数字化基本完成后，下一步是打破企业边界，与上下游企业、行业伙伴形成生态协同，并整合跨界价值链，提升市场竞争力。首先，企业应构建开放式数据协作平台，与供应商、经销商、第三方开发者共享数据，形成高效的产业协作。例如，汽车企业可以与智能交通系统对接，使车联网数据助力智慧城市建设。其次，企业需推动跨行业合作，利用数字化能力进入新的市场，如传统制造企业可借助物联网和人工智能技术，向智能家居、医疗设备等新领域拓展；家电企业可推出智能家居生态系统，与互联网企业合作，实现语音交互和远程控制。再次，为了提升生态协同效率，企业应采用区块链+智能合约模式，确保不同企业间的数据共享安全可靠，同时提高交易透明度和可信度。最后，企业可探索平台化商业模式，如建设 SaaS 平台，将自身数字化能力开放给其他行业企业，创造全新的营收来源。实施过程中，企业应先在单一生态链条试点数据协同，再拓展至更广泛的行业合作，最终形成具有强大网络效应的数字生态体系。

（五）持续创新与数字资产变现

数字化转型并不是终点，而是企业持续创新的起点。企业在完成基本的数字化布局后，应探索如何持续优化智能化能力，并将数字资产变现，创造长期增长动力。首先，企业应建立 AI 驱动的创新实验室，不断测试前沿技术的商业应用，如 AI 自动驾驶、量子计算优化供应链等。例如，电商企业可利用 AI 深度学习分析市场趋势，提前布局热销产品，提高库存周转率。其次，企业应推动数据资产化变现，通过数据即服务（DaaS）模式向外部市场提供行业洞察与智能分析。例如，金融企业可基于自身的大数据风控经验，为中小企业提供智能贷款风控服务，形成全新的商业模式。最后，企业可探索智能合约与区块链支付模式，简化国际交易流程，提高交易效率。例如，跨境电商平台可基于智能合约实现自动结算，降低金融机构的中间成本。在实施过程中，企业应先内部孵化创新项目，再逐步开放至市场，形成成熟的智能商业模式，确保企业在未来竞争中具备持续增长的动力与数字化竞争力。

第三节　数字化战略的资源配置与能力整合

企业数字化转型的成功依赖于精准的资源配置与能力建设。资本与技术投入需兼顾 ROI 与长期价值，组织资源优化推动跨部门协同与智能治理，人才战略布局强化数字技能与复合型能力，生态合作构建跨行业协同与技术共享体系。通过科学配置资金、优化组织架构、培养创新人才，并借助产业链协同与外部赋能，企业可构建智能、高效、可持续的数字化生态，提升长期竞争力与市场影响力。

一、资本与技术投入的权衡

企业数字化转型需在资本与技术投入间精准权衡，以确保长期竞争力与投资回报。合理设定投资优先级并优化 ROI，精细化技术选型平衡成本与效益，智能化资本配置提升资金效率，数字化融资与产业资金策略确保资金稳定，数字资产化驱动新商业模式。通过科学的资金管理和战略性技术布局，企业可最大化数字化投资价值，构建持续创新与增长的核心竞争力。

（一）数字化投资优先级设定与 ROI 评估

企业的数字化投资需在短期收益与长期竞争力之间取得平衡，因此必须设定明确的投资优先级，并建立科学的 ROI 评估体系。首先，企业应按优先级将投资划分为短期效益驱动型（如流程自动化和客户体验优化）、中期增长导向型（如智能营销、数据中台建设）和长期战略型（如 AI 平台搭建、区块链基础设施）。在实施过程中，可采用价值驱动的预算分配模式，即将资本主要投向具有快速回报的短期项目，同时预留一定比例的资金用于长期战略投资。其次，企业需建立动态 ROI 评估体系，通过数据分析模型监测各项数字化投资的实际成效，如 AI 客服系统投入后客户响应时间的缩短幅度、智能供应链优化后库存成本的降低率等，并据此调整投资策略。为确保投资效益最大化，企业还应定期进行数字化投资组合评估，利用数据可视化工具分析资金使用情况，筛选高回报项目追加投资，同时优化或调整低效项目，形成“快速试错—优化调整—持续投资”的动态迭代机制，确保数字化资金配置的精准性和可持续性。

（二）技术选型与成本优化策略

企业在推进数字化转型时，技术投入既要支撑长期业务发展，又需兼顾成本优化，以确保高性价比的技术布局。首先，企业应采用分层技术架构规划，使基础设施、数据平台、AI 算法、业务应用层级分明，确保不同技术模块可灵活扩展。例如，在基础设施层面，企业可采用混合云架构，在公有云与私有云之间灵活切换，以降低长期维护成本，并提高数据处理效率。其次，在技术选型上，企业可采取自研与采购结合策略，如对核心竞争力相关的技术（如 AI 算法）进行自主研发，而对通用性较强的工具（如 ERP 系统）选择第三方解决方案，以缩短开发周期、减少资金投入。再次，企业应建立技术投资回报分析机制，采用总体拥有成本（TCO）模型，综合评估技术采购、维护、升级的长期成本，避免过度依赖高成本专有技术。最后，为提高技术灵活性，企业应推行开源技术与低代码平台，利用开源社区的创新能力降低研发成本，同时通过低代码/无代码开发工具提升业务人员的技术自主性，减轻 IT 部门负担，提高数字化技术应用的覆盖范围和效率。

（三）智能化资本配置模式

传统的资本配置方式难以适应数字化时代的复杂性和动态性，企业需要通过智能化手段优化资本管理，确保资金使用的科学性和灵活性。首先，企业可引入 AI 驱动的财务分析系统，利用大数据和机器学习技术预测各项投资的回报周期和风险水平，确保资金配置更加精准。例如，通过智能算法分析各业务单元的资金需求，动态调整预算比例，以适应市场环境的变化。其次，企业应建立“技术—业务联动”资本配置体系，即将资本投入与具体业务目标紧密结合，如智能营销系统的资金投入需与销售增长率挂钩，数据治理项目的投入需与数据质量提升指标挂钩，从而确保技术投资对业务增长的直接贡献。最后，企业可采用“滚动投资”机制，即分阶段拨款，根据阶段性成果决定后续资金投放，如智能供应链项目可先优化一个关键环节，成功后再扩大至全链条，以降低风险并提高资金利用率。为提高资本效率，企业还可探索“智能财务机器人+区块链审计”的组合方式，实现财务透明化，提高资金流转效率，并确保资金投向符合企业的战略目标和市场趋势。

（四）数字化转型融资与产业基金策略

数字化转型涉及高额投资，企业除了依赖内部资本，还需通过多种融资渠道和产业基金确保长期资金支持。首先，企业可积极争取政府补贴与政策支持，利用各国政府对人工智能、云计算、智能制造等领域的专项补助，减轻早期投资压力。例如，制造企业可申请智能工厂建设补贴，推动设备数字化升级。其次，企业应构建产业投资基金合作模式，联合金融机构、科技公司设立专项数字化基金，如汽车企业可与智能芯片厂商联合投资自动驾驶技术，加速新技术落地。对于成长型企业，可通过技术赋能型股权融资，即以技术创新为核心吸引风投或私募基金投资，例如，SaaS 企业可通过软件平台的增长潜力吸引资本支持。此外，企业可探索数字资产证券化模式，如对数据资产、AI 专利等进行估值，并通过资本市场融资，形成新型资金获取模式。在实施过程中，企业应建立专门的融资管理团队，制定多元化融资策略，并定期评估融资结构，确保资金来源的稳定性，为数字化转型提供长期资本支撑。

（五）数字资产化与新商业模式探索

在数字化时代，数据、算法、平台等无形资产的价值日益增长，企业应积极推动数字资产化，并探索基于数据的新商业模式。首先，企业应建立数据资产管理体系，对内部数据进行分级分类，如高价值数据（用户行为数据、市场趋势分析）、中价值数据（运营数据、生产日志）、低价值数据（存档信息等），并通过数据变现策略提升商业价值。例如，零售企业可将匿名用户数据分析结果出售给品牌商，以优化市场营销决策。其次，企业应探索 DaaS 模式，即向外部企业提供数据分析服务，如金融机构可通过 AI 风控数据为中小企业提供信用评估，创造新收益来源。此外，企业可布局智能合约与区块链支付，简化交易流程，如跨境电商可利用区块链技术进行自动结算，提高交易透明度并减少金融中介成本。最后，为确保数据资产的长期可持续性，企业需建立数据安全与合规体系，采用加密技术、数据访问权限控制等措施，确保数据资产化与数据安全并行，从而在创造商业价值的同时维护用户信任和市场竞争力。

二、组织资源的数字化优化

企业数字化转型需优化组织资源，以提高运营效率与决策精准度。架构重塑推动扁平化与智能化管理，跨部门协同与数据共享打破信息壁垒，数字化治理与流程优化提升业务敏捷性，智能决策支持系统强化数据驱动能力。通过系统化调整，企业可构建高效、敏捷、智能的组织体系，使资源配置更加科学，为持续创新与市场竞争力提升奠定坚实基础。

（一）数字化驱动的组织架构重塑

企业的传统组织架构往往以金字塔式层级管理为主，信息流动缓慢、决策滞后，难以适应数字经济的快速变化。因此，数字化转型要求企业从层级制向扁平化、敏捷化组织转型，提高协同效率与决策灵活性。首先，企业应推动数据驱动的决策体系，让各层级管理者能够基于实时数据做出精准判断。例如，零售企业可通过智能数据看板，让门店经理实时掌握库存、销售趋势，从而优化商品陈列与补货计划。其次，企业需引入矩阵型组织结构，在传统职能部门的基础上设立跨职能数字化团队，使数据科学家、业务专家、IT 工程师共同参与数字化项目开发，确保技术与业务需求无缝对接。此外，企业应建立智能任务分配机制，利用 AI 分析员工工作负荷与技能匹配度，动态调整项目分配，提高资源利用率。例如，软件企业可采用 AI 匹配开发任务，确保合适的工程师承担最适合的项目，提高研发效率。数字化驱动的组织架构最终应具备高适应性，使企业能够快速响应市场变化，持续优化运营模式。

（二）跨部门协同机制与数据共享体系

在数字化环境下，传统的部门壁垒导致信息流转受阻，影响业务效率。因此，企业需建立高效的跨部门协同机制，确保各业务单元能够共享数据，提高决策精准度。首先，企业应构建企业级数据中台，打通市场、供应链、客户服务等关键业务环节，使数据流动更加顺畅。例如，制造企业可通过数据中台集成生产数据、订单信息和供应链动态，使采购、生产、销售团队同步调整计划，提高供应链敏捷性。其次，企业需设立跨职能协作团队（CDT），由数据分析师、产品经理、营销专家等组成，共同推进数据驱动的业务决策。例如，金融企业可通过跨部门数据共享，优化风控模型，提高贷款审批效率。最后，企业应采用智能化协作工具，如 AI 驱动的知识管理系统，使员工能够即时获取数据支持，如市场分析、竞品研究等，提高工作效率。跨部门协同机制的最终目的在于构建无缝的数据共享体系，使数据成为企业的战略资产，推动业务的智能化升级。

（三）数字化治理与流程优化

企业在推进数字化转型时，必须同步优化管理流程，使数字化治理体系能够支持新业务模式的高效运作。首先，企业需引入智能业务流程管理（iBPM），利用 AI、RPA 优化重复性工作，减少人为干预，提高运营效率。例如，金融企业可采用 RPA 自动处理合同审核、账单支付，提高财务管理的准确性和及时性。其次，企业应建立全生命周期流程监测体系，通过大数据分析，监控各项业务流程的效率，如供应链响应速度、客户服务满意度等，并基于数据优化流程。例如，零售企业可利用智能监测系统跟踪订单履行情况，发现延迟交付的原因，并自动调整物流调度策略。此外，企业应推行数字化合规管理，确保数据安全、隐私保护、合规性监管全面覆盖，如采用区块链技术记录数据流转，确保数据审计的透明度和可追溯性。数字化治理体系的最终目标在于建立智能、高效、合规的业务流程，使企业在快速变化的市场环境中保持敏捷竞争力。

（四）智能决策支持系统的建设

在数字化转型过程中，企业必须建立智能决策支持系统，使管理层能够依赖数据进行科学决策，而非传统的经验主义判断。首先，企业应搭建 AI 驱动的智能分析平台，结合机器学习与数据可视化，使高管能够直观掌握业务动态。例如，零售企业可利用 AI 分析销售趋势，预测市场需求，提前调整库存策略，降低库存积压风险。其次，企业应引入实时决策引擎，使业务决策具备动态调整能力，例如，物流企业可基于实时交通数据，智能调整配送路线，提高配送效率。此外，企业还需构建智能风险管理体系，通过 AI 算法评估市场风险、财务风险、供应链风险，并提供最优应对方案。例如，制造企业可通过 AI 预测原材料价格波动，提前调整采购策略，降低成本波动带来的影响。实施过程中，企业应设立数字化决策中心，确保数据科学家、IT 专家、业务高管共同参与决策系统优化，使智能化决策深入企业运营的各个环节，最终提升企业的市场竞争力和抗风险能力。

三、人才战略的系统布局

企业数字化转型的关键在于人才体系的全面升级。精准塑造数字化人才画像，构建分层培养体系，强化管理层数字化领导力，推动技术与业务融合型人才建设，建立灵活用工模式与数字化人才生态，构建智能绩效管理体系与人才激励机制。通过系统化人才布局，企业可打造高效、敏捷、创新的人才体系，为数字化转型提供持续动力，确保长期竞争优势。

（一）数字化人才画像与培养体系

数字化转型不仅是技术升级，也是人才结构的重塑。企业首先需制定数字化人才画像，明确不同层级和岗位对数字技能的具体需求。例如，基础岗位需掌握数据录入、自动化工具应用，中层管理者需具备数据分析、AI 辅助决策能力，高层管理者需理解数字化战略、业务智能优化等核心内容。其次，企业应构建分层次、模块化的人才培养体系，采用线上与线下相结合的培训模式，使员工能够快速适应新技术。例如，可建立“数字化技能提升营”，分设初级（数据素养培训）、中级（数据分析、智能工具应用）、高级（AI 驱动决策）课程。此外，企业可通过内外部结合的人才培养路径，引入企业导师制度，由资深数据科学家、技术专家与业务负责人共同授课，帮助员工理解技术如何赋能业务。实施过程中，企业还可建立人才成长数据追踪系统，利用 AI 评估员工的数字化技能提升情况，并动态调整培训内容，确保培养体系与企业战略需求同步升级。

（二）数字化领导力培养与变革管理

企业高管的数字化认知与领导力直接影响组织转型成效，因此需构建针对管理层的数字化领导力培养体系。首先，高层管理者需接受系统性的数字化战略培训，掌握人工智能、大数据、区块链等前沿技术的商业应用场景。例如，企业可与顶级商学院、科技公司合作，定期举办“数字化决策高管研修班”，确保管理层在战略层面具备前瞻性视角。其次，为确保企业在数字化变革过程中顺利落地，各级管理者需掌握变革管理方法论，如敏捷领导力（Agile Leadership）、数据驱动决策（Data-Driven Decision Making）等。例如，制造业高管可通过学习智能制造的应用案例，掌握如何推动传统工厂向智能工厂转型。再次，企业可建立高管数字化实验室，让管理者亲自参与 AI 模型训练、数据分析决策，提升实践能力。最后，企业需推行数字化变革激励机制，对推动数字化项目的管理者给予战略性奖励，如数据驱动创新奖金、数字化战略贡献度评估等，以增强管理层的数字化领导力。

（三）技术与业务融合型人才建设

数字化转型的成功不仅依赖技术团队的能力，还需要技术与业务深度融合型人才，即具备跨领域知识，能将技术应用于实际业务创新的复合型人才。首先，企业应设立“业务+技术”双向学习机制，让业务人员掌握基本的数字化工具，让技术团队理解业务需求。例如，银行可推动数据分析师学习风控业务逻辑，使其能够开发更符合市场需求的智能风控系统。其次，企业应建立数字化人才跨界轮岗计划，让业务骨干到数据部门短期任职，培养其数据思维，同时让 IT 团队参与市场营销、供应链等核心业务模块，以提高技术团队对业务的理解。例如，零售企业可让 AI 工程师在门店实习，以优化 AI 推荐系统的实际应用体验。再次，企业还可推动数字化跨职能项目孵化机制，让数据科学家、产品经理、业务人员共同开发新产品或优化现有业务流程，以形成真正的数据驱动文化。最后，企业应设立融合型人才职业发展通道，如“数字化业务专家”“智能商业架构师”等，提升此类人才在组织中的战略地位，确保其职业发展与企业数字化目标相匹配。

（四）灵活用工模式与数字化人才生态

数字经济的发展催生了全新的用工模式，企业需建立灵活、高效的数字化人才生态，以适应不断变化的市场环境。首先，企业应探索远程协作与全球化人才招聘机制，利用云办公、AI 协同工具吸引全球高端数字人才。例如，科技企业可通过远程工作模式，招聘全球顶尖的 AI 工程师，推动关键技术创新。其次，企业需建立开放式众包与技术共享平台，引入外部专家资源解决复杂问题。例如，企业可与 Kaggle 等数据科学竞赛平台合作，通过全球数据科学家社区优化算法模型。再次，企业可采用灵活用工模式（Gig Economy），通过按项目聘请专业人士，如短期聘请区块链专家优化智能合约系统，提高技术项目落地速度。最后，企业应推动人才即服务（Talent-as-a-Service，TaaS）模式，即与技术服务平台合作，随时获取所需技能，如通过 AI 匹配合适的数据分析师或软件工程师，提高用工效率。最终，企业需打造“数字化人才生态联盟”，联合高校、科技企业、政府机构，共享人才资源与知识，形成长期可持续的人才供应链，确保企业始终保持技术创新优势。

（五）智能绩效管理体系与人才激励机制

传统的绩效管理模式难以适应数字化环境，因此企业需建立基于数据驱动的智能绩效管理体系，确保数字化人才的长期发展与贡献价值。首先，企业应构建数据驱动的 KPI 考核体系，将 AI、数据分析等技术引入绩效评估，使员工的贡献可以被量化。例如，企业可利用 AI 分析软件工程师的代码质量、迭代速度，精准评估其技术能力。其次，企业需推行智能化目标管理（目标与关键结果+AI 分析），利用数据自动追踪员工的工作进展，确保目标与企业战略高度一致。例如，智能营销团队可通过 AI 分析广告投放数据，实时调整营销策略，并自动生成绩效报告。最后，企业应建立个性化激励机制，如基于大数据分析员工的偏好与需求，或制定差异化激励方案，如技术专才可获得技术创新奖金、产品经理可获得市场增长激励等。企业还可采用区块链激励模式，如采用数字代币或智能合约自动发放绩效奖励，提高透明度并增强员工激励效果。智能绩效管理体系的目标是激发人才潜能，使企业的数字化人才结构更加健康可持续，并确保人才发展与企业战略同步前进。

四、生态合作与外部赋能

企业数字化转型需超越自身边界，依托生态合作与外部赋能构建可持续竞争力。产业链数字化协同提升供应链效率，跨行业技术联盟加速创新融合，开放式创新模式孵化新商业价值，全球资源整合优化供应链智能化，行业标准共建确保规范化发展。通过多层次合作与技术共享，企业可构建开放、智能、互联的数字生态体系，推动长期增长与市场竞争力提升。

（一）产业链数字化协同与平台生态构建

数字化转型不仅是企业内部的变革，也是整个产业链条的智能化升级。企业需要打破传统的孤立运营模式，通过数字技术提高产业链协同效率，并构建具有高度互联性的平台型生态体系。首先，企业应建立供应链数字化协同平台，将供应商、制造商、经销商等环节的数据整合至统一平台，以 AI 驱动供应链优化。例如，汽车制造商可利用 IoT 设备监测零部件消耗情况，智能预测补货需求，避免库存积压或短缺。其次，企业应推动智能化供应链决策机制，结合大数据分析市场需求，精准匹配生产与物流。例如，零售企业可通过数据分析实时调整库存，并利用智能配送系统优化物流路径，提高供应链响应速度。此外，企业还需探索平台化商业模式，通过 API 开放核心能力，吸引第三方企业共建生态，如智能家居企业可开放数据接口，促使不同品牌的智能设备互联互通。实施过程中，企业应先在核心供应链环节试点，确保技术落地后逐步向全产业链扩展，从而打造高效、智能、协同的数字化生态体系。

（二）技术联盟与跨行业合作机制

在数字化时代，单一企业难以独立推动行业变革，因此企业需联合技术提供商、行业伙伴、科研机构，共同探索新技术应用，形成跨行业协作联盟。首先，企业应建立联合技术创新实验室，整合不同行业的技术资源，共同研发具有行业变革性的数字化方案。例如，医疗机构与 AI 公司合作，开发智能影像识别技术，提高疾病诊断的精准度。其次，企业需探索跨行业数据共享机制，构建安全、可控的数据交换平台，促进行业间的数据互通。例如，银行可与电商平台共享风控数据，提升金融授信的精准度。再次，企业可建立产业联盟标准化合作模式，联合政府、行业协会制定数字化转型的标准。例如，智能制造企业可共同推广 5G 工业互联网协议，提高行业整体智能化水平。最后，企业可推行开放式技术授权模式，如大型科技公司向中小企业开放 AI 算法，提高整个行业的技术应用能力。通过构建跨行业技术联盟，企业不仅能够加速自身数字化进程，还能推动整个行业生态的深度融合与升级。

（三）开放式创新模式与孵化机制

数字化转型要求企业具备持续创新能力，因此构建开放式创新生态，借助外部资源孵化新技术和商业模式，是企业保持长期竞争力的关键。首先，企业应建立开放式创新孵化器，吸引初创公司、独立开发者、科研机构共同探索前沿技术。例如，科技企业可设立 AI 创新基金，扶持具有潜力的智能算法创业团队，共享数据和计算资源，加速技术突破。其次，企业需打造企业级开放 API 平台，将自身核心能力如 AI 引擎、数据分析接口等向第三方开发者开放，促进外部创新。例如，金融企业可开放风控 API，支持创业公司开发智能金融产品。最后，企业可探索众包创新模式，通过全球开发者社区寻求最优的技术解决方案，如大数据企业可举办黑客松竞赛，鼓励数据科学家优化算法模型。此外，为了提高创新成果的落地率，企业应建立加速器+商业转化通道，即为成功孵化的技术项目提供市场对接、融资支持和供应链资源，确保创新能够迅速商业化。通过开放式创新模式，企业可持续吸收外部创新能力，形成长期技术优势。

（四）智能供应链协同与全球资源整合

全球化背景下，企业需打破地域限制，利用数字技术提升供应链智能化水平，并整合全球资源，提高市场竞争力。首先，企业应构建全球智能供应链管理系统，利用 AI 预测市场需求波动，优化采购、生产、仓储和物流。例如，跨境电商企业可利用 AI 分析消费者行为数据，动态调整库存分布，提高订单履行效率。其次，企业需推动“区块链+物联网”供应链溯源系统，确保供应链透明度，提高数据真实性。例如，食品企业可利用区块链技术记录从生产到销售的全流程信息，提高食品安全监管水平。再次，企业应建立智能物流协作平台，整合全球物流公司数据，实现运力匹配最优化，如通过实时监测海运、陆运、空运的动态数据，自动选择最优物流方案，降低运输成本。最后，企业可探索国际化数字化合作伙伴网络，与海外企业共建智能供应链，如制造企业可与海外智能仓储公司合作，提高全球供应链弹性。在实施过程中，企业应先在供应链核心环节试点，逐步推广至全球运营，以确保智能化供应链的稳定落地，提升国际竞争力。

（五）共建数字化标准与行业规范

数字化转型不仅需要企业内部变革，还需要在行业层面推动标准化建设，以促进数据共享、安全协作和行业健康发展。首先，企业应推动行业级数据标准化体系，制定统一的数据格式、传输协议、隐私保护机制，提高跨企业数据互通能力。例如，汽车制造企业可推动智能网联汽车数据标准，确保不同品牌车辆能够无缝通信。其次，企业需与政府机构、行业联盟合作，构建数字化治理与监管框架，明确数据安全、AI 伦理、智能合约等技术的法律边界。例如，金融企业可与政府机构联合制定 AI 风控的合规标准，确保智能信贷业务的透明度和安全性。最后，企业应积极参与国际标准化组织，提升自身技术在全球行业中的话语权。例如，云计算企业可推动云服务安全标准，提高全球市场认可度。此外，企业还可推动绿色数字化标准，引入节能计算、低碳数据中心等技术，确保数字化转型符合可持续发展要求。实施过程中，企业可先在行业内建立试点标准，逐步扩展至国际范围，确保行业规范的广泛应用，提高企业在全球市场的竞争力和影响力。

第四节　数字化战略的动态调整与绩效评估

企业数字化战略需具备高度的动态调整能力，以确保持续优化与长期竞争力。战略敏捷性与适应性提升企业对市场变化的响应速度，数据驱动的战略优化确保智能决策精准落地，数字化绩效的评估体系衡量转型成效，持续创新与战略升级助力技术突破与生态扩展。通过智能化监测、数据反馈、跨界协同与创新孵化，企业可构建灵活、高效、可持续的数字化战略体系，实现长期价值增长。

一、战略敏捷性与适应性

企业数字化战略需具备高度敏捷性与适应性，以快速响应市场变化并提高决策效率。智能化市场感知与动态情境建模系统精准监测行业动态，企业级战略仿真与动态沙盘推演优化应对策略，敏捷组织机制与自适应运营架构提升业务灵活性，资源弹性配置与决策节点优化确保高效运营，突发事件应对与应急战略储备强化突发事件响应能力。通过构建数据驱动、智能优化的动态调整体系，企业可在不确定环境中保持竞争优势，实现持续增长与创新突破。

（一）智能化市场感知与动态情境建模

在数字化时代，市场环境变化迅速，企业需要建立智能化市场感知体系，以确保战略决策的前瞻性与灵活性。首先，企业应构建多维度数据采集体系，结合市场交易数据、社交媒体情绪分析、政策变动信息、竞争对手动态等，建立实时数据流。例如，零售企业可利用AI监测线上消费者搜索趋势、热销商品类别，并结合线下门店销售数据，预测潜在市场需求。其次，企业应利用动态情境建模技术，通过机器学习算法构建不同市场情境，如经济衰退、政策调整、消费者行为变化等，并模拟各情境下不同战略方案的影响。例如，金融机构可使用情境建模评估利率变化对投资组合的影响，提前调整资产配置策略。在实施过程中，企业需建立自动化反馈机制，确保市场情境模型能够实时更新，并与战略调整系统联动。例如，制造企业可根据原材料价格波动的实时数据，动态调整采购策略，优化成本结构。通过智能化市场感知体系与动态情境建模技术，企业可提高战略的前瞻性，避免滞后决策，增强对市场变化的敏捷适应能力。

（二）企业级战略仿真与动态沙盘推演

传统的战略规划往往依赖年度或季度会议，而数字化时代的竞争要求企业具备更快的响应能力。首先，企业应构建企业级战略仿真平台，利用数字孪生技术、AI决策支持系统、数据可视化工具等，动态模拟市场环境，并进行沙盘推演。例如，能源企业可利用数字孪生技术创建电网运行模型，预测新能源供应波动对供电系统的影响，并制定应对策略。其次，企业应采用AI驱动的沙盘演练系统，基于历史数据与外部变量，测试不同市场情境下的战略决策效果。例如，快消品企业可模拟不同促销策略的市场反应，优化广告投放组合，提高营销ROI。为了确保仿真结果的可行性，企业应建立反馈循环机制，即在战略实施后，通过数据对比分析实际执行效果与预测结果的偏差，并持续优化仿真模型。例如，物流企业可利用AI分析历史运输数据，调整智能调度策略，以提高配送效率并降低成本。企业级战略仿真系统能够帮助企业在复杂市场环境中找到最优战略方案，实现动态调整，提高竞争力。

（三）敏捷组织机制与自适应运营架构

企业的组织结构决定了其对市场变化的适应能力，传统层级化管理难以匹配数字经济的高速发展。因此，企业应推动敏捷组织机制，使各业务单元具备自适应运营能力。首先，企业需建立跨职能数字化任务小组，让技术、数据、业务团队共同参与战略执行，实现快速反应。例如，银行可设立“智能金融产品实验室”，由数据分析师、业务专家和AI工程师共同开发智能风控系统，提高市场适应性。其次，企业需采用模块化组织架构，将不同业务单元拆分为可独立运作的“微组织”，如独立运营的数字营销团队、数据驱动的供应链管理团队等，以确保业务灵活性。例如，科技企业可在不同国家市场设立独立的数字化运营团队，以快速响应本地市场变化。此外，企业还应引入自适应决策系统，利用数据驱动管理，动态调整团队资源。例如，制造企业可基于生产数据智能调整产能分配，降低供应链风险。最终，敏捷组织机制与自适应运营架构能够提升企业的市场应变能力，使企业在快速变化的商业环境中始终保持领先。

（四）资源弹性配置与决策节点优化

在市场不确定性增强的背景下，企业需要打破传统的静态资源配置方式，建立资源弹性管理体系，确保人力、资金、技术资源能够灵活调整。首先，企业应构建AI辅助的资源预测系统，利用大数据分析市场趋势、竞争环境、企业内部运营情况，以优化资源配置。例如，零售企业可利用AI预测各地区销售需求，动态调整库存分布，提高库存周转率。其次，企业需引入动态预算管理机制，根据市场波动实时调整资金分配，例如，在销售旺季加大广告投放，在淡季优化供应链成本；跨境电商企业可采用智能投放系统，基于市场需求变化自动分配营销预算，提升ROI。此外，企业还应优化决策节点布局，减少不必要的审批流程，使前线团队具备一定的决策自主权。例如，物流企业可授权区域配送团队调整运输路线，减少总部审批延迟，提高物流效率。通过资源弹性配置与优化决策节点，企业能够提高战略执行效率，确保资源最大化利用，实现更高的市场适应能力。

（五）突发事件应对与应急战略储备

企业在数字化时代需面对全球化供应链风险、政策环境变化、行业技术变革等突发挑战，因此需要建立智能化应急战略储备体系，以增强抗风险能力。首先，企业应设立数字化应急响应中心，结合AI与数据分析，实时监测市场环境，并在风险爆发前采取预防措施。例如，航空公司可利用AI预测航班取消的可能性，并自动调整航班调度，减少运营损失。其次，企业需建立智能灾备机制，确保在突发事件发生时，业务系统能够快速切换到备用方案。例如，云计算企业可部署多地灾备数据中心，确保在某一区域发生技术故障时，业务可无缝切换至其他服务器。最后，企业应推行AI驱动的供应链应急策略，当原材料供应链受阻时，系统能自动推荐替代供应商。例如，汽车制造商可通过区块链追踪全球供应链数据，在芯片短缺时迅速切换供应商，确保生产连续性。最终，通过智能化应急战略储备体系，企业可在不确定环境中保持稳健运营，增强长期竞争力。

二、数据驱动的战略优化

企业数字化战略需依托数据驱动优化，确保决策精准且具备前瞻性。战略数据仓库与智能分析系统构建数据基础，动态预测与风险预警模型增强市场应变能力，个性化战略优化方案提升业务适配度，全链路数据驱动的战略测试机制确保战略精准落地，行业基准分析助力竞争力动态评估。通过数据智能化决策，企业可优化资源配置，增强市场适应性，实现可持续增长与战略领先。

（一）战略数据仓库与智能分析系统建设

企业的数字化战略优化需要构建强大的数据基础设施，以确保高效的信息流通与智能决策。首先，企业应建立战略数据仓库（SDW），整合各业务模块的核心数据，包括供应链、市场营销、用户行为、财务运营等，实现数据的集中存储、治理与挖掘。例如，制造企业可整合设备传感器数据、生产日志、供应商交付信息，以优化产能规划和质量控制；零售企业可基于会员消费数据、线上浏览记录、物流信息，调整定价与促销策略；银行可整合用户信用评分、交易行为、市场利率波动，优化智能授信模型。其次，企业需部署智能数据分析系统，利用AI和机器学习深度挖掘数据价值，生成智能化决策支持。例如，跨境电商可利用 AI 分析不同国家的消费趋势，优化库存分配；汽车制造商可分析不同地区的购车偏好，调整车型研发方向。在实施过程中，企业还需构建数据治理与安全框架，确保数据标准化、合规性、隐私保护。例如，医疗机构可采用区块链加密存储患者电子病历，防止数据泄露，提高医疗数据的共享安全性。战略数据仓库与智能分析系统的建设可赋能企业决策，使其更加科学精准，推动业务智能化升级。

（二）动态预测与风险预警模型应用

市场环境的不确定性要求企业具备超前的预测能力，构建动态预测与风险预警系统，确保战略调整具备前瞻性。首先，企业应部署 AI 驱动的预测分析模型，结合时间序列分析、深度学习算法，动态预测市场需求、政策变化、消费者行为。例如，零售企业可预测即将流行的时尚品类，提前备货；能源企业可预测不同季节的电力需求，优化发电与配电策略；物流企业可预测订单增长趋势，合理调配运输资源。其次，企业应建立风险预警体系，通过数据异常检测和智能算法监测潜在经营风险。例如，供应链企业可实时监测供应商履约情况，并在供应链断裂风险发生前预警并生成替代方案；金融机构可利用 AI 分析宏观经济波动，调整投资组合，防范金融市场风险。最后，企业应构建智能监测与自适应决策机制，即系统能够在监测到异常时自动生成最佳应对策略。例如，航空公司可基于气象数据预测航班延误风险，并提前调整航班调度；智能工厂可监测生产设备运行状况，预测潜在故障，并自动安排维护计划。动态预测与风险预警系统的建立可提升企业对市场变化的响应速度，确保战略制定与调整的科学性、及时性和可执行性。

（三）个性化战略优化方案生成

不同市场、行业、用户群体的需求各异，企业需建立个性化战略优化引擎，确保战略方案能够动态匹配业务场景。首先，企业应构建自适应战略优化系统，结合业务场景、市场趋势、用户反馈，动态调整战略方向。例如，电商企业可依据用户偏好调整商品推荐策略，提升转化率；酒店集团可基于客户入住历史动态调整个性化会员权益，提高客户忠诚度；新能源汽车企业可分析用户驾驶行为，优化续航管理，提高用户体验。其次，企业应采用多变量数据建模，将内部业务数据与外部市场数据融合，生成个性化战略方案。例如，餐饮企业可结合天气、节假日、社交平台热度，动态调整菜品供应与促销活动；快消品企业可根据不同地区消费者的购买模式，优化渠道策略，提高市场渗透率。最后，企业需建立 A/B 测试与实时反馈机制，在不同市场环境中进行小规模试点，测算优化方案的实际效果。例如，SaaS 企业可测试不同定价模式的用户接受度，并优化订阅方案；智能穿戴设备企业可推出不同产品组合，分析用户偏好，优化产品迭代。个性化战略优化方案生成机制可确保企业能够精准匹配市场需求，实现差异化竞争，提高战略执行的灵活性与精准度。

（四）全链路数据驱动的战略测试机制

战略调整往往面临巨大不确定性，企业需采用全链路数据驱动的战略测试体系，确保战略调整方案经过科学验证后实施。首先，企业应部署数字孪生战略模拟系统，构建虚拟市场环境，对不同战略方案进行测试。例如，制造企业可利用数字孪生模拟不同产线排布，提高生产效率；物流企业可模拟不同运输路线，优化配送成本；保险公司可测试不同定价策略对保单销售的影响，提高市场竞争力。其次，企业应建立智能实验测试平台，在真实市场中进行小范围试点，并基于数据反馈优化战略方案。例如，食品企业可在部分门店测试新产品组合，观察消费者反馈，再决定是否全国推广；教育科技公司可在不同地区测试 AI 学习助手的推广策略，优化营销方案。此外，企业还应构建敏捷决策闭环体系，即通过实时数据监测战略执行效果，并快速调整。例如，房地产企业可分析用户在线浏览和线下看房数据，调整楼盘定价策略；医药企业可基于市场反馈优化销售网络，提高药品普及率。全链路数据驱动的战略测试体系可降低战略执行风险，提高市场适应能力，确保企业在复杂环境中做出精准决策。

（五）行业基准分析与竞争力动态评估

企业在制定和优化战略时，需结合行业动态进行对标分析，确保竞争力持续增强。首先，企业应建立行业基准分析系统，利用数据对比自身与行业领先企业在市场份额、品牌影响力、技术创新能力等方面的差距。例如，汽车企业可分析电动车市场渗透率，与行业平均水平对比，优化电池研发方向；SaaS 企业可研究行业中不同企业的用户留存率，调整产品迭代节奏。其次，企业应构建竞争力动态评估模型，利用 AI 分析市场格局的变化，并动态调整自身竞争策略。例如，在线旅游企业可对比竞争对手的营销投放策略，优化广告投放模式；家电企业可分析竞品的智能化产品升级路径，优化自身产品矩阵。此外，企业还需建立竞品智能监测体系，利用自然语言处理技术分析竞争对手的市场传播策略，优化自身品牌定位。例如，互联网公司可监测社交媒体用户对竞品的评价，并调整品牌传播方向；电信企业可跟踪竞品的流量套餐设计，优化自身的市场推广方案。行业基准分析与竞争力动态评估体系可帮助企业精准定位市场优势，实现持续优化，保持行业领先地位。

三、数字化绩效的评估体系

企业数字化绩效评估需构建全面体系，以确保战略目标精准执行。数据驱动的 KPI 与动态 OKR 体系优化绩效管理，业务健康度监测与智能反馈循环提升运营质量，财务绩效与战略投资回报率评估确保资本高效配置，非财务指标衡量长期竞争力，组织敏捷度与决策速度评估强化战略执行力。通过智能分析与数据优化，企业可提升市场竞争力，实现长期稳健增长与持续创新。

（一）数据驱动的 KPI 与动态 OKR 体系

企业绩效管理需从传统静态评估向数据驱动的 KPI 与动态 OKR 体系演进，确保战略目标与业务动态保持一致。首先，企业应构建智能 KPI 管理框架，结合 AI 与大数据技术，实时调整指标。例如，零售企业可基于每日销售数据、市场趋势调整门店的销售 KPI；制造企业可根据设备总体设备效率优化生产计划；互联网企业可监测日活跃用户（DAU）与用户留存率，动态优化产品增长策略。其次，企业需制定层级化 OKR 体系，确保目标执行的灵活性。例如，科技公司可设定“提升用户体验”为目标（O），通过“提升 AI 推荐算法准确率至 95%”“降低页面加载时间至 1 秒”等关键结果（KR）实现目标；物流企业可设定“提升配送效率”为目标，KR 包括“配送准确率达 99%”“订单处理时间缩短 20%”。此外，企业应部署 AI 绩效分析系统，自动评估业务单元、团队、个人绩效，如银行可基于智能客服响应速度、贷款审批时间优化考核；SaaS 企业可基于客户续订率、企业级客户使用频率评估客户成功团队的 KPI。数据驱动的 KPI 与 OKR 体系确保绩效管理能够实时适应市场变化，提高执行效率。

（二）业务健康度监测与智能反馈循环

数字化企业的长期成功不仅取决于短期财务表现，还需关注运营效率、市场竞争力与用户体验。企业应构建业务健康度监测体系，整合多维数据，形成智能反馈机制。首先，企业需设定业务健康度核心指标，涵盖用户、市场、运营、数据四大维度。例如，互联网企业可监测用户留存率、月活跃用户（MAU）、净推荐值（NPS）；制造企业可分析库存周转率、供应链交付稳定性；零售企业可跟踪客单价、销售转化率、退货率。其次，企业应建立 AI 驱动的实时反馈机制，确保问题早发现、早优化。例如，电商企业可利用智能分析工具监测商品点击率、转化率，自动调整促销策略；快消品企业可结合 POS 系统数据预测畅销品，优化库存管理；银行可基于信用卡交易数据分析用户消费模式，动态调整风控模型。此外，企业还需构建自适应业务优化系统，使管理层能基于实时数据调整业务策略。例如，航空公司可根据航班预订率动态调整票价策略；流媒体平台可基于用户观看数据优化内容推荐；酒店集团可结合入住率数据优化价格与促销活动。业务健康度监测体系可提升企业的市场应变能力，实现精细化运营。

（三）财务绩效与战略投资回报率评估

传统财务评估体系难以精准反映数字化投资的长期回报，企业需构建多维财务绩效评估体系，涵盖短期盈利、长期投资回报、资本效率等关键维度。首先，企业应建立短期财务绩效核心指标，包括税息折旧摊销前利润、自由现金流、营收增长率等。例如，电信企业可监测每用户平均收入、增值服务占比；汽车企业可追踪新车销量、售后服务收入占比；在线教育平台可分析付费用户增长率、单用户收入。其次，企业需采用数据驱动的投资回报评估模型，精准计算战略投资收益。例如，新能源企业可基于智能电网数据分析储能电池回报周期，房地产企业可通过地理信息系统数据分析商圈增长潜力，医药企业可结合 R&D 数据预测新药市场规模。此外，企业还应优化智能资本配置机制，确保投资组合具备长期收益。例如，基金公司可通过 AI 分析市场趋势优化资产配置；制造企业可通过供应链数据优化固定资产投资；科技企业可基于产品生命周期数据动态调整研发预算。财务绩效与战略投资评估体系可确保资金高效运作，提升企业资本回报率。

（四）非财务指标与长期竞争力评估

数字化企业的长期竞争力不仅依赖短期财务收益，还涉及品牌影响力、创新能力、用户忠诚度等非财务因素。企业应构建非财务指标评估体系，确保长期价值增长。首先，企业需设立品牌影响力监测指标，结合社交媒体、市场占有率、用户情绪分析等数据。例如，消费电子企业可分析品牌提及率、好评率，奢侈品企业可评估社交媒体 KOL 推广效果，汽车企业可跟踪市场口碑评分、消费者购买意愿指数。其次，企业需建立技术创新能力评估体系，衡量专利储备、技术研发投入、成果转化率等核心指标。例如，芯片企业可分析专利申请数量、生产良率，SaaS 企业可评估新功能上线速度、技术架构稳定性，人工智能企业可量化 AI 算法迭代频率、模型优化效果。此外，企业还应监测用户忠诚度与满意度，确保长期市场竞争力。例如，视频平台可分析订阅用户续费率、内容互动数据，商超企业可评估会员积分兑换率、复购频率，金融企业可监测个人与企业客户生命周期价值。非财务指标与长期竞争力评估体系可帮助企业构建可持续竞争优势，提高品牌资产价值。

（五）组织敏捷度与决策速度评估

企业在数字化环境中的竞争力取决于其组织架构的敏捷性与决策效率。企业应构建组织敏捷度与决策速度评估体系，确保战略调整迅速落地。首先，企业需设定跨部门协同效率指标，衡量组织内业务单元的沟通效率。例如，互联网企业可监测产品研发团队与运营团队的对接时间，制造企业可分析供应链管理团队与生产部门的协作效率，保险企业可评估核保团队与销售部门的数据流转效率。其次，企业应建立智能化决策评估体系，量化从数据采集到决策执行的响应速度。例如，金融企业可分析风控审批时间、贷款发放周期，电商平台可监测库存管理系统的决策反馈时长，零售连锁可分析门店订货调整周期。此外，企业还需引入智能决策自动化机制，提高组织响应速度。例如，交通企业可基于实时客流数据自动调整公交调度，云计算公司可基于服务器负载情况智能优化资源分配，快递企业可结合包裹流量预测优化干线运输规划。组织敏捷度与决策速度评估体系可确保企业在市场变化时迅速调整运营策略，提高竞争力。

四、持续创新与战略升级

企业数字化战略升级需依托持续创新，以确保长期竞争优势。AI 赋能的创新路径规划与孵化体系精准识别未来趋势，数字化转型指数模型与行业对标优化战略定位，智能化生态合作推动跨界融合，新商业模式实验加速市场验证，战略迭代与可持续增长方案优化确保长期稳健发展。通过数据驱动、敏捷调整和智能优化，企业可构建高效、灵活、可持续的创新体系，实现在数字化时代的持续领先。

（一）AI 赋能的创新路径规划与孵化体系

在数字化时代，企业需要构建 AI 赋能的创新路径规划体系，通过大数据、机器学习和智能预测技术，识别潜在的创新机会，并优化资源配置。首先，企业应建立前瞻性创新趋势识别机制，利用自然语言处理技术分析全球专利数据、行业研究报告、学术论文，提前捕捉技术发展趋势。例如，制药企业可基于生物医药数据库预测下一代靶向治疗技术；新能源企业可利用 AI 分析全球碳中和政策，优化氢能与储能技术布局。其次，企业需构建数据驱动的创新孵化体系，通过 AI 分析市场需求，精准筛选高潜力创新项目。例如，智能家居企业可利用用户行为数据优化智能语音助手交互方式，汽车制造企业可基于自动驾驶数据评估 L4 级别自动驾驶技术的商业化可行性。此外，企业还应推行智能资源配置机制，确保创新资金、人才、技术资源精准匹配高潜力项目。例如，互联网企业可通过 AI 分析内部研发团队的技术优势，为其匹配最适合的创新项目，提高研发成功率。AI 赋能的创新路径规划与孵化体系能够提升企业技术储备，推动长期可持续增长，确保企业在行业变革中保持领先。

（二）数字化转型指数模型与行业对标

企业在持续创新过程中，需要对自身数字化进程进行客观评估，并与行业最佳实践对标，以确保战略升级的科学性。首先，企业应构建数字化转型指数模型，以多维度指标衡量数字化成熟度。例如，银行可综合评估线上交易占比、智能风控系统应用率、数据驱动营销效果；制造企业可监测智能工厂覆盖率、工业物联网设备连通率、AI 质量检测精准度。其次，企业需采用行业对标分析体系，将自身数字化能力与领先企业横向比较，识别优势与短板。例如，零售企业可分析自身在供应链智能化、无人零售店运营、AI 定价策略方面的竞争力，并优化相应战略。此外，企业还应推行智能化数据监测工具，实时跟踪行业平均数字化水平，并动态调整战略目标。例如，医疗企业可监测竞争对手的数字健康解决方案应用率，优化自身远程医疗服务模式。数字化转型指数模型与行业对标体系可帮助企业精准定位市场竞争优势，确保战略升级方向与行业发展趋势同步。

（三）智能化生态合作与跨界创新

在数字化时代，企业单打独斗难以推动持续创新，需要构建智能化生态合作体系，与不同产业、技术提供方共同探索创新模式。首先，企业需建立开放式创新联盟，联合高校、科技公司、政府机构，共享技术与数据资源。例如，半导体企业可与大学实验室共建量子计算研发中心；汽车企业可与5G通信公司联合开发车联网技术，提高自动驾驶系统稳定性。其次，企业应探索跨行业技术融合，将核心技术应用于不同产业，推动跨界创新。例如，区块链技术不仅可用于金融溯源，还可应用于物流供应链透明化管理；AI算法可用于精准医疗诊断，也可优化智能农业管理，提高农业生产效率。此外，企业还应构建智能供应链协同平台，实现数据共享，提高上下游产业协同效率。例如，服装品牌可与纺织供应商共建AI驱动的供应链预测系统，提高布料采购精准度，减少库存积压。智能化生态合作与跨界创新模式将推动企业突破行业边界，拓展新增长点，实现长期竞争优势。

（四）新商业模式实验与敏捷验证

企业在数字化转型中需要持续探索新商业模式，并通过敏捷实验加速市场验证，以确保战略调整的有效性。首先，企业应构建数字化商业模式实验室，基于数据驱动测试创新方案。例如，金融企业可测试“按需金融”模式，基于AI分析用户信用状况，提供动态贷款利率；电商企业可试点基于非同质化代币（NFT）的数字商品交易模式，评估市场接受度。其次，企业需建立A/B测试与市场快速验证体系，在小规模用户群体中测试不同商业模式的表现。例如，流媒体平台可试点基于AI推荐的个性化订阅方案，分析用户接受度，优化定价策略；在线教育企业可测试“学习即付费”模式，监测用户转化率与学习完成率。此外，企业还应采用数据驱动的商业模式迭代机制，结合用户反馈优化市场策略。例如，智能硬件公司可通过用户数据分析产品使用习惯，动态调整功能定价，提高用户黏性。新商业模式实验与敏捷验证体系可降低市场试错成本，提高创新成功率，使企业能够快速适应市场变化。

（五）战略迭代与可持续增长方案优化

企业在持续创新过程中，需确保战略方向具备长期可持续性，以应对市场环境的复杂变化。首先，企业应构建长期战略迭代框架，基于数据分析与智能预测，定期调整战略方向。例如，能源企业可结合全球碳排放数据、政策法规变化，优化绿色能源投资策略；智能制造企业可基于工业 4.0 发展趋势，调整自动化产线升级规划。其次，企业需制定可持续增长 KPI 体系，确保企业创新活动能够带来长期收益。例如，科技企业可监测 R&D 投资回报率、技术专利储备增长率、市场拓展速度，消费品牌可跟踪用户生命周期价值、品牌忠诚度指数、可持续供应链覆盖率。此外，企业应采用智能化增长预测模型，基于市场数据模拟不同战略方案的长期影响。例如，智能家居企业可通过数据建模预测智能照明、智能安防市场增长趋势，优化产品研发方向；食品企业可模拟消费者健康偏好变化，调整未来产品线。战略迭代与可持续增长优化体系可确保企业在市场变革中稳步前行，实现长期价值创造。

第五章 数字化商业模式创新

在数字化加速演进背景下，商业模式正由交易导向走向价值共创，数据资产与生态协同成为核心驱动。企业围绕价值定位、创造、交付与捕获构建系统路径，推动模式重构与效益提升。新模式落地依托平台支撑与智能运营实现高效协同。多元应用场景下商业结构深度嵌入消费、产业与城市系统，塑造出融合创新、灵活演化的新型数字商业生态。

第一节 数字化商业模式的演进逻辑与价值重构

随着数字技术广泛渗透与用户行为持续演化，数字化商业模式正经历从交易逻辑到生态逻辑的系统性重构。其核心变革体现为价值共创机制崛起、数据资产主导权确立、价值链结构与客户关系全面重塑，以及商业模式由工具角色向战略核心的跃升，全面重构企业增长路径与竞争逻辑。

一、数字化商业模式的本质认知

在数字化浪潮推动下，企业商业模式正发生范式性重构，由交易导向转向价值共创，由单点效率提升迈向生态协同增值。数据已成为核心资产，技术深度介入重塑价值链条，客户关系延展至全生命周期，平台型结构加速多边赋能格局形成，推动企业迈入智能驱动的新型商业文明阶段。

（一）从“产品交易”到“价值共创”的范式跃迁

传统商业模式以产品为核心，企业扮演单一的价值提供者角色，用户只是被动的接受者，交易完成即关系终止。而数字化商业模式突破这一边界，转向“价值共创”范式，强调用户、平台、合作伙伴之间的深度协作与持续互动。在小米生态链中，用户深度参与产品定义和反馈改进，形成以“粉丝+

平台+制造商”为主的共创体系；Airbnb 不仅提供住宿撮合服务，还将房东、旅客和平台共同塑造成一个价值共创网络，实现住宿体验、服务质量、社交关系的多重叠加。在这一模式下，企业需搭建互动型数字平台，设计用户参与机制（如开放众包平台、用户内容社区、数据反馈闭环），并通过数据智能持续优化共创体验。这不仅延长了客户关系周期，还塑造了难以被模仿的差异化竞争壁垒，是数字时代商业逻辑从“交易型”向“关系型”进化的关键路径。

（二）商业模式中“数据资产”的战略地位提升

在传统企业中，数据仅是运营副产品，而在数字化时代，数据已成为核心资产和战略资源，其在商业模式中的作用远超传统要素。亚马逊依托庞大的用户行为数据，不仅可以优化商品推荐和库存管理，还通过 AWS 构建了全球领先的云服务商业模型，实现数据资产的多维价值释放。美团通过订单、位置、时间等多维数据构建“LBS+行为”商业图谱，支撑精细化运营与场景式服务推送①。企业应构建数据采集—清洗—建模—变现的全流程体系，明确数据资产分类、治理机制与估值模型，并设立“数据资产负责人”制度，推动数据价值显性化和战略化管理。未来，数据不仅是支撑决策的“原材料”，还将成为商业创新的“燃料”，驱动企业走向平台化、智能化、生态化的新商业高度。

（三）数字技术对“价值链结构”的重构路径

数字技术打破了传统价值链“上游—中游—下游”的线性模式，催生出以平台为核心、实时交互为特征的动态价值网络。京东通过智能供应链系统（如京东云仓与无人配送）大幅压缩物流周期，并基于数据构建柔性采购机制，实现由“库存驱动”向“需求预测驱动”的根本转型。德国西门子通过工业 4.0 战略将价值链从生产延伸至产品全生命周期管理，实现了设计、制造、服务、再制造的闭环式数据联通。企业在构建新型价值链结构时，应部

---

① LBS（Location-Based Services，基于位置的服务）是一种利用用户的地理位置信息（如 GPS、Wi-Fi、基站等）提供个性化服务的技术体系。它通过实时获取用户所在的位置，结合地图、数据和算法，为用户提供如周边商户推荐、导航路径规划、精准广告投放、即时配送调度等服务。LBS 是智慧城市、移动出行、本地生活服务等新业态的关键基础能力，广泛应用于高德地图、美团、滴滴出行、Uber 等平台型企业的核心业务中。

署边缘计算与IoT技术，实现实时感知与反馈；通过平台中台打通前端用户数据与后端资源调度，并引入区块链增强价值链中信息可信性与资产流动性。数字技术带来的“非线性连接”“自适应流动”“多角色共创”正成为新一代价值链构建的三大核心特征。

（四）客户关系由“接触点”向“全生命周期”延展

在传统模式中，企业主要通过销售节点与客户产生联系，客户关系短暂、碎片化且难以沉淀。而在数字化商业模式下，企业可借助数据、平台与AI实现对客户全生命周期的洞察与价值深挖。从字节跳动旗下的抖音电商，到奈雪的茶的会员积分系统，企业通过持续追踪客户行为路径、兴趣演变与反馈内容，构建起“认知—转化—留存—复购—裂变”的闭环式客户关系管理体系。Salesforce① 等CRM（客户关系管理）平台通过“客户旅程映射+行为触发营销”实现客户管理智能化，形成了“以客户为中心”的智能营销闭环。企业在构建此类机制时，应部署CDP（Customer Data Platform，客户数据平台）系统，结合机器学习算法识别客户生命周期阶段，并设计个性化内容和场景触发机制，从而将短期交易行为转化为长期价值关系，重构客户忠诚度与终身价值模型。

（五）从“单边价值捕捉”到“多边生态赋能”

传统商业模式主要聚焦企业单边对客户的价值输出与利润获取，而在数字生态系统中，企业成为价值网络的组织者与协调者，促使多方共同受益。阿里巴巴通过淘宝平台连接商家、消费者、第三方服务商，实现了平台赋能、生态合作、数据共享的多边互动；美国的Uber通过算法调度系统，将司机、乘客与周边商户整合在一个“移动出行+本地生活”生态圈中。在多边生态模式中，企业需设立清晰的价值分配机制与合作治理协议，建设平台开放接口（API）、数据共享接口，并制定参与者激励与共赢机制。在实际运营中，生态平台应不断引入“边际价值角色”（如内容创作者、数据开发者等），强化网络效应与平台黏性，形成“多点参与—持续协同—共生共赢”的商业生态体系。未来企业竞争不再是个体能力的较量，而是生态网络之间协同力与创新

① Salesforce是一家全球领先的企业级云计算服务提供商，以其基于云的客户关系管理（CRM）平台而闻名。公司专注于为企业提供销售、服务、营销、电子商务、数据分析等一体化的云解决方案，是SaaS（软件即服务）领域的代表企业，也是推动企业数字化转型的重要技术平台商。

力的比拼。

二、数字时代商业逻辑的转型动因

在数字时代，商业逻辑正经历深刻重塑。用户行为日益数据化与多元化，行业边界加速模糊，平台与算法主导需求生成，个性化定制引领供需重构，企业正从单向输出者转型为生态组织者，构建以连接、协同与智能为核心的全新商业价值体系。

（一）用户数字行为变化对商业逻辑的冲击

用户在数字环境中的行为模式呈现出去中心化、多元触点、实时反馈等特征，打破了传统营销链路中“认知—兴趣—购买”的线性流程。移动互联网与智能终端的普及，使用户不再是信息的被动接收者，而成为内容生成者、传播者与需求塑造者，促使企业必须重构用户连接逻辑与商业响应机制。抖音电商打破传统“货找人”模式，构建“内容驱动交易”的流量分发模型，实现从兴趣激发到交易转化的闭环；美国 Peloton① 通过用户运动数据与社群互动，形成高度黏性的健身订阅服务系统。企业需构建全触点用户识别体系，部署实时行为分析工具，设置个性化内容投放机制，并引入动态反馈算法优化运营策略。同时要重视用户的“数字旅程”构建，从首次触达到复购裂变形成完整的数据驱动运营闭环，使商业逻辑由商品驱动转向行为驱动，实现对非结构化需求的主动响应与精确捕捉。

（二）跨界融合带来的行业边界消融

行业之间的边界正随着数字技术的渗透而日益模糊，数据成为各类资源的整合纽带，原有基于产业链条的分工模式被多维协作与平台协同取代。例如，腾讯通过微信支付打通社交、零售、出行、医疗等多个垂直场景，形成“超级入口+服务生态”的跨界结构；亚马逊不仅是电商巨头，还通过 AWS 切入云计算，通过 Prime 视频布局内容产业，构建以用户为核心的全场景价值体系。企业在推进跨界融合时，应优先识别具有协同潜力的“高频刚需场景”，

---

① Peloton 是一家美国的智能健身科技公司，主营业务是提供结合联网硬件设备（如动感单车、跑步机）与线上课程订阅的健身服务。其核心模式是“硬件+内容+社群”，用户可通过 Peloton 设备实时参与虚拟健身课程，与全球用户互动，打造沉浸式居家健身体验。Peloton 是“订阅经济+健康科技”结合的一个代表。

围绕用户核心需求横向扩展服务边界，构建统一的数据接口与身份识别机制，支撑多业务线的融合运营。此外，企业还应建立平台中台支持结构，推动前端体验与后端资源之间的灵活解耦与动态连接，打造“多领域协同+多角色共创”的系统性生态，激活创新资源跨边界流动，推动自身由单一领域能力体向平台型、生态型结构转化。

（三）算法推荐驱动下的需求动态生成

在算法主导的信息分发机制下，用户不再依赖自身搜索来发现商品或内容，而是通过平台算法主动接受基于偏好与行为预测的推荐。这一变革使“需求”不再是被动存在的市场客观变量，而成为平台主动塑造的动态产物。Netflix[①] 利用用户观影偏好训练个性化内容推荐系统，使冷门内容获得持续曝光并带动订阅增长；淘宝直播基于用户行为特征进行精准直播间推荐，实现“人找货”向“货找人”乃至“货找需”演进。企业应基于多维数据构建用户画像体系，部署深度学习推荐引擎，建立内容标签与行为路径匹配机制，推动“兴趣识别—场景塑造—交易驱动”的链式响应系统；应持续优化推荐的精准度与透明性，避免算法信息茧房效应，在确保用户体验的同时拓展其潜在需求空间，使推荐系统从销售工具演变为价值共创的智能引擎。

（四）平台经济对传统商业模式的替代性演化

平台模式重塑了资源配置方式，将企业角色从产品提供者转变为资源连接者与规则制定者，其关键在于通过构建多边市场、激活网络效应、驱动用户自增长，实现边际成本递减与规模效应叠加。例如，Shopify[②] 作为 SaaS 平台服务商，赋能数百万中小商家低门槛构建自有电商体系，通过插件市场、支付系统、物流整合等服务形成立体化支持生态；京东健康通过整合线上问诊、购药、健康管理和商业保险，构建全链条医疗服务平台，重构健康消费场景。企业应明晰平台定位，构建包括基础交易系统、服务调度体系、数据治理中心在内的三层平台结构，建立统一身份体系和接口标准，推动生态参

① Netflix 是美国一家流媒体内容平台与原创影视制作商，提供海量影视剧、纪录片及自制内容，采用算法推荐驱动个性化观看体验，是“内容即服务”和“订阅经济”的代表企业。

② Shopify 是加拿大一家电商 SaaS 平台提供商，提供一站式建站、电商管理与支付服务，帮助个人和企业便捷搭建独立网店。其插件生态和 API 支持构建灵活的在线商业体系，是“去平台化电商”的重要推动者。

与者的数据共享与价值联动。同时，制定可调节的治理机制与激励模型，实现平台健康成长与业务协同共赢，使企业具备“网络构建+价值放大”的平台赋能能力，取代传统封闭、自营式商业逻辑。

（五）个性化定制推动商业逻辑从“批量规模”向“柔性智能”迁移

消费者对差异化、情境化与参与式体验的期待不断增强，使标准化、大规模的生产逻辑逐步让位于以数据驱动为核心的柔性定制模式。C2M 反向驱动模式的兴起，使需求信息得以即时传递至制造端，实现以“单个用户”为单位的生产配置优化。例如，SHEIN① 通过数据挖掘分析用户点击、收藏与评论，快速判断趋势并小批量试产，实现服装产品的极短生命周期迭代；德国蔡司基于 3D 面部扫描实现个性化眼镜定制，极大地提升了用户体验与产品溢价空间。企业需构建灵活响应的产品设计机制，部署模块化产品架构与自动化产线，建立基于实时订单的智能排产系统，并打通客户前端与供应链后端的信息闭环。同时结合 AI 图形引擎与虚拟试装工具，提升个性化交互效率与可视化体验，实现从“标准复制”到“定制增值”的商业逻辑飞跃。

三、新业态下商业价值创造机制重塑

在新业态快速演化背景下，企业的价值创造机制正从产品导向转向数据驱动、智能赋能与体验引领。通过融合 AI、数字孪生、区块链等前沿技术，构建以用户行为、信任机制和沉浸体验为核心的新型价值体系，重塑商业逻辑与增长动力。

（一）数据驱动下的价值识别与生成机制

在数字化商业逻辑中，数据不仅作为运营工具，还成为价值识别与创造的第一生产要素。新业态企业普遍通过数据洞察用户潜在需求、行为路径与场景偏好，推动产品、服务与商业模式的精准匹配与迭代。例如，

---

① SHEIN 是一家中国“出海”品牌，全球化快时尚跨境电商平台，专注女性快时尚，通过强大的数据分析和柔性供应链实现“极致上新速度”和“超低库存周转”，是 C2M 模式的全球化实践典范。

ZoomInfo① 通过抓取 B2B 企业行为数据构建智能商机推荐系统，大幅度提高了销售转化效率；国内的新茶饮品牌喜茶搭建了自有数字会员系统，结合订单数据、偏好信息与地理热力图等信息，进行门店选址优化和爆品预测。要形成稳定的数据价值生成机制，企业需建设一套“数据采集—清洗整合—建模分析—场景落地”的闭环体系，重点在于打造跨部门协同的数据中台、开发自适应学习的算法引擎、推动业务团队数据思维转型，并建立数据价值衡量体系与资产化机制，实现数据从“记录工具”到“决策引擎”的战略跃迁。

（二）AI 技术介入中的价值放大路径

人工智能技术深度融入商业场景，不仅是“辅助工具”，还成为价值放大的主动引擎。AI 驱动下的智能产品与服务，可在感知、认知、预测与交互层面持续演进，使企业能够以极低边际成本提供“超个性化体验”与“智能化决策”。例如，美国保险科技公司 Lemonade 通过 AI 客服与理赔机器人实现秒级响应与风控评估，重塑保险价值链；百度智能云在企业服务中提供 AI 驱动的营销洞察、智能问答与流程优化，帮助企业提升效率与客户满意度。综上，企业应构建 AI 应用的三层结构：基础层包括算力平台与数据资产，能力层聚焦模型训练与 API 输出，应用层嵌入营销、产品、服务、管理等业务链条中。同时引入机器学习运营（MLOps）机制，实现模型持续优化与场景适应性迭代，使 AI 能力从“部门工具”上升为“价值增倍器”。

（三）数字孪生技术在价值传递中的应用

数字孪生作为虚实融合技术，将实体对象在数字空间中建立镜像，实现全生命周期的状态追踪、性能模拟与预测优化，正成为新业态中推动价值精细化传递的重要引擎。例如，通用电气（GE）在工业领域利用数字孪生技术对发动机、涡轮等复杂设备进行实时仿真与故障预测，显著提升了设备运行效率与客户服务水平；蔚来汽车将数字孪生技术用于整车模拟、远程诊断与 OTA 升级，增强了用户体验与品牌黏性。企业要构建完整的孪生价值链，需搭建多源数据接入体系（IoT、边缘计算）、构建高精度仿真模型、引入 AI 算

---

① ZoomInfo 是一家美国企业服务科技公司，专注于为 B2B 销售与市场团队提供企业名录、客户线索、联系人数据及行为洞察，结合 AI 算法与大数据分析，帮助企业实现精准营销与销售自动化，是“数据驱动销售”的领先平台之一。

法进行预测分析，并与企业 ERP、CRM 系统打通，实现从“数字模型”到“业务闭环”的价值传递路径。数字孪生不仅提升资源利用效率，还增强客户可视化参与和感知体验，是新商业逻辑中“透明化交付”和“实时价值反馈”的关键支撑。

（四）区块链赋能商业信任与价值透明化

在平台经济与多边协作加速发展的背景下，信任成为制约商业价值实现的关键变量。区块链以其“去中心化、可追溯、不可篡改”的特性，为价值交换提供技术信任基础，尤其适用于供应链金融、数字商品认证、内容溯源与分布式协作等场景。例如，De Beers① 利用区块链追踪钻石从矿场到消费者的每一环节，确保产品真实与来源合法；蚂蚁链②服务于农产品溯源与中小企业融资，通过链上数据映射企业信用，打通价值流与资金流。企业应构建适用于自身场景的区块链底层架构，明确数据上链的标准与节点参与机制，搭建智能合约执行体系与监管审计接口；同时注重“链下业务流程”与“链上逻辑机制”的一致性设计，避免系统割裂。通过技术信任替代传统信用背书，不仅提升协作效率，还助力企业打造开放、透明、可信的商业生态价值网络。

（五）新消费场景下的体验驱动型价值建构

在新消费浪潮中，用户对“体验感”的关注远超价格与功能，商业价值的构建越来越依赖情境唤起、情感连接与沉浸交互。这直接推动企业从“产品价值主导”转向“体验价值主导”，构建以用户情绪曲线为中心的全链路价值体系。例如，苹果通过门店设计与服务场景营造，将消费行为转化为品牌沉浸；泡泡玛特③在 IP 衍生与潮玩零售中引入抽盒机制与社交分享场景，提高用户情感参与度与复购率。由此可知，企业应部署以体验为核心的产品开发逻辑，引入情绪识别、环境感知、实时交互等数字体验技术，建设沉浸式展示空间与全感官体验接口。同时，构建用户体验数据监测系统，捕捉转化

---

① De Beers 是一家英国的国际钻石公司，业务涵盖钻石的勘探、开采、分销与零售。近年来，该公司通过引入区块链技术提升钻石供应链透明度，成为“奢侈品行业区块链应用”的代表企业。

② 蚂蚁链是蚂蚁集团旗下专注区块链技术的业务平台，提供高性能区块链基础设施和解决方案，广泛应用于金融、供应链、公益、数字版权等领域，是“可信数字基础设施”的重要推动者。

③ 泡泡玛特是中国领先的潮玩品牌，核心业务包括 IP 开发、潮流玩具设计、盲盒零售和社群运营。其通过情绪营销与社交玩法激发用户参与，是“体验经济与 IP 消费融合”的代表企业。

过程中的微观行为，形成“体验—记忆—分享—再购买”的价值飞轮，不断放大体验在商业模式中的主导作用。

四、数字化商业模式的战略价值重构

在数字化深度演进背景下，商业模式不再是战略的附属工具，而成为企业价值创造与战略决策的核心引擎。它重塑组织边界、驱动市场扩张、构建竞争优势，并要求企业在战略定力与敏捷应变之间实现动态平衡，推动模式驱动型战略跃升。

（一）从战略配角到战略核心的价值演进

在传统企业战略体系中，商业模式往往被视为战术层面的延伸，服务于总体战略目标的执行与配套。但在数字化语境下，商业模式本身已成为战略设计的核心变量和价值创造的主引擎。其本质转变在于，商业模式不再仅是执行路径，还是决定企业边界、生态构成与长期竞争力的关键设计单元。例如，亚马逊的战略重心正是建立在其平台商业模式之上，通过 Prime 会员体系构建高黏性客户关系网络，将交易平台、物流网络与云计算生态高度融合；腾讯以“连接”逻辑为战略支点，以微信为核心平台搭建开放生态，通过小程序、电商支付、内容社交实现多元变现路径。由此可知，企业在制定战略时，应首先识别自身可持续的“价值捕捉机制”，并围绕其构建资源配置体系与生态协同结构，实现从“战略落地找模式”转变为“模式驱动再造战略”的本质跃迁。

（二）数字化商业模式在市场扩张中的杠杆作用

数字化商业模式具备天然的可复制性、可扩展性与低边际成本特征，使其成为企业在规模扩张、跨区域渗透与多边市场进入中的重要战略杠杆。相较于传统的实体门店与线下渠道，数字模式可以在数据、平台与内容三位一体的驱动下实现指数级增长。例如，Netflix 凭借流媒体订阅模式迅速从美国扩展至全球 190 多个国家，依托算法推荐与本地化内容生产实现规模与体验的双重统一；字节跳动通过信息分发模型，将抖音、TikTok 等平台快速推向全球市场，形成“内容即渠道”的多元扩张格局。因此，要充分利用数字化商业模式在市场扩张中的杠杆作用，企业应构建“平台+算法+数据资产”的可扩展架构，支持快速场景复制与跨市场渗透；同时，建立“标准化核心+本地化适配”的策略模型，实现服务内容的文化嵌入与运营机制的地域适配，强化商业模式在不同市场中的适应性与渗透力。

（三）新模式对组织边界与结构的战略性重组

数字化商业模式的核心特征之一是开放性与动态性，推动企业组织结构从封闭金字塔式体系走向平台化、网状化、柔性化重构。商业模式的转型往往伴随组织边界的拓展与内部权力逻辑的再分配。例如，Uber采取高度模块化的组织架构，将技术开发、用户运营、司机服务分别赋权给区域团队，增强组织对本地市场的响应速度与创新能力；华为终端云服务通过“中台+前台”架构支撑多业务线协同，在数字化会员、应用分发、鸿蒙生态等模块中实现组织弹性与资源高效流转。另外，企业可基于其商业模式需求，设定“价值单元”逻辑划分边界，构建以用户价值为中心的跨部门协同机制，推动由流程驱动型组织向平台赋能型组织转型，并建立动态资源调度系统与数据驱动的决策中枢，使组织结构成为战略模式落地与再生的“柔性容器”。

（四）商业模式创新对持续竞争优势的结构性塑造

持续竞争优势的来源已不再依赖传统资源积累或单点技术壁垒，而在于能否构建难以模仿、可动态演化的商业模式体系。数字化商业模式通过平台构建、网络效应、数据反馈与客户锁定等机制形成深度护城河。例如，苹果的生态商业模式将硬件、软件与服务深度绑定，通过App Store、iCloud与订阅服务形成用户长期依赖，构建“封闭式体验+开放式创收”的双轮驱动结构；国内的B站（哔哩哔哩）借助内容社区、弹幕文化与会员体系形成极高用户黏性与情感认同，进而带动广告、电商与直播业务的全面增长。因此，企业应围绕“可扩展性、差异化、用户依赖性”三大维度构建商业模式优势矩阵，设计内嵌增长机制与演化能力，打造具有自我学习、自我迭代、自我更新能力的模式系统，实现从短期机会捕捉向长期壁垒塑造的战略跨越。

（五）模式变革对战略定力与敏捷性的双重挑战

在数字时代，商业模式变革既是企业突围的不二路径，又对其战略定力与组织敏捷性提出更高要求。一方面，企业需具备识别战略趋势与聚焦核心价值的坚定性；另一方面，企业需持续感知市场变化并快速调整模式与路径，避免战略僵化或路径依赖。例如，微软从传统授权软件转型为云服务订阅模式，耗时10年逐步构建Azure生态，同时保持对核心办公场景的持续聚焦；瑞幸咖啡在重组后通过数字化驱动的“快推快测快改”机制，以高频上新和智能定价策略快速重获市场份额。因此，企业应建立“战略框架+实验机制”双轨并行的治理体系，在保持战略方向稳定的同时，通过小规模试点、快速验证、即时调整机制实现商业模式的弹性升级；并构建“战略预警系统”与“敏捷响应流程”，在战略一致性与动态适应性之间实现高水平平衡，赢得动态市场中的战略主动权。

第二节　数字化商业模式构建的四步路径

数字化商业模式的构建不再是线性流程设计，而是一套系统性、动态性强的价值逻辑重塑过程。企业需从精准价值定位出发，依托技术手段实现价值创造机制升级，通过智能化交付体系保障高效连接，最终构建多元、弹性、可持续的价值捕获模式，形成以数据驱动、用户参与和平台协同为核心的数字商业闭环。

一、价值定位的精准设计

精准的价值定位是数字化商业模式构建的起点。通过用户画像构建、AI预测需求、多场景价值设计、平台化共创机制与ESG理念融合，企业能够实现从“满足需求”到“引领价值”的跃升，打造高度契合、多维共赢、可持续发展的商业模式核心支撑体系。

（一）构建数据画像实现用户精细化分层

在数字化时代，精准价值定位的第一步是对用户进行全维度、深层次的数据画像构建，从而实现以行为为基础的精细化分层。相较于传统“人口属性+消费层级”的粗放划分，数字画像强调行为轨迹、兴趣偏好、社交关系与实时情境的复合表达。例如，Facebook通过社交互动、浏览偏好与平台停留时间建立高度精细的广告投放体系；网易云音乐借助用户听歌习惯与情感标签构建情绪曲线画像，实现内容分发的精准情感匹配。因此，企业应从第一方数据（注册、购买、互动）、第二方数据（平台合作）及第三方数据（外部行为捕捉）多维度入手，结合机器学习算法构建用户相似性矩阵、行为预测模型与兴趣标签体系，最终形成“静态特征+动态行为+实时场景”三位一体的用户画像库，为后续个性化价值主张设计奠定基础。

（二）基于 AI 的动态需求识别与产品契合

传统商业模式基于显性需求提供标准化产品，而数字化时代的价值定位更强调隐性需求的挖掘与未来需求的预判。在此过程中，AI 算法成为驱动产品契合度提升的核心引擎。例如，Instacart[①] 利用机器学习模型预测用户可能缺货的日常用品，并基于家庭成员偏好提供“即将需要”的个性化推荐；美团通过用户搜索、点击、路径选择等行为，结合时间、地点等情境因子进行多维需求预测，有效提高转化率。由此可见，企业需部署神经网络模型和自然语言处理工具，对非结构化行为数据（如评论、语音、社交内容）进行深度挖掘；同时结合图神经网络建构用户行为图谱，识别潜在的偏好转移与品类兴趣变化趋势。通过“感知—预测—响应”的 AI 闭环，实现从被动响应到主动激发的产品契合策略，精准锁定高价值用户群体。

（三）构建多维价值主张满足多元场景需求

数字商业环境下，用户的消费行为不再集中于单一动机，而呈现出多场景、多触点、多目标交织的复杂结构。企业需打破传统单一价值主张模式，转向多维度、多层级的复合价值设计，通过不同场景激发不同层面的用户价值认同。例如，星巴克不仅提供咖啡饮品，还营造第三空间社交场景，并通过会员积分系统构建“品牌—仪式—社交”的多重价值；Keep[②] 通过健身工具、课程订阅、社群激励与品牌联名产品构建“健康生活方式”的综合价值体系。综上，企业可采用“场景构造—需求分解—价值定位”的三级模型，系统识别用户在出行、学习、工作、娱乐等情境中的核心价值偏好，进而设计“功能价值+情感价值+社会价值”的叠加型价值主张体系，构建高度耦合的产品体验与用户认同，实现价值定位的多场景穿透与情感共鸣。

---

① Instacart 是美国一家生鲜与日用品配送平台，通过连接超市与消费者，实现本地化即需即送服务。其核心优势在于基于 AI 的商品推荐与需求预测，是“零售+科技”融合的即时配送代表企业。

② Keep 是中国领先的健身科技公司，集线上健身课程、社区社交、智能硬件与运动消费品于一体，打造“运动内容+社群+商品”的闭环体系，是“运动即服务”新模式的代表平台。

（四）平台化运营下的价值共创机制

在平台经济体系中，企业不再是单向输出产品，而是作为资源配置者与价值连接者，推动多边参与者共同创造与放大价值。这一价值定位强调多主体协同与网络效应激活，以构建自进化、自扩张的商业生态系统。例如，YouTube① 通过用户生成内容（UGC）生态构建内容平台，创作者、观众与广告商形成共生价值网络；国内的小红书整合内容发布者、品牌商与消费者，基于兴趣社群与内容算法实现“内容即流量、流量即转化”的闭环。由此可见，企业应设计清晰的多边价值交换框架，设立内容激励、数据互通、收益分成等机制，推动其从“企业提供价值”向“平台协调价值”转型。同时，应构建“治理+开放+演化”的平台结构，保障生态内各角色的可持续成长与互利共生，使平台成为用户价值共创与商业模式演进的核心载体。

（五）ESG 视角下的可持续价值定位创新

随着社会责任意识提升与政策监管趋严，企业在构建价值定位时需引入环境（E）、社会（S）与治理（G）等可持续发展维度，实现商业目标与社会价值的深度融合。例如，宜家提出“人类与地球更美好生活”的价值愿景，推出循环家具计划并支持绿色供应链建设；比亚迪将新能源技术与城市交通系统相融合，推动低碳出行的产业升级与价值倡导。由此可见，企业应构建 ESG 价值识别体系，明确绿色材料使用、低碳排放承诺、包容性就业策略与治理透明度标准，并将其纳入产品设计、品牌传播与客户关系体系中。同时，借助区块链等可信技术进行 ESG 绩效追踪与披露，打造“可感知、可验证、可认同”的社会价值主张，使企业在生态责任与市场收益之间实现长期平衡，构建更具韧性与声誉资本的可持续商业模式。

二、价值创造机制的数字化升级

价值创造在数字化背景下加速演进，正从线性制造向智能协同、体验驱动与模块化重构转型。通过技术嵌入供应链、VR 增强沉浸体验、API 模块化开放、数据资产化管理与组织流程智能协同，企业实现价值链重构与要素升

---

① YouTube 是一家隶属谷歌的在线视频平台，用户可上传、观看、分享内容，形成创作者、观众与广告商之间的生态循环，是全球最具影响力的 UGC 平台和数字广告变现平台之一。

级，构建高效、灵活、可持续的创新型价值创造体系。

（一）数字技术对供应链与产品研发协同优化

数字化背景下，价值创造不再依赖传统“线性供应—批量生产”逻辑，而是转向“实时感知—柔性响应—协同创新”的动态机制，核心在于打通供应链与产品研发的双向链接，实现从需求识别到产品设计再到交付履约的高效协同。例如，西门子构建“数字主线+仿真系统”整合全球设计与制造团队，提升产品研发效率并缩短上市周期；京东通过“C2M反向定制+智能供应链系统”将用户行为数据实时反馈至工厂生产端，实现预测性生产与定制化制造。由此可见，企业应部署IoT设备与边缘计算节点构建实时感知网络，搭建PLM（产品生命周期管理）平台与SRM（供应商协同系统）统一研发与供应流程，并通过数字孪生与仿真引擎优化设计与测试环节，从而实现“共创—共研—共供”的高频协同式价值创造体系。

（二）虚拟现实赋能产品体验式创新

在消费体验成为核心价值的趋势下，虚拟现实（VR）与增强现实（AR）技术正成为产品创新与体验革新的关键工具，推动从“功能满足”向“沉浸参与”转变。例如，宜家推出“IKEAPlace”AR应用，让用户在家中模拟家具摆放效果，显著提升购买转化率；兰蔻借助AR试妆镜让用户在线体验不同妆效，增强购买决策信心与品牌好感度。因此，企业可构建“数字内容+沉浸交互+场景驱动”的体验设计体系，依托3D建模、空间映射与动作捕捉技术，构建可编辑的虚拟产品环境，推动用户深度参与设计与决策。同时结合VR/AR的实时反馈机制与情绪识别系统，提升产品与用户之间的情感联结与沉浸感，从而在体验维度重构价值创造路径，实现从“产品即物”向“产品即场”的数字化转型。

（三）API经济下的模块化价值生成机制

数字化时代打破企业边界与业务孤岛，推动价值从企业内部生成转向平台化、模块化、可调用的结构性生产。API经济正成为支撑这一趋势的关键基础设施，其本质是通过标准化接口将服务能力模块化、可组合、可外嵌，实现“即插即用”的价值扩展。例如，Stripe[①]将支付能力以API形式开放，助力数百万家企业快速接入全球支付网络；飞书[②]将文档、流程、日历、审批等模块API化，支持外部系统接入与场景嵌入，构建多业务协同的数字办公平台。因此，企业应识别核心能力（如支付、身份识别、推荐算法等），进行“模块切割—接口封装—权限控制”的服务重构，形成灵活、高效、可共享的价值交付机制，并通过开发者平台、文档中心与调用监控系统，激活外部创新生态与合作伙伴共创，从而推动价值由“封闭制造”向“开放构建”转型。

（四）“数据即资产”驱动的生产要素重构

在数字经济中，数据正取代传统土地、资本、劳动力等要素，成为核心价值生产资源。其作用不仅体现在运营优化层面，还在于数据驱动的资源配置与决策机制已成为企业重构生产方式的关键动能。例如，阿里巴巴通过构建“数据中台”将海量用户、交易与物流数据统一治理，实现全链路的智能调度与运营决策；腾讯通过“数字员工”系统，将数据驱动的自动处理流程嵌入人力管理、财务审批等核心流程，显著提升资源使用效率与业务响应速度。因此，企业需建立系统化的数据资产运营体系，明确数据分类（原始数据、加工数据、标签数据）、权限机制、价值评估与变现路径，同时构建数据资源调度平台，实现跨部门、跨系统的数据高效调用，使数据从“业务副产物”变为“核心资源”，推动价值创造逻辑从“资源投放”转向“智能配置”。

（五）组织创新与业务流程智能化协同

数字化价值创造不可能在传统组织结构与流程机制中实现，其根本要求在于通过组织架构重构与流程智能化，实现结构柔性、响应实时与协同高效。例如，海尔打造“人单合一”小微组织模式，让每一条业务线对接独立客户

① Stripe是一家美国的金融科技公司，专注于为企业提供便捷、安全的在线支付解决方案。其通过API形式提供支付、结算、风控、发票等服务，广泛应用于电商、SaaS、平台经济等场景，是“支付即服务”模式的代表企业。

② 飞书是字节跳动旗下的智能办公平台，集即时通信、在线文档、日历管理、流程审批、知识管理等功能于一体，并通过开放API构建灵活协同的数字办公生态，是“平台化办公协作”的新型解决方案提供商。

需求并拥有自主决策权，激发前端价值创造活力；Salesforce 实施智能流程自动化系统，将 CRM 业务与 AI 洞察、自动化工单处理与预测性服务联通，实现从销售到服务的无缝协同。因此，企业应构建以用户价值单元为中心的组织模块，推动“端到端”流程再造，引入流程挖掘与流程机器人技术，挖掘流程瓶颈、自动化重复任务，并结合 AI 算法构建动态流程优化引擎。组织与流程的深度协同，使企业能够在复杂变化中持续产出高附加值，构建出灵活、自适应、可演进的价值创造能力体系。

三、价值交付系统的重构路径

在数字化浪潮推动下，价值交付系统正从线性传递向智能、直连、融合、共创的多维路径演进。通过去中介化机制、智能履约体系、多触点渠道融合、服务嵌入式交付与用户协同共建，企业构建起更高效、更灵活、更具体验感与参与性的价值兑现新体系。

（一）价值交付链条的去中介化与直连机制

数字化重构了企业与客户之间的连接方式，催生出“去中介化”的价值交付新路径。企业通过平台直连用户，实现从“厂—商—店—客”的多级链条向“厂—客”模式演化，大幅提升效率与用户体验。例如，特斯拉取消传统经销商体系，采用“直营+在线订单+远程服务”模式，实现与终端客户的高度连接与数据闭环；小米借助电商平台和自有社区，实现产品、内容、服务的全链条直达。因此，企业应构建集“官网平台+社交渠道+自营电商+线下场景”于一体的多端直联系统，部署客户触点监控与数字营销中台，实现用户行为的闭环跟踪与价值响应，同时引入 CRM+CDP① 技术栈，打通销售、服务与体验流程，实现价值流通路径的扁平化、透明化与智能化，真正形成“直连—直服—直改②”的高效交付机制。

---

① CRM（Customer Relationship Management，客户关系管理）主要聚焦客户交易信息和服务过程的管理，强调销售线索、客户互动和关系维护；CDP（Customer Data Platform，客户数据平台）整合线上、线下所有用户行为、兴趣、标签等数据，形成统一的用户画像。CRM 是“运营工具”，CDP 是“数据中枢”，两者结合可实现客户生命周期的全面洞察与个性化运营策略精准落地。

② “直改”是指基于用户实时反馈和行为数据，企业可直接进行产品设计优化、服务流程调整或运营策略微调，形成快速响应与持续演进机制。不同于传统基于季度或年度的“集中决策—集中改进”模式，直改意味着“边运营、边洞察、边改进”的动态反馈迭代机制，是数字化精益运营的重要体现。

（二）智能履约系统支撑下的快速响应能力

在用户对交付时效与精确性提出更高期待的背景下，传统静态履约体系面临巨大挑战，企业亟须通过数字化手段构建“敏捷+智能”的履约系统，实现从预测驱动向实时驱动的能力跃迁。例如，亚马逊通过“动态仓配网络+机器学习调度+自动拣选系统”，实现 Prime 会员订单两小时内达；美团外卖构建基于 LBS① 与骑手行为预测的“分钟级”调度算法，实现履约路径优化与波峰自动调配。因此，企业需部署 WMS（智能仓储系统）、TMS（智能运输系统）与 OMS（订单管理系统）三位一体履约平台，结合 AI 算法实现库存动态预判、运输路径实时优化与订单智能优先级调整。同时引入“履约数据中台”实现全程可视化监控和响应闭环，为客户提供确定性、透明化、智能化的交付体验，重构以速度、准确与弹性为核心的价值兑现能力。

（三）数字渠道融合构建多触点交付体系

价值交付不再局限于传统单一渠道，而是转向“线上+线下”“社交+内容”“平台+私域”的融合式、多触点体系构建。这一转变要求企业重构渠道结构与品牌接触策略，以数据为枢纽，构建场景互通、内容协同与服务一致性的全渠道生态。例如，欧莱雅推出“美丽站”计划，将天猫旗舰店、微信小程序、品牌社群与线下门店打通，实现产品试用、内容转化与服务复购的无缝联动；小鹏汽车打造“线上订车+线下体验+App 运营”一体化渠道系统，强化用户全生命周期接触管理。由此可见，企业需建立统一的“客户触点地图”与“交付渠道矩阵”，设计基于 CDP 的数据联通机制，实现渠道间客户 ID 整合与交互内容同步，并构建统一的客户服务响应规则与体验标准，推动价值交付由“线性推送”走向“融合感知”与“场景沉浸”。

（四）服务即交付的价值外延拓展

在数字化商业模式中，服务已不再是交易后的附属功能，而成为产品价值的重要组成部分，甚至是核心交付内容。企业围绕服务场景进行价值延伸，通过智能化、情感化与个性化服务形成持续交付力。例如，苹果通过 Apple-

---

① LBS（Location-Based Services，基于位置的服务）是一种利用用户所处地理位置（如 GPS、Wi-Fi、基站定位等）进行服务响应与内容分发的技术系统。广泛应用于本地生活、电商配送、出行导航与场景营销中，是构建“空间感知型商业模型”的关键基础设施。

Care+构建产品保障服务体系，将维修、咨询与数据保护打包进入产品体系，强化用户忠诚与溢价能力；网易严选通过“30天无忧退”“一键客服”“智能推荐”服务体系提升消费者体验，形成高复购与口碑传播。由此可见，企业应围绕“服务即价值”的理念，构建服务产品体系、情境响应机制与智能交互平台，推动“服务前置—服务嵌入—服务闭环”的完整路径落地。同时结合AI客服、智能助手、RPA自动处理等技术手段提升服务效率与响应精准度，实现服务体验、客户满意与品牌认同的同步提升，强化价值交付的“软性张力”。

（五）用户协同参与中的价值共建路径

新型价值交付体系强调用户不仅是价值的接受者，还是价值过程的共建者与放大者。企业通过机制设计与技术嵌入激发用户参与产品开发、服务反馈、内容传播乃至商业流程优化，形成共创、共识、共赢的协同生态。例如，Lego① 建立“创意社区”邀请用户提交产品创意并开放投票决策，让用户参与从设计到商业化的全过程；小红书通过鼓励用户生成内容与产品真实反馈构建以信任为核心的内容—流量—交易闭环。由此可见，企业应构建“用户参与模型”与“激励反馈机制”，设立开放型反馈入口、智能协同平台与数据驱动共创工具，推动价值链从“企业主导型”向“用户参与型”演化；同时，运用智能标签、内容识别与社区热度算法动态识别高价值用户与内容资源，实现共创价值的识别、再利用与平台化放大，拓展交付的价值边界与创新空间。

四、价值捕获模式的创新设计

在数字化环境下，企业价值捕获模式正在从静态交易向动态连接转型。通过数据变现、平台分润、订阅制、动态定价与内容变现等创新路径，企业得以打破传统盈利框架，构建以用户关系、平台能力和算法智能为核心的多元、可持续、高弹性的商业收益体系。

---

① Lego（乐高）是一家丹麦的玩具制造商，以积木拼插为核心产品，致力于激发儿童与成人的创造力。其通过数字化社区、用户共创平台与IP联动持续拓展内容与交付边界，是“实体产品+数字体验”融合创新的代表企业。

（一）数据变现驱动的新型盈利模式构建

在数字经济中，数据作为企业最核心的战略资源之一，其价值捕获方式已超越内部优化，正向外部输出与商业化运营快速演进。相较于传统以产品销售为主的盈利结构，企业正通过数据分析、洞察服务与模型输出构建“数据即收益”的多维盈利机制。例如，全球信用评分平台 Experian 通过数据授权与风控模型向银行、保险等机构输出信用洞察服务，构建可持续订阅型营收结构；阿里云以数据能力为基础，向政企输出智能城市解决方案、企业数据中台与 AI 建模平台，形成多元服务组合式收入体系。由此可见，企业应梳理自身数据资产的可输出要素，包括用户行为、消费趋势、设备使用、舆情分析等，通过数据脱敏、结构化与可视化技术形成产品化接口（如 API、模型服务），同时引入数据合规治理与隐私保护机制，确保数据价值捕获可持续、安全与高边际回报。

（二）平台分润与生态协同的收益共享机制

数字化商业模式突破了“厂商—渠道—消费者”单向价值链条，转向多边参与、生态共创的联结机制。平台型企业通过设计分润模型与激励机制，吸引多元角色（如开发者、服务商、内容创作者）参与，建立协同共赢的价值闭环。例如，苹果的 App Store 实施“70/30”分成机制①激发全球开发者活力，形成应用生态优势；腾讯云通过 ISV（独立软件开发商）分润策略，推动第三方服务商参与解决方案定制，实现“平台+合作方+客户”三赢格局。由此可见，企业应设计灵活分层的收益分配架构，建立准入门槛、绩效评估机制与流量分发规则，并通过智能合约或数据可追踪机制确保交易公平透明，同时鼓励合作伙伴通过内容、服务、工具等方式参与价值创造，从“垂直营收”转向“生态收益共享”，构建稳定、可扩展的商业增长动力系统。

（三）订阅制与用户终身价值管理结合

传统的一次性交易收入模式难以支撑持续关系构建，而订阅制模式通过持续付费机制与价值迭代能力，成为用户经营型企业的重要价值捕获手段，

---

① 开发者每销售一款应用或服务，苹果都会收取 30%作为平台使用费，其余 70%归开发者所有。该模式广泛应用于应用商店、内容平台、订阅服务等领域，旨在激励创作者持续产出内容，同时保障平台运营收益。

其本质在于将“拥有权”转化为“使用权”，并通过用户生命周期管理（CLM）实现长期价值挖掘。例如，Adobe 从软件授权转型为 Creative Cloud 订阅平台，借助版本升级、在线协作与内容资源服务构建持续营收模式；新东方在线通过教育课程订阅与内容增值包实现用户长周期留存。由此可见，企业应构建“订阅触点—内容结构—服务分层—续费机制”四位一体的商业逻辑，利用 CDP 系统进行用户行为分群、沉默风险识别与个性化服务推送，同时设立积分、会员等级与奖励反馈机制，提升黏性与复购率，实现从“交易收益”到“关系变现”的价值延展路径。

（四）动态定价与智能匹配的收益最优化机制

数字化环境赋予企业基于实时数据进行差异化定价与智能匹配的能力，从而摆脱“统一定价—平均收益”的低效逻辑，实现收益最大化与客户满意度协同增长。例如，滴滴出行依据出发地、时间、供需关系与用户画像实施智能溢价机制，提升高峰期履约率与平台盈利；亚马逊基于历史行为与库存状态进行价格浮动调整，形成“用户—商品—场景”三元联动的智能定价策略。综上可知，企业可部署动态定价系统与机器学习模型，基于供需预测、用户价值评分、购买意愿评估等维度，构建多参数优化模型，并引入 A/B 测试验证效果；同时引入透明度调节机制（如价格解释、溢价规则说明），提升用户接受度与信任度，实现“收益优化—体验不损”的价值捕获平衡结构，使价格成为灵活、高效的战略性资源配置工具。

（五）内容货币化与用户注意力变现路径设计

在注意力经济主导的数字消费环境中，内容成为用户聚集与停留的关键要素，而“内容即流量、流量即变现”正催生出多元化、结构性的注意力变现机制。例如，YouTube 通过广告分成、会员订阅与内容打赏实现创作者收益体系；知乎构建“知识付费+直播+品牌合作”模型，通过高质量内容吸引、沉淀并变现用户注意力。综上，企业应构建“内容生产—分发机制—变现模型—互动反馈”闭环体系，借助算法推荐提升内容触达率与曝光频次，通过广告、打赏、电商导流、IP 授权等多元路径实现内容价值变现；同时，应构建内容质量评估体系与创作者激励机制，推动用户从“观看者”向“参与者”转化，实现内容价值的裂变式增长与平台级收益协同，使“内容+用户时间”成为可持续、可规模化的战略价值源泉。

第三节　新模式落地的运营机制设计

新模式落地不仅依赖理念创新，还取决于系统化、可执行的运营机制设计。企业需重构运营架构，建立数据驱动与业务协同并行的组织机制，强化数字资产与技术能力管理，构建高效、敏捷、可持续的运营中台，实现从分散运作向智能一体化跃迁，确保商业模式从概念走向规模化落地与价值持续兑现。

一、数字商业平台的构建与运转

数字商业平台作为企业数字化商业模式的核心载体，其构建与运转不仅依赖技术架构的深度集成，还取决于双边市场的高效匹配、用户增长的系统运营、数据闭环的价值循环以及生态合作的开放体系，共同塑造平台型企业的持续竞争优势与创新动力。

（一）核心平台架构设计

数字商业平台的构建并非简单的信息集成，而是一个多层级、模块化、高度可拓展的系统架构。其基本构成可划分为服务层、数据层、算法层三大核心层级。服务层负责用户界面、业务逻辑与交互体验的呈现，是价值感知的直接载体；数据层聚焦数据采集、清洗、标签化与存储，是支撑平台智能运作的“燃料库”；算法层作为大脑中枢，通过机器学习、推荐引擎、定价模型等实现对用户行为的实时响应与商业策略的动态优化。以亚马逊平台为例，其 Alexa 服务通过数据层实时获取用户语音指令，算法层进行语义理解与预测，最终服务层实现个性化商品推荐与语音交互，实现从需求感知到消费决策的无缝闭环。京东数智平台通过中台系统将营销、供应链、金融等模块解耦重组，构建起高度智能化、柔性化的运营体系。这种三层架构不仅提升了平台弹性与复用性，也使新业务拓展变得高效、可控，成为数字商业平台演进的主流范式。

（二）平台运营中的双边市场匹配机制

双边市场机制是数字商业平台区别于传统商业模式的核心特征，其关键在于如何同时吸引并匹配供需双方，实现网络效应的指数级扩展。这一机制的构建需兼顾三个方面：一是降低进入门槛，通过补贴机制、免费试用、智能推荐等方式迅速扩大用户基数；二是优化撮合效率，通过算法模型提升匹配精准度，避免“冷启动陷阱”；三是构建信任机制，确保交易安全与口碑传播。以 Uber 为例，其通过动态定价算法匹配乘客与司机的地理位置与服务时间，实现供需动态平衡；印度支付平台 Paytm 通过提供高频小额服务快速扩展用户端，进而反向吸引商家入驻，逐步构建完整的支付生态闭环；美团外卖在初期通过骑手激励制度、商户排名系统与用户评价机制构建起三方共赢的匹配生态，迅速占领市场。这类平台通过数据与技术手段优化交易撮合与双边激励，已成为新时代商业模式高效运转的关键枢纽。

（三）流量池建设与用户增长模型优化

在流量红利逐渐消退的背景下，平台型企业必须从“流量运营”向“用户价值运营”转型，构建具备内生增长力的流量池系统[①]。其核心在于构建多触点、高留存、强转化的用户体系，通过精细化运营手段提升客户生命周期价值。例如，电商 SaaS 平台提供商 Shopify 通过构建一整套服务工具矩阵，为中小商家提供建站、支付、营销自动化等一站式服务，增强平台黏性，实现商户端的稳定留存；得物 App 通过“鉴定+社区+交易”的三位一体逻辑，沉淀了一批高活跃、高黏性的潮流用户群体，形成自循环增长闭环。在技术层面，平台应运用 CDP（客户数据平台）进行用户画像分析，实施精准分层运营，结合 A/B 测试与自动化营销策略，实现个性化拉新与留存。通过建立内容驱动、社交裂变、智能推荐的流量生态，平台能够持续吸引新用户并激活老用户，从而实现流量与价值的双重增长。

（四）数据闭环管理实现价值再循环

数字商业平台的持续演进离不开高效的数据闭环管理机制，即“采集—分析—决策—反馈”的循环式数据流动系统。构建此类机制需要从数据标准化、实时化、结构化三方面入手，并在此基础上嵌入智能分析模型与业务优

① 流量是指在某一时间段内访问平台、网站或 App 的用户数量，通常关注的是用户的数量和来访频次，体现的是短期曝光和访问热度；流量池是指企业通过各种渠道将用户持续沉淀下来，进行分层管理、精细化运营和长期价值挖掘的一套体系，强调的是用户留存、转化和复购的能力，体现的是长期运营价值。

化规则，实现从数据感知到商业反馈的动态迭代。以拼多多为例，其依靠用户浏览、搜索与社交行为数据构建高精度用户标签，驱动拼团推荐、价格浮动等运营策略，不仅提升了转化率，也实现了极致的用户体验定制化；在流媒体领域，Netflix 依靠用户观影习惯、评分、跳出率等数据构建算法模型，指导内容采购与剧集制作，实现内容供给与用户偏好的智能协同。综上分析，平台应构建统一数据中台，实现数据与业务系统的双向联通，并通过数据治理制度保障数据质量与安全。通过"以数据驱动价值优化"的正向闭环，平台可持续提升决策效率、服务水平与用户满意度，构建长期可持续的商业竞争力。

（五）API 与 SDK 构建生态嵌入式合作体系

在平台生态日益开放的趋势下，API（应用程序接口）与 SDK（软件开发工具包）已成为连接外部开发者、服务商与平台的重要"基础设施"，支撑着平台型企业构建"嵌入式商业体系"的核心能力。通过 API，平台可以向第三方输出订单、支付、用户管理等关键功能模块，实现低成本集成与高效率协作；通过 SDK，平台可以提供图形识别、语音处理、推荐引擎等通用能力，加速外部应用场景落地。例如，Stripe 通过高度标准化的 API 将支付能力赋能全球超过 120 个国家的数百万家企业，构建起强大的金融科技基础设施网络；微信开放平台通过"微信登录""微信支付"等 SDK 接口，助力数百万名中小开发者快速嵌入微信生态，实现服务能力与平台协同增益。由此可见，平台企业应通过构建开发者社区、标准化接口文档与技术支持机制，打造良性开发生态，提升平台对外的"技术输出能力"，进而实现平台价值的外溢与边界的无限延伸。

二、企业内外部协同机制再造

在数字化商业模式落地过程中，企业必须重塑内外部协同机制，通过组织架构优化、流程智能重构、生态共赢机制、平台治理体系及虚拟协作能力的系统提升，构建高效、弹性、智能的协同网络，全面激发数字时代的新组织动能。

（一）智能组织架构下的跨职能协同机制

在传统科层结构中，部门壁垒和信息孤岛严重阻碍了协同效率。数字化平台要求企业重构组织架构，建立面向场景、数据驱动、以客户为中心的“智能协同体”。这种架构强调从以职能为中心转向以价值链为主线，构建灵活响应的跨职能团队。例如，华为在推行“大平台+小前台”的组织机制中，营销、研发、交付人员协同共处于项目组内，实现端到端的快速响应；Spotify著名的“部落+小组”架构，将产品、工程、运营、设计等职能成员纳入高度自组织团队，形成快速试错与滚动优化机制。协同机制的关键还在于建立统一的数据视图、目标对齐机制与OKR（目标与关键成果）管理体系，确保不同团队围绕共同的用户目标高效配合。在实施路径上，企业应引入协同中台，部署智能协作工具，如Slack、钉钉、飞书等，辅以流程打通与权限配置，推动组织由“层级控制”向“网络协同”演进。

（二）基于流程挖掘的运营效率再优化

传统流程优化往往依赖主观经验和流程图建模，而数字时代的流程再造必须基于真实业务数据和行为轨迹，依托“流程挖掘”（Process Mining）技术进行精准优化。流程挖掘通过分析企业系统中留下的事件日志（如ERP、CRM、WMS等系统）识别实际业务流程与理想模型之间的差距，找出流程瓶颈、重复路径和延迟节点，从而为自动化与再设计提供量化依据。例如，德国电信（Deutsche Telekom）通过流程挖掘工具Celonis识别了客户投诉处理中的延误环节，最终将响应时间缩短30%；中国的顺丰速运基于流程挖掘改进了包裹分拣与调度流程，大幅提升了物流响应效率。流程优化不仅关乎效率提升，还直接影响用户体验与成本结构。企业在部署过程中应建立流程数据仓库、配置流程智能分析引擎，并通过数字孪生仿真实现流程优化方案的动态评估与预测性调度。

（三）外部生态伙伴联动的利益共享机制设计

在平台型商业模式主导的时代，企业不再是孤立作战，而是嵌入多主体生态系统中协同共赢。要实现高效外部协同，必须设计科学合理的“利益共享机制”，让所有合作方在共同目标驱动下形成合力。这一机制应包括价值分配规则、风险共担协议、数据协同权限以及激励反馈机制。例如，阿里云在“千企千面”的行业解决方案中，与ISV、系统集成商和本地服务商构建了共享收入与数据打通机制，推动解决方案高效交付；云计算服务提供商Salesforce通过AppExchange平台与开发者共享订阅收益，打造了开放创新的生态协作范式。此外，企业还可引入区块链等可信技术，构建透明可追溯的分润机制，增强外部协同的信任基础。实施路径上，企业可以建立“伙伴运营中台”，明晰角色职责、价值分配路径与 KPI 对齐机制，实现“竞合并存、价值共生”的生态协同。

（四）平台治理与共建机制保障协同效率

在生态协同体系中，平台企业既是组织者也是规则制定者，如何构建高效治理机制，保障协同的有序推进，是平台可持续发展的核心命题。平台治理应从“规则制定—行为监督—纠纷调解—价值协调”四个维度入手，打造共建共享共治的机制框架。例如淘宝，其通过“商家成长体系”设立分级准入机制与行为评分体系，引导商户合规运营；又如美国 App Store，其以严格审核制度、开发者协议与风控系统，保障平台内容质量与商业秩序。在新平台治理中，企业还应引入 AI 算法进行舆情预警、恶意行为识别、用户反馈处理，实现实时治理的智能化升级。在共建机制方面，可通过设立平台理事会、商家顾问团与开发者社区，引入外部代表参与平台规则设计与优化，提升治理透明度与生态归属感，从“单边管理”走向“多边协同治理”，为商业模式的高效运转提供制度保障。

（五）基于智能协作工具的虚拟团队运作模式

数字化协同已突破物理空间限制，虚拟团队成为新型组织常态。虚拟协作依托云平台、协同软件与智能助手工具，使分布在不同地理区域、时区、组织边界的成员高效协作，实现“无边界组织”的动态构建。这类协作模式要求高度的信息对称、任务透明与即时响应。以 GitLab 为例，作为全球最大的远程工作软件企业，其内部通过任务跟踪、合并请求、在线白板与知识库系统实现开发流程全生命周期的可视化与协作闭环；华为在海外项目管理中广泛采用 WeLink 与 MindLinker 平台，构建起语言支持、文件同步、虚拟会议与数据安全一体化的智能协同环境。企业实施虚拟协作需重点建设三大能力：一是工具适配性与技术稳定性，二是团队规则、沟通协议与文化导入机制，三是远程工作绩效评价与弹性考核体系。借助智能协作工具，企业可构建高效、分布式、响应快的新型团队结构，全面释放跨界协同潜力。

三、技术驱动的运营支撑体系

在数字化商业模式全面落地的过程中，技术驱动的运营支撑体系成为企业构建高效、智能、可持续运转能力的核心依托。通过中台架构、算法决策、智能运维、虚拟仿真与流程机器人等前沿手段，企业正实现从“被动响应”向“主动演化”的深度跃迁。

（一）企业中台的模块化构建与解耦式管理

数字化转型背景下，企业越来越依赖中台架构来实现前端业务的敏捷响应与后端资源的高效协同。中台本质上是一种“能力复用+数据共享+服务解耦”的运营支撑体系，其关键在于对核心能力（如用户管理、订单处理、营销引擎、内容分发等）进行模块化封装，并通过 API 与前台灵活对接，从而支持多业务、多渠道的快速创新。比如，海尔集团通过构建业务中台与数据中台，实现了从家电制造商向场景生态运营商的跃迁，不同事业部可在统一中台的基础上快速组合创新产品与服务；字节跳动采用极致模块化的中台设计，服务旗下多个产品线（如抖音、今日头条、西瓜视频），在资源共享的基础上推动业务差异化发展。中台建设的实施路径包括统一数据标准、搭建能力中台平台、建设高可用 API 网关、推动组织协同机制与绩效联动，使企业具备“前台灵活、后台稳定”的双向支撑能力。

（二）算法引擎驱动的业务自动决策体系

随着业务复杂性与实时性要求提升，企业运营管理正从“经验决策”迈向“算法驱动决策”阶段，核心支撑正是基于大数据与机器学习构建的算法引擎。这些引擎能够在毫秒级别内完成数据分析与策略匹配，从而推动业务决策自动化、精细化与智能化。例如，美国电商平台 eBay 利用算法引擎对海量商品进行自动定价优化与排序推荐，大幅提高用户点击率与转化率；携程构建“智能调度引擎”，根据用户行为、市场价格与库存实时调整机票与酒店的推荐组合，实现收益最大化。企业在构建自动决策体系时，应重点聚焦三个方面：一是建立高质量数据输入源，二是设计多维算法模型（包括分类、聚类、强化学习等），三是构建策略控制台与监控反馈机制，确保算法在实际运营中持续演化与纠偏，从而实现“算法即规则”的数字运营新范式。

（三）AIOps 与智能监控保障系统稳定运行

在企业数字基础设施日益复杂、数据交互高速密集的背景下，传统人工运维已难以满足业务连续性与系统稳定性的要求。AIOps（智能运维）作为融合机器学习、异常检测与根因分析的新型智能运维体系，正成为企业保障系统稳定性的关键技术。以 IBM 为例，其 AIOps 平台可自动分析千万级日志数据，识别系统异常源并预警潜在故障，大幅缩短响应与修复时间；京东云基于 AIOps 构建智能监控平台对关键业务指标进行多维感知与自动调度，确保“双十一”期间平台稳定运行。企业部署 AIOps 可遵循“采集—分析—响应—优化”四阶段流程，先实现日志、指标与事件的统一采集，再通过算法进行异常关联分析，最后推动自动化脚本响应与反馈机制。AIOps 不仅是 IT 基础保障，也是平台级运营韧性的前提支撑。

（四）数字孪生与虚实结合的业务演练系统

数字孪生作为构建虚拟镜像世界的关键技术，正在从工业制造场景加速向企业运营与管理领域拓展。其核心价值在于构建“实体—模型—数据”三位一体的系统映射关系，从而实现业务流程的可视化仿真、预测与演练。以西门子为代表的工业企业已将数字孪生用于智能工厂的生产线模拟与优化，而在零售、物流等领域也已有广泛应用。例如，沃尔玛通过数字孪生技术重建门店布局与客流路径，进行运营策略测试，提升顾客停留时长与购买转化；顺丰构建物流数字孪生平台，对货物流转路线与配送时效进行实时仿真与调度优化。构建数字孪生业务系统的关键步骤包括：数据实时采集、模型构建与动态更新、策略验证与风险演练、结果反馈与优化闭环。通过虚实映射，企业可预演新模式、新流程的实施效果，实现业务创新的低风险试错与高效率迭代。

（五）智能流程机器人提升运营柔性

流程自动化是提升运营效率的重要方向，而随着 AI 与机器人流程自动化技术的发展，智能流程机器人正逐步从规则执行走向智能认知，成为企业实现“轻量化运营”的关键工具。这类机器人不仅可以完成发票录入、合同审核、客户对账等标准任务，还能借助自然语言处理、图像识别等技术实现对复杂文档的理解与处理。以英国银行 Barclays 为例，其通过部署 RPA 机器人自动处理客户开户流程，平均处理时间从 20 分钟缩短至 3 分钟，显著提升客户满意度；国内的平安集团构建“AI+RPA”的协同体系，将理赔审核与风险识别等流程全面自动化，每年节省人工成本数亿元。实施智能流程机器人应注重流程识别、场景建模、技术选型与变更管理的系统推进，最终实现从重复性工作中释放人力，推动企业向“高弹性、高响应、高智能”的新型运营模式转型。

四、数字运营的智能演化机制

在数字化商业模式加速落地的过程中，企业运营体系要从静态管理走向智能演化。通过构建自学习系统、驱动模型持续进化、实现流程闭环优化，并依托智能中枢实现协同调度，企业逐渐形成具备自适应、自优化、自驱动特征的数字运营新范式。

（一）运营自学习系统构建

在数字化运营环境中，企业必须具备基于数据的自学习能力，从高频业务行为中提炼规律、识别趋势，并形成系统性运营知识，进而推动策略的动态调整与流程自优化。构建运营自学习系统需从三个方面入手：一是建立全面的数据采集机制，实现多源数据（行为、交易、反馈、流失等）的结构化整合；二是部署以机器学习为核心的模型体系，用于归因分析、异常检测与策略优化；三是嵌入反馈回路机制，实现“学—判—行—调”的运营闭环。以美国的 Salesforce 为例，其 Einstein AI 系统可实时分析客户行为数据，自动调整销售推荐内容与沟通频率，提升成交概率；小米生态链通过 IoT 数据平台汇聚用户设备使用行为数据，分析产品功能使用率与故障率，为迭代设计与售后支持提供实时决策支持。由此可见，企业构建自学习系统的本质，是在运营层注入“演化算法”，使组织具备持续感知与自我调节的能力，从而增强对不确定环境的适应性与前瞻响应力。

（二）场景驱动的模型进化

数字运营环境中的多变场景要求模型不再是静态应用工具，而必须具备动态进化能力，能够适应不同场景下的业务需求、用户行为与外部环境变化。场景驱动的模型进化机制，关键在于三点：构建场景识别体系、部署多模型架构、建立迁移学习路径。首先，企业应构建“业务+数据”的双维场景图谱，识别高频高价值场景，如新用户引导、营销触达、库存预警等；其次，为不同场景训练专属模型，并通过 A/B 测试与指标回溯进行持续优化；最后，通过迁移学习或联邦学习机制，使已有模型能力迁移至新场景，降低重复训练成本。以美团为例，其配送算法模型根据不同城市、时间段、订单密度进行动态训练与优化，极大地提升了运力调度效率；服装定制平台 Stitch Fix 通过场景标签系统将用户风格与库存数据匹配，为每位用户提供高度个性化的搭配建议。因此，企业应将“模型进化”嵌入场景运营策略，使算法真正成为随环境共生的智能体，而非静态指令执行者。

（三）流程闭环的持续优化

数字化运营的实质是一种流程驱动型演化机制，只有构建完整的“感知—响应—反馈—调整”闭环流程，企业才能在复杂系统中实现持续优化与动态修正。传统流程优化依赖周期性审计与人工改进，存在响应滞后与成本高昂问题。现代数字企业应构建“端到端”流程监控系统，融合业务数据流、用户行为流与系统日志，实时识别瓶颈节点与异常环节。以 UPS① 为例，其 ORION 路线优化系统通过 GPS 定位与历史投递数据，动态优化派送路径，每年节省超过一亿千米行驶里程；京东物流构建智能中控平台，实时监测仓储、配送、客服等多个流程节点，并结合 AI 预测与调度算法，实现异常订单的自动优先处理。企业还可嵌入仿真模拟与数字孪生系统，在虚拟环境中进行策略预演与流程压测，降低运营试错成本。通过建立流程优化的智能闭环，企业不仅能够提效降本，还能够形成高度柔性的“运营免疫系统”，提升整体系统韧性。

（四）智能中枢的协同调度

在多系统、多流程、多角色共存的复杂运营环境中，构建统一的“智能中枢”已成为提升系统调度效率、打破协同瓶颈的核心路径。智能中枢集成数据中台、算法中台与流程中台三大能力板块，承担着实时数据汇聚、资源动态分配与任务自动编排的核心功能。它通过统一的数据语义体系与服务接口，实现从业务前端到技术底座的多维联动。以东南亚电商平台 Shopee 为例，

① UPS 是美国知名的全球综合物流服务公司，提供包裹递送、供应链管理、仓储与智能物流解决方案，致力于以数字化和自动化提升全球物流效率与客户体验。

其在跨境业务中部署智能运营中枢，对商品上架、流量分配、订单履约与客服响应进行统一协调，使各国本地团队与总部高效协同；IBM 的 Watson Orchestrate 系统通过自然语言理解与多智能体技术，将不同任务与系统资源智能编排，显著提升跨职能办公效率。企业建设智能中枢的重点在于一体化平台架构设计、标准化数据接口开发以及 AI 调度引擎部署，从而实现系统级的“感知—判断—执行”三位一体协同，推动组织真正从“响应式运营”走向“预测型调度”与“自驱式演化”。

第四节 场景驱动的商业模式嵌入策略

在场景驱动日益成为数字化商业模式创新核心动力的背景下，企业需围绕新消费、产业互联网、城市与公共服务、全球化与本地化融合四大典型场景，重构商业逻辑与价值链结构。通过技术嵌入、服务协同与生态共建，实现商业模式的本地响应与系统演进，推动数字经济高质量发展。

一、新消费场景的模式嵌入

在新消费趋势引领下，场景已成为商业模式创新的关键入口。通过嵌入即时响应、社区零售、沉浸体验、用户旅程与虚拟交互等多元场景，企业正在构建以用户为中心、技术驱动、情境联动的深层次价值创造体系，推动商业形态迈向智能化、个性化与体验化的新阶段。

（一）“即刻满足”场景下的即时商业逻辑

随着用户需求的碎片化与即时性增强，“即刻满足”成为新消费场景的主导逻辑。企业需构建以“极致响应速度”为核心的商业模式，整合前端用户感知、中端算法预测与后端供应履约三大系统，形成分钟级反应能力。以闪送为代表的“1 小时生活圈”服务模式，即构建了城市微网格配送体系，依托地理信息系统与骑手分布算法，实现跨区域智能调度；美国的 GoPuff 平台聚焦快消品即时配送，通过在核心城市建立微型仓储中心，结合自营配送体系，做到 30 分钟内送达，重塑便利店商业逻辑。企业落地此类模式需重点布局数据中台、订单路由系统与预测算法模型，同时通过会员机制锁定高频用户。核心在于构建“用户需求—履约能力—服务体验”之间的闭环，打造即时响应、低等待、高满意的即时消费生态。

（二）“零售+社区”融合下的本地生活数字化重构

新消费趋势下，社区正从生活空间演化为“服务即场景”的商业节点。零售企业开始将自身嵌入社区消费日常，通过数字化手段重塑“人—货—场”关系，实现从卖产品到融入生活的转变。典型如盒马邻里，其结合“预购+次日达+社群运营”模式，将用户需求前置，通过社区团长机制与小程序完成订单汇集与分发，极大地提升了运营效率与用户黏性；拼多多旗下的多多买菜也依托社区自提点系统，融合算法推荐、社区引流与低价策略，在生鲜赛道实现快速渗透；美国的社区型生鲜配送平台 Instacart 通过整合社区周边零售资源，为用户提供个性化配送与拼单服务，强化社区消费黏结力。企业嵌入本地生活场景，需构建基于地理定位与用户行为的动态需求模型，强化线下触点的数字化管理，并实现社群运营的高频互动与情感连接。

（三）沉浸式体验场景与元宇宙商业空间融合

伴随沉浸式技术的成熟与元宇宙概念的发展，传统消费场景正被重塑为“体验优先、互动驱动”的新型商业空间。企业在此背景下需构建虚实融合的体验模式，以增强用户参与感与情感连接。以 SK-II 的“未来体验馆”为例，其在东京推出结合 AR、虚拟讲解与皮肤检测系统的互动空间，打造全流程沉浸式美妆体验，实现线下体验与线上转化的高度融合。耐克则在 Roblox 平台构建“NikeLand”虚拟世界，用户可定制虚拟人物、参与挑战并获取限量数字鞋款，极大地提升了品牌年轻化与社群互动深度。企业实现元宇宙嵌入，需整合虚拟建模、区块链确权与 AI 驱动内容生成三大能力，同时通过数字资产运营与虚拟身份体系，打造持久、多维、高互动的体验消费结构，开辟未来商业的新增长极。

（四）以用户旅程为中心的场景价值渗透

传统消费逻辑以单点触达和一次性交易为核心，而在数字时代，用户旅程成为理解与嵌入消费场景的关键。企业必须围绕用户“感知—探索—购买—使用—复购—传播”全过程，构建多触点、全周期的价值连接机制。以我国的头部数字健身平台 Keep 为例，其通过运动打卡、课程推荐、社群运营与智能设备，覆盖从健身动机唤醒到持续行为维护的完整路径，不仅延伸了用户生命周期，也激发了“内容—社群—产品”的商业飞轮；宜家通过App内的“沉浸式家居搭配模拟”与线下的场景体验式卖场，有效连接用户装修前、装修中、装修后的各阶段需求，增强了消费转化效率与场景渗透深度。企业在构建用户旅程场景时，应聚焦数据驱动的用户行为洞察，部署可延展的产品服务链条，并通过智能运营策略在不同节点提供个性化价值，真正实现以用户为中心的深度嵌入。

（五）数字人、虚拟品牌带动交互式场景创新

数字人与虚拟品牌的快速崛起，正引领新一轮交互式场景的创新浪潮。与传统品牌传播路径不同，虚拟人不再只是技术展示，还成为连接用户、运营IP与创造商业价值的核心节点。例如，我国首个超写实虚拟偶像“AYAYI”，不仅活跃于社交平台，还参与品牌直播、内容共创与产品代言，实现了从“虚拟形象”到“商业资产”的跃迁；西班牙顶级奢侈品牌LOEWE推出的虚拟代言人“Emma”，以数字身份深度参与品牌叙事，推动时尚品牌年轻化转型；日本SONY推出AI驱动的虚拟音乐人“APOKI”，通过个性化演出与虚拟粉丝互动，构建跨次元的消费场景与社群经济。企业要实现这一创新路径，应系统构建虚拟人IP孵化机制、内容生成体系与商业转化链路，并在技术层融合AI驱动建模、语义交互与虚拟资产运营能力，打造具有延展性与文化感染力的下一代场景品牌矩阵。

二、产业互联网场景的模式重构

在产业互联网加速演进的背景下，商业模式正从线性供给向智能协同转型。通过嵌入产品即服务、闭环数据驱动、定制化交付、供应链溯源与行业SaaS平台等模式，企业正重构产业场景中的价值连接方式，推动从制造到服务、从交易到生态的深层跃迁。

（一）工业互联下的产品即服务逻辑

在工业互联网深入演进的背景下，产品即服务已成为制造业商业模式重构的重要路径，其核心理念是通过智能化手段将传统硬件产品延展为“持续服务型资产”。企业不再仅靠一次性销售获取利润，还通过设备远程

运维、性能优化、数据增值与生命周期管理实现价值延续。这一转变的技术基础包括 IoT 连接、边缘计算与云平台管理系统，业务基础则是用户行为数据与服务闭环逻辑的动态协同。以施耐德电气为例，其 EcoStruxure 平台通过为工业设备赋能远程监控、预测性维护与用能优化服务，实现了从“卖电力设备”到“提供智能能源解决方案”的跨越式转型；三一重工推出“汉云平台”，将重型机械设备联网后实现状态实时监控、运维计划自动生成、备件需求预测等功能，构建起高频连接与持续服务的商业闭环。企业实施 PaaS 模式的关键在于重塑价值创造链条、搭建服务支撑系统并调整盈利模型，从而推动制造业向“产品+服务+数据”的新范式演进，实现从工业资产运营向智能能力输出的跃迁。

（二）智能制造中的闭环数据驱动模式

智能制造不仅是设备升级或信息化改造，还是一种“全流程在线、全要素感知、全链条协同”的系统性重构，其核心是数据的闭环驱动机制。闭环数据系统不仅追求数据采集的完整性，还强调数据在设计、制造、质控、供应链等环节的反馈能力，从而形成“感知—分析—优化—执行—再感知”的自循环体系。以博世为例，其在自动化装配线上引入边缘计算节点与 AI 视觉系统，对关键操作参数实时感知，若出现异常即自动校准程序或停线修正，大幅提升质量稳定性与响应速度；格力电器将生产设备全面接入“工业大脑”，通过大数据算法对产能利用率、物料消耗与能效水平进行实时评估与动态调度，实现车间级别的精细化管理。闭环数据模式要求企业建设统一数据中台、打通异构系统接口，并嵌入智能分析引擎与自动执行机制，使数据不再仅是分析工具，还成为驱动生产系统实时演化与最优决策的智能基石，推动制造能力从“标准控制”向“动态适应”跃迁。

（三）B2B 场景下的定制化协同交付机制

在产业互联网背景下，B2B 企业的交付模式正由传统的“标准产品+被动响应”向“定制化需求+协同交付”转型。新型 B2B 模式以客户为中心，强调“需求感知—配置智能—交付协同”三位一体的响应机制，在高复杂度、非标化、周期敏感的行业中体现得尤为突出。企业需打通前端销售系统、中端配置与设计系统、后端制造与供应系统，通过数据驱动的协同平台实现从订单生成到生产执行的快速联动。以西门子数字工业为例，其工业自动化解决方案实现客户可在线定制控制系统架构，平台根据参数自动生成 BOM 与生产指令，实现订单到交付周期压缩 50% 以上；汇川技术依托自主研发的“iPlat 工业互联网平台”实现客户定制化参数在线录入、算法自动匹配最优模块组合，并与制造执行系统（MES）联动进入生产环节，确保高效、低误差的产品交付。这一模式重构的关键是构建多角色协同生态，搭建基于规则引擎与知识图谱的配置系统，并强化订单可视化与交付反馈机制，从而实现柔性制造背景下的规模化定制能力。

（四）数字供应链的透明化与溯源商业模式

传统供应链模式存在信息断层、协同滞后与追责困难等问题，严重制约企业在复杂环境中的应变能力与信任构建能力。数字化技术的引入，特别是区块链、IoT 与多维可视化系统的融合应用，为构建“全链路透明、节点可追溯、行为可验证”的供应链商业新模式提供了技术支撑。企业可通过构建“链式透明机制”，将原材料来源、运输路径、存储条件、质检记录等关键节点数据上传至链上，形成完整溯源图谱，增强消费者信任并降低风险成本。例如，京东在其生鲜供应链中部署区块链防伪溯源系统，实现每一份牛肉从牧场到餐桌的全流程追踪，消费者扫码即可查看喂养信息与物流轨迹；Everledger 为钻石、红酒等高价值商品提供数字溯源解决方案，将物理资产的每一笔交易和检验信息上链，确保其真伪与合法性。企业若要落地此模式，需构建数据可信采集机制、部署可视化界面、设定多方协作规范，并建立数据共享与授权管理制度，最终实现从“信息透明”到“商业信任”的跃迁。

（五）行业 SaaS 平台嵌入产业链关键节点

随着产业链数字化程度不断提高，传统通用型 SaaS 平台的边界正在被突破，具备深度垂直能力、可嵌入关键业务环节的“行业 SaaS 平台”逐渐成为新主流。此类平台不再只是信息管理工具，还以行业知识图谱、流程算法、规则引擎为核心，渗透到产业链的协同、决策与价值创造环节，成为商业模式重塑的内生驱动力。例如，美国领先的建筑行业 SaaS 平台 Procore 将设计图纸管理、施工流程协调、现场安全监控与预算执行整合到一个云端系统中，实现多方实时协作与数据同步，大幅降低项目延误风险与管理成本；慧策“旺店通”专注于电商企业的订单履约、库存管理与多平台数据对接，帮助商家实现跨渠道统一运营与全链路效率提升。行业 SaaS 平台的嵌入性取决于其对产业核心痛点的理解与建模能力，企业在建设过程中需聚焦模块化能力构建、平台接口开放与生态合作体系布局，推动 SaaS 从“辅助系统”向“价值中枢”角色转变，最终引导产业链运行模式向智能化、平台化跃升。

三、城市与公共服务新场景的嵌入创新

在智慧城市持续演进中，公共服务正从功能供给向场景嵌入、体验延展与智能响应转型。通过融合智慧出行、算法治理、公共空间体验、数字医疗与应急管理机制，城市构建起以数据驱动、平台协同与用户导向为核心的新型服务体系，推动城市治理现代化与市民生活品质双重跃升。

（一）智慧交通与出行服务的融合模式

随着城市人口密度提升与通勤压力剧增，智慧交通系统逐步从单一基础设施管理向“交通即服务”（MaaS）的复合型商业模式转变。核心在于将交通运营、用户行为、路径规划与支付结算系统一体化整合，构建出多元出行方式统一调度、个性化推荐与实时响应的新型服务网络。以芬兰赫尔辛基的 Whim 平台为例，用户可通过一个 App 打通公交、地铁、出租、自行车租赁与共享汽车等多种交通方式，按需组合出行路径并实现一键支付，推动“拥有权”向“使用权”转型；国内如高德地图与滴滴出行的合作，通过实时路况感知与动态路径匹配，为用户推荐最优通勤方案并实现一站式换乘服务。城市交通嵌入创新的重点在于平台化调度、数据共享协议与智能推荐算法的系统打通，使交通系统不仅具备基础通行功能，还成为支撑市民流动性、时间效率与绿色出行体验的公共服务新生态。

（二）城市管理中的算法治理机制嵌入

传统城市治理以人工作业为主，存在响应滞后、资源分配不均等问题。而在数字城市演进趋势下，算法治理机制正逐步嵌入城市管理的关键节点，实现“算法驱动+人机协同”的治理模式升级。该机制依托大数据平台与 AI 引擎，对城市运行中的高频事件（如交通拥堵、垃圾溢出、噪声扰民等）进行预测、识别与自动响应，构建出动态调度与精准治理能力。例如，杭州城市大脑项目即通过对摄像头、传感器与业务系统数据的综合调度，实现对红绿灯的秒级调控，交通拥堵指数降低 15%以上；北京“雪亮工程”结合 AI 图像识别，提升了公共安全事件的提前发现与快速处置效率。算法治理的落地

关键在于建立统一数据标准、开放感知终端接口以及强化“算法可解释性”与“治理伦理边界”的制度保障，推动城市从“被动应对”向“智能前置”转型。

（三）公共空间服务中的体验式场景融合

城市公共空间正在从“功能性设施”演化为“情境化体验平台”，商业模式也逐渐从空间出租转向“体验共创+服务延展”的逻辑。在此背景下，城市公园、文化广场、图书馆等空间被嵌入更多沉浸式、互动式与数字化服务，提升了空间复合利用率与市民参与感。比如，上海静安区在城市公园中设置“数字健身路径”，配套体感互动屏幕、运动数据追踪与AI教练系统，实现了“运动+数字+社交”的场景延展；新加坡滨海湾花园通过AR导航与植物知识识别技术，将游客导览与知识教育深度融合，拓展了传统景观空间的文化传播与商业价值。企业或政府在打造体验式公共空间时，应围绕“数字硬件+交互内容+平台化运营”三位一体部署，推动公共服务向情感连接、知识传递与社群共建延伸，使城市空间成为融合市民生活、商业活动与文化表达的智能载体。

（四）医疗健康领域的数字场景嵌入

城市公共服务的重要组成部分——医疗体系，正迎来数字化重构。新型医疗场景已不再局限于医院内部，而是在城市运行体系中嵌入“健康感知—远程问诊—数字监测—药品配送”全链条服务，构建“健康即服务”模式。核心机制包括分级诊疗系统、AI辅助决策平台、数字健康档案与智能穿戴设备联动等。以英国NHS推出的“GP at Hand”在线问诊服务为例，居民通过App即可实现AI初诊、专家复诊与药品直配，有效缓解了公立医疗资源紧张的问题；国内平安好医生与京东健康依托自身平台优势，构建了AI问诊、电子处方、线上购药与医保结算全流程闭环。医疗场景的数字嵌入应强化数据互通标准、保障数据安全合规，并构建“线上+线下+家庭端”三维协同机制，使医疗服务从“就诊响应型”转向“健康管理型”，提升公共健康体系的效率与普惠性。

（五）应急与灾害管理的智能响应机制

城市现代化管理中的应急能力正由传统线下调度、人工预警转向“智能识别—快速决策—精准响应”的闭环机制。该机制融合遥感监测、AI 识别、数字孪生与边缘计算等技术，构建基于多源数据的实时风险感知与智能调度系统，实现城市对突发事件的主动应对。例如，日本横滨市在地震监测中引入 AI 模型，可实现 10 秒内判断震级、预测波及范围并联动交通与医疗资源进行应急疏散；中国国家电网通过部署“智能变电站+边缘 AI”，可在恶劣天气中实现电力异常自诊断与自动隔离，有效降低城市运行中断风险。城市应急体系的智能化转型，应重点部署边缘智能终端、搭建跨部门数据协同平台，并完善应急预案的智能触发机制，使城市具备面对极端挑战的“秒级响应、分钟调度、小时修复”能力，构建韧性城市的关键支撑体系。

四、全球化与本地化融合场景的商业创新

在全球化与本地化加速融合的时代背景下，数字化商业模式亟须在全球战略统筹与本地运营适配之间寻求平衡。通过跨境电商、本地化体验、多语种交互、支付系统嵌入与双轮驱动模式创新，企业实现场景深度嵌入与全球高效拓展。

（一）跨境电商中的本地化商业模式设计

跨境电商在全球化浪潮中快速发展，但真正实现商业落地的关键在于因地制宜的本地化商业模式设计。这不仅包括语言转换与文化适配，更核心的是对当地消费者行为、支付习惯、物流体系、税收政策等要素的深刻理解与灵活嵌入。例如，针对东南亚市场的电商平台在产品结构上更注重性价比与促销活动，在运营节奏上即结合当地节庆与消费节点，实现精准营销。本地仓储、合作物流与本地化客服体系的建设，也极大地提升了履约效率与用户信任感。企业可通过设立本地化运营团队，采用“全球品牌+本地代理”或“中心工厂+区域微仓”等模式，平衡标准化与差异化之间的张力。只有当全球资源调配能力与本地市场运营机制形成有效联动，跨境电商的商业模式才能实现可持续发展与深度嵌入。

（二）跨文化数字用户体验与服务适配路径

在全球多元文化背景下，数字商业模式必须充分考虑用户体验的文化差异，构建具有适配性的服务路径。语言翻译仅是第一步，更关键的是识别文化认知、价值观念、消费心理与审美偏好的差异，并将其体现在界面设计、

交互逻辑、内容呈现与服务流程中。例如，西方用户偏好简洁、模块化设计，东亚用户更重视丰富功能与交互细节；在服务语气上，不同文化圈对客服沟通方式的接受程度也存在显著差异。企业可通过本地用户调研、A/B 测试与文化咨询，构建文化敏感型设计体系，提升用户接受度与品牌亲和力。同时，依托大数据与 AI 模型，实时调整服务响应策略，动态优化不同区域的用户旅程体验，实现“因地制宜”的数字服务适配。

（三）多语种智能交互系统对接本地用户需求

随着全球数字用户的多语种、多文化特征日益显著，建设具备智能识别与交互能力的多语种系统已成为商业模式嵌入的重要支撑。传统的人工翻译或模板式本地化难以应对复杂多变的语言环境，而 AI 驱动的自然语言处理技术可实现高效、高质量的语义识别与生成。企业可基于大语言模型构建多语种客服机器人、语音识别系统与智能问答平台，在提供服务一致性的基础上实现本地化响应。同时，结合用户画像与历史行为数据，系统可自动切换语言、调整交互风格，满足用户在沟通上的个性化需求。此类多语种系统不仅降低了人工服务成本，还提升了用户满意度与全球运营效率，是实现数字商业模式“本地响应+全球扩展”的关键抓手。

（四）本地支付与结算系统嵌入全球交易链条

全球商业的核心瓶颈之一在于支付与结算体系的复杂性与分裂性，在跨境交易中尤为突出。因此，打造可嵌入本地金融体系的支付结算系统成为全球化商业模式成功落地的关键路径。一方面，企业需支持多种本地主流支付方式（如东南亚的电子钱包、印度的 UPI 系统、拉美的 PIX 支付等），以适应用户习惯并提升转化率；另一方面，企业需构建合规、安全、高效的货币结算与资金回流机制，应对不同国家在金融监管、税务政策、反洗钱制度方面的复杂要求。越来越多的平台通过与本地金融科技公司合作，或通过构建中台式全球支付平台，实现支付网关的模块化接入、风控策略的本地化部署与资金流的可视化管理，进而提升跨境交易的流畅性与可信度。

（五）“全球视野+本地落地”双轮驱动模式创新

面对日益复杂的全球市场环境，企业必须同时具备“全球视野”与“本地落地”双重能力，以双轮驱动实现商业模式的动态协同与持续创新。全球视野意味着对市场趋势、技术发展、资源整合与战略协同的敏锐把握，而本地落地强调深耕本地社会结构、文化认知与制度环境，确保商业逻辑与运营模式贴合实际。企业可通过“总部战略+区域创新”机制，设立区域创新实验室、授权本地团队灵活决策，同时保持全球资源供给与品牌战略的统一，也可构建“全球模板+本地模块”的模式架构，既确保效率，又兼顾适配性。这种双轮机制不仅提升了企业在全球市场中的抗风险能力，也为商业模式的跨文化复制与升级提供了内在动力。

第六章

企业组织与文化的数字化再造

在数字化浪潮深度演进的背景下，企业组织与文化面临结构性重塑与价值体系再造。组织结构正由层级制走向网络化、扁平化、模块化和虚拟化，能力系统从静态技能转向动态适应与智能演化，企业文化则由经验导向迈向数据驱动、开放协作与技术伦理交融。通过重构组织边界、重塑文化机制、融合多元生态与社会价值，企业得以打造高度协同、持续创新、具有人文温度的数字化新型组织。

第一节　数字化转型背景下的组织结构重塑

数字化转型正深刻重塑企业组织结构，传统体系面临信息断层、职能割裂、指挥单一与边界封闭等瓶颈。为适应复杂多变的环境，组织加速向网络化、扁平化、模块化和虚拟化演进。在此基础上，企业需构建“平台+生态”架构，深度融合业务、数据与技术，引入敏捷团队与产品经理机制，打造基于数据流动的动态指挥系统，全面提升组织的敏捷性、协同性与智能化水平，形成支撑持续创新与战略落地的核心能力。

一、传统组织体系的局限性分析

在数字化转型浪潮推动下，传统组织结构日益暴露出层级僵化、职能割裂、指挥单一与边界封闭等深层局限，严重制约企业敏捷响应与持续创新，亟须通过组织结构的系统性重塑，迈向高效协同、动态开放的数字化新形态。

（一）层级僵化带来的信息断层与决策滞后

在传统科层制组织中，信息沿着固定的层级路径自上而下传递，决策由高层制定、自下而上执行。这种结构虽然在工业时代有助于维持组织的稳定性和可控性，但在数字化时代暴露出严重的适应障碍。首先，多层级的结构拉长了信息传递链条，造成关键信息在传递过程中逐级过滤甚至失真，使得高层难以及时、准确地掌握一线动态，从而导致决策滞后与误判频发。其次，在当前商业环境高度动态、消费者需求瞬息万变的背景下，传统层级架构的低速响应能力已难以满足快速反应和敏捷调整的战略需求。对于企业而言，往往信息尚未上传至高层，市场已完成新一轮变革。信息断层不仅降低了组织整体的洞察能力，也削弱了企业在复杂环境中的战略执行力。因此，打破层级壁垒、构建多维信息回路，已成为数字化组织再造的基本诉求。

（二）职能分割削弱跨部门协同效率

传统组织架构强调按职能划分，如市场部、研发部、财务部等，这种模式虽然在资源集中、职责清晰方面具有一定优势，但在跨部门协同上形成了严重障碍。各部门在自身职责范围内形成“孤岛式运作”，过度强调本位主义，导致信息壁垒难以打破、沟通成本高昂，最终造成业务流程断裂、项目推进受阻。例如，在产品开发流程中，研发、市场与运营各自为政，缺乏共享数据与统一目标，往往出现研发成果与市场需求脱节的情况。在数字化时代，组织必须快速整合多部门资源响应市场，而传统职能制已难以适应这种“横向协同+纵向响应”的双向敏捷模式。协同效率不高不仅影响创新落地速度，还削弱了客户导向的整体价值创造能力。因此，推动职能间的深度融合，构建基于流程与用户价值的协同机制，成为组织数字化转型的核心挑战。

（三）线性指挥体系难以适应敏捷创新需求

传统组织普遍建立在“命令—控制”逻辑之上，依赖线性、单向的指挥体系来实现战略部署和操作执行。然而，在复杂性与不确定性日益增强的数字时代，企业所面临的环境已由线性走向非线性，战略执行也从稳定推进转向动态迭代。线性指挥体系往往要求按部就班，强调制度化流程与稳定性，但缺乏对快速试错、迭代优化的包容度与支持力，从而难以满足敏捷创新所需的弹性空间。例如，当一个新项目需要在短时间内完成多轮用户测试与反馈更新时，传统流程中的审批、调配、资源确认等层层把关反而成为效率的绊脚石。更重要的是，这种体系压抑了前线员工的主动性与创造力，使得组织无法形成“自下而上”的创新土壤。因此，推动指挥逻辑从线性转向网络化、动态化，激活多点驱动与多源决策，正是打造面向未来的敏捷型组织的根本转向。

（四）组织边界清晰但与生态系统脱节

在工业时代，组织边界的清晰性有助于企业规范管理、明确权责，形成封闭但高效的内部运行系统。然而，进入数字时代后，企业与外部环境的互动频次和深度显著上升，单一企业已难以凭一己之力完成从产品设计到用户服务的全链条价值创造。传统组织边界限制了与客户、供应商、技术平台、合作伙伴等外部主体的深度协同，形成“自我封闭”的运营格局，难以适应当今“平台化+生态化”的商业逻辑。例如，在智能制造场景中，企业往往需要实时接入客户需求数据、共享供应链库存信息、协同第三方研发团队，而封闭边界将成为这一合作体系的阻力。因此，组织需要从“内部优化”走向“外部连接”，重塑开放型组织架构，实现能力的外延式增长与资源的动态配置。这不仅是生态竞争力的源泉，也是企业数字化转型成败的关键所在。

二、数字化驱动下的组织变革趋势

面对快速演化的数字时代，企业组织正经历由结构到机制的深层变革，呈现出网络化、扁平化、模块化与虚拟化的趋势。这些变革不仅提升了资源配置与决策效率，还构建了面向未来的敏捷型、开放型、协同型组织新范式。

（一）网络化组织结构提升信息流动效率

随着企业数字化转型的深入推进，组织结构正由金字塔式的垂直体系向网络化、扁平化演变。网络化组织打破了传统上下级之间单向传递的信息路径，构建了多点互联、全员共享的信息网络，使信息在组织内部得以高速流动、实时反馈。这种结构不仅大幅提升了组织内部的感知能力和反应速度，也为跨部门、跨层级的协同提供了高效通道。在这一架构下，数据成为组织运行的神经系统，团队成员如同分布式节点，通过数字平台随时连接、交换、响应。例如，敏捷开发团队可通过数字协作工具实现“边测试、边优化”，实时反馈市场变化并快速迭代产品。更为关键的是，网络化结构有助于激发前线员工的主动性与创造力，使组织具备更强的弹性与学习能力，从而在充满不确定性的环境中快速调整方向，实现突破式成长。

（二）扁平化治理机制增强决策灵活性

在数字经济时代，组织所面临的问题往往具备高度复杂性与瞬时性，传统自上而下、逐级传达的治理模式已难以胜任快速响应与高效决策的需求。扁平化治理机制应运而生，其核心在于压缩管理层级、缩短决策链条，将权力与资源更直接地下放至业务一线，实现“决策靠前、行动靠实”。这一变革不仅提升了组织的灵活性，还加快了从认知到执行的转化速度。例如，电商平台在“双 11”等关键节点往往需要一线团队即时调整策略，若依赖高层审批，将错失最佳时机。扁平化结构还促使领导力从“控制型”向“赋能型”转变，强调以平台支持和机制引导激发员工潜能。它也要求组织具备高度的数据透明性和信任文化，为分布式决策提供制度基础和行为保障。总之，扁平化治理不仅是结构调整，也是管理范式的深度重构。

（三）模块化单元支撑高效资源调度与复用

在高度不确定与快速变化的市场环境中，组织要实现快速响应与高效配置，必须从封闭的职能单元走向具有高度自治与灵活组合能力的模块化结构。模块化组织通过将大组织拆分为功能完备、目标清晰的业务单元，使每一个模块都能在数据平台支持下实现快速决策、独立运作。这种结构不仅提升了业务执行的敏捷性，还大大增强了资源在不同模块间的流动性和复用性。例如，一家科技公司可将“用户体验设计”“产品开发”“市场测试”划为相互协作的独立模块，根据项目需要灵活组合、快速集成。这种模块之间既可相互调用人力、技术与数据资源，又可通过接口标准实现无缝衔接，构成组织内部的“能力积木”。模块化不仅提升了组织内部的运营效率，还为企业向生态化、平台化演进奠定了结构基础，是实现柔性经营与持续创新的战略支撑。

（四）虚拟组织架构连接内外部多元协作者

数字化推动企业边界不断拓展，组织架构也在突破时空与物理限制，走向虚拟化与生态化的深度融合。虚拟组织不再局限于企业内部员工与资源，而是通过数字平台将客户、供应商、自由职业者、合作伙伴等多元主体纳入统一的协作体系，形成“组织即平台、能力即连接”的新形态。在这一架构下，企业可按需构建临时性项目团队，灵活调用外部人才与专业能力，实现从“组织固态”向“生态流态”的跃迁。例如，在智能制造项目中，企业可同时连接远程研发团队、云端运维系统与全球供应链伙伴，共同完成跨地域协作与产品交付。虚拟组织强化了企业对外部资源的整合能力与配置效率，使其从“单一竞争主体”转型为“网络协同节点”，显著提升了组织适应复杂环境与多元需求的综合能力，是实现企业韧性成长的关键组织模式。

三、数字化组织设计的核心路径

在数字化深度演进的背景下，组织设计不再局限于结构重排与流程优化，而是以价值驱动为核心，全面重构平台体系、整合业务数据与技术底座、引入敏捷团队与产品经理机制、构建动态指挥系统，打造出开放协同、智能响应、持续演化的新型组织形态，为企业高质量发展提供强劲内核。

（一）打造“平台+生态”型组织模型

“平台+生态”型组织模型是应对高度不确定性与多样化需求的战略性组织形态，其核心在于通过搭建内部平台和外部生态，实现组织能力的集约、共享与开放协同。平台组织通过流程数字化与能力标准化，将企业内部资源转化为可被各部门、团队自由调用的模块化“服务单元”，如技术中台、数据中台、用户运营平台等，为创新与运营提供统一支撑；生态系统通过API、开放协议、联合机制，将客户、供应商、创业伙伴等纳入价值共创体系，实现“外部资源内生化”。企业需围绕关键业务搭建分层平台架构：底层打通数据资源与基础设施，中层构建能力共享模块，顶层搭建业务支撑工具。例如，京东通过“京喜生态”连接中小商家，以统一平台标准整合货源、物流、金融等资源，形成强连接与柔协作并存的运营机制。这一模型有效增强了组织的系统集成能力与边界延展性，是数字组织可持续演进的基础框架。

（二）强化“业务—数据—技术”三维整合逻辑

实现数字组织的本质在于从传统“以流程为中心”的组织设计转向“以数据为驱动”的整合型逻辑架构，其中“业务—数据—技术”的三维融合是核心机制。业务是组织存在的价值基础，数据是业务的数字映射，而技术是支撑数据流动与价值创造的工具体系。三者之间必须形成动态闭环，才能驱动组织实现精准决策与高效协同。在操作路径上，企业需首先明确关键业务流程中的数据节点，建立数据采集、清洗、建模与反馈机制，并在此基础上嵌入智能算法与实时计算引擎，以支持自动化、个性化与预测性运营。同时，组织结构应打破“业务部门”和“技术部门”的传统分割，推动“产品经理制”与“融合型团队”的制度重构。例如，美的集团通过打造“数字孪生工厂”，实现生产计划、原材料供应与客户订单数据的三维整合，使得订单响应时间缩短35%、生产效率提升22%。这一整合逻辑不仅优化了内部资源配置，还重塑了组织的智能感知与快速响应能力。

（三）引入敏捷团队与产品经理机制

在数字化组织架构中，敏捷团队与产品经理机制的引入成为打破部门壁垒、提升执行效率与创新能力的关键制度安排。敏捷团队通常以跨职能、多角色为特征，由产品经理、开发人员、数据分析师、运营人员等共同组成，围绕特定业务目标自主决策、快速迭代、持续优化。其组织原则强调“小团队+短周期+快反馈”，通过2~4周的“冲刺周期”持续推进目标实现。产品经理作为团队的战略中枢与需求枢纽，统筹协调用户需求、技术实现与市场反馈，确保团队始终围绕价值创造进行动态调整。在实施路径上，企业需设立清晰的目标驱动机制与团队评价体系，如采用OKR目标管理法，将个人绩效与团队成果挂钩，同时赋予团队足够的资源使用与决策权限。例如，携程将酒店业务划分为数十个敏捷小组，由产品经理统筹，快速上线并迭代新功能，有效地提升了用户转化率与满意度。该机制实现了组织从流程驱动向价值驱动的根本跃迁，是构建数字组织内生动力的关键一环。

（四）构建基于数据流动的动态指挥系统

传统的组织指挥系统往往以静态流程和层级授权为基础，难以适应数字时代“实时变化、动态决策”的需求。构建以数据流动为核心的动态指挥系统是实现组织韧性与智能反应能力的根本路径。该系统的核心理念在于打通组织内外部数据链路，实时感知关键业务指标，并以此驱动策略制定、资源分配与行动协同。在实践中，这一机制通常依托企业级数据中台和智能分析系统实现。例如，海尔集团构建了以“人单合一”为核心的数字神经系统，前端感知用户需求与市场信号，中台聚合数据并进行分析建模，后端系统快速反馈调度资源，实现了从用户需求到生产供给的闭环响应。动态指挥系统还需配置“实时预警+决策模拟+多场景联动”的功能，以应对突发事件与环境变动。通过这一机制，组织不再依赖单一指令中心，而是形成“数据驱动、多点响应、智能协同”的新型指挥体系，为数字化运营与战略执行提供强有力支撑。

第二节 数字时代的组织能力系统构建

在数字时代，组织能力正从静态走向动态、从分散走向系统，呈现出以算法资本、数据智能、全链路协同与动态适应为核心的演进趋势。为提升组织敏捷力与学习力，企业需构建实时预警机制、知识自生长生态与能力再分配平台体系，并推动员工从执行者向协作者转型。通过数据中台、数字孪生、自动化工具与人工智能的深度融合，组织能力不断智能化升级，同时需应对能力定义模糊化、评价体系滞后、能力资源碎片化、文化与机制脱节等关键挑战。

一、组织能力内涵的数字化演进

在数字化时代，组织能力正经历从人力资本向算法资本、从经验驱动向数据智能驱动、从局部优化向全链路协同、从静态能力向动态适应力的深层变革，构建出以智能化、系统化与敏捷性为核心的新型能力体系，为企业提供持续演进的内在动能。

（一）从人力资本到算法资本的跃迁

传统企业的核心能力多建立在人力资本积累之上，强调经验传承、技能训练与组织记忆。然而在数字化时代，算法已成为新的关键生产要素，正在重构企业能力的底层逻辑。以金融行业为例，过去风控依赖专家团队的风险判断，如今则由机器学习模型处理海量交易行为与信用数据，自动识别潜在违约风险。这标志着“算法资本”正逐渐取代传统人力资本，成为决策与运营的主要驱动力。企业应将算法能力纳入组织能力建设体系中，建立数据科学、算法工程与模型运营的专业岗位序列，设立算法资产库，实现算法模型的标准化积累与跨场景复用。同时，算法不能脱离业务运行而孤立存在，企业需构建跨界融合机制，将业务专家与算法团队联合嵌入具体场景中，以协同方式持续优化模型表现。组织能力的数字化跃迁不在于技术本身的“拥有”，而在于能否将其嵌入价值创造链条中，形成系统化、可扩展的智能生产力。

（二）从经验驱动到数据智能驱动

企业决策从“拍脑袋”到“看数据”，再到“靠算法”，标志着组织能力已从经验驱动模式转向数据智能驱动逻辑。以零售业为例，传统门店依赖店长对客流与销售趋势的直觉判断，如今则可借助智能分析平台，结合历史销售数据、天气变化、地理分布、促销活动等多元数据源，自动生成精准的补货与陈列方案，实现从“事后应对”到“事前预测”的跃升。组织要实现这一转型，需构建覆盖全流程的数据治理体系，明确信息采集标准、数据权限管理、数据质量评估与应用反馈机制，并通过建设数据中台，将分散的数据资产集中管理、统一调用。更进一步，企业应引入 AIOps（智能运维）、RPA（机器人流程自动化）等新兴工具，推动业务场景中常规操作的自动化与决策支持的智能化。这种由数据驱动取代经验驱动的过程，不仅提升了组织效率与精准性，还使企业具备了跨周期、跨场景的自我进化能力。

（三）从局部优化到全链路能力协同

传统组织往往将能力建设限定在特定职能模块内，容易形成“部门强点—整体弱项”的局部优化困境。在数字时代，企业必须打破职能边界，推动资源、流程与能力在整个业务链条上实现协同。制造企业中的“智能工厂”建设即为典型例证：企业通过 IoT 设备采集生产线实时数据，结合 ERP、MES、CRM 等系统，实现从供应链、生产、仓储、销售到客户服务的全链条互联互通与智能调度。要实现这一跃升，企业需构建跨部门能力映射图谱，识别关键节点与资源瓶颈，并基于流程价值链开展能力重组与共享机制设计。同时，组织需要建立多层级协同机制，如“端到端”项目制团队、“共享服务中心”与“数据资产开放平台”等，使能力在业务链上高效流动与复用。只有全链路协同，才能构建出组织真正的系统性竞争优势，使企业具备在复杂生态中持续创造价值的核心能力。

（四）从静态能力到动态适应力的重构

在传统逻辑中，组织能力被视为稳定可控的资产，强调流程固化、标准统一与技能积累。而在动态、多变的数字时代，环境不确定性成为常态，组织能力也必须从“静态积累”走向“动态适应”。以在线教育平台为例，新冠疫情期间用户数量剧增，企业需迅速扩容技术架构、迭代课程设计、上线多元内容并调整用户服务机制，若依赖静态体系将难以应对突发性挑战。要构建动态适应力，企业需引入“能力即服务”的理念，将组织内部的流程、技术、人力、数据等能力模块标准化，沉淀为可快速调度与重组的服务单元。此外，还需建立“环境感知—能力匹配—行为调整”的自适应循环机制，如引入实时监测工具对外部环境进行扫描，根据关键指标自动调整资源配置与行动策略。这不仅是一种流程优化，还是一种组织基因的更新，使企业从线性成长转向指数型演化，在变化中找到确定性、在波动中赢得增长空间。

二、组织敏捷力与学习力的提升路径

在数字时代，组织要具备快速适应和持续进化的能力，必须系统提升敏捷力与学习力。通过构建实时预警机制、打造知识自生长生态、推动能力再分配平台化，以及重塑员工为协作者的新角色，企业能够实现由内而外的自我驱动与智能转型。

（一）建立快速响应市场变化的预警机制

数字化背景下，组织面临的市场环境极度动态化，传统滞后的反应机制已难以支撑企业生存与竞争。因此，构建前瞻性强、反应灵敏的预警机制成为组织敏捷力的第一要义。企业应建立涵盖内外部环境的多维度监测系统，包括政策动向、用户行为、产业技术演变、竞争格局变化等，并结合大数据分析与人工智能算法，构建趋势识别模型与情境模拟系统。以蔚来汽车为例，其通过用户数据平台实时追踪消费者对新车型的反馈，同时结合智能预测系统监测宏观政策与能源市场波动，在电池更换、充电站布点等方面进行快速响应与预判。组织还需设立“预警联动机制”，将感知信号快速传导至战略层与一线业务团队，形成“信号—分析—响应”闭环。建立预警机制不仅能提升企业对外部不确定性的适应能力，更重要的是能为组织注入实时动态调整的系统韧性，使其在市场变化中抢占先机、主动进击。

（二）构建组织内知识自生长的学习生态

组织学习能力不应只是培训制度的延伸，还应成为企业内在自我进化的核心机制。在数字化环境下，企业必须从“灌输式”知识传递转向“自生长式”知识生态构建，即构建人人可贡献、人人可学习、知识持续演化的系统化平台。例如，华为内部搭建的“iLearning”平台，不仅提供按岗位细分的课程体系，还鼓励员工分享一线案例、问题反思与经验总结，并通过大数据分析精准推荐学习内容，实现知识流动的个性化与智能化。构建学习生态的关键在于打通知识生产、共享与应用的全流程，设立知识资产认证体系，明确知识在组织内的“价值定位”，并通过积分机制、贡献评估与激励制度激发员工参与热情。企业还可引入社区化运营模式，设立内部“学习圈”与“实战营”，推动员工从被动学习向主动交互转变。这一机制不仅提升了员工能力，还重塑了组织的知识机理，使其具备持续学习、动态成长的内在能量。

（三）激活基于数字平台的能力再分配机制

在传统组织中，资源和能力往往固化在具体岗位或部门中，造成“用人不当位、能力难流动”的问题。而数字化平台的兴起，为能力的弹性调配与跨界共享提供了全新支点。企业应构建统一的数字能力平台，将人员技能、项目需求、任务池等纳入一个开放系统，推动“按需组合、动态组队”的任务组织机制。例如，微软内部的“Gig Economy”平台就允许员工在完成主职工作之外，自由选择参与短期创新项目，并基于能力标签与项目需求进行精准匹配。这种机制要求企业首先对员工能力进行多维度标签化建模，包括专业技能、行业经验、协作风格等，并构建项目驱动的任务拆解机制，形成可流通的“能力单元”。同时，需要建立以“任务完成质量”为核心的评估与反馈体系，确保能力使用的透明、公正与高效。该机制不仅突破了组织边界限制，也为员工提供了多样化发展路径，有效激发了组织的创新潜力与运转弹性。

（四）推动员工角色从执行者向协作者转型

在数字化组织中，员工不再只是被动执行流程的“螺丝钉”，而应转型为价值共创的“主动节点”。企业要实现这一转变，必须重构员工角色认知与工作机制，将其从单一任务执行者升级为问题发现者、方案设计者与生态协同者。以 Airbnb 为例，其设计团队内部推动“共创式问题解决”机制，即由一线员工主动识别客户体验痛点、发起设计挑战、跨部门协同生成解决方案，从而有效提升了用户满意度与员工参与感。推动角色转型的前提在于制度与文化的同步演化：企业需在制度层面赋予员工一定范围内的决策权与资源调配权，在文化层面营造包容失败、鼓励探索的环境氛围；还需配套设立“协作能力提升机制”，通过项目制工作坊、跨部门交流计划与数字工具培训，提升员工解决复杂问题与多方协作的能力。角色的重构不仅意味着权责结构的改变，还代表着组织运行逻辑的根本转向，是激发组织活力与创造力的根本路径。

三、数智赋能型组织能力的关键支柱

数智赋能正成为组织能力系统重构的核心动力。通过构建数据中台实现跨场景资源调度，运用数字孪生提升预测与优化水平，引入自动化工具释放效率潜力，并借助人工智能构建智能决策闭环，企业得以全面增强感知、判断与行动能力，迈向智能进化型组织。

（一）数据中台支撑跨场景能力调用

数据中台作为企业数智化转型的底层基础设施，核心作用在于打破数据孤岛，实现数据的统一治理、集中管理和高效调度，从而支撑各类业务场景的快速赋能。它不仅承载着数据采集、清洗、建模与服务的全流程，还是组织"能力即服务"理念落地的关键枢纽。以美团为例，其数据中台汇聚来自外卖、酒旅、出行等业务线的海量数据，形成标准化的数据资产池，供不同业务模块按需调用，实现从策略制定到产品优化的智能闭环。构建高效数据中台，企业需从组织架构入手，设立专门的数据治理团队，统筹数据资产目录、元数据管理与数据安全机制。同时，应构建灵活的数据服务接口（如API、数据订阅系统），实现数据"自助式"获取，提升使用效率。通过中台机制，组织不再依赖单一场景的数据堆积，而是将数据资产化、模块化、平台化，从而在不同业务单元间实现能力的快速复制与规模放大。

（二）数字孪生系统提升决策预测精准度

数字孪生作为数智时代极具代表性的技术实践，正在重构企业的认知能力与决策逻辑。其核心在于以虚拟模型真实映射物理系统，通过实时数据输入与仿真反馈，为组织提供动态预测、智能优化与场景预演的能力。比如，在大型制造企业中，数字孪生可模拟产线运作、设备磨损、能耗变化等关键指标，帮助企业提前识别瓶颈、优化流程并降低运维成本。以上汽集团为例，其通过构建整车制造的数字孪生平台，成功将生产线停机时间缩短15%以上，整体交付周期显著提升。要实现有效的数字孪生部署，首先，企业需打通物理实体与虚拟系统之间的数据传感接口，确保感知的实时性与精度；其次，应构建高保真度的仿真模型，并引入 AI 算法进行优化控制与异常预测；最后，需在组织治理层设立“虚实一体”的决策机制，让虚拟仿真真正影响资源配置与业务策略。数字孪生不仅是一个技术工具，也是企业构建“第二智慧中枢”的核心能力支柱。

（三）自动化工具释放组织冗余、提升效率

在企业运营体系中，大量重复性高、规则明确的任务不仅占用人力资源，也拖慢整体运行节奏。引入自动化工具，尤其是 RPA 技术与智能流程自动化（IPA）技术，能够显著释放组织冗余、提升效率、降低错误率。例如，招商银行利用 RPA 技术在后台处理信贷审批中的文档核验与数据匹配任务，不仅将单个审批流程时长从 40 分钟压缩至 5 分钟，还极大地提升了风控一致性。实现自动化赋能的前提是对组织流程的系统性解构与重构。首先，企业应对各类流程进行复杂度与重复度分析，筛选适合自动化的高频任务，并构建流程模板库与自动化规则模型；其次，应配套引入流程监控与智能优化机制，确保自动化系统的动态学习与持续改进；最后，应在组织文化层面推进“人机协同”理念，避免员工对自动化“替代性”的误解，鼓励其向高阶认知与创造性岗位迁移。自动化工具的引入，不仅是效率提升手段，也是组织形态走向智能化演化的必由之路。

（四）人工智能辅助构建智能决策闭环

人工智能已从边缘技术走向企业战略核心，其关键价值在于通过算法建模、深度学习与语义识别，为组织提供更高层次的洞察与决策支持。不同于传统 BI（商业智能）系统的静态分析，AI 驱动的智能决策具备自我学习、自适应与场景感知能力。以沃尔玛为例，其供应链系统引入 AI 模型预测各地商品销售趋势，结合天气、节假日、历史数据等多重因素，精准调度库存，大幅降低了滞销率与断货风险。构建 AI 驱动的智能决策闭环，首先，要搭建高质量数据基础，确保算法训练的广度与深度；其次，要选择适配的模型类型，并持续对其进行迭代优化；最后，要将 AI 模型深度嵌入业务流程中，实现“预测—决策—执行—反馈”一体化流转。企业还应建立“人机共决”机制，将 AI 建议与管理者判断结合，提升决策的可信度与执行力。真正的智能决策不是技术替代人类，而是通过技术增强人的判断、延展组织的认知边界，实现由经验驱动向智能驱动的根本跃升。

四、组织能力系统建设中的典型挑战与破解路径

在构建数智化组织能力系统过程中，企业常面临能力定义模糊化、评价体系滞后、能力资源碎片化、文化与机制脱节等挑战。唯有通过重塑能力逻辑、优化评估机制、平台化整合资源，并推动文化制度协同演进，方能实现组织能力的系统升级与持续演化。

（一）能力定义模糊化导致建设方向失焦

在数字化背景下，组织能力边界不断扩展，传统以岗位技能为核心的能力定义已难以覆盖当前业务复杂性与技术融合性。一些企业在能力系统建设中仍停留在静态的“职能—技能”匹配模式，导致建设方向失焦、资源分配无效。例如，某大型国企在推行数字化转型期间，将“数据分析能力”泛化为所有员工需具备的基本能力，但未区分不同岗位的数据使用层级与情境，导致培训内容空泛、能力评估失效。破解路径在于对组织能力进行多维度、场景化的重构：一方面，需将能力细化为“认知能力”“技术能力”“协同能力”等不同模块，配套以行为指标和绩效维度进行标定；另一方面，要以业务场景为单位构建能力画像，将能力建设嵌入实际任务与关键节点中。通过“能力地图+任务单元”的方式重构能力逻辑，才能真正锚定建设目标，使组织能力成为推动业务跃升的内生引擎。

（二）能力评价体系滞后削弱反馈机制效能

许多企业在构建组织能力体系时，仍依赖传统的绩效考核或 KPI 方式进行评估，难以准确捕捉能力成长轨迹、反映实际业务价值。这种滞后的评价机制不仅降低员工对能力提升的主动性，也无法为组织能力优化提供有效的反馈依据。例如，一家互联网公司在构建产品创新团队时，虽然组建了跨职能小组并设定了协作目标，但评估方式仍以单点指标为主，忽视了过程中的协同能力与问题解决能力，导致团队表现难以真实呈现。破解之道是建立与能力增长高度适配的动态评价体系，采用“成长性指标+任务贡献+行为表现”相结合的多元评价框架，引入项目评价、同伴反馈、智能跟踪等多维数据来源，形成闭环式反馈机制。此外，还应设置能力提升路径图，通过系统反馈帮助员工精准定位短板、识别发展路径，使能力评价真正从“结果管理”转向“发展导向”。

（三）能力资源碎片化制约组织协同效率

在实际运营中，能力资源往往分散在不同部门与平台之间，缺乏统一归集与共享机制，导致组织在应对复杂任务时无法快速整合所需资源，严重制约协同效率。以一家大型连锁零售企业为例，其在门店运营、线上平台、供应链管理等多个体系中积累了丰富的业务能力与数字工具，但因缺乏能力统筹机制，各系统间难以联动，导致新业务拓展缓慢、响应迟滞。解决这一问题的关键在于构建“组织能力资源池”与“能力服务平台”，实现能力资产的标准化描述、模块化归档与数字化调度。企业可通过搭建统一的能力标签体系与可视化平台，将员工技能、项目经验、流程工具等能力要素沉淀为结构化资源，供各业务单元按需调用。同时，还应设立能力共享激励机制，如内部“能力众包”、跨部门贡献积分等，推动能力在组织内自由流动与快速配置。通过能力资源平台化管理，组织可实现真正的“即需即调、以能促事”，显著提升整体协同水平。

（四）文化与机制脱节阻碍能力持续演化

组织能力不仅是一套技术与制度构建，而且深层地根植于企业文化与治理机制之中。如果企业文化仍崇尚等级权威、强调稳健服从，而机制层面鼓励创新试错、快速调整，两者之间的张力将严重削弱能力系统的内生演化动力。例如，某科技制造企业在推进敏捷研发与智能工厂建设时，虽引入了先进工具与灵活流程，但企业内部仍保留强控制式文化，员工在面对新任务时更倾向于“等命令”，不愿主动探索，导致新机制执行效果大打折扣。破解这一障碍，必须同步推进文化更新与制度重塑：一方面，应通过高层倡导、价值观再定义与典范案例传播，强化“能力成长、协同共创、动态试错”的组织价值；另一方面，应建立支撑文化转型的制度基础，如设立“能力突破奖”“协作示范岗”等正向激励机制，同时淡化僵硬的审批流程、强化扁平化沟通渠道。只有文化与机制深度耦合，组织能力系统才能真正实现动态演化、持续升级。

第三节　企业文化的数字化重塑逻辑

在数字化进程中，企业文化正经历深刻重塑，从以经验为导向转向数据驱动、开放协作、快速试错与透明治理的新型文化形态。文化重构不仅依赖理念更新，还需机制保障与平台支撑。通过强化信任机制、构建传播路径、量化行为规范、推动共创参与和建立激励体系，企业能够实现从价值观倡导到组织认同的系统跃迁，打造具有自我进化能力的数字文化生态。

一、数字化文化的基本特征解析

在数字化时代，企业文化正由经验导向转向数据驱动、由封闭管理转向开放协作，呈现出以数字信任为基石、以开放协作为导向、以快速试错为动力、以透明治理为保障的新特征。这些文化变革构成数字组织持续创新与协同进化的深层支撑。

（一）数字信任成为文化新基石

在传统组织中，信任往往建立在层级制度、人际关系或经验积累基础上，具有一定的主观性与路径依赖性。而在数字化环境下，组织运行越来越依赖跨层级、跨区域、跨系统的数据协同与技术驱动，信任的基础也从“人格信任”转向“机制信任”与“数据信任”。企业文化的核心不再仅是“人对人”的信赖，还是对平台制度、算法逻辑与数据安全的高度信任。例如，滴滴出行构建了“透明算法规则+乘客评价系统+平台信用评分”的多维信任机制，实现了用户与司机之间在非熟人场景下的快速信任生成。构建数字信任文化，企业需完善数据透明机制、开放接口规则与操作可追溯机制，使员工与外部用户都能在“有据可依、可查可控”的环境中建立稳定信任。组织还应设立专门的数据伦理委员会，推动算法公平性、平台中立性等议题进入企业价值观体系，让技术驱动下的信任机制内嵌于企业文化之中，成为组织稳定运行的内在保障。

（二）开放协作成为主流价值导向

数字化打破了组织边界和信息封锁，使得知识共享、跨界协同成为新常态。传统企业文化往往强调内部权责清晰、流程闭环和单向指令，而在数字时代，这种封闭式思维已经难以适应高度复杂与多变的环境。开放协作文化要求组织内部打破部门壁垒、上下级隔阂，实现多元角色之间的动态协作；同时要求企业面向外部与合作伙伴、用户、平台生态共创。例如，飞书平台在字节跳动内部推动“协作即文化”的理念，员工通过自定义协作流程、开放文档编辑与同步沟通系统，实现了高频高效的任务协同与知识共享。构建这种文化，企业需在组织机制上推动“流程透明化+信息对等化+权限弹性化”，并通过数字平台赋能，强化员工在不同场景下的跨界互动能力。此外，还需设立跨部门项目制协作机制和共享成果激励制度，使协作不仅是“工具层面”的合作，还真正地嵌入价值认同与组织习惯之中，从而构建出具有内生驱动力的开放文化生态。

（三）快速试错与持续迭代的创新精神

在数字时代，产品生命周期大幅缩短，市场需求瞬息万变，传统以“完美交付”为导向的文化理念已难以适应。新型企业文化强调快速试错、迭代优化的动态创新机制，将“试错”视为价值创造的前提，而非失败的代名词。例如，特斯拉在产品开发过程中，大量采用边交付、边反馈、边优化的策略，其自动驾驶系统通过用户实时数据不断训练算法模型，实现每周更新迭代。这种文化背后是组织在理念、制度与技术层面的深度协同。企业应构建支持试错的容错机制，在制度上鼓励员工尝试高风险、高回报的方案，并以项目试点、最小可行产品（MVP）等方式推动实验性探索。同时，通过数字化反馈机制，如用户行为分析、A/B 测试、迭代看板等，形成即时响应与优化路径。真正的创新文化不在于形式上的“创意口号”，而在于组织系统是否支持“从失败中学习”，是否有能力将失败快速转化为下一次成功的起点。

（四）数据驱动与透明机制的治理文化

数字化时代的治理逻辑从“人治”转向“数治”，企业文化也由此呈现出更强的理性化、客观化与系统化特征。数据不应只是技术部门的专属资源，而应成为全员协同、绩效评估与战略决策的核心依据。透明性不仅体现为信息的公开，还体现为指标定义的清晰、过程执行的可视和结果评估的可追溯。以京东为例，其通过构建一整套端到端的数据监控系统，从商品流转、库存管理到客户评价，所有环节都实现数据化记录和实时反馈，不仅优化了运营效率，也提升了组织的信任度和执行力。为建立这种文化，企业需推动“数据即责任”的理念落地，明确各岗位在数据采集、使用与反馈过程中的职责边界，并通过数据可视化工具，如仪表盘、智能看板等，实现全员数据参与；还应构建“透明问责”机制，让每一次决策都有依据、每一个结果都能溯源。数据驱动与透明治理的结合，不仅提升了组织效率，也重塑了公平、公开、可问责的文化基底。

二、构建数字文化的组织机制

构建数字文化不仅依赖理念宣导，还需系统化的组织机制支撑。通过从领导者引领到全员参与的文化变革，借助数字平台重塑价值观传播路径，建立以数据为中心的行为规范体系，倡导“以用户为中心”的文化认同，企业才能实现文化的深度转化与内生增长。

（一）从领导者引领到全员参与的文化变革

数字文化的塑造不是单靠高层倡导便能完成的“自上而下”的工程，而应构建“上下贯通、双向互动”的共建机制。领导者固然是文化价值的发起者与示范者，但真正的文化内化与扩散需要全体员工的主动认同与深度参与。例如，海尔在推进“人单合一”模式过程中，明确高层仅制定文化方向与价值引导，具体行为规范、工作方式、团队契约由一线员工在微型创业单元中共同制定与调整，从而激发了文化的自组织能力。企业在推动这一转变时，应通过文化共创平台，如内部社交工具、员工议事厅、价值观投票系统等，鼓励员工参与文化建构、表达诉求与反馈感受；同时，还需将文化实践融入日常运营，如在项目评审中引入价值观匹配度、在绩效考核中纳入文化行为表现等，形成“看得见、可参与、可反馈”的文化生态。这种从精英倡导走向群体共创的机制，有助于让数字文化在组织中真正“活起来、动起来、生长起来”。

（二）借助数字平台重塑价值观传播路径

在传统组织中，文化传播往往依赖口号、会议或宣讲等单向灌输方式，缺乏互动性与沉浸感，导致员工认同感偏低。在数字化环境下，企业应借助数字平台重构价值观的传播路径，将静态的“文化语言”转化为动态的“行为触点”，实现文化理念的可视化、情境化与社群化。例如，腾讯内部建立“鹅厂文化墙”数字平台，不仅展示公司使命愿景，还收录员工故事、价值观实践案例与互动评论，形成价值共鸣与情感连接。数字平台传播的核心在于提升参与感与共创性。企业应建立多层级、多场景的文化内容矩阵，如短视频、直播访谈、微课程等，让文化传播融入工作流。同时，可以通过智能算法推荐、文化挑战打卡、虚拟徽章机制等方式增强员工参与热情与归属感。

平台不仅是传播渠道，还是文化“生成场”，能够促使员工在数字空间中自我认同、主动表达与深度交互，从而提升文化的浸润力与黏性。

（三）建立以数据为中心的行为规范体系

数字化组织的文化建设不仅是理念塑造，还应体现为基于数据驱动的行为规范体系，将抽象的价值观转化为可度量、可反馈、可迭代的组织行为模型。企业应在关键管理环节中嵌入数据化文化评估机制，如在员工日常行为、项目协作、客户互动等过程中收集相关数据，建立“文化行为指标库”，以数据画像捕捉文化表现。例如，IBM 在其员工激励系统中引入文化行为积分模型，将“跨部门协作频次”“知识共享贡献”“创新提案数量”等数据纳入绩效体系，使价值观导向与日常行为形成闭环。为保障数据行为规范的可持续运行，企业还应设立“文化指标看板”与“行为分析报告”，定期向各部门反馈文化匹配度与行为偏差；同时，建立基于数据的文化激励机制，如年度文化人物评选、数据驱动的成长模型等，强化正向行为的持续显现。借助数据逻辑，企业文化从“宣教口号”走向“行为治理”，实现了软文化与硬规则的高度融合。

（四）倡导“以用户为核心”的文化认同

在数字商业逻辑中，用户体验已成为组织价值创造的核心变量，企业文化也必须围绕“以用户为中心”进行根本性重塑。这不仅是服务意识的强化，还是将用户导向嵌入决策逻辑、资源配置与流程设计中的深度转型。例如，京东在文化体系中将“客户为先”明确列为核心价值观，并将客户反馈数据贯穿产品迭代、流程优化、员工激励等多个层面，推动形成全员关注用户、全链条服务体验的组织共识。为了实现这一文化认同，企业应建立用户共创机制，让员工直接参与用户研究、满意度分析与服务痛点调研，形成“内视外观”的双向认知闭环；同时，在组织架构上推动以客户旅程为中心的业务整合，将原有按职能划分的流程打通为“用户体验导向”的跨界服务流程。在数字文化中，“以用户为本”不应只是口号，而应成为一种决策基因、一种行为本能，一种能在全员中激发价值共创与服务创新的文化认同。

三、文化重构中的关键落地路径

数字文化的落地需要机制化推进与全员共创。通过搭建员工参与平台、构建行为导向激励体系、树立价值观典范人物，以及建立文化敏感度评估反馈机制，企业可实现文化由理念到实践、由倡导到认同的深度转化，推动组织文化持续生长与自我进化。

（一）搭建员工参与的文化共创平台

数字化时代的企业文化重构必须从单向灌输走向多元共创，使文化建设由“组织的意志”转为“组织与员工的共识”。搭建文化共创平台，是激发员工参与、表达与认同的关键手段。该平台应具有开放性、交互性和反馈性，鼓励员工就文化议题提出建议、发起活动、记录实践，形成“人人是参与者、个个是建设者”的文化生态。例如，百度内部设立的“文化社区”不仅用于宣传企业价值观，还鼓励员工发布与文化相关的项目日志、个人反思与同事点赞，实现文化在真实场景中的自我演化。构建此类平台，企业需提供多种内容入口，如短视频、UGC 论坛、虚拟展厅等，确保员工能够以个性化方式参与表达；同时，建立“文化影响力激励机制”，如“文化共创积分”与“价值观实践之星”等，推动文化传播与绩效、成长挂钩。文化共创平台不仅强化了员工的主人翁意识，还让文化建设从“纸面愿景”转化为“日常实践”。

（二）激励机制与数字文化深度融合

文化要落地，离不开激励机制的有力支撑。传统的激励方式多聚焦于业绩结果与岗位等级，忽视了员工在文化践行中的价值创造。在数字文化环境下，激励机制应从“结果导向”拓展为“过程激励”“价值引导”“行为认可”的复合型体系。例如，携程设立了“文化表现力”评分指标，对在协作精神、用户关怀、开放创新等文化维度表现突出的员工给予额外奖励和晋升优先权。构建数字化文化激励机制，首先，要建立文化行为量化模型，将抽象价值观细化为可度量的关键行为项，如“主动协作次数”“知识共享频率”“跨团队参与度”等；其次，通过系统自动追踪和数据分析，确保评估标准的公平与透明；最后，将文化绩效结果与岗位发展、学习机会、荣誉评选等资源绑定，激励员工在文化认同中实现自我价值提升。如此，文化就不再是“软指标”，而成为驱动组织活力的重要力量。

（三）打造典范人物强化价值观内化

在文化重构过程中，标杆人物的示范效应至关重要。典范不仅是文化的传播者，还是价值观的“可感化身”。通过讲好典范故事、弘扬典范行为、塑造典范影响力，能有效推动组织价值观由“制度标签”转化为“行为习惯”。例如，拼多多设立“多多星火榜”，每月选出在用户服务、协同创新、责任担当等方面表现卓越的员工，通过专题报道、短视频访谈与团队路演等形式讲述其文化故事，在组织内部营造“学习先进、争做榜样”的氛围。打造文化典范，应坚持“真实可感、贴近一线、持续传播”的原则，避免空洞标语或形式主义。同时，应建立“文化榜样培育机制”，通过文化观察员推荐、员工投票与数据评估相结合，确保典范遴选的公信力与代表性。典范的力量不仅在于其自身行为，还在于其能引发“我也能做到”的情感共鸣，推动文化价值观在组织中深度内化、持续扩散。

（四）设立文化敏感度评估与反馈系统

企业文化建设不是一蹴而就的宣导工程，而是一项动态演进的系统工程。要实现文化的持续优化与精准调整，必须建立科学的文化敏感度评估与反馈系统，实时监测员工对文化的感知状态、行为响应与心理认同。敏感度评估的关键在于设定多维指标体系，包括价值观契合度、文化行为参与率、组织认同感、心理安全感等维度，并结合员工访谈、匿名调研、数字行为轨迹等方式进行综合分析。例如，Adobe 利用“文化热度仪表盘”追踪全球各地员工的文化参与和满意度，并将数据结果反馈至管理层用于文化策略调整。建立反馈系统时，应配套“闭环响应机制”，如设立文化问答平台、员工文化申诉通道、文化改进建议池等，确保员工声音能够被及时接收、合理吸收、有效回应。文化敏感度评估不仅提升了管理的精度，也体现了企业对员工文化体验的尊重与责任，为文化建设注入了持续优化的动力与弹性。

第七章

企业全链路数字化运营优化

面对市场环境高度不确定与客户需求深度个性化的新趋势，企业亟须构建贯通研发、制造、营销、服务与供应链的智能化运营体系。在数字化运营体系构建中，企业需实现产品设计的用户价值导向与智能研发融合，打造面向弹性制造的智能生产体系，依托多源数据驱动精准营销与动态定价机制，构建覆盖全生命周期的客户服务系统，推动供应链可视化、金融赋能与系统一体化重构。五个环节相互联动，共同构筑起高感知力、高响应性与高协同度的全链路数字运营新范式，助力企业实现从流程优化向价值创造的全面跃升。

第一节　数字化产品设计与协同研发机制

产品设计与研发正加速迈向智能化、协同化与生态化。通过构建以用户价值为核心的设计理念，融合生成式 AI 与沉浸式可视化工具，重塑协同研发组织结构，并拓展开放式创新与外部生态协同机制，企业不仅实现产品创新的敏捷迭代与精准匹配，还构建起贯穿内外部资源、支撑持续竞争力的数字化设计与研发新体系。

一、面向用户价值的数字化产品设计理念

面向用户价值的数字化产品设计理念强调从功能导向转向体验驱动，依托数据洞察与用户画像精准识别需求，运用数字孪生提升设计验证能力，并通过跨平台一致性与模块化标准构建统一、高效、智能的产品开发体系，实现以用户为核心的创新转型。

（一）从功能导向转向体验驱动的设计范式

传统产品设计往往以功能完整性和性能优越性为目标，忽略了用户在实

际使用过程中的情境感知与情绪联结。在数字经济时代，企业应主动从“功能中心主义”转向“体验驱动型”设计范式，聚焦用户在使用过程中的整体感受与参与深度。这一转变不仅是视觉或交互层面的优化，也是对用户价值实现路径的系统重构。企业可通过构建全旅程体验地图识别用户在触点链路中的“痛点—爽点—痒点”，进而制定“多维体验感知指标体系”，实现从交互设计、信息架构到服务逻辑的全链协同优化。例如，小米在其智能家居产品设计中就强化“无缝互联”与“即插即用”的沉浸体验，通过小爱同学的自然语言交互与统一 App 生态，营造出高频、轻负、自然的智能场景体验，打破了传统家电割裂使用的局限。企业要真正实现体验驱动，就需构建“用户场景驱动+数据反馈校准+快速迭代优化”的循环机制，形成以用户情感与行为为核心的设计驱动闭环。

（二）数据洞察与用户画像在需求定义中的作用

数字化设计的核心不再是工程师主导的“假设型创新”，而是基于数据洞察的“需求精准识别”。通过构建多维用户画像系统，企业能够捕捉用户在社交平台、电商行为、售后反馈、使用日志等多源异构数据中呈现的需求线索与行为模式。现代数据技术，如图神经网络与 Transformer 架构，可帮助企业从非结构化数据中提炼出关键用户意图与潜在偏好，形成动态演化的用户兴趣图谱。在需求定义阶段，企业可采用“共创式数据洞察工作坊”（Data-Driven Co-Creation Lab），将用户行为分析结果引入设计原型的头脑风暴流程，以提高需求识别的精准度与创新性。例如，耐克通过分析用户穿戴设备中的运动数据与反馈内容，发现了中长跑用户对于“足弓支撑与落地回弹”的特殊需求，进而推出 ZoomX 系列鞋款并获得巨大成功。未来，用户画像应走向“行为即属性”的动态建模方向，嵌入实时交互场景中，实现产品从设计之初即具备个性适配能力。

（三）数字孪生在产品构想阶段的可行性演算

数字孪生技术正在从制造环节向产品设计前端快速渗透，为企业提供高仿真、高实时性的构想验证环境。在产品构思阶段引入数字孪生可实现对物理实体生产前的功能仿真、交互测试与使用场景模拟，极大地降低“设计盲区”带来的成本风险。通过构建“场景孪生—用户孪生—功能孪生”的三层模型架构，企业可在数字环境中快速评估产品形态、用户行为响应与系统交互效能。例如，ABB① 在智能开关产品设计中构建用户家庭用电行为的数字孪生模型，预测在不同负载状态下的电流响应与设备兼容性，从而实现定制化产品设计。在实施路径上，企业需搭建统一的数据资产中台与仿真模型库，并引入 AI 辅助建模工具提升孪生模型构建效率。数字孪生技术还应结合增强现实（AR）与沉浸体验实现“用户主导测试—AI 自动优化—原型动态演化”的设计智能闭环。

（四）跨平台一致性与模块化设计标准建设

面对多元终端、异构操作系统与跨场景交互的新挑战，构建高一致性的跨平台产品体验成为数字设计的基本要求。企业需建立以模块化为核心的“统一设计语言系统”，涵盖视觉元素、交互行为、动效反馈与语义结构，确保在 Web、移动端、智能终端、穿戴设备等不同平台之间体验统一、逻辑贯通。在实施层面，可采用“原子设计”原则，将界面组件拆解为最小单元，并通过 UI 组件库、交互库与代码复用机制进行标准化封装，实现设计与开发的高效协同。例如，阿里巴巴的 Ant Design 系统在多个业务线中推动了设计标准的一致性，使跨端产品具备统一的认知模型与体验预期。模块化不仅是技术手段，还是组织协同的桥梁，通过组件化管理提升响应速度与变更灵活性。面向未来，企业应打造“智能推荐+版本控制+自动适配”的模块化生态，实现跨平台的个性化场景快速装配与演化升级。

二、产品设计的智能辅助工具体系构建

在产品设计日益复杂与多变的背景下，构建智能辅助工具体系已成为企业实现高效、高质量创新的关键路径。通过生成式 AI、CAD 与 AR/VR 可视化、参数化建模与自动化验证机制，企业可实现从创意生成到设计验证的智能协同，全面提升研发效率与产品竞争力。

（一）利用生成式 AI 辅助原型开发与界面优化

生成式 AI 的兴起正深刻改变产品原型开发与界面设计的基本流程，其强

① ABB 是一家总部位于瑞士苏黎世的跨国工业技术集团，专注于电气化、自动化、机器人与运动控制等领域，致力于通过创新技术推动产业数字化与智能化转型。其广泛服务于能源、制造、交通等行业，在融合人工智能、工业互联网和数字孪生等前沿技术方面具有全球影响力与引领力。

大的内容生成能力可显著缩短从需求识别到初步设计验证的周期。在原型开发阶段，设计人员可基于文本提示输入，借助如 Figma AI、Uizard、即时设计、阿里的 MasterGo 等平台快速生成符合交互逻辑与美学原则的低保真或高保真界面草图，实现设计灵感的“秒级落地”。此外，AI 还能自动学习用户的交互行为与视觉偏好，智能优化界面布局、色彩对比、内容层级等关键设计参数，提高用户体验的一致性与美感统一度。在实际操作中，企业应构建“AI 协同设计链”，即通过 AI 参与设计初稿生成、用户测试反馈分析与界面改进建议，从而实现“AI 人机共创”的持续演进模式。例如，Adobe Firefly 在某工业设计企业的应用中，通过自动生成按钮状态、图标变化等细节组件，帮助设计师减少了近 60%的重复性劳动。未来，生成式 AI 将在设计场景中扮演“创意催化剂”与“智能助手”的双重角色，推动产品设计从经验主导向算法引导的范式跃迁。

（二）CAD 与 AR、VR 技术融合提升设计可视化水平

在数字化产品开发过程中，CAD 工具是构建三维模型与物理特性模拟的基础，而增强现实（AR）与虚拟现实（VR）技术的融入，使得设计验证从二维图纸跃升至沉浸式的三维交互体验，极大地提升了设计的可视化与沟通效率。设计师可在 AR/VR 环境中真实“走进”产品原型，直观感知尺寸比例、材质质感与用户操作路径，发现传统 CAD 界面中难以暴露的问题，如盲区遮挡、操控违和感等。例如，在一款面向医疗行业的手术辅助设备设计中，某企业通过 Unity① 平台结合 SolidWorks 建模，在 VR 中实现设备交互动作与医生操作手势的模拟匹配，有效提升了原型评审效率与用户反馈精度。要实现这种技术融合，企业需搭建“CAD-AR/VR 协同平台”，包括模型转译接口、实时渲染引擎与硬件适配机制，并培训设计团队掌握空间建模与虚拟交互的多技能组合，从而将可视化从演示工具提升为深度参与设计决策的智能引擎。

（三）参数化建模与智能算法的协同演算机制

参数化建模作为现代数字设计的重要方法，通过对产品结构、尺寸、构

---

① Unity 是全球领先的实时 3D 开发平台，广泛应用于游戏、工业仿真、建筑可视化和 VR/AR 设计，支持跨平台开发，具备强大的图形渲染与交互构建能力。

件之间关系的数学表达，实现设计的自动响应与快速迭代。当其与智能算法融合，能够在多目标条件下进行高效的形式生成、性能优化与功能仿真，从而实现“设计即计算”的理念。例如，在高端家具定制领域，企业通过参数化建模语言（如 Grasshopper）定义模块形状、材质纹理与连接方式，再利用遗传算法与多目标优化模型进行结构稳定性与审美评分的平衡演算，从而生成多个可选设计方案供用户选择。实施中，企业应构建“参数—规则—反馈”三层建模体系，并引入 AI 辅助的约束学习机制，让模型能够自适应用户行为与环境变化条件。此模式不仅提升了设计的灵活性与复杂度处理能力，也重塑了“人—机—物”之间的协同逻辑，使设计真正进入以智能计算为核心的进化阶段。

（四）自动化设计验证与敏捷迭代机制建设

在产品研发周期不断压缩的背景下，建立自动化设计验证体系与敏捷迭代机制成为企业实现高质量快速交付的关键。设计验证不应仅局限于几何匹配与功能完整性，还应涵盖人因工程、环境适应性、材料可行性与可制造性等多维指标。通过引入自动仿真平台与规则引擎，企业可实现从模型生成到多轮验证的闭环流程。例如，在航空部件设计中，某企业利用 ANSYS 自动化验证工具对初步模型进行气动模拟、热强度分析与可靠性评估，并结合敏捷开发框架 Scrum 将每个迭代周期控制在两周内，有效缩短产品验证周期达 40%。在落地层面，企业应构建设计规则库、验证脚本库与结果评估体系，并推动产品生命周期管理（PLM）系统与仿真平台的数据互通，确保设计迭代与验证反馈的实时同步。最终形成以“快速试错—自动反馈—持续优化”为核心的数字化研发生态，提升产品质量的同时实现创新速度的突破。

三、协同研发体系的数字化组织重构

在多团队协作与全球创新加速融合的背景下，企业亟须重构协同研发体系。通过去中心化协作平台、虚拟研发团队建设、版本控制系统及 DevOps 与 PLM 系统集成，实现高效、透明、灵活的研发协作网络，全面提升产品开发的敏捷性与创新力。

（一）去中心化协作平台在研发流程中的嵌入

传统的中心化研发模式常依赖层级指令与串联式流转，容易造成信息延迟、反馈滞后与创新断层。面向复杂产品与敏捷创新的新要求，企业亟须引入去中心化协作平台，打破部门边界，实现知识、资源与任务的即时共享与并行驱动。该类平台依托云端架构与微服务组件构建，支持多角色同时在线编辑、任务自动分发、实时进度同步以及多版本管理。例如，华为在其“协同研发平台 iDesign”中引入模块化设计空间与敏捷任务面板，研发团队可按项目维度灵活组织，实现结构设计、软件嵌入与用户测试的并行作业，大幅缩短周期，降低沟通成本。企业实施中应重点构建以“项目为核心、角色为触点”的权限协作模型，配置数字化知识库与设计标准组件库，以平台为枢纽形成去中心化、高响应、强协同的研发新范式。

（二）虚拟研发团队的组建与远程协作机制设计

在全球化背景下，企业研发团队越来越呈现出跨地域、跨文化、跨专业的特征，虚拟团队已成为应对复杂任务与全球人才配置的关键形式。数字化组织重构的核心，是基于“任务导向+数字支撑”的方式构建虚拟研发团队，借助项目管理工具（如 TAPD、Jira）、可视化看板系统、协同白板（如 Miro）与高频通信平台，形成时间错位与任务同步并存的多维协作机制。例如，小鹏汽车的海外研发部门与国内总部在智能驾驶系统设计中，通过搭建统一的云端仿真平台与中英双语界面，实现 24 小时接力式开发与反馈。企业在组建虚拟团队时，应重视“远程文化建设”，包括时间差管理、结果导向考核与信任机制培养，并通过虚拟团队仪表盘实时呈现进度、风险与交付状态，确保协同高效且可控。

（三）基于版本控制的知识资产管理系统建设

在多角色、多团队共同参与产品研发的过程中，版本混乱与知识失效常成为影响效率与成果质量的关键隐患。为解决这一问题，企业需构建基于版本控制逻辑的数字化知识资产管理系统，实现“文档、图纸、模型、代码、流程”的统一版本追溯、变更记录与授权审批。该系统通常集成 Git、SVN 等分布式版本控制技术，并结合 PLM 平台进行知识颗粒化管理与元数据标注。例如，中车在轨道装备系统设计中引入版本控制与图纸溯源系统，不仅确保了设计变更过程可控，还实现了知识的跨项目复用率提升超过 30%。实施路径上，企业应建立“版本号—责任人—变更说明”的三级关联机制，引入自动比对与冲突提示功能，并配置智能检索引擎，打造“版本清晰、知识可循、经验可传”的研发资产管理体系，支撑长期技术演进与创新沉淀。

（四）DevOps 与 PLM 系统集成路径

在产品研发与交付日益趋于一体化的趋势下，打通开发（Development）、运营（Operations）与 PLM 之间的数据孤岛，是实现敏捷创新的关键。DevOps 与 PLM 系统的集成，旨在将敏捷开发中的持续集成、持续交付（CI/CD）机制与产品结构、配置、变更等生命周期信息高效对接，形成“设计—开发—测试—交付—维护”的闭环系统。例如，西门子在其工业自动化产品研发中，通过 Teamcenter① 与 DevOps 平台集成，实现代码变更可实时映射至产品配置结构，相关人员可第一时间响应测试需求与工艺调整建议，极大地缩短了迭代周期。企业在推进该路径时，需建立标准化数据接口，制定“变更事件驱动”机制，以及构建统一的任务流引擎，实现以数据为桥梁的系统耦合与流程协同，推动从分段式管理向端到端创新体系演化。

四、开放式创新与外部生态协同研发模式

在创新日益生态化、协作日益平台化的趋势下，企业需构建开放式创新与外部协同研发体系。通过 API 平台、众包机制、用户共创与校企研联动，激发多元主体参与产品设计与技术攻关，打造高效联动、持续演进的创新生态网络。

（一）面向生态伙伴的开放 API 平台搭建

在数字化生态中，企业产品与服务日益呈现平台化、接口化趋势，搭建面向生态伙伴的开放 API 平台，是推动研发合作从“企业边界内”走向“价值共创场”的核心路径。API 平台不仅是技术接口，也是一种机制载体，使合作伙伴可在既定安全框架下访问产品数据、调用功能服务、提交反馈建议，进而参与共同研发与价值创造。例如，美国 GE 在其 Predix 工业互联网平台中构建了强大的 API 门户，合作企业可基于其模块开发预测性维护、能耗优化等工业 App，快速形成高频协同创新；美团开放 API 赋能外卖骑手、商家与服务商进行订单管理、运营分析与智能推荐，实现了服务生态的精细化扩展。

---

① Teamcenter 是由西门子开发的一款产品生命周期管理系统（PLM System），用于统一管理产品从概念设计、工程研发到制造运营等全生命周期中的数据、流程与协作。

企业在平台建设中应注重标准协议制定、权限分级控制、安全沙箱测试与开发者支持体系，打造“共享代码、共建功能、共赢成果”的创新协作土壤。

（二）数字化众包机制推动研发前期创意集聚

数字众包已从早期的低成本劳务外包进化为集聚社会智慧与用户创意的关键机制，特别是在产品设计的早期阶段，能够激发广泛、多元的创意输入，提高用户契合度。企业可借助众包平台（如 InnoCentive、众言、腾讯“轻创新”平台）发布产品创意议题，鼓励专业设计师、工程师，甚至普通用户提交概念方案，并借助智能筛选算法进行初筛与聚类推荐。例如，德国拜耳制药通过众包平台征集新型药物服用装置设计，仅 6 周便获得上千条设计建议，其中有两项最终进入原型开发阶段；小米生态链企业“云米”曾通过微信公众号发布冰箱功能众包议题，收集用户对分区保鲜、远程操控等功能的真实需求，显著提升了后续产品销量。实施过程中，应建立清晰的激励制度、知识产权保护机制与透明评审体系，让众包真正成为产品创意策源地，而非浮于表面的营销工具。

（三）用户参与式设计的数字实践机制

用户参与式设计（Co-Design）在数字环境下已不再是邀请少数用户参与访谈，而是构建可持续、互动性强的数字共创机制，使用户在产品定义、设计原型、界面交互等多个阶段深度参与。其核心在于借助可视化工具与交互平台，实现用户从“体验者”向“共建者”的身份跃迁。例如，宜家（IKEA）运用其“IKEA Place”AR 应用，鼓励用户在家中虚拟摆放家具并上传改进意见，相关反馈将被用于下一代产品的设计优化；OPPO 开发“用户共创平台”，邀请核心用户参与 ColorOS 界面组件与交互动画的优化，通过周期性版本公测与反馈闭环提升系统人机体验。企业在推动该机制时，应构建基于用户画像的分层共创机制，设置互动脚本与情境任务，并嵌入原型迭代与自动记录工具，让用户共创可度量、可追踪、可转化为产品力。

（四）校企研联动的协同研发数据共享平台建设

构建校企研联动的协同研发平台，关键在于推动知识资源、实验数据、人才能力的跨界流通与共享，突破单一主体创新的局限，形成政产学研用协同的数字研发共同体。此类平台不仅提供项目对接与协同工具，还应成为数据开放、模型训练与成果孵化的系统载体。例如，麻省理工学院与波音公司联合建立的“数字航天协同实验平台”通过开放结构应力数据与飞行试验模型，为波音新一代无人飞行器研发提供实证支撑；清华大学与中车集团联合开发“轨道交通智能设计平台”，共享实验数据、部件模型与算法模块，支持多校区远程联合建模与实时仿真，推动智能列车关键零部件从设计到测试的一体化推进。企业实施中需构建基于数据主权与成果共享规则的协同协议，引入区块链存证与AI建模中台，确保平台既开放又可信，既共享又可控，推动科研成果加速转化为竞争优势。

第二节　智能制造体系构建与柔性生产管理

智能制造体系的构建与柔性生产管理，是企业实现高质量、高效率运营的核心支撑。通过搭建智能架构底座、强化柔性生产能力、推进生产过程可视化与透明化管理，并构建具备自学习与持续优化能力的制造场景，企业可实现对复杂环境的高弹性响应、对资源配置的精准控制，以及对异常风险的主动规避，全面迈向智能、高效、绿色的未来制造新范式。

一、智能制造架构的系统性升级路径

智能制造体系升级的关键在于构建数据驱动、实时响应的系统底座。通过融合边缘计算与云制造平台、部署5G与工业互联网、整合智能感知设备与工业物联网，并实现制造资源的数字映射与实时调度，企业能够实现全面感知、高效协同与敏捷决策，打造柔性、高智的制造新生态。

（一）边缘计算与云制造平台的融合构建智能底座

在传统制造模式中，数据采集滞后、响应速度慢常常制约生产智能化水平的提升。边缘计算与云制造平台的深度融合正在构建制造系统“端—边—云”一体化的智能底座。边缘计算可在靠近设备侧进行实时数据处理与初步分析，实现低延迟控制与局部决策，而云制造平台提供集中算力与跨场景的数据治理能力。以德国西门子为例，其MindSphere平台通过边缘设备采集机器数据，实时监测机床运转状态，并同步至云端分析中心进行故障预警与能耗优化；海尔“灯塔工厂”部署边缘节点对生产异常信号进行本地快速响应，

同时借助 COSMOPlat 工业互联网平台实现云端建模与智能排产联动。企业在建设路径上，应首先明确数据分层处理逻辑，构建标准化边缘网关接口，确保边—云之间高效通信与协同决策，形成“快速响应+集中智能”双轮驱动的制造神经系统。

（二）5G 与工业互联网在车间层级的数据驱动作用

智能制造的深度演进离不开网络底层能力的革新，5G 与工业互联网的融合正推动车间从“信息可见”向“全域可控”跃升。5G 具备高带宽、低延迟与海量连接优势，使得工业场景中大量设备、传感器、机器人能实现毫秒级通信与协同控制；工业互联网平台对接这些设备数据，实现横向集成（企业内部系统协同）与纵向集成（从设备到管理的贯通）。例如，富士康在其深圳工厂部署 5G+MEC 网络，实现机械臂精准协同、AGV 无人运输系统智能调度，显著提升柔性化水平；在中国石化的数字化炼化基地中，5G 用于采集高温、高压环境下的工艺数据，并通过工业互联网平台实时回传中控系统，实现远程精准调控。企业实施中，应制定设备接入标准、统一通信协议与安全加密机制，逐步打造“连接一切、感知全局、预测控制”的数据驱动型智能车间。

（三）智能感知设备与工业物联网的深度耦合

智能制造的基础是感知能力的跃迁，而这依赖传感器、RFID、机器视觉、声音识别等智能感知设备与工业物联网（IIoT）的深度融合。智能感知不仅赋予制造设备“数据生命力”，还能实现对温度、压力、形变、动作等多维物理状态的实时捕捉和数字映射。IIoT 则将这些感知节点通过协议标准连接至平台，实现数据的集中管理、智能分析与策略下发。例如，美国 GE 在其风电设备制造中部署传感器矩阵系统，实现对每台设备关键部件的生命周期监控与预测性维护；中联重科通过智能视觉系统与 IIoT 融合，对混凝土泵车在工地的运作状态进行图像识别与远程控制，极大地提高了施工精度与安全性。企业需构建多层传感网络架构，配合协议适配层与数据清洗网关，实现感知数据与制造逻辑的深度耦合，夯实智能工厂的信息物理融合基础。

（四）制造资源数字映射与实时调度系统建设

制造资源的数字映射与实时调度是实现柔性生产与资源最优配置的核心

支撑。传统制造资源管理依赖静态计划与线下协同，面对多品种、小批量、高频率的现代生产模式已显滞后。通过构建“制造资源数字孪生系统”，将设备、物料、人员、能源等关键要素以数字化形式映射至虚拟空间，并实时更新其状态、位置与作业能力，企业可基于智能算法进行自动调度与动态优化。例如，波音公司在飞机制造中通过资源数字映射系统，实时掌控全球供应网络中零部件制造与运输进度，实现高复杂度工序的精细化排程；京东方在其智能面板工厂通过资源虚拟化调度平台，对设备故障、能耗变化与产线负载进行智能评估，动态调整任务流转路径，提升产能利用率与运作弹性。企业应引入统一的资源建模语言，结合实时数据采集与 AI 优化引擎，构建可“自感知、自调度、自进化”的资源调度系统。

二、柔性生产能力的数字技术支撑体系

柔性生产能力构建的关键在于实现高响应、高适应性的生产体系。通过模块化产线设计、自主决策型机器人、智能排产算法与动态配置机制，企业能够打破刚性制造局限，实现多品类、小批量订单的高效协同，打造柔性敏捷、智能调度的先进制造能力体系。

（一）模块化产线设计与数字切换机制

柔性制造的本质在于快速响应需求变化与多样化订单结构，而模块化产线设计正是其物理实现的基础路径。通过将产线功能单元划分为可重构模块，如智能工位、通用装配平台与移动加工单元，企业可根据产品结构与工艺变化进行快速组合与切换。更进一步，依托数字切换机制，可实现生产配置的参数化设置与一键式流程重构。例如，日本松下在其“多品种小批量智能制造基地”中，利用模块化机器人与自动导航车辆（AGV）构建可移动产线，配合 MES 系统自动加载任务参数，实现生产线快速重构；美的工业技术事业群引入模块化产线与数字切换系统，支持在 72 小时内将空调压缩机产线从标准型号切换为定制型号的全流程调整。企业在实施过程中，应制定模块统一接口标准，构建可视化流程调度平台，并借助数字孪生技术进行切换仿真验证，确保柔性不以效率为代价。

（二）自主决策型机器人在小批定制中的应用

随着市场趋向“多品种、短周期、强定制”格局，传统工业机器人在固

定路径下运行的刚性特征已难以满足需求，自主决策型机器人因具备感知、判断与实时调整能力而成为柔性制造的关键支撑。这类机器人通常集成 AI 芯片、传感器网络与路径重构算法，能够在生产过程中动态识别物料变化、工位状态与加工误差，自主优化作业路径与工艺参数。例如，美国特斯拉在其弗里蒙特工厂部署的 AI 装配机器人可识别上千种零件组合，并根据每辆汽车的个性化配置自动调整装配顺序与动作程序；京东方的柔性显示屏生产车间引入自主决策型机器人完成复杂工艺操作，通过实时图像识别与力控算法匹配，实现微米级精准作业。企业应构建“感知—识别—决策—执行”闭环架构，设置与人协同的安全边界条件，并配备训练数据增强机制，使机器人具备适应性与进化性，助力高弹性生产布局。

（三）智能排产系统中的算法优化路径

柔性生产不仅依赖硬件设施的可重构性，也依赖排产算法的动态优化能力。在高度复杂的制造环境中，生产任务需综合考虑设备可用性、物料到位情况、人员调度与订单优先级，进行实时排程与再优化。智能排产系统通常基于混合优化算法，如遗传算法、禁忌搜索、蚁群算法等，结合机器学习进行规则演化与精度提升。例如，法国施耐德电气在其智能工厂中通过自主开发的排产引擎，实现订单优先级自识别、瓶颈产线智能调整与多目标约束下的最优解生成，显著降低生产延误率；格力电器构建“AI+优化算法”排产平台，实现分钟级订单响应与小时级排程重算，支持多线协同与紧急插单处理。企业在落地该机制时应建设数据驱动的决策模型，设置实时监控与干预接口，并强化历史数据与算法参数的闭环学习，不断提升排产系统的智能适应能力与响应速度。

（四）多品类协同制造下的动态配置机制

当前企业面对的一个典型挑战是在同一制造系统中如何实现多品类产品的协同并行制造。解决之道在于构建动态配置机制，即通过软硬件一体化平台，依据实时订单需求、产能状态与工艺差异，动态配置资源与路径。该机制需打通 ERP、MES、WMS 等系统数据，建立基于规则与算法的配置引擎，实现对设备、人员、工艺路线与物流路径的实时调整。例如，瑞士 ABB 在其自动化开关设备制造中，通过配置型制造平台将 100 多种型号产品按规则匹配至不同工位，实现产线无须停机即可切换产品类型，柔性水平大幅提升；

隆基绿能在光伏组件生产中通过集成制造控制中枢，实现多品类共线、订单驱动配置与产线自动化联动，有效应对市场需求波动。企业应搭建配置规则库、动态执行系统与资源冗余调度机制，使制造系统具备“以需为纲、按单驱动、随需切换”的核心柔性能力。

三、生产过程的可视化与透明化管理

生产过程的可视化与透明化管理是实现智能制造高效运营的核心环节。通过构建数字看板、质量溯源、能耗分析与 BIM 建模体系，企业能够实现生产全流程的实时感知、异常预警与绿色优化，推动制造系统向透明、高效、可预测的智能运行模式持续跃升。

（一）数字看板与智能仪表板的实时信息驱动

在智能制造环境中，传统静态报表已无法满足复杂生产场景中对数据实时感知与快速响应的需求。数字看板与智能仪表板的构建，使关键运营指标、设备状态、作业进度等实现可视化、动态化呈现，成为驱动管理决策与一线操作的核心工具。基于 BI 平台与工业数据中台，企业可按角色定制仪表板模板，设置 KPI 实时刷新机制与异常自动预警。例如，美国卡特彼勒在其发动机装配车间部署多维数据看板系统，实时显示装配节拍、缺件预警与人员排班情况，显著提升运营效率；比亚迪打造基于物联网的数据可视化平台，实现整车车间从原材料到整车下线的全过程透明呈现。企业在实施过程中应构建“源头数据—中台处理—前端展现”的三级架构体系，配合权限分级与移动终端接入机制，真正实现“人人有数据、层层可洞察、事事能预警”的智能运营新形态。

（二）过程溯源系统与质量异常预警机制构建

生产可视化管理不仅要“看得见”，还要“追得清、管得住”。构建基于数据链条的全过程溯源系统，可实现对产品从原材料入厂、加工制造到最终装配的每一步数据记录与路径回溯，确保质量问题可追溯、责任环节可定位。通过 RFID 标签、二维码识别与时间戳机制，企业能实现对工序、设备、人员的三维绑定，并结合 AI 模型实现质量异常的预测与主动干预。例如，德国博世集团在其传感器生产中部署“智能溯源平台”，对每个微型芯片加工过程进行毫秒级记录，实现精度误差提前识别与报废率最小化；海信家电通过“质量溯源+AI识别”系统，实现对洗衣机整机测试过程的图像记录与自动判断，有效减少人为疏漏造成的批次质量事故。企业可基于工业大数据平台构建“源数据池+风险模型+触发机制”三位一体系统，实现质量问题由“事后整改”向“过程防控”的根本性转变。

（三）数据驱动的能耗分析与绿色制造优化模型

在“双碳”目标驱动下，制造企业亟须将能耗管理嵌入日常生产流程，通过数据可视化与模型算法实现绿色制造的主动调控。以能耗传感器网络为基础，结合MES系统实时采集电、水、气等能源使用数据，并通过时段分析、产品单位能耗核算与环比波动分析，构建能效模型，识别高能耗设备与异常环节。例如，荷兰飞利浦在其智能照明制造基地推行“绿色仪表盘”，实时分析各产线能耗与碳排系数，动态调整运行策略，助力工厂碳足迹每年下降15%；格兰仕通过部署能源管理系统与智能网关，实现对锅炉房、注塑车间等高耗能节点的分时段能源控制与优化配置，有效提升能源利用率与经济效益。企业应构建“能耗数据采集—分析模型构建—策略自动执行”的闭环管理机制，推动生产系统从“能耗响应式控制”向“绿色预测性运营”转型。

（四）基于BIM的数字工厂全景建模与运营映射

随着制造系统空间结构与工艺流程日趋复杂，企业需借助建筑信息建模（BIM）技术构建数字工厂三维全景模型，实现空间布局、设备安装、物流路径与能耗网络的可视化映射与协同优化。BIM不仅提升了生产环境的透明度，还成为设计、建设、运营一体化管理的智能中枢。结合物联网与GIS技术，可将BIM模型实时接入设备运行数据与人员轨迹信息，形成“可视—可控—可预测”的运行体系。例如，英国劳斯莱斯在其航空发动机智能工厂中采用BIM模型与生产控制系统集成，建立从工艺规划到设备部署的动态演化仿真平台；中车株洲所打造的“BIM+IoT+VR”数字车间，实现车间结构、作业进度与能耗流动的三维动态可视与远程管理。企业应制定BIM建模标准、引入多源数据接口，并与MES、EAM系统深度集成，打造全景数字孪生工厂，实现对制造运营的精细化感知与一体化管理。

四、制造场景的自学习与持续优化能力

制造场景的自学习与持续优化能力是实现智能制造进化的关键支点。通过机器学习预测工况、异常识别与自动修复、资源预测性配置，以及知识图谱驱动的工艺推荐，企业能够构建具备感知、判断与自适应能力的智能系统，实现制造全过程的动态优化与持续进化。

（一）利用机器学习模型实现设备运行工况预测

在传统制造体系中，设备运行状态管理多依赖人工经验或固定阈值判断，难以应对复杂动态工况。借助机器学习模型，企业可实现对设备运行数据的深度挖掘与精准预测，从而提升故障预警、维护计划与产能调度的科学性。通过采集设备在不同负载、温度、振动等状态下的运行数据，构建监督式或无监督学习模型（如随机森林、LSTM 神经网络等），预测设备关键部件的性能退化趋势与故障概率。例如，美国 GE 在其燃气轮机制造中部署机器学习模型预测叶片磨损周期，将计划性停机提前 30 天预判，有效避免重大损失；三一重工基于数万台施工设备远程数据，开发出设备健康度评估模型，实现实时工况预测与区域维保自动调度。企业实施时应建立高频采样机制与标准化数据结构，引入模型自更新机制，实现设备管理从“事后维护”迈向“预测保全”的本质转型。

（二）异常模式识别与制造异常的自动修复流程

制造过程中的异常，如设备抖动、工艺波动、数据失真等，往往隐蔽性强、影响广泛。通过构建异常模式识别模型并联动自动修复机制，企业可实现从异常感知到纠正干预的闭环控制。技术上通常结合聚类算法、孤立森林或深度自编码器识别非典型行为轨迹，并通过专家规则库或强化学习模型实现参数自调与路径重构。例如，日本佳能公司在其影像器件制造中部署多维异常识别系统，结合实时图像分析与工艺参数预测，自动修复细微定位偏差，保障高精度装配质量；天合光能通过智能识别算法监控太阳能电池片制程中微裂纹形成趋势，系统自动调整炉温与张力参数，实现制程自优化。企业应构建异常数据标签体系与标准响应机制，建立算法与控制系统的实时联动接口，推动生产系统具备“异常自判别、过程自校正、效率自恢复”的智能能力。

（三）产能波动下的预测性资源配置调整系统

在多变的市场环境下，制造企业常面临订单结构变化、原材料短缺或人工波动等挑战，亟须构建基于预测的资源配置系统，实现对产能调整的快速响应。通过集成历史订单数据、客户行为趋势、供应链状态等多维信息，企业可建立多变量时间序列预测模型，提前识别产能负荷变化，进而触发资源配置调整机制，如人员调配、工艺切换或排产调整。例如，韩国三星电子在半导体制造中构建预测性资源调配系统，能根据全球市场信号实时调整产线开动率与芯片封装顺序，有效压缩产能冗余；宁德时代利用AI预测模型联动物料调度平台，对原材料配送、产线工人排班与机器人路径进行同步优化，显著提升产能匹配度与响应速度。企业应搭建“预测引擎+配置中枢+执行反馈”三层架构体系，构建柔性资源池与动态策略库，实现对不确定性环境下的高弹性运营响应。

（四）基于知识图谱的制造工艺智能推荐系统

随着制造工艺日趋复杂，经验型技术积累难以支撑个性化、高复杂度工艺设计需求。构建基于知识图谱的工艺智能推荐系统，是将历史工艺知识、专家经验与实时数据结构化、图谱化并智能调度的重要路径。通过对材料属性、设备能力、产品结构、工艺路线等要素的语义建模，构建“实体—关系—规则”网络，并结合推理算法与上下文匹配技术实现工艺推荐与路径优化。例如，德国西门子通过工艺知识图谱平台，实现对高端精密零件在不同材料与订单条件下的最优工艺路径自动匹配，极大地提高了工程师的决策效率；航天科工开发的“复合材料工艺图谱系统”集成数十年专家经验，实现了复合材料热压、模压等复杂工艺的自动推荐与实时验证。企业应建设跨系统数据接入机制与本体建模标准，推动工艺知识由“人脑记忆”向“机器共享”迁移，赋能智能制造场景下的知识自主调度与快速创新。

第三节　数据赋能的精准营销与智能定价机制

在企业全链路数字化运营中，数据赋能的精准营销与智能定价机制正成为提升市场响应效率与用户价值转化能力的核心驱动。通过构建用户行为洞察与多源数据融合体系，推动营销策略智能进化，建立智能定价模型与多维渠道协同机制，企业实现了从传统经验主导向数据驱动、算法导向与价值引领的系统性跃迁，全面打造以用户为中心、智能联动、高效转化的数字营销新生态。

一、用户行为洞察与多源数据融合机制

用户行为洞察是精准营销的起点。通过全渠道数据采集、客户旅程建模、语义情绪分析与多维标签体系构建，企业能够实现对用户需求、偏好与行为路径的深度理解与精准刻画，为后续的内容推送与策略优化提供数据支撑与智能引擎，推动营销体系向个性化与智能化持续演进。

（一）全渠道用户行为数据的智能采集与治理

精准营销的第一步是对用户行为的全面感知。随着用户在不同平台、不同设备上的交互行为日益碎片化，企业必须构建全渠道数据采集系统，实现跨场景、跨终端的统一追踪。该系统应涵盖 Web、App、小程序、社交媒体、线下门店等多个触点，采集用户点击、浏览、停留、跳出、扫码、支付等行为数据，并通过标签统一与用户 ID 映射。在治理方面，需建立 ETL 清洗流程、异常剔除规则与数据分层存储架构，确保数据准确性与实时性。例如，亚马逊通过“用户 ID 融合算法”整合其用户在 PC 端、Kindle 端与 Alexa 语音交互的行为数据，形成完整消费画像，从而实现跨设备、跨场景一致推荐；京东采用埋点系统与客户端 SDK 采集全渠道行为数据，并结合“账号+设备+地理位置”识别体系，解决用户行为跨域合并难题。企业应制定统一数据采集标准与权限机制，并引入边缘计算以提高实时响应能力，为后续洞察与决策奠定坚实数据基础。

（二）客户旅程建模中的路径分析与关键节点识别

客户旅程不再是线性路径，而是由多个触点、多个行为链条构成的复杂网络。要实现精准营销，企业需构建以数据驱动的客户旅程建模系统，基于路径分析识别影响转化的关键节点。该建模需整合行为序列（点击、搜索、加入购物车）、时序特征（访问频率、访问间隔）、情境变量（设备、地域、时间）等数据，构建多维行为路径图，并借助马尔科夫链分析、贝叶斯网络或序列深度学习模型（如 Transformer）识别高概率转化路径与流失节点。例

如，美国流媒体平台 Netflix 通过路径预测模型识别用户从“预告片浏览—影评阅读—播放”的最短转化链条，有针对性地优化平台内容布局与推荐逻辑；小红书借助行为路径图挖掘“点赞—评论—私信”之间的潜在转化通道，助力私域电商模型的建立。企业应围绕“起点—高频节点—终点”构建客户旅程分析模板，强化关键路径可视化与干预策略设计，实现营销资源的精准投入与 ROI 的最大化。

（三）语义分析在客户情绪识别与偏好预测中的应用

用户的购买行为不仅受理性需求驱动，还深受情绪波动与潜在偏好影响。语义分析技术，尤其是结合深度学习与自然语言处理（NLP）的情绪识别模型，正成为理解用户潜在意图与预测偏好的关键工具。企业可采集社交评论、客服对话、问卷反馈、评价文本等非结构化语料，借助 BERT、RoBERTa、鹏程·盘古、阿里通义千问等预训练语言模型对文本情感倾向、需求意图与行为意图进行细致分类与打分，进而构建客户情绪标签与兴趣向量。例如，美国服装品牌 ZARA 通过分析用户在社交媒体上的评论情绪变化，调整新品上线节奏与促销策略，实现销售季节性提前布局；网易云音乐借助情绪识别算法洞察用户评论内容，将用户划分为“怀旧型”“励志型”等情感偏好群体，并实现歌单推荐的情绪精准适配。企业在应用时应重视数据隐私保护与情绪分类标准建设，推动语义分析从“情绪识别”向“个性理解”的进化，为个性化营销提供精准心理支撑。

（四）多维标签体系构建与个性化内容精准推送

在全数据驱动的精准营销体系中，构建多维用户标签体系是实现千人千面的基础。企业应基于行为、偏好、地理、社交、价值、生命周期等多个维度，设计层级清晰、动态更新的标签系统，并结合内容画像、商品属性与上下文语境进行智能匹配推送。技术路径上，可通过聚类算法与因子分解技术提取用户隐含特征，构建用户向量模型，再结合协同过滤与深度匹配模型，实现内容与用户之间的高精度适配。例如，Spotify 利用用户听歌习惯、时间节点与互动行为构建数百维标签体系，实现基于情境的内容推送（如“下班轻音乐”“晨间通勤精选”），显著提升了播放时长与用户黏性；哔哩哔哩通过多标签系统为 UP 主粉丝划分兴趣层级，并结合弹幕语义分析进行个性化视频推荐，形成高度精准的内容分发生态。企业应建立标签生成与更新的自动机制，强化标签与用户行为之间的因果映射关系，推动内容推送从“相关性”向“共鸣性”升级。

二、数字化营销策略的智能进化路径

在用户需求多变与营销场景碎片化的背景下，数字化营销策略正加速向智能化进化。通过引入 AI 创意生成、多触点内容协同、营销自动化与 A/B 测试机制，企业实现了从静态投放向动态优化、从单点触达向全生命周期运营的跃迁，构建出敏捷、高效、以用户为中心的营销新范式。

（一）AI 驱动的创意生成与广告投放自动优化

在传统营销中，创意策划与广告优化往往依赖人工经验与反复试错，既耗时又效率低下。通过引入生成式 AI 和算法投放机制，企业正实现从“人做决策”向“算法驱动决策”的战略跃迁。AI 可基于用户画像、语义偏好与平台场景生成适配性的广告文案、图像乃至短视频，并自动投放至最优渠道，形成“创意—投放—反馈—再优化”的闭环系统。例如，美国 Meta 公司推出的 Ad Creative Studio 工具，借助机器学习算法实时生成针对不同受众的广告素材，显著提升了转化率和广告回报率；阿里巴巴达摩院研发的鲁班系统，可根据商家商品信息一键生成海报、短视频等创意内容，并通过智能投放引擎进行自动多版本测试，极大地提升了投放效率与 ROI 表现。企业在实践中应构建“数据输入—内容生成—投放执行—行为追踪”的全流程 AI 链路，强化创意生成与用户行为间的实时联动，实现营销内容的高度匹配与持续优化。

（二）多触点动态分发下的内容协同机制

数字营销场景下，用户的注意力被高度分散于不同平台与媒介，如何实现多触点内容的协同联动成为企业抢占用户心智的关键。内容协同机制要求企业构建跨平台、多格式、适情境的动态内容管理系统，实现品牌表达在不同渠道中的一致性、适配性与互动性。技术上，企业应通过客户数据平台（CDP）整合触点信息，并结合内容标签体系与上下文感知算法，动态分发内容版本。例如，耐克通过其内容管理平台对“运动科技”主题内容进行定向分发，在官网呈现专业知识，在社交平台展示情绪共鸣图文，在线下门店推送关联优惠信息，形成多触点一致又差异化的传播闭环；腾讯广告生态整合微信朋友圈、视频号、小程序与公众号内容，实现用户路径中的全链条触达。

因此，企业实施中应构建“内容资产库+用户触点识别+版本适配引擎”三层架构，使营销内容能够实现“因人、因时、因媒而异”的精准协同，提升用户感知价值与品牌连贯性。

（三）营销自动化流程与用户生命周期节点结合

现代营销不仅是一次性触达，还是围绕用户全生命周期展开的精细运营过程。营销自动化系统通过设置行为触发规则与节点响应机制，实现对用户生命周期各阶段（获客、培育、转化、复购、留存、激活）的持续陪伴与价值挖掘。企业应结合 CRM 系统、CDP 与行为分析引擎，构建覆盖全流程的自动化任务链，包括欢迎邮件推送、购物车唤回、会员转化激励、沉默用户激活等环节。例如，美国 SaaS 公司 HubSpot 提供的自动化营销平台，通过拖拽式流程图实现行为触发式任务部署，并基于 A/B 测试不断优化节点转化效果。小米生态链通过米家 App 构建用户行为轨迹，结合自动化运营系统在家电注册、使用、保养等环节触发分阶段内容与优惠，提升用户活跃度与复购率、转化率。综上，企业在落地过程中，应形成“数据感知—节点定义—内容部署—效果监测”的闭环机制，推动从粗放式营销向精细化关系运营演进。

（四）实时反馈闭环机制与 A/B 测试平台建设

由于数字化营销环境中不确定性与多变量并存，因此企业必须具备快速试错与策略迭代的能力。建立实时反馈闭环机制与 A/B 测试平台，可帮助企业以数据为锚点，动态评估营销活动效果并快速优化策略。通过设置关键指标（如点击率、转化率、用户留存率等），系统可实时收集用户响应数据，并对不同内容版本、投放策略、价格点等进行对比分析，得出最优方案。例如，美国 Netflix 依托其庞大的 A/B 测试系统，对同一电影不同海报版本进行多轮测试，找出对于不同观众群体最具吸引力的视觉元素；拼多多在 App 首页运营策略中，通过实时 A/B 测试优化频道布局与商品排序，有效提升了用户停留时长与转化率。因此，企业应打造“测试设计引擎+数据采集系统+动态调控平台”三层结构，鼓励基于实验的营销文化，推动组织在复杂市场中实现“快速响应+持续优化”的策略韧性与增长驱动。

三、智能定价模型的构建与应用

智能定价模型是提升企业收益质量与市场响应速度的关键工具。通过实时供需预测、用户分层定价、竞品敏感度建模与边际利润优化，企业可构建动态、精准、可演化的定价体系，实现从“经验定价”向“数据驱动、智能调控”的战略跃升，全面激发产品价值与市场潜能。

（一）基于实时供需预测的动态价格调整机制

传统定价策略多依赖固定区间与历史数据分析，难以应对市场瞬息万变的供需变化。基于实时供需预测的动态定价机制，通过整合销售数据、库存水平、用户访问频率与竞争对手价格，实现产品价格的自动调整与策略优化。核心在于构建高频数据更新的预测模型，如 ARIMA、LSTM 或强化学习网络，动态捕捉市场趋势并指导定价策略。例如，美国 Uber 采用动态定价机制，根据乘客需求与车辆供给实时计算“高峰溢价”，有效疏导交通与提升资源效率；携程通过用户访问行为、历史预订习惯与航班座位余量实时调整机票与酒店价格，提高满房率与单位利润率。因此，企业应搭建“数据采集—需求预测—价格计算—即时反馈”的闭环系统，辅以模拟仿真平台评估策略影响，构建可自我学习、自我迭代的价格调控中枢，提升收益管理的智能化与主动性。

（二）差异化定价策略与用户分层算法融合

差异化定价已成为精细化运营的重要手段，其关键在于结合用户画像实现分层定价，即通过标签体系与行为模式识别，设定不同用户群体的价格敏感度与支付意愿。在模型设计中，可采用聚类分析、协同过滤与贝叶斯推断等方法构建用户分层体系，并将其与定价逻辑动态联动，设定专属优惠、阶梯价格或个性化折扣策略。例如，亚马逊针对 Prime 会员与普通用户设置不同价格带和促销内容，并结合 A/B 测试持续评估转化效果；唯品会根据用户历史浏览行为与购买频次自动识别高活跃用户，动态推出“个性化限时特价”，显著提升点击率与复购率。企业在实施中应注意价格分层的透明度与公平性，通过智能定价引擎实现“以用户价值定价格”，并建立价格反馈机制防止用户对比反噬，实现收益最大化与客户满意度兼顾的动态平衡。

（三）竞品定价监测与价格敏感度建模技术

在高度竞争的市场环境中，企业定价不能脱离竞争对手动态，必须通过竞品价格监测系统实现对市场环境的敏感感知，并结合价格敏感度建模制定应对策略。技术上，企业可利用网络爬虫、API 等手段实时抓取竞品价格、库存、促销信息，并构建基于贝叶斯估计或 logit 模型的价格敏感度曲线，预测用户在不同价格差异下的选择概率与弹性区间。例如，德国 Zalando 在电商领域通过竞品监测平台对比同类品牌定价，并结合用户点击与转化数据构建“价格吸引力指数”，作为产品定价与促销力度调整的重要依据；京东利用自主研发的价格雷达系统，实时抓取天猫、拼多多等平台相似 SKU（库存单位）价格，并通过敏感度模型动态设定“价格护栏”，防止价格战陷阱。因此，企业应构建“竞品对标—价格响应—用户选择预测”的完整链路体系，使定价从“跟随式”向“博弈式”“引导式”转变，强化价格竞争中的主动权与策略智慧。

（四）基于边际贡献的利润最大化定价框架

智能定价的最终目标并非销量最大化，而是边际利润的持续优化与结构收益的最大化。基于边际贡献的定价框架，将每一单位产品的变动成本、单位毛利、资源消耗与获客成本纳入定价决策逻辑，结合收益管理模型进行动态调优。在实施上，企业需建立产品级边际收益分析模型，结合时间窗口、渠道结构与库存周期进行价格梯度设置。例如，美国达美航空通过收益管理系统预测不同舱位在不同预订时间的边际利润表现，动态调整价格与可售座位数量，实现整体利润率提升超 20%；华为在其企业级服务器销售中引入基于边际收益的定价逻辑，将销售预测、服务成本、渠道回扣与库存资金占用等因素纳入定价模型，实现不同客户场景下的最优利润配置。由此可见，企业应推进从“成本+定价”向“价值+场景+边际利润”的升级，结合 AI 模型实现高频调价与策略优化，形成动态利润驱动型定价体系。

四、价值驱动的销售渠道协同优化

价值驱动的销售渠道协同优化是实现精准营销闭环与用户价值转化的关键。通过 O2O 整合、终端数据反哺、数字直销体系与区块链履约机制，企业可实现线上线下一体化运营、用户资产持续经营与营销信任机制构建，打造高效、透明、可持续的全域协同营销新格局。

（一）数字化渠道协同下的 O2O 整合营销策略

在消费行为日益多元、触点高度碎片化的背景下，构建线上线下融合

（O2O）的渠道协同机制，已成为提升营销效率与用户体验的关键路径。O2O 整合不仅意味着线下门店的数字化改造，还强调以用户为核心的数据驱动闭环构建，打通信息流、服务流与交易流，实现全域营销联动。技术上应实现 CRM 系统、电商平台、会员系统与门店 POS 的互联互通，并配合智能导购与移动支付，实现用户识别与行为跟踪的无缝衔接。例如，美国 Target 通过 App 与门店一体化运营，实现用户可线上预订、门店自提，并在门店场景中个性化推荐相关商品，极大地提升了转化率与复购率；百丽集团借助 DTC（直连消费者）平台构建“线上种草+线下成交”的协同机制，重构品牌与用户的连接方式。综上，企业应围绕“同数据、同运营、同服务”的核心逻辑，打破线上线下割裂，实现渠道角色的价值重塑与体验协同。

（二）零售终端与平台流量的数据反哺机制

在平台化生态主导的数字零售格局中，流量正从“中心式分发”向“用户行为驱动”转变，零售终端的运营不再只是执行层，还是数据产生与反哺的核心节点。通过终端设备、导购 App 与用户互动系统，企业可在消费现场采集高质量数据，如客户偏好、停留热区、试用反馈与即时交易，反向优化上游平台的内容推送、商品组合与营销投放策略。例如，日本优衣库通过门店热力图与试衣间转化率监测，调整主推 SKU 及线上广告素材，实现线上、线下内容的高效协同；我国的名创优品通过“智慧门店”体系实时采集用户在店行为数据，并将结果反哺电商平台，对比线上流量偏好，优化商品排列与促销节奏。因此，企业应构建“终端采集—平台分析—策略优化”的闭环机制，推动门店由“流量终点”向“数据中继”的价值进化，形成基于用户行为驱动的动态营销体系。

（三）数字直销体系建设与客户资产化管理

随着品牌自营意识的觉醒与公域流量成本上升，越来越多企业开始重构以数字直销为核心的渠道体系，以实现客户资产的长期经营与价值变现。数字直销不仅是销售模式的改变，也是品牌与消费者之间关系结构的重塑，核心在于构建以用户生命周期为导向的“客户资产池”，并通过私域运营、数据分析与个性化触达实现资产增值。例如，美国戴森通过品牌官网、App 与会员系统构建完整的数字直销链路，实现客户从购买到售后全生命周期的数字沉淀与精准运营，降低对第三方平台的依赖；我国的完美日记通过小程序商城与社群矩阵运营，打造“品牌—用户—产品”三位一体的数字直销生态，有效提升了用户黏性与复购率。企业应建立以用户标签、生命周期分层与价值贡献模型为基础的客户资产管理机制，推进从“单次转化”向“持续经营”的转型，实现销售渠道向数字化用户资产系统的跃迁。

（四）基于区块链的营销合同履约与溯源机制

在跨平台、多参与方的复杂营销协作中，营销数据的可信性、合同履约的合规性与品牌权益的保护成为渠道协同中的痛点与挑战。引入区块链技术，可实现营销全链条的信息不可篡改、履约行为自动执行与数据资产确权，提升渠道协作的透明度与信任基础。通过智能合约，可自动触发激励分发、广告结算与业绩确认，有效减少传统结算中的争议与延迟。例如，英国宝洁公司在与广告代理的合作中引入区块链平台，跟踪广告投放过程中的每个环节，实现费用透明与流程合规；京东科技构建广告联盟区块链系统，实现从内容发布、用户点击到转化行为的全过程上链，提高了广告主与媒体渠道间的数据一致性与清算效率。因此，企业应构建“营销行为记录链+智能合约执行引擎+数据确权机制”的技术架构，将区块链从“防篡改工具”升级为“协作规则制定者”，推动营销生态从“交易导向”向“信任驱动”演进。

第四节　客户服务数字化与全生命周期管理

客户服务的数字化与全生命周期管理已成为企业构建持续竞争力的关键环节。通过统一服务平台升级、智能化客户建模、体验流程优化与社群生态共建，企业实现了从服务流程标准化向个性化、智能化与生态化的深度跃升。各环节相互联动，贯穿客户感知、运营响应与价值共创，全面推动企业从“以产品为中心”向“以用户为中心”的数字化运营转型，构建高满意度、高黏性与高复购的服务闭环。

一、客户服务平台的数字化升级与集成

客户服务平台的数字化升级是企业实现高效响应与用户满意度提升的关键环节。通过统一服务入口、智能客服协同、全渠道服务事件智能分发与可视化工单系统建设，企业不仅提升了服务流程的智能化与透明化水平，还构

建起以用户体验为核心的全链路服务新生态。

（一）多平台统一服务入口的架构与部署路径

在客户触点高度分散的数字时代，服务体验碎片化成为企业与用户之间最大的“感知鸿沟”。构建多平台统一服务入口，即以“一个界面、全渠道接入、一体化响应”为核心，实现跨平台服务整合与统一交互，是提升客户感知与运营效率的关键路径。企业需在架构上建立“前端入口+中台协同+后端调用”的技术体系，支持来自App、网页、微信公众号、第三方平台（如天猫、京东）等多渠道用户请求的统一接入、身份识别与任务派发。例如，英国电信（BT）统一构建MyBT平台，使用户可在同一账号下办理话费、宽带、设备升级等服务，提升了用户黏性与跨产品渗透率；顺丰推出“顺丰速运+”超级服务入口，整合快件跟踪、客服咨询、投诉处理等功能，打造一站式服务闭环。企业需重点解决系统对接标准、数据打通协议与多语言适配机制，推动平台从“渠道整合”走向“服务一体化”。

（二）虚拟客服机器人与自然语言理解协同应用

AI虚拟客服的普及正在彻底重塑传统客服体系，但真正实现高效服务的关键，不在于替代人工，而在于通过自然语言理解（NLU）实现人机协同的智能交互机制。基于深度学习与语义理解模型（如BERT、ERNIE、讯飞星火认知大模型等），智能客服机器人可准确识别用户意图、上下文逻辑与情绪状态，实现复杂问题的多轮对话与任务执行。例如，美国保险科技公司Lemonade利用AI客服“Maya”完成保单购买、理赔申请与风险评估全过程，缩短服务时长至原来的1/10；小米的“小爱同学”客服体系融合语音识别、上下文语义联想与后台知识库联动，实现90%以上标准问题的自动化处理。企业在部署过程中应构建“NLU引擎+知识图谱+交互逻辑树”三位一体结构，并引入“人机转接预警机制”，确保复杂问题与情绪问题能快速转交人工接管，提升整体客户体验与服务韧性。

（三）全渠道服务事件智能分发与实时响应机制

在客户服务过程中，如何在多渠道、多角色、多类型的诉求中实现高效调度与即时响应，是服务系统能否稳定运行的关键。全渠道服务事件智能分发机制通过将客户请求进行结构化识别、意图分类与优先级评估，自动匹配至最优应答渠道与责任人，实现服务效率与准确率的双提升。技术实现上，需搭建事件识别引擎（结合关键词提取与情境理解）、规则引擎与自动派单系统，并结合工单管理平台与人员调度算法进行全流程闭环响应。例如，美国Delta航空在其全球客服系统中部署服务智能分发模块，将客户的问题根据内容复杂度与语言偏好自动匹配至对应时区与专业客服，大幅缩短平均响应时间；京东服务云平台实现服务工单的自动分类、优先级预测与多渠道分发，使95%以上常见问题可在3分钟内解决。因此，企业应重点建设“实时识别—智能派发—反馈追踪”机制，并在服务高峰期引入“智能缓冲调度”策略，实现服务能力的弹性扩展与效率优化。

（四）可视化工单系统与服务链路追踪平台构建

随着服务流程的多环节协同与响应路径的复杂化，客户往往面临“我已经提过问题但没人处理”的体验盲区。构建可视化工单系统与服务链路追踪平台，是打通前台请求与后台执行间断点、提升客户信任与服务透明度的核心手段。该系统应支持服务请求的状态可视化展现（如“已受理—处理中—已解决—评价中”），并与客服、技术、物流等多个角色的操作轨迹实时联动。例如，德国电信为企业用户提供服务请求图谱展示界面，用户可清晰查看技术人员调度、远程支持与设备派遣的全过程，提升服务信任感；OPPO通过智能服务平台建立用户服务地图，客户可实时查看维修进度、快递配送与售后回访状态，大幅减少投诉率。综上，企业应构建统一服务状态接口标准，并引入“链路事件日志+用户侧视图”双模架构，打造透明、可验证、可信赖的数字化服务管理体系。

二、客户生命周期的数字建模与预测

客户生命周期的数字建模与预测是实现精细化服务与持续价值挖掘的核心路径。通过构建客户价值评估、流失预警、复购倾向预测与健康度监测模型，企业能够实现对客户状态的动态洞察与精准干预，推动客户关系由被动响应向主动经营跃升，构建稳定、高价值的用户资产体系。

（一）客户生命周期价值（CLV）建模路径设计

客户生命周期价值（CLV）是衡量客户长期商业贡献的重要指标，也是支撑企业进行营销投资分配、服务资源调度与个性化运营的核心基石。构建

CLV 模型需整合客户交易频次、消费金额、购买周期、产品偏好与忠诚度等多维数据，建立逻辑回归、LTV 预测模型或深度学习框架，进行用户未来贡献价值的量化预测。例如，沃尔玛利用 CLV 建模结合商品类别、时间价值折现率与客户社交影响力，动态调整会员权益和精准营销资源分配，提升了高价值客户的留存率与 ARPU 值；网易考拉构建 CLV 模型对海淘用户进行价值排序与分层，并据此开展定向优惠、专属客服与优先物流服务，实现营销 ROI 提升超过 30%。企业实施时应重视 CLV 与生命周期阶段的耦合，搭建“数据采集—特征工程—模型训练—策略部署”四步路径，实现客户价值可视、可测与可运营。

（二）流失预警与挽回机制中的深度学习应用

客户流失常常悄无声息地发生，其前兆复杂、影响巨大。依托深度学习技术，企业可实现对用户行为变化的多维捕捉与潜在流失倾向的精准预警。通过对用户活跃度、消费频率、交互路径、售后行为与情绪倾向等数据输入建模，利用 RNN、LSTM 或 Transformer 结构模型进行时序预测，识别“流失高风险用户”，并匹配个性化挽回策略。例如，美国 SaaS 企业 Zendesk 基于用户活跃度和客服互动频率，构建深度流失预测模型，显著提升了高风险用户识别的准确率，并在试用转正环节通过定向优惠成功挽留 30%以上客户；我国的数字健康平台 Keep 通过时序神经网络识别用户锻炼中断行为并推送激励内容，实现了流失率的稳定控制。综上，企业应建立“预测—分层—挽回”闭环机制，匹配触发式运营内容与多渠道触达策略，实现从被动响应向主动挽留的跃迁，夯实客户稳定运营的底座。

（三）复购倾向预测模型与激励策略联动机制

复购是衡量客户黏性与产品满意度的重要指标，构建科学的复购倾向预测模型能够帮助企业在合适的时机触发激励措施，显著提升订单转化率。该模型需结合购买频率、品类偏好、价格敏感度、交互行为等变量，采用逻辑回归、随机森林或梯度提升树算法进行分类预测，并与营销策略联动，开展个性化内容推送与专属优惠配置。例如，星巴克在其会员系统中部署复购预测模型，根据用户最近购买路径与地理位置，主动推送“午后专属折扣”与“邻店新品体验券”，显著提高了门店客流回暖效果；喜茶通过小程序分析用户购买频率与口味偏好，利用复购预测模型实施“节日口味回归”计划，精准命中高潜用户群体。因此，企业应构建“行为建模—分数打标—激励配置—效果追踪”的复购优化路径，并引入 A/B 测试与长短期收益评估机制，确保激励投入与用户价值提升的动态均衡。

（四）客户健康度评价体系与动态更新算法

客户健康度是衡量客户当前状态是否稳健、未来价值是否持续的重要运营指标，广泛应用于 B2B 服务、订阅制平台与高价值消费品领域。构建健康度体系需设定涵盖活跃行为、服务响应、反馈态度、支付状态、续约意愿等维度的指标体系，并通过加权打分、模糊聚类或图神经网络实现客户状态的智能分类与风险预警。例如，美国 Salesforce 在其 CRM 中引入客户健康度模型，对每个账户按活跃度、工单密度与功能使用率实时打分，触发相应运营跟进机制；腾讯云针对企业客户引入“健康评分卡”，结合 API 调用频次、技术支持满意度与账期表现等动态数据，推动客户成功地进行差异化运营。因此，企业应部署“指标输入—评分建模—动态监测—运营响应”的管理路径，并结合实时数据流与人工校验机制，确保健康度评估体系既具前瞻性又具操作性，成为客户生命周期管理的“早诊预警器”。

三、数字化体验优化与满意度提升路径

数字化体验优化与满意度提升已成为客户服务价值跃升的关键环节。通过构建数据感知机制、客户旅程可视化系统、多模态交互系统与用户反馈闭环评估体系，企业能够实现从问题发现到体验重构的全流程智能优化，推动服务从标准化向个性化、从响应式向洞察式演进，显著增强客户黏性与品牌好感度。

（一）基于数据感知的服务痛点识别机制构建

优化客户数字化体验的前提是精准识别影响满意度的服务痛点。企业应构建以数据感知为核心的服务痛点识别机制，通过多维数据融合与智能分析技术，对用户在各触点的情绪变化、操作中断、请求响应延迟等行为信号进行实时捕捉与模式识别。技术路径上，需整合页面点击流、客服交互内容、表单填报中断率、App 崩溃日志等数据，并借助聚类分析、情感识别模型与关联规则挖掘技术，实现痛点归因与优先级排序。例如，美国 Booking. com 通过行为分析平台识别用户在支付页面频繁跳出问题，迅速调整支付按钮布局

与加载速度，显著提升支付完成率；招商银行 App 借助“客户路径异常感知引擎”识别服务流程中的高阻点，推动移动端转账流程再设计，优化后客户投诉量下降 40%。因此，企业应打造“数据采集—模式识别—问题定位—体验优化”闭环机制，实现从感知问题到驱动迭代的全流程协同。

（二）客户旅程可视化与体验流程重构方法

随着服务流程日趋复杂，用户在不同触点间的旅程往往存在“断点、盲点与冗点”。构建客户旅程可视化系统，对用户在获取、使用与反馈阶段的全过程进行数据化映射，是发现服务瓶颈与优化体验流程的关键手段。企业可采用用户旅程图结合实时数据仪表盘，将每一接触点的操作时间、满意度评分、问题发生率等可视化呈现，并通过节点重要度分析与情境触发机制重构流程。例如，英国航空在其官网与 App 中部署可视化旅程分析工具，发现登机牌打印路径重复率过高，调整后提升了移动值机转化率；盒马鲜生借助用户旅程模型优化“下单—分拣—骑手接单—配送”全过程的接口交互与时间控制，提升用户体验一致性。因此，企业应构建以“关键场景—行为数据—满意反馈”为基础的旅程图谱系统，推动体验流程从被动响应向系统性重构升级。

（三）多模态交互界面与个性化服务响应融合设计

在数字化服务场景中，单一交互模式已难以满足多样化用户群体的需求。构建多模态交互界面，将语音、文本、图像、视频与触控等交互方式融合，并结合用户画像、行为习惯与偏好标签，提供定制化的服务响应体验，是提高满意度的有效路径。企业应部署多模态识别技术与响应引擎，通过语义理解、多轮对话管理与智能推荐机制，构建“人机协同+个性化驱动”的交互逻辑。例如，美国汽车品牌福特在智能客服中引入语音控制与情景可视问答系统，使用户可通过语音快速完成售后服务预约与导航推送；科大讯飞打造的“智慧政务助手”平台，融合语音识别与语义理解能力，实现对不同年龄段用户的自然语言引导与服务菜单自动呈现，大幅提高办事效率。综上，企业应以“自然语言处理+用户建模+多端一致性”为技术支撑，实现交互界面的自适应进化，推动服务体验从功能满足走向情感共鸣。

（四）用户反馈闭环管理与满意度指标智能评估

持续优化客户体验必须依赖稳定、高效的用户反馈机制。构建闭环式反馈管理系统，不仅要收集用户意见，还要做到反馈响应、问题解决与满意追踪的全过程可见、可控、可评估。企业应在客服系统、App 端、邮件渠道等部署智能评价引导机制，并通过 NPS（净推荐值）、CSAT（满意度评分）与情绪分析模型等进行满意度评估，同时设置异常阈值触发机制，实现对低满意度事件的优先处理。例如，美国 Zappos 在用户每次客服后自动弹出三问式满意度评分，并通过内部“客户声音工坊”机制逐日研判反馈热点，实现持续体验优化；滴滴出行构建“用户反馈工单—责任人闭环响应—结果跟踪再评估”三段式机制，推动服务缺陷闭环率超过 97%。因此，企业应以“主动引导—智能分析—响应处理—成效评估”为路径，构建闭环快速、高效透明的用户体验改进机制，将反馈价值转化为企业竞争优势。

四、用户社群与品牌共建的数字生态策略

在用户参与意识不断增强的时代，品牌建设正从单向传播走向多元共创。通过搭建 UGC 平台、深化私域智能运营、推动用户角色转化、构建数据驱动的口碑扩散与社群裂变机制，企业能够激发用户主动参与、持续创造与自主传播，构筑高黏性、高价值、可持续的品牌社群数字生态体系。

（一）用户生成内容（UGC）平台建设与激励机制

在内容为王的数字时代，用户生成内容（UGC）不仅是品牌传播的天然助推器，也是品牌构建用户共鸣与信任的核心资源。构建 UGC 平台需以“技术支撑+机制激励+内容生态”为三大支柱，搭建多媒体创作通道（图文、视频、音频等）、话题引导体系与社区规范体系，并通过积分体系、内容排行榜、创作者认证与收益返还等手段提升用户参与度与持续性。例如，美国 Airbnb 通过“旅人故事”频道鼓励房东与住客上传旅行经历，并结合平台算法推荐机制对优质内容进行高曝光展示，显著增强平台温度与文化归属感；小米社区建立“图赏征文”“米粉故事”等 UGC 专区，并以新品优先试用、荣誉勋章等方式形成创作荣誉激励，构建了高度活跃的产品共鸣场。综上，企业应推动“平台开放—内容生产—社群沉淀—价值回流”的闭环建设，使 UGC 平台从内容分发地升级为品牌文化的孵化器与用户关系的强连接场。

（二）私域流量运营的智能化管理与转化路径

随着公域流量红利的持续衰减，私域流量成为企业构建可持续用户关系的重要阵地。私域运营的智能化关键在于实现“用户识别—触点激活—路径设计—价值转化”的数据闭环。企业需搭建基于 CRM/CDP 系统的用户资产平台，统一管理用户身份、行为偏好与生命周期状态，并通过社群运营工具、内容中台与自动化运营系统，实现多触点触发与个性化触达。例如，美国服饰品牌 Glossier 借助邮件自动化与社群互动实现会员精准召回与复购路径优化，私域贡献营业收入占比高达 70%；元气森林基于微信生态构建“导购+社群+小程序商城”的私域闭环，实现新产品上线时的高效裂变与低成本引流。因此，企业应注重“内容+工具+人”的三位一体运营模式，构建个性化对话体系与场景化服务策略，实现用户关注—留存—转化的全过程精细管理，推动私域从流量池转化为用户价值金矿。

（三）品牌认同共创平台与用户角色转化模型

在强调情感共鸣与价值表达的消费时代，品牌不再只是传递商品功能的载体，还是用户身份认同与自我映射的文化接口。构建品牌认同共创平台，需通过内容共创、理念联动与活动参与机制，激发用户从“受众”向“共创者”“布道者”转化。在这一过程中，企业应建立用户成长机制与角色激励路径，以“新手用户—互动参与者—内容贡献者—品牌合作者”四级模型推进用户身份升级。例如，美国户外品牌 Patagonia 构建“环保倡议共创平台”，邀请用户参与可持续材料选择与环保项目投票，并设立“品牌合伙人”称号推动用户成为公益联名产品设计者，深化品牌理念传递；茶颜悦色打造“灵魂设计征集计划”，邀请用户参与文案、包装与空间创意竞赛，赢得广泛用户情感共鸣与自传播。因此，企业应构建“理念开放—机制引导—成果回收—角色升维”的共创路径，让品牌认同成为用户主动参与、持续贡献的精神共同体。

（四）数据驱动的口碑扩散与社群裂变机制

口碑传播是用户社群驱动品牌成长的重要力量，其核心在于构建基于数据识别与智能引导的社群裂变机制。企业应借助社交行为数据、互动频次、内容热度等指标，识别具备高传播力的“引爆点用户”与“裂变节点”，并以利益激励、内容模板、分享工具与任务引导机制推动多级扩散。例如，美国 Dropbox 在早期推广阶段实施“邀请即送空间”的裂变策略，结合邀请行为追踪与社群活跃度算法，实现指数级用户增长并带动行业复制；钟薛高通过小红书平台开展“盲盒口味挑战”活动，用户参与生成内容并绑定专属裂变码，系统根据转化效果提供个性化激励，形成传播“网状增长”。因此，企业应构建“用户画像+传播节点预测+路径模拟”的数据中台能力，并结合 A/B 测试与实时反馈机制不断优化裂变策略，实现口碑传播从随机扩散向精准引导升级，推动社群效应的价值最大化。

第五节　数字化供应链与企业运营一体化系统

在数字化转型加速推进的背景下，构建高度协同、透明可视与灵活应变的数字化供应链体系，已成为企业提升全链条运营效率与竞争力的关键路径。通过推进供应链可视化与动态感知系统建设、智能协同平台集成、供应链金融与信用机制创新，以及运营系统一体化协同，企业实现了从信息碎片到系统联动、从静态响应到动态优化的深层次变革，重塑了数字时代的供应链治理与价值创造模式。

一、供应链可视化与动态感知系统建设

供应链可视化与动态感知系统是实现高效协同与风险管控的基础。通过实时物流轨迹追踪、多级库存可视化、GIS 运输路径优化与智能预警模型的构建，企业可全面掌握供应链状态、精准预测变化并快速响应突发事件，构建具备感知力、反应力与适应力的智能化供应链体系。

（一）实时物流轨迹追踪与物联网设备集成机制

实现供应链可视化的第一步是构建实时物流轨迹追踪系统，并通过物联网设备实现端到端的信息感知与数据回传。企业应部署 RFID 标签、GPS 定位模块与智能传感器，通过 5G 或 NB-IoT 通信网络，将运输环节中的温度、湿度、位置、振动等关键数据实时上传至调度平台。同时结合 BIM 模型与数字孪生技术，实现货物流动状态在数字空间的全景复现。例如，德国 DHL 构建“智能包裹”系统，每一包裹嵌入追踪芯片并配套 App 可视化展示路径，实现

运输异常即时告警与客户主动确认；京东物流通过物联网设备与自主研发的“天狼系统”，实现干线运输、末端配送与仓储环节的全链路监控，大幅提高履约准确率。因此，企业应构建“感知设备层—数据接入层—可视化平台层”三层架构，辅以智能算法进行轨迹预测与调度优化，真正实现从静态监控向动态感知的跃升。

（二）多级库存可视化与预测性补货模型

多级库存结构是现代企业在全球化与多网点布局下的常态，如何实现从总部到仓库、门店的库存透明与动态调配，是提升供应链响应力与资金效率的关键。通过部署库存可视化平台，企业可打通 ERP、WMS、POS 等系统数据，实现 SKU 级别的实时库存呈现与位置追踪，并结合历史销售、促销节点与天气波动等变量，构建预测性补货模型。技术上，常用方法包括时间序列分析、LSTM 预测模型与动态安全库存算法。例如，沃尔玛利用 AI 库存预测系统，在节假日前提前识别畅销 SKU 并自动补货至就近门店，实现“库存周转最大化+缺货风险最小化”的双重目标；永辉超市通过多级库存调度平台联动门店和区域仓库，结合实时销售数据与算法模型动态生成补货建议，实现“日配+小时达”的精准配货模式。因此，企业应构建“库存透明+补货预测+调度执行”的一体化机制，提升库存结构的灵活性与抗压能力。

（三）基于 GIS 的运输路径优化与时效分析系统

运输路径优化是供应链时效与成本控制的核心环节。基于 GIS（地理信息系统）的运输路径优化系统，能够将地理空间数据、交通动态信息与订单需求实时集成，结合算法模型计算出成本最优与时效最优的运输路径。系统应集成交通预测模型（如 ARIMA+卷积神经网络）、路径评分引擎与调度仿真模块，支持订单实时分单与多维权重配置。例如，美国 UPS 的 ORION 系统利用 GIS 与 AI 算法，每日为司机动态规划最短路线，年均节省超过 1 亿美元运输成本与燃料费用；美团配送基于 GIS 路径系统与城市实时交通数据，为骑手生成高密度、多单并送的最佳路径，显著缩短了平均配送时间。企业在实践中应构建“地图数据+算法模型+动态反馈”三层架构，并结合客户承诺时效指标（如 2 小时达、次日达）设定差异化服务等级，实现路径规划与交付时效的协同最优化。

（四）供应链风险监测预警与干预策略建模

在高不确定性的全球供应网络中，构建具备前瞻性与高响应力的供应链风险监测与干预体系，是保障供应安全与成本控制的关键。企业应通过舆情数据、政策变化、天气预报、港口拥堵指数等非结构化数据融合，建立风险信号感知模型，并通过机器学习进行模式识别与等级分类。同时构建干预策略库，匹配可替代供应源、应急物流路径与临时库存调拨方案，实现风险事件的自动响应与弹性管理。例如，美国通用汽车建立全球供应链风险感知平台，对原材料短缺、关键部件延迟等情境进行实时监控，并通过模拟演练确定优先应对路径；阿里菜鸟网络结合气象局与交通系统数据预判极端天气对包裹时效的影响，并提前分流仓配任务，实现"预知即干预"的数字化风险管控。企业在实践中应构建"感知—识别—模拟—响应"四步法模型，并将其嵌入日常调度系统，构筑具备韧性与智能的供应链风险防火墙。

二、智能协同平台推动供应链集成重构

智能协同平台是推动供应链集成重构的核心引擎。通过融合区块链共识机制、构建数据共享调度系统、部署 API 中台打通异构系统，并引入零信任安全架构，企业可实现多主体间的高效协同与安全互信，重塑供应链体系的智能化、平台化与韧性化发展新格局。

（一）多方协作平台与区块链共识机制融合路径

现代供应链多为跨组织、多主体协同结构，涉及制造商、供应商、物流商、金融机构等，传统线性对接模式难以支撑其高频互动与信任诉求。构建以区块链为底层支撑的多方协作平台，可通过智能合约和共识机制实现数据共享可信、交易履约自动、责任界限清晰的协同体系。平台结构应包括参与方权限管理模块、上链数据结构设计、合约模板库与节点共识机制。以 IBM 和马士基联合开发的 TradeLens 为例，通过区块链平台链接航运上下游 100 多个节点，实现国际集装箱运输流程全程可视化、合同自动执行与纠纷减免；京东供应链利用区块链构建"链信云"平台，实现中小企业采购、验收与付款环节的数据一致性与合规性验证，显著提升了交易透明度与融资便利性。企业应推动"协作流程标准化—信息上链可信化—权益结算自动化"的技术路径，重塑供应链关系从"对抗博弈"向"共识协作"的结构转型。

（二）数据共享驱动的上下游协同调度系统

供应链中断往往源于信息不对称与预测失真，构建基于实时数据共享机制的上下游协同调度系统，是打通链路堵点、提高整体效率的关键手段。该系统应以订单数据、库存数据、生产计划与物流节点为核心要素，通过云端中台实现跨企业信息实时共享，并引入多目标优化算法支持协同排产、资源重组与运力调度。技术模型可采用分布式协同调度框架结合强化学习算法，实现局部利益与全局效率的动态平衡。例如，西门子与其关键零部件供应商构建协同排产平台，订单变化可自动同步至上游企业，缩短交付周期30%以上；海尔COSMOPlat平台通过“用户驱动、供应链协同”的双循环机制，连接上百家配套企业，形成从用户下单到物料配送的无缝协同。企业需搭建“共享数据中心+算法调度引擎+决策协同界面”的系统架构，使供应链从静态接口联通向动态协同联动跃迁，实现整体韧性与效率的同步提升。

（三）API中台与标准协议支撑异构系统整合

企业供应链常由不同阶段、不同供应商、不同国家/地区系统协同构成，系统异构性导致数据孤岛与协作割裂问题普遍存在。构建基于API中台与标准协议的系统整合架构，可实现ERP、WMS、TMS、MES等关键系统的柔性互联与数据可调度，推动供应链集成向平台化、服务化演进。企业应设立统一API接口管理平台，配置权限、安全、加密机制，并采用EDI、XML、JSON等标准协议格式推动数据语义一致与交互自动化。例如，亚马逊在其全球供应链系统中部署中台API管理系统，实现仓储调度系统与本地ERP系统的无缝对接，确保在各区域突发事件下的协同弹性；宝钢股份通过API中台实现采购、库存、运输、质量检测等流程的系统级整合，使供应链“端到端”数据流畅、指令无缝。企业应推动“接口标准化—中台服务化—过程可编排”的系统整合路径，实现从信息对接向业务共建的系统协同跃迁。

（四）零信任架构下的供应链信息安全体系

在数字化供应链广泛连接的背景下，信息安全已成为制约协同效率与生态稳定的关键风险。基于“身份不可信、通信需验证”的零信任安全架构，可有效保障供应链多主体之间的交互数据、控制权限与访问路径的完整性、保密性与可控性。该体系需构建动态权限管理、行为分析引擎、多因子认证机制与实时风险评估模块，并在关键业务节点部署微隔离防护机制。例如，微软在其全球制造供应链中引入零信任架构，通过用户行为分析系统识别异常操作，并设定“身份—设备—任务”三级验证机制，有效防止来自供应链侧的钓鱼与入侵攻击；中兴通讯构建基于零信任理念的“全链安全感知体系”，实现核心部件数据在跨节点间的访问控制与操作日志上链溯源，提升整体数据资产的防护强度。企业应以“数据最小暴露+动态验证+智能防控”为核心理念，建立“可验证、可追踪、可隔离”的安全架构体系，筑牢数字供应链运行的系统防线。

三、供应链金融与信用机制数字化创新

供应链金融与信用机制的数字化创新为企业破解融资难题、优化资金流提供了系统性解法。通过构建数字信用评级模型与供应商分层融资策略、基于智能合约的应收账款自动清结机制、IoT 数据驱动的物流融资与库存质押新模式、平台化供应链金融服务与资金流透明化路径，企业实现了从静态授信向动态风控、从线下审核向在线实时处理的跃迁，全面提升了供应链金融的透明性、灵活性与普惠性。

（一）数字信用评级模型与供应商分层融资策略

在传统供应链金融体系中，核心企业之外的中小供应商常因信息不对称与信用缺失而难以获得融资支持。构建基于大数据与 AI 的数字信用评级模型，可打破传统依赖财报与抵押的信贷逻辑，实现在交易行为、履约能力、订单活跃度等维度对供应商进行实时评估与动态分层。企业应搭建信用数据中台，整合 ERP、订单流、支付记录与物流履约等多源数据，采用随机森林、XGBoost 等机器学习算法构建多因子评分模型，并将结果映射至融资利率、额度与授信周期。例如，美国金融科技公司 Taulia 利用 AI 评分模型对采购商账期与供应商履约历史进行动态评级，为上游企业提供“发票即贷”服务，显著提升供应链金融覆盖率；平安银行联动华为云平台，构建“信用云图”体系，实现对中小科技企业无抵押融资支持，信用评级精准度提升超过 60%。企业应推动信用模型透明化、可解释化设计，并以分层策略引导资金资源向高潜力、高稳定度的合作主体精准倾斜。

（二）基于智能合约的应收账款自动清结机制

应收账款周转慢、回款难一直是企业现金流管理的痛点。借助区块链与智能合约技术构建应收账款自动清结机制，可将合同履约、发票开具、验收入账、付款指令等操作流程标准化并上链，实现在特定条件触发下的资金自动结算、风险自动规避。系统应设有合同映射模块、状态同步引擎与清结执行器，并支持与企业 ERP、银行系统对接。例如，西班牙桑坦德银行通过区块链平台 One Pay FX 实现跨国供应链合同执行与账款清结的“实时自动化”，有效压缩交易周期；中国中化集团通过“链融平台”将应收账款上链后自动生成付款指令，在满足发货验收条件后智能触发银行放款，缩短回款周期近40%。企业应推动“智能合同条款标准化—履约状态实时同步—多方节点验证执行”的机制建设，实现从手动账务向自动可信清结体系跃升，提升供应链资金流通效率与稳定性。

（三）IoT 数据驱动的物流融资与库存质押新模式

传统物流融资与库存质押往往面临信息延迟、资产不透明与监管盲区等难题，限制了金融机构对动产的认可度。借助 IoT 技术构建物流与库存数据可感知、可追溯的融资平台，可实现对运输过程与库存状态的全程监控，提升融资资产的真实性与可控性。企业应部署智能传感器、电子锁与环境监测设备，将货物位置、状态、开箱记录等信息实时上传平台，并结合资产唯一识别码与数字影像证据，构建多维质押凭证。例如，美国 GEODIS 物流集团通过 IoT 设备监控高价值货品运输过程，结合保险与融资平台为客户提供基于在途资产的动态授信服务；在我国，物美集团与京东科技合作，搭建“仓储金融+物流智能监管”系统，将冷链食品库存纳入质押物清单并实现银行自动放贷，确保资金用途合规与资产可控。企业在实践中应建立“物联网感知—数据链路打通—金融机构接口”三位一体的闭环结构，实现从“看不见、摸不准”的资产融资转向“可视、可控、可信”的智能供应链金融模式。

（四）平台化供应链金融服务与资金流透明化路径

在企业多元化、多级化的供应网络中，资金流路径的透明化对于防控挪用风险与提升融资效率至关重要。构建以核心企业为信任枢纽的平台型供应链金融服务系统，将银行、保理商、平台企业与中小供应商连接在统一数字平台上，利用分布式账本与数据接口实现资金链条的可视化、穿透式管理。平台应集成资金流监控模块、动态风险评估引擎与多方结算系统，并支持电子合同签署、线上放款与账期管理。例如，沃尔玛联合花旗银行推出供应链金融平台，使其全球采购体系中的供应商在同一平台获取提前付款服务，实现资金流转全流程可视；我国的国网电商公司搭建“国网 e 链”平台，打通票据流、资金流、合同流，实现上下游资金链全生命周期数字化可控。企业在实践中应推动“核心平台+多金融机构+多场景应用”的协同生态，打造金融服务嵌入供应链运营全过程的智能化平台，实现资金效率与安全的双重提升。

四、运营系统一体化协同机制设计

运营系统一体化协同是数字化供应链高效运行的基础支撑。通过实现 ERP、MES、CRM 等系统的深度融合，构建数据中台与业务中台联动架构，统一主数据指标体系，并部署流程智能审计与自动化优化机制，企业可打通全链路信息壁垒，形成标准统一、响应迅速、自我优化的数字运营体系。

（一）ERP、MES、CRM 等系统的融合互通策略

在企业运营数字化过程中，ERP（资源计划）、MES（制造执行）、CRM（客户关系）等系统常由不同厂商、架构与部署时期构成，造成信息孤岛与流程割裂。实现其融合互通的关键，是构建基于服务化架构（SOA）与微服务 API 的集成平台，通过统一的数据交换规范与接口标准，实现系统间的数据流动与业务逻辑联动。系统对接应围绕“主数据一致性、流程同步性、事件驱动性”三项原则进行设计。例如，德国博世集团通过统一集成平台连接 ERP 与 MES 系统，实现订单下达后的自动排产与进度回传，有效提升产销协同效率；TCL 构建“一云多端”运营体系，将 SAP ERP 与自研 CRM 系统打通，使客户订单实现从下单、排产、发货到服务全过程一屏可视、一链可控。综上，企业应以“底层数据结构统一+中台协调+业务协同”为路径，推动系统集成由“接口对接”向“全栈联动”升级，提升整体运营响应速度与资源利用效率。

（二）数据中台与业务中台的协同建构逻辑

在系统协同日益复杂的数字化环境下，数据中台和业务中台的协同建构

已成为支撑企业运营灵活性与敏捷性的战略关键。数据中台负责汇聚、清洗、建模并服务化输出统一数据资产，业务中台则构建复用的核心能力模块与服务单元，两者协同联动可实现“数据驱动+能力重构”的双轮运营升级。技术实施中，企业应优先构建跨系统数据湖，统一主数据编码规则，并在业务中台上抽象订单、客户、合同等核心业务能力，形成标准化接口与可组合流程。例如，美国 Netflix 依靠数据中台统一用户行为、内容偏好、推荐逻辑等数据，并通过业务中台灵活配置个性化推送服务，快速适配多市场运营需求；美的集团构建“数智中台+业务中台”双中台体系，使新产品上市周期缩短 30%，多品牌协同效率大幅提升。综上，企业应以“中台互联+前台解耦”为设计理念，构建可复用、可组合、可演化的企业运营能力支撑体系，提升应变力与创新速度。

（三）基于运营主数据的统一指标与绩效模型

实现企业不同系统间的协同，不仅依赖系统联通，还需统一运营语言和绩效评价标准。构建基于运营主数据的统一指标体系与绩效模型，可实现多部门、多系统的横向协同与纵向对齐。企业应从组织、流程、维度、口径四个层面入手，建立主数据中心平台，对“客户、产品、订单、供应商”等关键实体赋予唯一识别与治理规范。同时，结合 BI 工具构建财务、供应链、市场等领域的标准 KPI 指标集，并借助数据可视化仪表盘统一呈现与追踪。例如，美国 GE 通过其 Predix 平台构建统一绩效指标体系，将设备运转率、订单达交率与能耗成本整合为运营核心视图，驱动各业务单元精准协作；海信集团以“主数据一张表”为核心，将业务口径从“分系统考核”统一为“全链路贯通”，大幅提升跨部门流程协同与结果导向一致性。综上，企业应推动“指标标准化—模型场景化—展示智能化”三步走，形成统一的数据语言，助力管理决策智能化与绩效考核科学化。

（四）运营流程的智能审计与自动化优化机制

在企业系统高度集成的背景下，如何保障运营流程合规、高效且持续优化，成为数字化治理的核心挑战。构建基于流程挖掘与智能审计的自动化运营优化机制，可实现对全链路业务流程的可视化建模、瓶颈识别与异常预警。企业应部署流程挖掘平台，接入 ERP、MES、CRM 等系统日志数据，结合规则引擎与 AI 算法自动提取真实流程图谱，对比设定流程，识别流程偏移与风险节点。同时结合 RPA（机器人流程自动化）工具，对重复性强、规则明确的任务自动化执行，释放人力资源。例如，渣打银行通过流程挖掘平台分析贷款审批路径，发现审批冗余节点并引入 RPA 机器人处理标准文档，处理效率提升 70%；小米集团通过流程监控平台自动识别订单审批延迟，并由自动化任务模块发出催办提醒与智能重派。综上，企业应构建“流程可视+规则驱动+异常干预+自动执行”四位一体机制，推动运营流程从“经验导向”走向“算法驱动”，实现真正意义上的智能化治理。

第八章

企业数字化转型的行业实践

企业数字化转型的行业实践体现为农业智能协同、制造业系统跃迁、服务业体验进化、公共服务智慧治理。农业实现从种植到供应链的数智整合，制造环节以柔性化与绿色化为核心重构流程，服务领域聚焦个性化供给与场景重构，公共服务走向全域协同与智能响应。

第一节　农业的智能进化与全链协同

农业的智能进化正重塑传统农业格局，通过数字种植体系的构建、智能农机的集成应用、农产品供应链与冷链物流的全面升级，以及数字乡村治理与产业生态的重塑，构建起以数据驱动、系统协同、智能响应为特征的新型农业体系，推动农业向高效、绿色、可持续方向跃升，为实现乡村全面振兴和现代农业强国目标奠定坚实基础。

一、数字种植体系构建与精准农艺优化

数字种植体系正成为农业智能化转型的核心环节，通过多源数据融合与自适应模型演进、智能施肥、知识图谱应用与普惠化平台服务，构建起精细化、智能化、协同化的新型农艺体系，全面提升农业生产效率与可持续发展水平。

（一）多源环境数据融合与作物生长模型自适应演进

在农业数字化转型过程中，精准种植的核心在于对环境变量与作物生长状态的实时感知与动态建模。多源环境数据融合技术突破了传统农业对单一气象或土壤指标的依赖，通过集成卫星遥感、无人机航测、地面传感器、气象站等多维信息，实现对温湿度、光照强度、风速、降水量、CO_2 浓度等关

键变量的高频采集。基于这些数据构建的作物生长模型应具备动态更新与自适应演进能力，能够根据实际观测结果不断校准模型参数，提升预测精度。以玉米为例，利用长短期记忆神经网络结合地块级传感数据，可实时预测其生育阶段、需水量及病虫害风险，从而动态调整灌溉与施肥方案。更具前瞻性的路径是在模型中引入强化学习机制，使其在与环境互动中自动优化种植策略。该类模型在山东寿光等地的试点已显著提高产量稳定性，验证了“数据—模型—控制”闭环体系的实用性与推广价值。

（二）土壤质量感知与变量施肥系统的智能调控机制

传统农业施肥多基于经验法则，忽略了土壤养分空间差异与作物实际吸收效率，导致“过施”“错施”现象普遍。变量施肥系统的构建基于高精度土壤传感器网络、数字地图与作物需肥模型的深度整合，能实现田块内多点实时采样，并依据 NPK（氮、磷、钾）含量、pH、有机质含量及电导率等指标精准判断土壤肥力状况。在算法层面，结合土地统计分析与 Kriging 插值，可绘制高分辨率土壤养分分布图，驱动智能施肥机按需定量投放，形成“一区一策”“一穴一量”的定制化施肥机制。在江苏盐城的智慧农业示范园中，该系统帮助番茄种植户减少了约 35% 的化肥施用量，同时提升了产品糖酸比和耐储性，实现了生态效益与经济效益的双重跃升。未来，该机制可与碳足迹核算系统对接，为绿色低碳农业提供量化支撑。

（三）农业知识图谱在种植规划与灾害预测中的创新应用

农业知识图谱通过整合作物品种特性、区域气候要素、历史种植经验、病虫害传播路径及政策信息，构建语义关联丰富、逻辑结构严密的知识网络，为种植决策提供精准、可解释的智能支持。在种植规划方面，系统可依据区域热量资源、水文条件与土壤类型匹配最佳作物结构，实现因地制宜的品种配置与耕作方式建议。在灾害预测上，图谱嵌入了气象灾害演化规律与生物因子传播链条，可实现对台风、干旱、洪涝及病害暴发的高时效预警。例如，安徽滁州的“智慧稻谷平台”将知识图谱与卫星监测融合，提前两周成功预测出稻瘟病高发区域，并引导农户精准施药，控制了病害蔓延范围。面向未来，可进一步引入大语言模型驱动的图谱扩展系统，实现多语言、多模态、多维度的智能问答与人机协同决策，推动农业知识的深度挖掘与应用落地。

（四）面向小农户的低成本智能种植解决方案与平台化服务

在中国农业数字化进程中，如何打破小农户技术门槛高、投入能力弱的瓶颈，成为构建普惠型种植体系的关键。新一代“轻应用+云平台”模式，通过手机终端App与嵌入式边缘设备相结合，打造低成本、易部署的种植智能辅助系统。例如，“手机看庄稼”平台为小农户提供语音识别播报、图像识别诊断与语义问答服务，结合后台农艺专家系统，实现种植方案的可视化推送与操作导航。同时，政府或农业龙头企业可基于“农业SaaS+订阅服务”模式，为小农户提供托管式管理与远程监测服务，显著降低其试错成本与数字门槛。例如，贵州黔南地区通过“乡村数字气象站+微信农技助手”系统，成功地让大量偏远山地农户掌握了播种节气、病害防治与采摘时机，提高了农产品一致性与市场竞争力。该模式为构建包容性农业生态与共同富裕型数字乡村提供了现实模板。

二、农业装备智能化与自动作业集成

农业装备智能化正在推动农业从单机作业迈向系统协同，通过无人农机集群调度与路径智能规划、远程运维与数字孪生建模、智能喷洒与病虫害智能防控以及农机与物联网深度融合，全面重塑农业作业模式，提升了生产效率与智能化水平。

（一）无人农机集群作业调度与路径智能规划系统

随着农业机械化向智能化跃升，单台智能农机作业已难以满足大面积耕作需求，无人农机集群成为未来发展的关键方向。构建高效的集群调度与路径智能规划系统，需要融合北斗导航、高精度地图、作业任务管理系统与多机协同算法，实现多台农机间的任务分配、避障协同与路径优化。在系统设计上，采用分布式任务调度架构与强化学习驱动的路径动态调整算法，使农机在复杂地形与作物间精准行进，减少重复覆盖与遗漏区域。典型应用如黑龙江建三江国家农垦区，引入无人驾驶拖拉机与播种机集群，通过时空协同控制系统，可在48小时内完成4000亩高标准农田的翻耕与种植，效率提升超60%。更具前瞻性的是构建“感知—决策—执行”闭环的自主学习系统，使无人农机具备环境适应性、任务自演化与故障自恢复能力，推动农业进入

“群体智能作业”新时代。

（二）农机设备的远程运维与数字孪生建模实践

传统农业机械维修依赖人工巡检与事后修复，不及时且成本高昂。借助数字孪生技术，农业装备可实现全生命周期的远程监测、状态预警与运维优化。数字孪生模型将实体农机的结构、运转逻辑与作业数据实时映射至虚拟空间，通过多源数据融合与机器学习算法，实现故障预测、使用行为分析与参数优化。以湖南中联重科的智能播种系统为例，其核心部件装配有振动与温度传感器，连接 5G 远程通信模块，一旦关键指标异常，平台即可发出预警，并基于数字孪生模型模拟修复路径与更换建议，远程指导维修人员精准操作。更深层次的变革在于，将农机数据纳入区域作业云平台，形成设备健康画像与“区域级运维知识图谱”，为农机企业制定维保策略、优化设计提供数据支撑，加速农业装备由“耐用型”向“服务型”产品转型。

（三）智能喷洒与病虫害监测系统的联动机制重构

精准农业对病虫害治理提出了更高要求，传统喷洒方式普遍存在“广撒药、高残留”的弊端，既浪费农资又危害生态。智能喷洒系统融合多光谱成像、AI 识别与定点喷洒技术，实现病虫害“早识别、准定位、微干预”。基于无人机或智能植保车搭载的光谱传感器，可在作物早期出现叶斑、变色等病害信号时自动识别，并触发定量施药模块完成精准作业。在浙江嘉兴的智慧水稻基地，AI 视觉系统可识别稻飞虱、稻瘟病等 6 类典型病虫害，实现“识别—响应—施药”全过程用时不超过 3 分钟，有效减少农药用量近 40%。为实现系统联动重构，还需建立区域级病害数据库与动态预警平台，使不同作业单元间信息实时共享，构建“预警+防控+反馈”一体化的闭环机制，推动农业病虫害治理向智能、绿色、安全方向深度演化。

（四）农业机械与物联网平台的深度对接路径分析

推动农业机械与物联网平台的深度融合，是实现农业装备从“工具型”向“节点型”演进的核心路径。传统农机大多为“哑设备”，缺乏信息采集与互联能力，难以融入农业大数据生态。新一代智能农机通过嵌入传感模块、无线通信单元与控制芯片，实现与农田环境数据、作业进度、设备状态的实时联通，为精准耕作提供决策依据。在系统层面，应构建统一的数据接入规范与通信协议，实现多品牌、多型号设备间的互联互通。在山东寿光的“农机云”平台中，超百台智能农机设备接入统一调度系统，可实时掌握作业路径、任务完成度、燃油消耗与故障状态，为农场主提供作业可视化看板与任务优化建议。更具创新性的是，平台还能基于历史数据构建作业效能模型，评估作业效率与成本收益，形成“人—机—地—数据”四维联动的农业物联网生态系统。

三、农产品供应链重构与冷链物流智能升级

农产品供应链正迈向数字化重构与智能升级新阶段，通过质量追溯体系、智能冷链节点、多温带协同仓配模式以及产销数字协同机制的系统集成，全面提升农产品流通效率、安全水平与市场响应能力，推动农业高质量发展。

（一）农产品质量追溯链与实时溯源系统设计逻辑

在食品安全监管与品牌农业崛起的双重驱动下，构建覆盖“田间到餐桌”的质量追溯链条，已成为现代农产品供应链数字化重构的关键环节。质量追溯不仅是信息链的重构，还是信任机制的再建，其系统核心在于对种植、采摘、加工、运输、销售全过程数据的可信采集与结构化管理。通过区块链技术与 RFID 芯片结合，能够为每批次农产品赋予唯一“数字身份证”，并记录其时间、地点、操作人、环境参数等关键追踪信息。在宁夏中宁县枸杞产业中，通过部署“源头编码+区块链登记+AI 图像验真”系统，实现从田间采摘、冷藏运输到超市上架的全流程溯源，有效杜绝了“假冒原产地”和“信息造假”现象。同时，该系统还联动消费者终端扫码平台，推动产品品牌透明化、价值高端化。未来，构建全国农业追溯协同网络将成为农业治理数字化的重要基础设施。

（二）冷链节点可视化与智能温控技术集成方案

农产品的鲜活属性决定了其对温控时效性与全程可视化的极高依赖。传统冷链运输方式存在温度失控、断链频发、响应滞后等问题，亟须通过物联网、边缘计算与智能感知系统的融合升级，实现对冷链关键节点的全流程可视化与智能控温。技术路径上，基于 NB-IoT 与蓝牙 Mesh 构建的低功耗温湿度感知网络可实现运输箱级别的温控监测，结合 AI 算法实现“预测性控温”，即在冷库门开启、运输换箱等高风险环节提前调节预冷系统。以上海崇明区

现代农业园为例，其冷链系统部署了分布式智能感知模块与云端控制平台，实现从采后预冷、仓储冷藏到末端配送的温度轨迹自动记录与预警推送，冷链完整率提高至96.3%。更具前瞻性的是，通过“温控智能合约”机制，使平台自动判断温控偏离风险并联动保险机制，实现农产品损耗可量化、责任可追溯的全新管理模式。

（三）智慧仓储与农产品多温带协同配送模式创新

在供应链末端，仓储与配送效率决定了农产品周转速度与保鲜质量。构建多温带协同、智能调度、柔性扩展的智慧仓储体系，正成为农产品流通现代化的战略抓手。智慧仓储系统基于三维空间优化算法与自动化设备调度模型，按商品类别、温区需求、周转频次实现动态分仓与路径最短分拣。系统还引入“订单前置预测”模块，通过消费者行为数据、天气波动、节假日销售模型等多因子预测订单高峰，提前进行备货与冷链资源配置。在广州南沙智慧生鲜物流中心，该模式已部署“冷藏+冷冻+常温”多温带一体化库区，结合AGV智能搬运机器人与AI路径管理系统，实现日均上万单生鲜订单的高频次履约，配送准时率达98.5%。此外，面向农村电商场景，可构建“微仓+共配+区域中心”三级冷链节点体系，提高多源供给、多点配送下的效率与稳定性，提升农村产品反向流通能力。

（四）产地直供平台与零售终端的数字化协同机制

“从田间到餐桌”的数字化协同不仅依赖中间环节优化，还需打通产地与终端之间的系统连接，实现数据驱动下的产销动态耦合。当前，产地直供平台通过集成农业生产数据、物流履约信息与消费趋势预测，实现对下游需求的反向驱动式种植调度与发货智能匹配。以拼多多“多多买菜”平台为例，其与云南蔬菜基地合作建立“数字化农场+订单农业”体系，借助云平台实时采集蔬菜长势与天气数据，将零售订单直接反馈至种植计划中，实现播种节奏与销售节奏的精准联动。在终端侧，通过与商超、餐饮平台、社区团购系统的数据对接，实现商品品类、库存状态、顾客偏好等信息的动态调取，驱动产地快速响应消费市场变化。更具前瞻性的路径是推动“产销一体化数字中台”建设，实现农业企业、物流商、销售商之间的数据共享、标准对接与流程协同，构建去中介化、高响应的数字农业新生态。

四、数字乡村建设与农业产业生态重塑

数字乡村建设正成为推动农业产业生态重塑与城乡融合发展的战略引擎，通过数据平台构建、产业场景融合、大数据治理与基层治理优化，重塑资源配置方式与服务体系，赋能乡村振兴迈向智能化、协同化与可持续发展的新阶段。

（一）农村基础数据平台与城乡要素流通新通道构建

实现城乡融合发展的前提是打破数据孤岛与信息壁垒，构建统一、动态、高可用的农村基础数据平台，作为推动数字乡村治理、产业布局与要素流通的核心底座。该平台需集成农村人口、土地、住房、资源、组织、设施等基础数据，通过卫星遥感、无人机测绘、物联网传感器等技术，实现实时更新与网格化管理。在浙江湖州，当地建立了“数字乡村一张图”系统，整合村级宅基地利用、空心村盘活、农田保护红线等数据，支撑村庄规划、乡建审批与土地资源高效流转。同时，平台打通金融、教育、医疗、物流等服务资源，实现政策补贴直达、惠农贷款精算、农资农机智能调度，为城乡要素构建了数字高效流通的新通道。更具前瞻性的方向是推动平台与数字身份、区块链确权机制融合，赋予农村资产“可视化—可估值—可交易”的能力，加快农村资源向城市资本市场有序融入。

（二）产业融合场景下的“农业+旅游+康养”数智融合

传统农业价值链条较短，抗风险能力弱，推动农业与旅游、康养等产业的深度融合不仅是延链、补链、强链的现实选择，也是重构乡村经济结构的战略路径。数智融合的核心在于用数字技术构建高效连接、多元场景与沉浸体验，提升复合型产业的整体运营能力。例如，在山东蒙阴，当地构建了“智慧果园+生态民宿+康养体验”融合平台，通过物联网监控果品成长过程，将视频直播与游客预约系统打通，实现“线上看果、线下采摘、康养入住”的一体式体验。在运营上，引入 AI 客流预测与场景动线优化算法，有效提升接待能力与服务响应速度。未来可进一步融合可穿戴健康设备、智慧导览系统与数字健康档案，实现“农业—旅游—康养”的动态联动与持续赋能，打造多元化、定制化的乡村新消费空间，推动乡村产业体系从“产出导向”向“体验导向”“健康导向”转型。

（三）农业大数据治理与地方产业政策的协同机制

农业数据的规模化积累和跨域集成为提升区域农业政策的精准性与科学性提供了前所未有的可能。当前多地存在数据分散、接口封闭、标准不统一等问题，严重制约了政策制定的数字支撑力。构建农业大数据治理机制的关键在于实现“数据采集有源、数据加工有标、数据应用有策”，即以统一的数据标准引导数据接入，以多维模型推动数据分类加工，以情景化场景落地驱动政策反馈。湖南邵阳以茶叶产业为试点，建立农业大数据分析平台，融合地理气候、种植密度、产量预测与市场价格指数等数据，制定了梯度化补贴政策与技术推广路线，显著提升了政策精准落地率与产业组织效率。更进一步，应推动大数据平台与地方财政、农业科研机构、产业园区共同联动，构建“数据—政策—服务”闭环反馈机制，使政策资源配置更加动态化、差异化、智慧化，助力乡村振兴精准推进。

（四）数字乡村试点推进中的组织动员与基层治理优化

数字乡村建设不仅是技术的革新，也是社会治理方式的重构，其成败在于基层组织的动员力与治理体系的适配性。在实践层面，需构建“党建引领、村民参与、多方协同”的组织网络，推动数字工具在基层治理中真正落地生根。以江西鹰潭为例，当地依托“村务通”平台，整合村务公开、民意反馈、办事申请、纠纷调解等功能，实现村级事务数字化流转，提升了基层治理透明度与服务效率。平台还引入区块链技术保障数据真实可信，防止信息篡改与利益暗箱操作。在组织动员层面，通过“积分制+乡村议事会”模式激发村民参与公共事务的积极性，将群众由“接受者”转变为“共建者”。未来可进一步探索“AI+协同治理”模式，让人工智能辅助识别治理瓶颈、优化政策执行路径，推动治理从经验驱动向数据驱动升级，实现高效能、可持续的基层治理现代化。

第二节　制造业的智能跃迁与系统重构

制造业的智能跃迁正在加速从传统模式迈向数字化、网络化与智能化深度融合的新阶段。通过构建数字孪生工厂、柔性制造体系、绿色能碳管理系统与特殊制造领域的创新路径，制造企业实现了从单点优化向全流程重构的跃升，推动生产模式更高效、资源配置更灵活、环境影响更可控，全面塑造具有自主可控能力与全球竞争力的新型制造体系，引领产业高质量发展迈向新高地。

一、数字孪生工厂构建与流程重塑

数字孪生工厂以虚实融合为核心，重塑制造流程与决策体系，通过全生命周期建模、工序级闭环控制、数据驱动决策与协同设计新范式，实现制造从静态管理向智能演进的转变，推动制造业迈向高效、精准与柔性的新阶段。

（一）全生命周期数字建模与虚实联动工艺调优机制

数字孪生工厂的核心在于实现物理世界与虚拟世界的实时映射与交互反馈，其中，全生命周期数字建模是其基础能力构建的关键一环。不同于传统CAD 建模的静态表达，数字孪生要求在产品设计、制造、运维及退役阶段形成动态演化、可实时更新的数据模型，以支持精准仿真与优化迭代。在实践中，可采用 BIM（建筑信息模型）与 PLM（产品全生命周期管理）平台融合架构，结合传感器网络采集温度、压力、速度、耗能等关键数据，在虚拟环境中建立具备反馈能力的数字映像，实现对制造过程的工艺路线重构与参数优化。例如，江苏昆山某高端装备制造企业通过部署多尺度建模引擎与实时数据接入系统实现复杂零件加工路径与热处理曲线的精准控制，使产品合格率提升至 98.7%。未来，通过引入 AI 驱动的自适应建模与主动学习机制，数字孪生将实现“从被动映射向主动演化”的质变跃迁，赋能制造体系实现敏捷响应与智能演进。

（二）工序级数字映射与动态参数闭环控制路径

传统制造工序依赖固定工艺参数与人工调整，难以适应多品种、小批量、高复杂度的生产需求。而基于数字孪生工厂理念的工序级数字映射，要求对每一道关键工序建立具备反馈功能的数据孪生模型，实时感知加工状态、识别偏差变化，并形成动态参数的闭环控制系统。在系统架构上，可构建“感知层—模型层—执行层”三层联动框架，其中感知层通过视觉识别、力觉感知等手段采集细粒度过程数据，模型层依据工艺知识库构建工序行为数字映像，执行层通过工业机器人、数控机床等设备实现自适应控制。在湖南株洲一家航空零部件企业中，该机制已成功应用于高精铣削工序，系统能根据实时刀具磨损与温度变化自动调整进给速度与润滑策略，显著提升了成品尺寸精度与设备利用率。前瞻性方向在于将大模型技术引入工序级控制系统，使其具备复杂模式识别与跨场景泛化能力，构建“智能感知—智能决策—智能执行”一体化智能制造链条。

（三）基于仿真反馈的数据驱动型制造决策系统

在数字孪生工厂中，制造决策正由经验判断向数据驱动转型，仿真技术在其中扮演着预测引擎与优化中枢的角色。通过构建覆盖设计、工艺、物流、能耗、运维等多维度的数字仿真模型，制造企业可以在虚拟空间中“预演”不同生产方案的资源投入、产出效率与故障风险，实现最优路径的前置决策。该类系统的核心在于仿真引擎的实时性与数据融合能力，通常基于物理建模（FEM、CFD）与统计建模（机器学习、贝叶斯网络）的复合方法构建。深圳某智能家电企业采用实时仿真反馈机制对装配车间的机器人排布与人机协作路径进行动态优化，使作业节拍提升12%、能源消耗降低9%。更具前瞻性的演化是，构建“反馈—预测—决策”闭环嵌套系统，实现不同生产环节仿真结果的互导互通，并联动高层战略平台，形成“虚拟指导现实、数据优化战略”的制造新范式。

（四）多维数据治理体系下的协同设计新范式

数字孪生环境中产生的数据呈现出高频率、多维度、强耦合的特征，如何实现对结构化、半结构化与非结构化数据的高效治理，成为支撑协同设计与全流程优化的关键支柱。构建多维数据治理体系，首要任务是明确数据资产分类标准、制定多级权限机制，并通过知识图谱与数据标签系统强化数据语义理解与调用效率。在协同设计层面，平台化设计工具（如基于云的CAD/CAE系统）与共享知识仓库共同作用，实现跨部门、跨地区、跨组织的实时设计协作。例如，重庆某汽车零部件企业打造了“云端协同设计+实时建模反馈”平台，研发人员可基于零部件历史性能数据与仿真结果协同完成多方案评估与动态修改，大幅缩短开发周期。面向未来，还需将自然语言生成（NLG）技术引入设计过程，使系统能够基于设计目标、用户需求与历史案例，自动生成设计草案与推荐方案，真正实现“设计智能化—协作无缝化—创新加速化”的制造设计新范式。

二、柔性制造体系与弹性供应网络构建

柔性制造体系与弹性供应网络正成为制造业应对不确定性与多变需求的关键支撑，通过模块化设计、多地协同制造平台、智能排程算法及供应链韧性建模，构建起高响应、高适配、高抗压的新型制造体系，推动产业系统更具灵活性与战略稳定性。

（一）产品模块化设计与制造工艺柔性匹配机制

在个性化、多样化消费趋势推动下，传统刚性制造模式已难以满足快速换型与高频定制的需求，模块化设计与柔性制造工艺的深度耦合成为构建高适应性生产体系的关键路径。模块化设计通过将产品结构拆解为标准化、可重组的功能模块，使企业在不改变总体架构的基础上实现灵活组合与快速升级；柔性制造工艺需与模块体系相适配，构建具备多规格加工、动态切换能力的工艺路径。在实践中，常采用“产品族”建模方法，结合工艺参数库与配置规则引擎，实现设计端与制造端的同步适配。苏州一家定制家电企业构建了“模块—工艺”双映射平台，可在用户提交订单后自动生成产品配置单与对应工艺指令，并同步推送至自动化产线，实现24小时内下单到出货的闭环响应。前瞻性方向是引入生成式AI辅助设计与自适应工艺规划，使系统具备自动演化能力，进一步提升产品响应速度与制造资源利用率。

（二）多地协同制造平台与响应式排产系统

在全球化与区域集成并行演进的产业格局中，构建多地协同制造平台成为提升企业韧性与效率的重要策略。该平台的核心在于实现分布式资源的统一调度与动态排产，打破地域壁垒与组织边界，通过实时数据流支撑跨工厂协同与多点联动。其系统架构需整合云端ERP、MES、APS与IoT设备，形成“感知—决策—执行”闭环的排产机制。在青岛一家工程机械集团的实践中，总部规划中心可实时获取各地工厂的设备状态、原材料库存与订单积压情况，基于APS（高级计划排程系统）优化算法，动态调整生产任务与物流路径，实现“任务随产能走、产品随需求动”的柔性响应。在应对突发疫情或地区封控等极端事件中，该平台展现出强大的产能重构能力，有效避免了供应链中断。未来，该平台可进一步引入区块链技术，增强数据可信度与协作安全性，推动制造网络走向更高水平的自治与智能。

（三）智能排程算法与产能预测集成平台设计

柔性制造体系的核心在于对产能的动态匹配与精准排程。传统排产方法多基于线性优化与历史经验，缺乏对非线性复杂约束的处理能力，难以适应多品类、小批量、多变订单环境。新一代智能排程算法以强化学习、遗传算法、群智能等为技术基础，结合实时车间数据与多源约束条件，构建动态、可演化的排程引擎。在浙江嘉兴某智能灯具工厂中，企业部署了基于深度强化学习的排程平台，可根据订单波动、设备负载与人力班次实时调整生产节奏，使日产量提升了18%，延迟订单率下降了35%。该平台还引入了数字孪生仿真系统，模拟不同排程方案的执行效果，实现“预测—评估—部署”的闭环管控。面向未来，可进一步开发“产能预测—订单接收—生产排程”的智能联动机制，使系统具备“预测即决策”的能力，真正实现订单驱动、资源最优与服务极致的柔性制造范式。

（四）极限环境下的供应网络韧性建模与调控机制

全球产业链的不确定性与突发风险频发，制造企业亟须构建具备强韧性与动态调控能力的供应网络系统。极限环境下的供应网络韧性建模不仅是对物理节点与物流路径的分析，也是对风险认知、响应能力与恢复机制的系统性重塑。理论上应融合复杂网络理论、博弈模型与动态系统模拟，构建可量化、可预测、可干预的网络结构评估框架。在天津某精密零部件制造企业中，其结合 GIS 与多目标优化算法，搭建了“关键节点识别—风险传播模拟—响应路径优化”三层韧性模型系统，一旦某物流通道中断，可在 90 分钟内完成替代路径调配与订单优先级重排，确保产线稳定运行。此外，通过建立供应商协同平台与预警触发机制，实现风险联防联控与信息实时共享，显著提升了抗冲击能力。前瞻方向应聚焦“韧性即服务”（RaaS）平台建设，向区域级制造集群提供风险建模能力与快速响应资源，推动产业链安全体系的智能化升级。

三、绿色制造与能碳管理数字系统

绿色制造与能碳管理数字系统正重塑制造业可持续发展格局，通过构建碳排放感知网络、材料生命周期管理系统、数字能效优化平台与碳交易数据机制，打造全过程、全维度、可视化的绿色运营体系，推动企业实现高质量低碳转型与碳中和战略协同跃升。

（一）碳排放感知网络与生产过程动态减排机制

构建高效的碳排放感知网络是实现制造过程低碳转型的基础工程。该网络需基于车间级传感器布设、设备级能耗采集与工艺级排放因子建模，形成对生产环节碳排放量的全流程动态监测。在此基础上，引入边缘计算与事件触发机制，使系统能够在高排放阈值触发时及时调整设备工况或切换作业路径，实现动态减排。福建泉州某陶瓷制造企业通过构建“碳感知+能耗可视化”平台，对烧制窑炉温度变化与燃气消耗进行实时追踪，并结合热能回收系统调整加热周期，实现单位产品碳排放下降22%。该系统还具备排放行为归因功能，能够对不同班组、工艺流程的碳效率进行对比分析，为企业工艺优化与人员激励提供科学依据。前瞻方向是构建“碳行为数字画像”模型，将碳数据与员工绩效、产品标识、供应链绩效联动，为智能减排提供微观治理支点。

（二）绿色材料生命周期追踪与再利用智能管理系统

推动材料绿色转型不仅在于使用环保材料，还在于建立可追溯、可评价、可循环的材料全生命周期管理体系。该系统应覆盖原材料采购、使用、回收、再生四大环节，基于数字编码与物料跟踪系统构建“材料护照”，并借助区块链确保信息不可篡改。在广东中山某LED制造企业中，所有金属外壳材料在采购阶段即附加材料编号，制造过程中记录其用途与损耗比，回收后进入智能分拣中心，通过AI识别技术判断再加工等级，合格材料进入再制造流程，瑕疵材料则进入绿色处置环节。这一机制不仅使原材料利用率提高了25%，还为企业建立了绿色供应商评估体系。未来应推动“材料碳足迹—再生价值—环境贡献”多维度集成建模，使绿色材料管理从末端治理转向全过程优化，真正构建闭环可持续的绿色制造系统。

（三）数字能效评价模型与多目标优化平台应用

能效评价是制造企业绿色升级的核心抓手，而传统基于年均数据的能效评估方法已难以适应多品种、动态化的生产现实。新一代数字能效评价模型基于设备级数据采集与工序级能耗分解，结合AI算法构建能效基准模型与偏差检测机制，实现“过程化、分项化、实时化”的精细分析。在重庆一家轨道交通装备企业，该模型已集成能源管理平台，对焊接、装配、喷涂等主要环节建立特征能耗模型，并结合生产计划动态调整能源分配策略，使综合能耗强度降低了14%。此外，该平台还支持多目标优化，即在满足生产效率、产品质量、成本控制的同时，兼顾碳排放与能耗指标的最优组合，为企业运营提供全局性绿色决策参考。前瞻方向在于推动该模型与财务系统、供应链系统深度融合，实现“能效—成本—责任”一体化的可视管理与智能决策。

（四）碳交易数据平台与企业碳中和战略路径联动

在“双碳”战略背景下，碳交易不仅是企业履行减排责任的合规工具，还应成为企业资产管理与战略运营的重要组成。构建碳交易数据平台，需打通碳排放数据采集、核算、审计与配额交易各环节，提升交易效率与数据透明度。江苏常熟某纺织企业建设了碳资产管理平台，对不同产品线排放量进行定量核算，并将碳指标分解至部门和车间，通过系统模拟预测年度碳配额缺口并制定采购策略，借助碳市场调节生产节奏与利润分布。该平台还支持与绿色金融对接，如碳排放绩效挂钩贷款利率、绿色债券评级等，拓展了企业碳资产的外部价值空间。未来，应推动碳数据平台与产业大脑、ESG绩效体系协同发展，使碳中和战略从“被动合规”走向“主动经营”，构建制造企业绿色价值的新范式。

四、特殊制造领域的数字化探索路径

特殊制造领域正成为智能化转型的重要前沿阵地，通过建筑工业化的BIM+CIM融合、军民融合型智能工厂构建、高端能源装备的智能监造与极端环境制造下的容错机制创新，推动制造系统跨越复杂性边界，实现多元需求下的高精度、高韧性与高适应性发展。

（一）建筑工业化与BIM+CIM协同制造模式重构

随着建筑工业化水平持续提升，构建BIM（建筑信息模型）与CIM（城市信息模型）深度协同的数字制造模式，已成为破解“建造效率低、全生命周期不可控”困局的关键路径。BIM侧重构件级建筑设计与施工协同，CIM则强调城市尺度的空间资源管理与系统集成，二者融合可实现从构件加工、现场装配到城市运行管理的全链条数字映射与数据贯通。在山东青岛某装配式住宅项目中，企业通过BIM对预制构件进行参数化设计与工艺仿真，并与

CIM 系统对接交通、能源与基础设施模型，优化装配工期、施工动线与运输调度，成功将建设周期压缩 25%。同时，现场部署的数字孪生工地平台实现了对构件安装状态、施工风险点的实时监控与预警。更具前瞻性的发展方向在于构建“建筑构件云制造平台”，通过工厂级工业互联网接入，实现多地构件标准统一、生产排程联动与项目端柔性调配，全面提升建筑工业化协同效率与管理智能化水平。

（二）装备制造企业中的军民融合型智能工厂构建

在军民融合发展战略指引下，装备制造企业亟须构建兼顾“高精密、高可靠性”与“高效率、大规模”双重要求的智能工厂体系。该模式以统一的数据底座为基础，将军用产品的小批量多样化特性与民用产品的高频高效制造需求通过模块化架构与多策略工艺系统集成，实现资源共享、流程互通与管理协同。在四川某军工企业实践中，其构建了“双线调度+多模管理”体系，即以一套数字孪生车间支撑军民产品的工艺协同与设备共用，系统能根据生产计划自动识别产品属性与质量等级要求，切换对应的检测标准与工艺路径，并引入 AI 质检算法实现关键零部件的误差预测与残余寿命评估，提升整线可重构能力。同时，通过构建涉密数据与非涉密数据隔离通道与安全区块链存证机制，确保军工制造信息的合规与可控。未来，该模式可延伸至战略性新兴产业，形成具有行业通用性的“混合制造+融合管理”范式。

（三）高端能源装备产业链中的智能监造与质量预测

高端能源装备制造涉及焊接、热处理、复合材料成型等高复杂度工艺，制造周期长、质量控制难度大。构建基于智能监造与质量预测的全过程管控系统，是提升产品可靠性与交付能力的关键突破口。该系统以工艺参数实时采集为基础，结合知识图谱构建工艺行为模型，利用 AI 算法实现质量指标的趋势预测与风险预警。在上海临港某核电设备制造企业，系统对焊接温度、振动频率、母材纯度等指标进行动态监测，并与历史缺陷数据进行比对，形成“预警—干预—修正”闭环机制，实现了主焊缝合格率从 94.5%提升至 99.1%。此外，系统还部署了可视化工艺控制台，现场工程师可根据预测结果实时调整焊接速度与冷却曲线，避免结构应力集中与微裂纹形成。未来，该系统可进一步嵌入基于因果推理的缺陷溯源模块，实现从数据统计向知识演绎的跃迁，为高端装备制造提供可复制的质量保障路径。

（四）极端环境制造下的感知适配与智能容错机制

极端环境制造广泛存在于深海探测、高空航天、高寒工程等领域，其特征是环境变化剧烈、作业风险高、设备性能边界易受挑战。要实现稳定可靠的制造输出，需构建具备自感知、自适应与容错调节能力的智能制造机制。在理论层面，应将多源传感器网络、模糊控制逻辑与鲁棒优化算法融合，构建面向极端条件的工艺调控模型，确保设备在不确定性强扰动下仍可维持工况稳定。在甘肃某高寒风电装备制造基地，企业部署了基于“超声波+热成像复合感知系统”的智能加工平台，能在-30℃环境中实时检测构件内部应力与表面微缺陷，系统依据异常程度自动调整切削力与夹持策略，极大地降低了因温差膨胀引发的工艺偏差。同时，平台构建了“边缘智能+主控决策”双层防护体系，一旦感知系统故障或判断误差，可由主控系统接管指令，保证作业不中断。面向未来，应探索将生物智能与智能材料融合，引入“自愈型”“进化型”制造设备，打造具备复杂环境自适应能力的极端制造新物种。

第三节　服务业的智能赋能与体验进化

服务业正加速迈入智能赋能与体验进化的新阶段，金融、医疗、教育、零售与文旅等关键领域在技术驱动下重塑服务逻辑与价值链条。通过人工智能、数据分析、虚拟现实与平台化生态系统等手段，服务供给实现从标准化向个性化、从单点功能向全流程协同转型，推动服务形态更智能、交互更沉浸、价值创造更持续，构建以用户为中心、数据为基础、协同为机制的服务业数字化新范式。

一、金融科技驱动的敏捷风控与开放生态

金融科技正重塑服务模式与风险治理逻辑，通过人工智能驱动的信贷建模、实时数据流下的智能交易合规、数字货币引领的清结算变革，以及金融开放平台与 API 生态的重构机制，构建出高敏捷性、高可控性、高协同性的新型金融生态体系，推动金融服务全面走向智能化、开放化与安全化。

（一）人工智能在信贷审批中的风险建模新范式

随着普惠金融的快速扩展与信贷边界的持续外延，传统的基于规则引擎

与静态评分卡的风险建模模式面临维度不足、响应滞后、适配性差等瓶颈。人工智能的引入重塑了信贷风控的基本逻辑，其核心在于构建以行为数据、社交数据、场景数据和非结构化信息为基础的多维动态模型。相较于传统信用评估，AI 模型更注重特征之间的交互关系与非线性因果路径，强调模型自学习与演化能力，能够有效识别隐藏在常规变量之外的“弱信号”风险因子。例如，微众银行构建了融合图神经网络（GNN）与时序建模的风控系统，实时分析借款人之间的社交关系网络与交易行为轨迹，显著提升了对欺诈行为的识别率；荷兰 ING 银行采用集成学习与模型解释性架构，对高频消费数据与财务事件进行动态聚类，支持信贷自动审批决策，并满足欧洲 GDPR 对算法透明性的严格要求。面向未来，AI 信贷风控需进一步融合强化学习与因果推理框架，实现从“风险识别”到“风险干预”的闭环进化。

（二）实时数据流下的智能交易与算法合规系统

在全球资本市场日益算法化、自动化的趋势下，构建基于实时数据流的智能交易系统与合规控制体系成为金融科技的重要突破方向。其本质是通过流计算引擎与在线学习模型，将市场行为的识别、策略决策与合规审查纳入统一的反馈闭环。在系统架构上，需部署多源数据接入层、低延迟决策引擎与行为审计模块，支持毫秒级交易执行与风险动态拦截。例如，中信证券开发了“量化交易与实时监控一体化平台”，基于 Flink 流处理与自适应策略模型，能够在交易过程中即时检测异常交易簇，规避操纵风险，并与合规审查系统自动对接；美国纳斯达克交易所部署的 SMARTS 平台通过 AI 与行为预测分析技术，实时监测全球交易所的异常交易行为，并通过可解释性模型输出审计报告，为监管机构提供可追溯证据链。未来发展趋势将向“可信 AI+合规即服务”方向演化，推动智能交易平台从交易工具升级为全面风控的合规基础设施。

（三）数字货币与新型支付体系的清结算创新机制

数字货币的兴起标志着支付体系从账户驱动向智能合约驱动转型，其底层逻辑在于通过去中介化、可编程与全流程可追溯的特性，重构清结算流程与金融基础设施架构。与传统清算方式“先交易后结算”不同，数字货币通过链上交易与合约执行实现“支付即清算”，极大地提升了交易效率与资金利用率。例如，海南离岛免税区试点采用数字人民币与物流结算系统融合，实现免税购物中的“消费确认—支付执行—海关申报”全流程自动化，显著缩短了报关与结算周期；瑞典央行的 e-Krona 项目探索构建基于分布式账本技术（DLT）的央行数字货币系统，用于零售与批发支付的并行处理，并设计多级清算模式以兼容商业银行角色。未来，数字货币支付将进一步嵌入物联网与跨境支付场景，通过构建基于全球可信身份认证与多币种交换协议的数字支付生态，实现从“交易驱动”向“网络协同”的价值跃升，成为下一代金融基础设施的重要支柱。

（四）金融开放平台与 API 生态的演化逻辑与管控机制

开放银行与 API 金融生态的发展，正在重构金融服务的组织边界与价值创造机制，其演化逻辑体现为“能力组件化—场景嵌入化—服务平台化”的逐级进化。在此体系中，金融机构不再单一提供端到端服务，而是以“金融能力即服务”的形式，通过标准化 API 向第三方平台输出支付、信贷、账户、风控等核心功能，实现多场景协同创新。例如，建设银行开放银行平台已对接超过 1200 家企业，形成“财务+金融+场景”三位一体的生态网络，广泛嵌入政务、物流、医疗、教育等数字化流程，提升服务密度与客户黏性；英国 Starling Bank 通过“Banking-as-a-Service”战略，将完整银行功能封装为 API 模块，支持中小型金融科技企业快速搭建个性化产品，极大地释放了行业创新动能。为应对数据安全与合规挑战，平台需构建“API 沙箱测试+权限分级+行为监测”三维监管体系，形成灵活、可控、透明的开放生态治理框架。未来，开放金融将与隐私计算、联邦学习等技术融合，实现数据不出域、模型可共享的安全协作机制，推动“无缝金融”向“可信金融”跃升。

二、医疗健康的全流程智能化再造

医疗健康正加速迈入智能化、全流程重构的新阶段，通过多模态数据集成、AI 辅助诊疗、智慧医院流程优化与慢性病数字健康管理平台构建，推动医疗服务从以医院为中心转向以患者为核心，实现高效、精准、协同、持续的健康管理新格局。

（一）多模态健康数据集成与数字病历智能抽取系统

现代医疗健康数据呈现出高度异构、多源多模态的特点，包括结构化的检验结果、非结构化的临床笔记、医学影像、基因组信息以及可穿戴设备生成的生理信号等。传统电子病历系统在数据整合与语义理解上存在严重局限，难以支持临床辅助决策与智能服务系统的深度发展。多模态数据集成与智能抽取系统正是打破数据壁垒、激活医疗数据价值的关键机制。其核心在于通过知识图谱构建、自然语言处理（NLP）、图神经网络与跨模态表示学习等技术，构建统一的医疗语义空间，实现疾病、症状、指标、处置之间的深层关联解析。例如，阿里健康联合华中科技大学构建的“多模态医疗语义引擎”平台，融合结构化病历、医学影像和语音门诊记录，实现自动结构化抽取与智能病历生成，有效支持医生高效决策；Mayo Clinic 开发的“DeepCure”系统结合 EHR 与 MRI 图像信息，通过深度学习模型挖掘罕见病早期征兆，极大地提高了诊断准确率。面向未来，该系统将进一步与个体数字画像、风险预测模型和主动干预机制联通，构建全场景可感知的智能健康信息基础设施。

（二）基于 AI 影像识别的辅助诊疗与风险早筛模式

医学影像已成为现代临床诊断的重要数据来源，占据医院数据体量的50%以上，但其处理长期依赖医生人工判读，存在主观性强、效率低、误诊率高等问题。AI 影像识别技术通过深度卷积神经网络（CNN）、注意力机制与迁移学习等手段，实现对影像特征的自动提取、分类与风险评分，正成为精准医疗的重要引擎。在技术架构上，系统需建立涵盖多模态影像类型（如CT、MRI、超声、病理切片等）的大规模标注数据库，结合临床路径与疾病本体库优化算法训练流程。例如，依图医疗开发的“脑卒中智能识别系统”已在上海市第十人民医院落地部署，可在 10 秒内完成颅脑 CT 识别与出血风险评估，辅助医生实现快速溶栓决策；英国初创企业 Kheiron Medical 运用深度学习技术识别乳腺 X 线图像，其 AI 模型在英国 NHS 试点中表现优于平均水平的放射科医生，成功发现多个早期癌灶。未来发展应聚焦 AI 模型的可解释性、数据隐私保护与临床工作流程的深度融合，推动影像 AI 系统从“辅助工具”进化为“诊疗共生体”。

（三）智慧医院的诊疗流程重构与智能调度平台建设

传统医院运转机制中存在患者候诊时间长、资源调度效率低、信息系统割裂等问题，严重制约诊疗质量与患者体验的提升。智慧医院的建设核心在于通过统一的数据中台与智能决策引擎，实现从挂号、候诊、检查、诊断、治疗到出院的全过程流程再造与系统联动。在系统设计上，应构建基于病情轻重、路径依赖与科室负载的动态排程算法，辅以 RFID 定位、边缘感知与语音交互，实现患者流、信息流与物资流的高效协同。例如，广州医科大学附属第一医院通过部署“智慧诊疗管控平台”，在门诊环节实现了自动分诊、路径推荐与实时调度，大幅压缩患者等候时间超过 30%；克利夫兰诊所（Cleveland Clinic）构建基于 AI 辅助的诊疗协同系统，将患者多科会诊周期由原来的 10 天压缩至 3 天，同时提升了床位周转率与设备利用率。面向未来，智慧医院将进一步集成数字孪生病区、个性化健康导航与数字人导诊系统，实现以患者为中心的精细化、闭环式智慧医疗运营模式。

（四）长期照护与慢性病管理的数字健康管理平台演进

在人口老龄化趋势与慢性病高发的背景下，传统的以“医院为中心、疾病为导向”的医疗模式难以满足长期照护与健康管理的迫切需求。数字健康管理平台以物联网、移动医疗、AI 预测模型和行为干预算法为支撑，构建起“线上+线下”“监测+干预”“患者+家庭+医生”的协同健康管理网络，实现从被动诊疗向主动预防的根本性转变。在管理过程中，平台需具备四项核心能力：一是连续生理信号监测能力，二是多病种风险预警机制，三是多角色参与的交互界面，四是基于循证规则的干预推荐引擎。例如，在国家远程医疗中心打造的慢病数字管理云平台中，高血压和糖尿病患者可通过智能血压计、智能血糖仪接入数据，并获得个性化饮食、运动与药物管理建议，有效提升依从性与控制率；美国 Kaiser Permanente 开发的 Care Management Institute 平台融合 EHR 数据、可穿戴设备与患者自我报告，实现对心衰、哮喘等病种的智能随访与再住院风险预测，显著降低慢病复发率。未来，数字健康平台将进一步与社会支持网络、保险支付体系与智慧养老系统深度整合，构建真正可持续的健康服务新范式。

三、教育场景的个性化重构与智能供给机制

教育场景正迈向智能化与个性化深度融合的新阶段，通过知识图谱驱动的内容生成、学习行为数据的动态评价、多模态沉浸式人机协同教学，以及生态化平台与跨界资源融合机制，构建以学生为中心、数据为基础、协同为特征的未来教育新范式。

（一）基于知识图谱的智能教学内容生成系统

传统教学内容设计往往以教材编写为主导，缺乏对学生认知路径与知识内在关联的精准把握，难以满足个性化学习需求。基于知识图谱的内容生成系统正逐步成为智能教育内容供给的新基座。其核心在于构建以概念节点、技能单元、关系边及认知路径为结构的动态知识网络，并通过自然语言生成与语义理解模型，自动生成针对性强、逻辑清晰的教学内容。系统需包含知识标注模块、知识抽取模型、内容生成引擎与教学策略反馈接口，形成从知识建构到内容适配的闭环体系。例如，北京师范大学教育大数据研究中心开发的“知学网”平台基于 K-12 课程内容构建多层级知识图谱，实现了教学内容的智能分层与推送，在多个省份中小学试点中显著提升学生学习进度匹配度；国际上，美国公司 Knewton 通过大规模学习数据与知识网络结合，为高校和职业培训机构提供自动化课程定制服务，有效缩短学习时长并提升掌握率。未来，随着认知神经科学与类脑计算的发展，智能教学内容生成系统将朝着更具理解力与可解释性的方向演进，成为人机协同教学的关键引擎。

（二）学习行为数据分析与动态评价反馈模型

教育评价传统上以静态考试成绩为主，难以实时反映学习过程中的行为模式与认知变化，导致反馈滞后与指导失焦。构建基于学习行为数据的动态评价模型是推动精准教育与个性化干预的关键机制。该模型依托学习管理系统（LMS）、智能终端与多模态感知设备，采集学生在学习过程中的点击频率、停留时间、答题路径、面部表情、语音语调等行为数据，并通过时间序列分析、聚类建模与因果推理技术，构建学生认知状态与学习动因的动态画像。例如，清华大学在线教育平台“学堂在线”在其 MOOC 课程中引入“行为轨迹—认知模型—智能评价”三层机制，通过机器学习模型识别学生学习疲劳、概念混淆等风险状态，并生成个性化反馈建议，实现“诊断—干预—再学习”闭环；英国 Open University 开发的 OU Analyse 平台，融合学习日志与社交互动数据，精准预测学生辍学风险并推送教师预警通知，有效提升留存率。面向未来，该模型应加强与脑电、生理信号等深层数据融合，推动学习评价由“表层表现”走向“内隐认知”的深层洞察。

（三）虚拟教师、沉浸课堂与多模态人机协同教学路径

新一代人工智能技术与虚拟现实环境的结合，为教育场景创造出更加沉浸、互动与情境驱动的学习体验。虚拟教师作为具有语音、表情与动作交互能力的 AI 形象，不仅打破了时空限制，还能依据学生反应实时调整教学策略，成为教师团队的重要补充力量。在系统架构层面，应集成自然语言处理、知识图谱驱动的教学逻辑引擎、情绪识别系统与虚拟人建模技术，实现“内容—情境—反馈”高度一致的协同教学流程。例如，上海外国语大学开发的“英语虚拟口语教练”系统通过 AI 虚拟教师模拟真实交流情境，依据学生语音语调、语义完整度与交际逻辑动态评分反馈，显著提升了学生英语口语交际能力；芬兰 Aalto 大学设计的“沉浸式历史教学平台”借助 VR 环境将学生带入古代城邦、战争现场与政治演讲厅，通过交互决策与任务导向提升历史理解与批判性思维。未来，多模态人机协同应与脑机接口技术联动，推动“教师—虚拟体—学生”三元互动网络的构建，打造跨认知维度的智能化沉浸课堂。

（四）教育平台生态化运营与跨界资源融合机制

在数字化转型加速的背景下，教育平台不再是单一课程承载体，而正向集资源、服务、评价、社交于一体的综合生态系统演进。生态化运营的核心在于打破“内容孤岛”与“系统封闭”，通过技术中台与服务中台联动，整合校内外教育资源、产教融合场景与个性化服务模块，打造“学—研—训—创”一体化供给网络。在实践中，应构建用户身份统一管理、学习路径精准推荐、知识成果沉淀共享与多方利益协同机制。例如，腾讯教育云平台构建了“资源云+管理云+数据云”三层架构，已连接超 8000 所学校与多家出版社、培训机构，实现统一账号、学习记录跨平台同步与教学内容共建共享；爱沙尼亚国家教育平台“eKool”汇聚学生学习记录、教师教学内容、家长沟通信息与政策评估接口，实现政府、学校与家庭的全面协同，被誉为“教育数字政府”的样板。未来教育平台将进一步与区块链确权机制、智能合约与教育元宇宙融合，构建开放、可信、自进化的教育新生态。

四、零售行业的智能营销与全域运营重塑

零售行业正加速迈向智能化与全域融合时代，通过用户标签精准建模、

混合现实销售场景重建、私域流量闭环运营与商品生命周期智能管理，重塑“人—货—场”关系，构建以数据驱动、场景协同、体验为核的新型零售运营范式，赋能消费生态持续进化。

（一）用户标签精细化与精准推荐的算法优化策略

数字化转型推动零售行业营销模式从商品中心转向用户中心，而用户标签体系正是精准营销策略构建的基础支撑。传统标签系统多依赖静态特征，缺乏行为演化感知能力，难以适配消费场景的动态变化。精细化用户画像构建的关键在于融合线上线下多源数据（浏览轨迹、社交行为、交易记录、地理位置等），通过图神经网络、深度因子分解机（DeepFM）与强化学习等算法，实现用户兴趣迁移预测与情境推荐优化。例如，京东利用“动态用户兴趣图谱”模型，将用户的实时行为转化为情绪特征向量，结合商品上下文信息进行跨品类精准推荐，有效提升转化率和客单价；亚马逊推出的“个体行为—微交互—推荐响应”三层模型，通过实时反馈机制不断调整推荐权重，使用户停留时长与复购频次持续上升。面向未来，推荐系统将更侧重解释性建模、情绪识别与多轮交互优化，实现从千人千面向千人千需进化，构建“识别—匹配—激活”一体化的智能消费体验。

（二）数字门店与虚拟货架的混合现实销售场景重建

实体零售正通过数字化重构实现与线上渠道的深度融合，构建沉浸、可视、交互的混合现实销售场景。核心逻辑在于通过计算机视觉、空间映射、AR/VR技术与实时数据引擎，将“人—场—货”关系由线性转为网络状连接，实现虚实融合、场景叠加与体验升级。在系统层面，平台应配置智能导购终端、3D商品建模系统与多模态互动接口，打通POS系统与会员数据，实现线上浏览与线下体验的无缝联动。例如，盒马鲜生推出“AR选购+智能补货”系统，顾客在门店中可通过手机扫描货架商品虚拟试吃、查看产地溯源，并与线上购物车实时同步，形成“双场联动”的新型消费路径；宜家开发的“虚拟家居体验平台”结合用户家中空间图像自动生成个性化产品搭配与陈列建议，消费者可在App中实现“所见即所得”的家具布局预览与一键下单。未来，混合现实门店将进一步融合AI导购、情境感知与个性内容生成，重塑零售空间的互动逻辑与价值密度，推动从“场所消费”向“场景沉浸”跃升。

（三）私域流量运营与AI客服系统的价值闭环机制

在流量红利逐渐枯竭的背景下，私域流量成为零售企业实现用户留存与价值延展的关键战略资源。有别于平台主导的公域流量，私域运营强调以品牌自身为中心，通过社群、微信生态、小程序与企业微信等载体构建可触达、可管理、可复购的用户池。实现私域价值闭环，需打通用户识别、精准触达、内容互动、交易转化与复购维护五个环节，并引入AI客服系统提升服务效率与用户体验。例如，完美日记构建“导购社群+私域CRM+智能客服”三位一体运营体系，借助AI客服完成高频问答、商品推荐与售后处理，使人效提升50%以上，用户复购率超过65%；美国品牌Glossier通过Instagram DM与AI客服结合的方式实现用户1对1互动，同时借助UGC优化推荐策略，塑造高度情感化的品牌认同。未来，AI客服将从语义识别走向情绪理解与个性生成，成为零售企业实现“服务即营销”的关键节点，重构消费者关系与价值共创机制。

（四）商品生命周期智能管理与动态定价平台路径

在消费需求快速变化与库存成本压力持续上升的背景下，商品生命周期管理（PLM）与动态定价机制正成为零售企业实现利润优化与供需匹配的重要抓手。PLM系统需覆盖商品设计、上架、营销、促销、清仓等全周期节点，通过大数据分析、库存预测与价格弹性建模，实现产品组合动态调整与资源配置最优化。动态定价平台则通过强化学习与实时市场反馈机制，根据时间、天气、库存、用户画像、竞品价格等因素，自动优化价格曲线与促销策略。例如，唯品会依托“商品智能中台”系统，实现对SKU生命周期的精细画像与价格实时调整，库存周转率提升22%，毛利率显著改善；德国Zalando通过机器学习模型预测时尚潮流趋势，并联动定价引擎动态设定限时优惠与补货节奏，实现供给节奏与市场热度的精准耦合。未来，商品管理将从“库存驱动”转向“需求预测驱动”，与用户偏好数据、社交热度指标与AI设计系统协同，形成商品策略、供应计划与销售执行的高度智能化闭环体系。

五、文旅融合中的沉浸体验与数字场景建构

文旅融合正步入沉浸化、智能化与虚实融合的深度创新阶段，通过数字文物重构展示方式、智能引导重塑游览路径、数据治理提升运营效能，以及

元宇宙空间拓展文化边界，打造体验丰富、交互深入、价值共创的新型文旅生态体系，推动文化旅游迈向高质量融合发展新纪元。

（一）数字文物与虚拟展览平台的交互式场景创新

数字化正在深刻改变文物传播与展览体验的方式，推动传统文化资源从静态展示向动态互动、从封闭空间向开放共享的转型。其核心在于通过 3D 建模、超高清扫描、AR、全景视频与 WebGL 技术，构建可沉浸、可交互、可复用的虚拟展览场景，将文物信息从“物理孤岛”转化为“知识网络”。系统应包含数字采集模块、文化语义建构引擎、虚拟导航界面与交互逻辑引擎，实现用户行为轨迹、认知节奏与文化内容的动态耦合。例如，国家博物馆打造的“数字国博”平台以超过 300 件国家一级文物为核心，融合语音讲解、文物解构动画与虚拟导览，实现文物知识“能看、能听、能问、能探”；法国卢浮宫在疫情期间推出“虚拟宫殿漫游”计划，利用高清建模与 AI 讲解生成技术，实现在线观众与古典艺术之间的深度交互，访问量一度超越线下游客。未来方向应融合 AIGC 内容生成、情绪识别反馈与个性化文化推荐机制，推动虚拟展览从“信息呈现”向“情感共鸣”与“价值共创”迈进，开拓文化资源再利用与共享传播的新维度。

（二）基于游客画像的智能线路规划与实时引导系统

传统旅游服务多以“标准化路线+静态图文”为主，缺乏对游客个体差异与行为轨迹的精准识别，难以提供具有温度与记忆价值的个性化体验。智能旅游线路规划与引导系统的核心机制在于构建多维游客画像体系，融合年龄、消费偏好、历史足迹、情绪状态与社交行为等信息，通过路径推荐算法与实时反馈机制，为游客提供千人千图的动态游览方案。例如，杭州西湖景区依托“智慧景区大脑”，接入微信小程序与人脸识别系统，实现游客身份识别、热点预测与动态排队分析，智能生成避拥线路、推荐时段与行为提示，有效提升体验感与安全性；日本奈良公园通过 AI 语音导览机器人与游客行为数据分析，自动匹配兴趣点与时间安排，尤其为高龄游客提供低体力负担与文化深度体验兼顾的路线建议，极具人性化。系统未来将进一步融合 LBS 精准定位、AR 实景引导与 AI 生成叙事，实现从“导航路径”到“认知路径”的跃迁，赋能旅游成为一个充满探索、个性与共鸣的主动式文化旅程。

（三）景区运营平台的数据治理与流量管理机制

在文旅产业进入以质提效的深度发展阶段，景区管理者面临游客流量不均、运营效率低下与服务分层模糊等多重挑战。构建基于数据中台的景区运营平台已成为提升运营精度与管理弹性的关键突破。该系统应以“数据采集—指标建模—行为预测—资源调配”四级架构为核心，整合门票销售、安防视频、移动支付、评论反馈与环境感知等多源数据，构建游客流动热力图、资源配置预案与突发事件响应模型。例如，黄山风景区打造“智慧调度平台”，引入机器学习预测算法与多元数据联动系统，实现对游客高峰的预判与分区调度，节假日期间游客拥堵率下降约41%；美国迪士尼乐园建设的MagicBand系统融合门票、支付、排队、定位与偏好记录，通过数据挖掘精准识别游客行为链条，实现个性服务与客流调控双重优化。未来，该平台将与碳排管理、文化资源分级呈现及AI语义指令系统深度整合，推动景区管理从“被动服务”向“主动治理”与“体验共建”转型，形成面向全生命周期的智慧运营体系。

（四）元宇宙文旅空间的构想、构建与经济模型探讨

随着虚拟现实、区块链、数字孪生与生成式AI等技术加速融合，文旅产业正迈入“元宇宙”驱动的新阶段，其根本特征在于虚拟空间的沉浸交互性、数字身份的持续性与数字资产的可交易性。元宇宙文旅空间不仅是传统景点的数字镜像，还是文化创意、社群交往与经济活动的新载体。构建逻辑应包括虚拟景区建模、用户身份系统、智能NPC叙事引擎、可生成内容平台（UGC/AIGC）与经济激励机制，形成“游、学、娱、商”融合的数字体验闭环。例如，敦煌研究院与腾讯合作开发“数字敦煌”元宇宙平台，通过高精建模、数字门票、沉浸式语音互动与文创NFT销售，吸引大量年轻用户“云游莫高窟”，并实现IP的内容裂变与经济变现；韩国首尔市推出“元宇宙首尔”计划，构建包括市政服务、旅游导航与文化体验的虚拟城市原型，推动公共服务与城市文化的数字融合。未来，元宇宙文旅需构建公平透明的价值流通机制、开放互通的虚拟空间协议与可信治理体系，实现“文化再造+经济共创”的融合型发展格局。

第四节　公共服务的智慧治理与系统协同

公共服务正迈向智慧治理与系统协同的深度跃迁阶段，通过政务流程重构、城市大脑建设、公共安全智能联动与基础设施智慧运维等路径，全面提升政府感知力、响应力与治理效能。借助大数据、人工智能、物联网与数字孪生等技术，公共服务实现从碎片化向全域协同、从被动响应向主动干预的根本转型，构建以数据驱动、智能决策、协同执行为核心的新型治理体系。

一、智慧政务体系的流程集成与服务再设计

智慧政务正通过事项标准化、人脸识别与电子签章、跨省通办中台建设以及区块链可信存证等路径，重构流程架构与服务逻辑，推动政务从静态受理向动态协同转变，实现高效化、无纸化、智能化与透明化的服务体系重塑，全面提升政府治理能力现代化水平。

（一）政务服务事项结构化与流程标准化重构路径

传统政务服务普遍存在事项名称繁杂、材料提交冗余、办理路径不清等问题，导致用户获取感弱、体验差。推进事项结构化与流程标准化重构，是实现智慧政务体系集约化、高效化的基础环节。其核心逻辑是通过统一事项编码、颗粒度细化、依赖关系梳理与元数据建模，构建跨部门共享、可追溯、可视化的服务目录体系。在系统设计上，应构建“事项知识图谱+流程引擎+规则中心”三位一体架构，实现事项数据的语义联动与业务流程的自动编排。以广东省“粤省事”平台为例，通过事项颗粒度重构与流程规则重塑，实现了超过1600项政务服务“办事一件事”的整合，推动事项之间从“物理串联”向“逻辑聚合”转型；爱沙尼亚通过X-Road平台将各类政务服务事项嵌入统一数据交换框架，实现“一次授权、跨机构共享”，大幅降低政务服务重复率。未来应进一步融合自然语言识别与自动流程识别技术，推动从结构化“规范治理”向智能化“自学习服务”的进化。

（二）人脸识别与电子签章驱动的无纸化协同机制

随着身份认证与电子签章技术的不断成熟，政务办理从“线下跑腿”向

"线上闭环"的转型正在加速。以人脸识别与电子签章为核心的无纸化协同机制不仅显著提升了政务效率与安全性，也重塑了用户信任体系。该机制依托多模态生物识别技术与国家 CA 认证体系，建立"人—证—行为"三维映射关系，推动身份确认、材料提交与结果反馈的一体化闭环。在技术实施上，应构建人脸识别中台、电子签章标准库与可信区块链存证系统，实现签署行为的真实可溯、身份数据的合规可控。例如，在北京"全程网办"改革试点中，90%以上的政务事项实现人脸识别登录与电子签章确认，大幅减少线下窗口依赖与纸质文书流转；韩国的 Gov24 平台已实现基于 K-Digital ID 系统的多终端人脸识别登录，并嵌入政府采购、民事登记与跨境签证等业务流程，提升了跨系统协同能力。未来，无纸化机制将进一步拓展至"无人审批"与"智能授权"领域，实现政务办理的极简化与全域在线化。

（三）一体化数据中台与"跨省通办"技术实现逻辑

"跨省通办"是推动政务服务全国一体化、打破行政边界壁垒的重要举措，其关键在于构建支持异地身份验证、数据共享与业务互认的一体化数据中台。数据中台需涵盖身份认证模块、标准数据字典、接口服务总线与权限控制机制，具备对不同地方数据规范的解析能力与流程适配能力。在具体路径上，需推动政务系统的数据归集与结构整合，实现从信息孤岛向数据联通的跃迁，并通过 API 网关实现数据请求、传输与反馈的安全闭环。例如，江苏与浙江联合建设的"苏浙通"系统，在社保转移、公积金提取与企业注册领域实现异地调用、同步处理，标志"技术互认+业务协同"机制初步建立；澳大利亚"myGov"平台通过"服务指纹+智能交换标准"实现跨州数据调度与政务协作，提升了多州居民公共服务获得感。未来发展将依托政务区块链与分布式标识（DID）体系，探索形成"属地数据自治、全国系统互联、统一身份验证"的跨区域服务新范式。

（四）区块链助力政务可信存证与审批全流程透明化

政务系统的可信运行与审批过程的公开透明，长期以来面临"暗箱操作"、"责任界限模糊"与"数据不可溯源"的难题。区块链技术以其"去中心化、不可篡改、全程可溯"的核心特征，为政务服务嵌入可信存证与流程审计机制提供了全新路径。在架构设计上，可采用联盟链+分布式账本结构，结合零知识证明技术实现敏感数据的隐私保护与可验证性并存，并构建审批流程的时间戳链与身份授权链，实现每一笔审批行为的可视、可查、可问责。例如，厦门市率先打造“区块链+行政审批”系统，将工程项目备案流程全部链上登记，审批效率提升35%，投诉率下降68%；迪拜构建的“Blockchain Smart Government”（区块链智慧政府）平台以政务合同、建筑审批、土地交易为切入口，通过区块链记录操作链条，极大地提升了政务透明度与投资信心。未来应推动“数据上链+智能合约”与AI自动决策相结合，打造“可信计算+可解释审批”的智能治理基础设施，真正实现“技术可信”支撑下的“制度阳光化”。

二、城市大脑体系与公共资源调度智能化

城市大脑体系通过时空数据融合、智能基础设施运维、交通拥堵自适应治理与数据驱动绩效评估等关键机制，重构城市运行感知与资源调度逻辑，推动公共服务从碎片化响应向全局性、预测性、智能化协同转型，全面提升城市治理的科学性与效率。

（一）时空数据融合下的城市运行态势全息感知系统

城市运行的复杂性与动态性要求管理者具备“全域可视、实时感知、精准定位”的综合能力，而构建以时空数据为核心的全息感知系统正是城市大脑架构中的前端基础。其关键在于融合多源异构数据，包括卫星遥感、地理信息系统（GIS）、视频监控、物联网设备及公共服务接口信息，通过统一坐标体系与动态语义标注，形成全维度、多尺度、高精度的城市运行图谱。例如，在深圳“i深圳”平台建设中，城市管理部门将地铁客流、道路拥堵指数、环境监测与政务服务数据整合进统一GIS大屏，实现对市区运行状态的秒级掌握；新加坡“Virtual Singapore”项目构建了一个涵盖三维建模、实时数据流与行为模拟的数字孪生城市系统，支持从交通拥堵预测到建筑能耗评估的多维应用。未来，城市运行感知系统将进一步融合AI异常识别、边缘计算节点与语义数据图谱，推动城市管理从“被动响应”走向“预测预警”的主动治理新范式。

（二）城市基础设施运维平台与隐患预警机制构建

城市基础设施分布广、结构复杂、运行连续，是城市韧性与安全的底层支撑，而其智能化运维正成为现代城市治理的核心任务。构建数字化运维平

台的本质在于通过传感器网络、结构健康监测（SHM）系统与智能分析引擎，实现对市政道路、桥梁、供水管网、变电站等设施的状态感知、寿命评估与隐患预警。平台应包含数据采集层、模型计算层与应用展示层，并配备智能告警与应急指令模块，形成“发现—判断—响应”闭环机制。例如，在杭州“城市设施智能管控平台”中，通过部署振动、位移与温湿度感应设备，系统可实时监测桥梁结构变化并提前触发维护任务，已成功预警多起潜在险情；德国科隆市应用基于 BIM 与 IoT 集成的地下基础设施监控系统，利用数字孪生建模对地下电缆、排水通道等设施进行状态追踪，实现了预测性维护与运维成本显著下降。未来，该平台将进一步联动无人机巡检、5G+边缘处理与 AI 图像识别技术，打造高度智能、自动闭环的“感知—决策—维护”一体化管理体系。

（三）城市交通系统中的智能信号控制与拥堵自适应缓解模型

随着城市人口密度与出行需求持续上升，交通拥堵问题越发成为制约城市运行效率与居民生活质量的关键瓶颈。智能信号控制与拥堵自适应缓解模型的建设，旨在通过“感知—识别—预测—调控”的闭环路径，实现交通流的全域优化与动态治理。其技术核心在于构建基于交通流量传感器、摄像头与移动终端的实时交通数据网，结合深度学习模型与强化学习算法，动态调整红绿灯配时与路径诱导策略。例如，在北京中关村智能交通试点区，城市大脑系统融合视频识别与交通预测模型，对重点路口实施“时变相位调节+分时段优先级控制”机制，使高峰期平均通行效率提升 17%；加拿大多伦多“Smart Signal”系统利用边缘计算设备实时处理车辆排队长度与信号状态，自主优化相位转换，有效缓解交叉口拥堵。未来，该类系统将结合车路协同（V2X）、自动驾驶数据流与多模态出行行为分析，构建“人—车—路—网”融合调度平台，实现从“规则管控”向“智能协商”转型的城市交通治理新格局。

（四）数据驱动的城市治理绩效评估体系创新路径

城市治理绩效评估历来面临指标体系繁杂、数据支撑不足与主观性强等挑战，而基于数据驱动的治理评估体系建设，正为提升治理科学化、精准化与透明化提供新路径。其核心在于构建“数据指标体系+时序分析模型+可视化决策平台”三层架构，以城市运行数据为基础，通过机器学习算法对治理行为结果进行因果关联建模，实现绩效评价的客观化、即时化与情境化。例如，在青岛“城市治理指数平台”中，系统整合市政服务、社区管理、民意反馈、城市运行等维度数据，形成60余项基础指标与20余项评价模型，实现从单一考核向多维智能评估的跃升；荷兰阿姆斯特丹以“城市仪表盘”系统为核心，将能源消耗、垃圾处理、市民满意度等数据实时公开，并以评分算法为基础对各行政单元绩效进行排名，实现“治理数据—公众评价—决策反馈”的良性循环。未来，数据驱动评估将进一步融合城市数字孪生系统、AI情绪识别与社会感知算法，实现治理绩效与公众感知双维协同的复合评价模式。

三、公共安全系统的感知联动与应急响应机制

公共安全系统正加快迈向感知智能化与响应协同化，通过构建视频识别集成、数字沙盘推演、多源预警发布与舆情联动指挥机制，实现从事后响应向超前预警、从静态防控向动态协同的系统跃迁，全面提升城市突发事件的预测力、组织力与治理韧性。

（一）社会治安视频网络与图像识别模型集成系统

构建高效的社会治安防控体系，关键在于打通传统视频监控孤立运行的瓶颈，融合图像识别与实时智能分析，实现从“事后回溯”向“实时预警”的范式跃升。该系统应以“视频采集网+智能识别模型+指令联动平台”为架构基础，利用目标检测（YOLO）、人脸识别、轨迹追踪与行为识别等模型，快速识别可疑行为与特定人群活动轨迹。例如，在武汉“智慧天网”项目中，公安部门将高空探头、公交摄像头、社区门禁数据融合，依托边缘计算平台实现嫌疑人实时布控与智能拦截，仅在高峰时段盗窃预警率提升近40%；英国伦敦部署的“Live Facial Recognition”系统已广泛应用于火车站、演唱会等人流密集区域，通过“黑名单+动态比对”机制，极大地提升了反恐与刑事犯罪防控能力。未来发展方向应聚焦图像识别系统与大模型语义理解的融合，使治安系统不仅“看得见”，而且“理解深”，实现视频智能从“感知增强”向“认知跃迁”的根本突破。

（二）城市应急数字沙盘与实景推演平台建设路径

应对突发公共事件，城市管理者亟须具备“多情景融合、跨部门联动、

秒级响应”的实战模拟与协同决策能力。建设城市应急数字沙盘与实景推演平台，其核心在于通过 GIS、三维建模、实景还原与多源数据流叠加，构建可视化、互动化的模拟决策环境，并与应急响应机制形成联动闭环。例如，在南京江北新区，城市应急管理中心基于数字孪生平台开发“洪涝预警推演系统”，集成降水量、水位变化、地势高差与人群密度等数据，实时生成淹没区域图，并自动推送应急调度指令，实现“秒级感知—分钟研判—小时调度”的高效响应流程；美国洛杉矶市基于“Digital Twin LA”平台，开展地震、火灾与交通事故多场景联动演练，使决策人员可在虚拟环境中快速推演资源调配与人员转移路径。未来应推动该平台与 AI 决策引擎、社交媒体数据与应急机器人系统深度融合，打造“预演—预警—执行”一体化的智慧应急管理体系。

（三）多源安全数据流融合与灾害预警多通道发布机制

公共安全保障需依赖数据驱动下的灾害预警能力升级，而构建多源数据融合平台与多通道预警机制是提升应急响应“前窗期”的关键。该系统需整合气象监测、地震台网、水利数据、交通实时信息与居民反馈通道，构建异构数据集成平台，并通过事件识别模型、风险评估算法与传播策略优化模块，形成精准、高效、分级的预警内容发布体系。例如，在云南某地震易发区，地震局联合通信运营商建设“预警秒播系统”，将预警信息通过手机弹窗、广播电台、智能音箱与社区大喇叭等多渠道同步推送，实现居民提前 10 秒疏散，大幅降低伤亡风险；日本气象厅运用“J-Alert”国家级紧急信息发布系统，实现对台风、火山、核泄漏等事件的秒级覆盖，其智能算法可根据事件类型与地理分布推送不同语言与形式的定向内容。面向未来，该机制将进一步引入群体行为预测与个性化信息建模，使灾害预警由“统一广播”向“智能适配”转型，提升预警系统的社会接受度与精准触达力。

（四）公共事件智能指挥系统与舆情自动识别平台对接

在突发公共事件处置过程中，传统指挥体系往往存在信息割裂、响应延迟与舆情反应迟钝等问题。构建集成式公共事件智能指挥系统，并与舆情自动识别平台高效对接，可实现“线上舆论—线下事件”联动干预，提升事件全周期的统筹能力。该系统应由三部分构成：一是事件智能识别模块，基于自然语言处理与多模态识别技术捕捉事件征兆；二是应急资源智能调度模块，实现人员、装备与交通路径的实时调配；三是舆情分析引擎，聚合新闻、社交媒体与短视频平台评论，判断情绪趋势与风险扩散程度。例如，在成都“城市应急协同平台”中，某次突发大雨引发交通瘫痪时，系统在微博数据异常上升后自动启动舆情红色预警，并结合交通摄像头信息实现积水点位精准识别，指挥部门调配排水力量及时应对，事后市民满意度评价较高；法国巴黎基于“Crisis Room”平台整合社交监听与实时监控，实现“舆情预警—实景响应—新闻引导”闭环机制。未来应构建“AI 判读+人机协同+行为反馈”的复合指挥体系，推动城市公共安全决策向智能化、敏捷化与全域协同跃升。

四、基础公共设施的智慧化运维与优化治理

基础公共设施的智慧化运维正通过智能表计系统、健康诊断模型、环境监测平台与数字孪生仿真平台全面升级，实现从被动维护到主动感知、从周期管理到状态预测的转型，构建高感知力、高协同性、高前瞻性的城市基础设施治理新范式。

（一）水、电、气智能表计系统与异常监测算法应用

基础能源设施的数字化管理是提升城市运行韧性与资源利用效率的关键。传统水、电、气表计存在人工抄表延迟、异常检测滞后、用户交互单一等问题，亟须通过智能表计系统实现数据实时采集、风险提前识别与用户行为洞察。该系统通常由智能感知终端、低功耗通信网络、边缘分析模块与云端平台组成，借助时间序列分析、聚类检测与变异诊断算法，对能耗异常、泄漏行为或设备故障进行精准预警。例如，在南京江北新区，智慧能源管控平台已部署超过 10 万个智能表计终端，结合电流波动识别模型实现用电异常快速定位，平均抢修响应时间缩短 40%；意大利的 ENEL 集团通过 NB-IoT 与深度异常学习模型构建全国级智能电网，实现远程开关控制、非技术损耗识别与节能行为引导，显著降低配电故障率。未来发展应整合用户画像系统、碳足迹评估与动态计费模型，推动能源管理由“数据监控”向“行为引导”转变，构建智慧感知、主动治理的绿色基础设施新范式。

（二）基础设施健康状态诊断与寿命预测模型路径

城市桥梁、隧道、高架管廊等关键基础设施存在运行年限长、结构老化风险大、传统检测手段效率低等问题。构建基于数字化感知与 AI 建模的设施

健康诊断与寿命预测体系是保障城市安全运营的核心路径。系统应包含三部分：结构传感网络用于采集应力、振动、裂缝扩展等数据，数字孪生模型模拟结构响应过程，AI 预测引擎基于历史与实时数据训练残余寿命评估模型。例如，在重庆轨道交通系统中，某市政隧道采用“光纤传感+机器学习”分析机制，实现沉降趋势预测与结构健康指数计算，提前 3 周发现支撑结构疲劳并实施加固；芬兰赫尔辛基地铁桥梁采用 LSTM 时间序列预测模型与地理环境数据库融合，对不同气候周期下的疲劳应力进行动态修正，显著延长设施维护间隔期。未来应引入因果推理算法与无人机自主检测机制，实现“自感知—自诊断—自决策”的智能闭环，推动城市基础设施管理从“周期检修”走向“状态驱动”。

（三）环境监测平台的可视化分析与污染治理联动机制

城市生态安全与可持续发展离不开对空气、水体、噪声等环境因子的智能监测与综合治理。建设基于大数据与可视化引擎的环境监测平台，不仅能实现污染源精准追踪，还能构建“监测—分析—干预—反馈”的闭环治理体系。该系统通常包括多点布设的智能传感节点、数据清洗与异构融合模块、污染扩散模拟与治理响应模型。例如，在苏州高新区，生态环境智能平台通过融合空气质量 $PM_{2.5}$、VOCs 浓度、水体 COD 数据与气象条件，实现污染物时空分布图谱构建，并联动执法机构进行自动推送与现场核查；英国曼彻斯特利用 AI 环境分析平台与公众手机 App 联动，实时发布高污染区域分布图与健康预警建议，引导居民调整出行行为。未来，环境监测将进一步结合区块链保障数据可信性，融合城市碳核算机制、生态补偿政策与绿色金融平台，构建多维度协同驱动的“绿色城市智慧生态系统”。

（四）基于数字孪生的城市运行仿真平台与实时干预策略

数字孪生技术正成为城市基础设施管理向智能演进的关键支柱。通过构建与现实城市空间同步的数字镜像模型，实现对运行状态、突发事件与资源调度的实时仿真与精准干预。该平台集成建筑信息模型、物联网数据流、GIS 地图引擎与 AI 决策模型，形成“状态感知—行为预测—干预推演”的智能闭环系统。例如，在杭州城市运行管理中心，“城市数字孪生体”涵盖桥梁、排水、道路、楼宇等模块，实时反映设施运行状态，并通过事件仿真与资源模拟，支持灾害响应、设施调度与运行优化决策；新加坡“Virtual Singapore”

以城市级孪生体为基础，通过 AI 预测市政需求、优化基础服务资源分配，实现“模拟即治理”的城市智能运营。未来，城市数字孪生将深度融合 5G+AIoT、脑机接口交互与类人虚拟体模拟，构建“全感知—全维度—全时空”的治理体系，实现从“城市系统建模”向“城市行为智能”的跃迁。

第九章

企业数字化转型的主要障碍与突破路径

在企业数字化转型进程中，内部结构僵化与外部环境掣肘交织共存，构成制约转型突破的四大核心障碍：技术体系碎片化、组织协同失灵、人才机制滞后与外部生态不适配。信息割裂、能力缺口、激励乏力、资本滞后等问题层层叠加，导致转型难以形成闭环和持续动能。唯有通过系统性重构与机制性变革，打通技术、组织、人才与生态四维通道，方能实现数字化的战略跃迁。

第一节　数字认知滞后与战略导向缺失

企业数字化转型的根本障碍并非技术本身，而是认知偏差与战略导向缺失的系统性叠加。从将数字化误读为技术采购，到认知分化、战略模糊、目标碎片，再到文化惰性、路径依赖、机制断裂，企业普遍缺乏以数字逻辑重构增长模式的意识与能力，亟须从理念更新、战略设计到文化重塑实现深度突破。

一、认知错位与数字化概念误读

数字化转型并非简单的技术更新，而是深层次的战略变革与组织重塑。当前不少企业在认知层面存在严重偏差，误将转型等同于工具更替，忽视其系统性、长期性与生态性，导致路径错位、执行断裂、内生动能缺失，亟须从理念更新与战略统筹层面实现突破。

（一）将数字化等同于技术采购，缺乏对深层次变革本质的认知

在不少企业中，数字化转型被简化为信息化工具的采购升级，将其误解为 ERP 系统部署、OA 办公自动化等技术堆叠的过程。这种“设备替代思维”

忽略了数字化的根本意义在于重构企业的价值创造逻辑、运营机制与组织文化。企业若仅停留在“工具层”，无异于在传统的运行轨道上安装智能零件，未触及决策机制、流程体系和客户关系的根本变革。更有甚者，在技术供应商引导下陷入“盲目上云、泛用AI”的路径依赖，忽略了企业业务场景的适配性与转型策略的个性化。要突破这一误区，企业必须从技术导向转向战略驱动，将数字化上升为核心增长模式重塑的战略工程，重构客户价值主张与生态链接逻辑，从业务目标出发反向构建技术架构，真正实现数字技术对企业基因的改写与升维。

（二）认知分化，企业内部对数字转型目标理解不一致

在数字化战略推进过程中，企业内部往往存在显著的认知差异：董事会层面关注投资回报和短期收益，中层管理更关心流程是否稳定、数据是否安全，基层执行则聚焦于操作是否方便。这种战略意图与执行认知的多重断裂导致数字转型呈现出“上热中冷下推”的非协同状态，进一步引发资源分散、推进迟缓乃至项目夭折的问题。更为严重的是，企业缺乏统一的价值叙事与路径框架，内部沟通缺乏通俗易懂、目标明确的数字化语言体系，致使不同部门与层级在执行过程中各自为政，难以形成组织合力。破解这一困局的关键在于构建“统一愿景、协同目标、分级任务”的认知对齐机制，打造跨层级的数字治理沟通平台，将战略愿景转译为可执行的路径蓝图，通过系统培训、价值宣贯与机制设计，推动数字认知在组织内部的垂直渗透与横向融合。

（三）缺乏战略视角的系统审视，忽视数字转型的长期价值与路径规划

许多企业在数字化转型初期受到外部环境压力或同行刺激驱动，采取“战术性应急部署”方式进入转型进程，忽略了系统性顶层设计与全局性路径安排。数字转型本质上是一场涉及战略方向、业务逻辑、组织结构与文化生态的系统工程，而非零散项目的拼盘组合。缺乏战略引领的企业往往陷入“项目堆积症”——看似投入颇多，但不同系统之间彼此割裂，数据难以流通，价值链无法重构，最终无法形成持续演进的能力体系。真正的转型需要以业务目标为锚点，构建“战略—架构—流程—系统”一体化设计逻辑，确立阶段性目标、路径节奏与评估机制。企业应建立“数字化战略办公室”或“首席数字官”（CDO）机制，从企业核心战略视角出发统筹布局，实现从

“项目思维”向“平台思维”“生态思维”的战略跃迁。

（四）过度依赖外部咨询，形成“代转型”现象，自身战略空心化

在数字化转型浪潮中，一些企业对外部咨询与技术服务商产生高度依赖，希望借助外部力量快速“复制模板、落地方案”，导致“转型责任外包”“能力建设缺失”的现象日益严重。企业自身不参与顶层设计与场景识别，核心业务部门缺乏数字思维培养与转型参与机制，形成“表面繁荣、内核空心”的伪转型状态。更有甚者，一旦外部机构撤离，企业即失去推进能力与运营延续性，陷入“项目依赖、无持续性”的困局。破解之道在于构建“内生主导、外部辅助”的双轮驱动机制，企业应强化自身对业务—技术结合点的洞察力与主导力，在引入外部资源时注重联合共创、能力共建，并通过设立跨部门“数字化共创团队”，推动从“被动依赖”向“主动设计”转变，构建真正可持续、自主演进的转型内驱系统。

二、战略模糊与目标体系缺位

数字化战略若缺乏清晰愿景与系统设计，易陷入碎片化执行与方向迷失之中。当前企业普遍存在战略模糊、目标体系短视、传导机制断裂、忽视数据要素等问题，难以形成统一的转型合力，必须通过愿景重塑、路径闭环与数据战略嵌入，实现从理念到执行的全面贯通。

（一）企业战略未嵌入数字逻辑，传统增长思维主导资源配置

在相当多的企业中，数字化尚未成为顶层战略的一部分，其发展逻辑仍停留在以产能扩张、渠道延伸和成本控制为核心的传统增长思维中。这种路径导向造成资源配置持续向“可见回报”的短期业务倾斜，而忽视对数据资产、技术平台与能力建设等“无形基础”的长期投入。数字转型本质上要求企业重新界定竞争优势的源头，从“资源驱动”转向“智能驱动”，但如果企业战略架构中缺乏对数据要素的重视，对技术平台的战略定位模糊，就会形成“战略虚空、业务孤岛”的局面。破解之道在于构建面向未来的战略地图，将数字技术嵌入核心增长模型中，建立“平台+数据+智能”三位一体的价值创造机制，使数字逻辑成为企业战略设计、绩效评估与资源分配的主导框架，从而引导企业真正迈向以智能能力为基础的可持续增长路径。

（二）缺乏清晰的数字化愿景，目标体系碎片化、短期化

数字转型若无清晰的愿景引领，便难以形成组织内部一致的目标共识与持续的推进动力。现实中，不少企业将数字化作为应对外部压力的“战术应急”手段，转型目标设定流于形式，往往缺乏系统性思维与阶段性指标支撑，最终呈现为多个部门、多个项目各自为战，缺乏协同逻辑。更为严重的是，企业往往聚焦短期投入产出比，对长期的能力塑造与机制沉淀缺乏耐心与评估机制，导致转型目标不断偏移、重启或夭折。为根治目标体系碎片化的顽疾，企业需确立以客户价值创造为核心的数字化愿景，辅以阶段性可衡量的KPI体系，将宏观愿景解构为中观路径与微观任务，推动组织在战略地图、执行计划与绩效评估间形成逻辑闭环，从而实现转型目标的长期牵引与稳健落地。

（三）没有建立从组织愿景到流程机制的战略传导闭环

数字化战略的有效性不仅取决于其顶层设计的科学性，更关键的是其能否顺利传导至组织结构、业务流程与员工行为层面。然而现实中，许多企业数字战略存在“悬浮化”现象，即战略愿景止步于PPT与文件，未能转化为清晰的流程重构路径与岗位行为规范。这种断层导致战略与执行之间存在巨大张力，业务部门无法感知战略的价值导向，流程调整缺乏方向感，员工行为仍围绕旧有绩效逻辑运行。要打通战略传导链，企业必须建立“愿景—战略—机制—流程—行为”五层联动机制，将数字化目标内嵌于业务流程设计、资源配置逻辑和激励机制之中，并通过“数字作战地图”“流程数字孪生”等工具，使高层意图具象化、过程机制透明化，推动战略逻辑在组织肌理中落地生根，形成真正意义上的自适应转型系统。

（四）忽视数据要素在战略层面的角色，无法形成可持续竞争优势

数据作为新型生产要素，正在成为企业获取洞察、优化决策、重构模式的核心资源。然而在多数企业中，数据仍被视为技术附属或运营副产品，缺乏战略性的资产管理意识与价值创造机制，导致大量数据“沉睡”在系统孤岛或流程缝隙中，既未形成运营智能，也未产生业务杠杆力。更有甚者，企业在战略层面并未构建“以数据驱动业务、以智能引领组织”的发展逻辑，数据既非战略资源，也非管理对象，难以支撑可持续竞争优势的形成。破解

之道在于确立数据资产战略地位，推动数据价值链“收集—整合—分析—决策”全流程体系化，并将数据能力建设与人才、平台、治理机制协同布局，构建“数据—智能—增长”的螺旋式演进路径，让数据真正从“资源”上升为企业“战略性资产”。

三、文化惰性与转型抗性并存

文化惰性与转型抗性是企业数字化进程中最隐秘、最顽固的障碍。从中高层路径依赖到基层数字冷漠，再到组织容错机制缺失与文化机制空转，企业若不能突破深层文化桎梏，难以激发真正的内生转型动能与持续变革能力。

（一）企业对变革抱有天然排斥，滋生“数字冷漠”

在传统企业中，文化惰性常表现为对变革的天然排斥，特别是在数字化转型涉及认知重构与角色再造时，员工群体更倾向于维持熟悉的运行方式。这种“路径舒适区”心理导致数字战略难以深入人心，形成组织层面的“数字冷漠”现象，即对新技术漠不关心、对数字流程抵触推诿。在根源上，这源于企业文化长期沉淀的等级制逻辑、稳定优先理念与经验主义导向，与数字转型所要求的开放协作、快速响应和数据驱动形成深刻张力。要突破这一桎梏，企业必须构建“变革型文化体系”，从价值观、制度设计与行为激励多维度推动文化跃迁。例如，通过组织内部设立“数字先锋奖”、打造跨部门创新实验室等形式激发数字参与热情，使变革不再是风险源，而成为成长机会，从而将文化基因从“稳中求进”进化为“数中求变”。

（二）中高层干部存在“路径依赖”，习惯于线性经验逻辑

企业的中高层管理者往往是传统管理体系的建设者与受益者，其决策方式高度依赖既有经验与线性逻辑，难以适应数据驱动、动态迭代的数字思维范式。这种“路径依赖”一方面导致管理者对新技术的价值判断产生偏差，倾向以成本收益短期比考量投入决策；另一方面使得组织整体对风险的敏感度与试错容忍度持续下降，压制了创新与转型的活力。此外，某些中高层管理者因担忧自身权力结构被平台化系统“去中介化”，在转型过程中出现消极抵制甚至“软性对抗”。破解这一问题，需要企业打造“认知解构—能力重塑—角色再定位”三位一体的中高层变革路径，通过设立数字导师机制、开展沉浸式学习营等方式，引导管理层走出经验舒适区，真正成为推动转型的

主力军而非隐性阻力。

（三）组织内缺乏对失败容忍度，数字化试错空间被压缩

数字化转型的本质是探索式变革，其过程中不可避免地伴随试错与失败，但许多企业沿袭传统考核机制，对失败持强烈否定态度。这种“零容错”文化不仅抑制了员工的创新热情，也导致项目团队在方案选择中趋向保守，宁愿选择低风险、低收益的路径而回避高潜力的创新尝试。更有甚者，部分企业对数字项目采取“立项即必须成功”的刚性要求，一旦阶段性成效不达预期，便匆忙叫停，削弱了组织的学习机制与能力积累。要激活转型动能，企业必须在文化层面确立“快速试错、迭代优化”的容错逻辑，构建以过程创新与成长潜力为导向的绩效考核机制，设立“转型缓冲区”和“创新试点区”，为数字探索提供实验空间与资源保障，从制度层面引导组织敢于冒险、勇于突破。

（四）数字文化未形成系统机制，员工参与意愿与能力双重不足

数字化转型不仅是技术部署，还是组织文化的深度重构过程。但在许多企业中，数字文化尚处于零散传播状态，缺乏系统性机制与行为落地路径，导致员工对数字理念既不了解也无共鸣。同时，由于缺乏有效的能力提升体系，大量一线员工面临“听不懂、不会用、不敢做”的三重障碍，形成从认知到行动的深层断裂。这种“数字焦虑”与“参与疲乏”正是企业数字化转型推进缓慢的重要隐因。解决之道在于构建覆盖全员的数字文化运营机制，从“理念倡导—能力培育—行为塑造”三个层次推动文化深化。企业可通过内部数字讲堂、岗位技能认证与沉浸式演练等形式，将数字理念转化为具体行为标准与能力指标，使员工从“被动适应”转向“主动成长”，进而构建起组织内部持续演进、人人参与的数字文化生态。

第二节　技术体系碎片化与平台基础薄弱

技术体系碎片化与平台基础薄弱已成为制约企业数字化转型的核心难题，表现为信息系统割裂与架构老化、数据资产沉睡与价值转化能力薄弱、智能技术部署盲区与本地化能力不足等问题交织叠加。这些深层次障碍不仅削弱

了数字化协同能力，也阻断了数据驱动与智能赋能的关键链路，亟待通过架构重构、数据机制完善与技术能力内生化实现系统性突破。

一、信息系统割裂与架构老化问题突出

企业在数字化过程中，往往因系统架构割裂、技术基础陈旧而步履维艰。信息孤岛、遗留系统耦合、技术选型短视与平台整合不足等问题层层交织，导致流程碎片、数据断裂与效率低下，亟须通过平台重构、架构解耦与统一治理实现系统性突破。

（一）各部门“烟囱式”系统并存，缺乏统一技术蓝图

许多企业在早期信息化阶段按业务模块独立部署系统，形成“烟囱式”架构，即各部门各自拥有独立的信息平台与数据存储。这种结构虽然满足了局部管理需要，但缺乏横向联通与纵向协同，导致信息孤岛普遍存在，严重制约了数据的流通效率与管理决策的实时性。更为严重的是，缺乏统一的技术蓝图与系统演进路径，各系统之间标准不一、接口不兼容，企业无法构建统一的业务视图和客户画像，形成认知碎片化与执行低效化的双重障碍。解决这一问题，需要企业以“平台化思维”重构系统架构，通过构建统一的数据中台与业务中台，打通部门边界与流程断点。同时，应制定清晰的数字技术规划路线图，实现技术选型、系统部署与业务演进的协同耦合，推动企业从“系统堆叠”走向“架构协同”。

（二）历史遗留 IT 系统耦合紧密，升级代价高、风险大

在很多企业中，原有的 IT 系统经过多年建设与多次补丁式优化，形成了一套高度耦合、彼此依赖的复杂系统网络。这种遗留架构固化了业务逻辑，嵌入了组织惯性，使得每一次系统升级都面临高度的不确定性与巨大风险，往往“一动即伤筋动骨”。加之文档缺失、架构混乱、接口封闭等问题，导致系统的演化能力极为有限，成为企业转型道路上的“技术枷锁”。尤其在需要接入新技术（如 AI、物联网）或向云端迁移时，底层系统的兼容性与灵活性严重不足，成为阻碍创新应用落地的核心障碍。突破路径在于引入“渐进式解耦”策略，即在保留业务连续性的前提下，分阶段重构系统核心模块，优先将数据流、服务逻辑与界面层分离，通过中台机制实现旧系统的包容与替代，进而实现“去耦合—轻量化—智能化”的架构升级。

（三）技术选型缺乏前瞻性，导致系统孤岛与重复投入

企业在推进数字化过程中，若技术选型以“短期需求驱动”或“厂商导向”为主，极易陷入工具拼装与平台堆积的陷阱，导致系统之间缺乏统一架构标准和未来可拓展性，从而在不同业务单元之间形成新的信息孤岛。更有甚者，因缺乏整体性统筹和生命周期评估机制，往往出现多个部门采购功能相似却互不兼容的系统，不仅造成了资源浪费，还加剧了技术碎片化的程度。这一问题的根本原因在于企业缺少以业务场景为导向的技术战略中枢，技术部门往往“被动响应”而非“战略引领”。为此，企业需构建“技术治理委员会”机制，将技术选型纳入企业整体发展战略框架之中，确立开放式架构、模块化接口与可持续演进的核心原则，确保技术部署既符合当前业务逻辑，又具备面向未来的拓展与融合能力，真正摆脱“投入越多、效率越低”的困境。

（四）缺乏底层平台整合能力，无法支撑端到端数字流程

实现真正的数字化转型，关键在于端到端的业务流程贯通与决策链条闭环，而这必须建立在强大的底层平台整合能力之上。然而现实中，大多数企业在流程数字化方面仍停留在“局部电子化”的阶段，缺乏统一的技术底座支撑跨系统、跨场景的业务联动。尤其在销售、采购、生产、服务等关键环节，系统之间界面不一致、数据口径不统一、响应机制不同步，导致整体业务流程碎片化，严重影响组织运行效率与客户体验。更为严峻的是，企业缺乏统一的数据治理平台与流程引擎，使得“流程驱动+数据联通+智能响应”的数字化闭环体系难以形成。破解之道在于以“流程再造”为契机，围绕业务核心场景构建统一的集成平台，将数据中台、业务中台与AI引擎有机融合，打造横向贯通、纵向联动、智能感知的数字操作系统，从而真正实现组织层面的“流程一体化、决策实时化、执行智能化”。

二、数据资产沉睡与价值转化能力薄弱

尽管数据已成为关键资产，但许多企业仍面临采集不全、标准混乱、治理机制缺失与决策脱节等问题，导致大量数据沉睡难用，价值无法释放。唯有构建全流程的数据采集、治理与应用体系，才能真正激活数据潜能，支撑高质量的智能化决策与持续性价值创造。

（一）数据采集不全不准，存在大量“暗数据”未被激活

在许多企业中，数据采集仍局限于事务型系统的基本记录，缺乏针对全流程、全触点的系统性设计，导致大量关键业务数据未被纳入分析体系之中，形成“数据缺口”与“盲区”。同时，采集标准不一、标签体系混乱造成数据质量参差不齐，出现冗余、失真、错配等问题，进一步加剧分析失效与决策偏差。此外，企业往往忽视对物联网设备、用户交互行为、社交渠道等非结构化数据的捕捉，导致大量“暗数据”长期沉睡在日志文件或边缘节点中，无法转化为洞察力或生产力。破解之道在于构建“智能感知+标准定义+实时采集”三位一体的数据采集机制，强化数据入口的统一规划与全场景覆盖，结合 AI 技术实现对图像、语音、文本等非结构化数据的融合捕捉，激活企业“感知层”的神经末梢，为智能化运营提供坚实的数据底座。

（二）数据标准不统一，跨部门共享困难重重

数据的战略价值在于流通与共享，但许多企业内部存在严重的“数据封闭”与“格式分裂”现象，根本原因在于缺乏统一的数据标准体系。各业务部门往往根据自身需求设定字段、命名方式与逻辑规则，导致同一业务对象在不同系统中存在多种表达形式，数据在跨系统流转过程中不断“变异”，形成语义孤岛。此外，出于管控权限或考核机制考虑，部分部门甚至主动阻碍数据共享，形成信息壁垒，严重抑制了企业整体运营效率与智能分析的深度。要打破这一困局，企业需建立覆盖全流程的数据标准治理体系，包括元数据字典、主数据管理与统一编码规则，并通过数据治理平台实现统一入口、统一口径、统一权限控制，推动“数据即资产”的理念由口号走向制度，让数据共享成为组织协同与价值共创的核心驱动。

（三）数据治理机制缺失，隐私与安全风险制约应用深化

随着企业数据量的爆炸式增长，数据的治理难度和安全风险也同步提升。然而现实中，不少企业在数据治理方面仍停留在技术层面的权限配置与日志监控，缺乏制度性、组织性、流程化的系统治理机制。这不仅导致数据使用过程缺乏可追溯性与透明度，还埋下了大量合规隐患，特别是在涉及个人隐私、财务敏感信息或跨境数据流动时，企业往往陷入“想用不敢用、能采不会管”的两难困境。更为严重的是，缺乏数据伦理意识与风险评估机制，使

得一些基于算法的智能应用带来社会性偏差风险，侵蚀企业声誉。为打破数据治理困局，企业需构建以“合规、透明、可控”为核心的数据治理架构，设立数据官制度、推进分级分类治理、引入隐私计算等新兴技术，形成“技术+制度+文化”三位一体的治理生态，实现从被动守法到主动合规的根本转变。

（四）缺少数据驱动决策的机制闭环，导致数据价值无法释放

尽管大多数企业已投入大量资源构建数据平台与可视化工具，但真正实现“数据驱动决策”的凤毛麟角，根本原因在于决策机制未形成与数据能力匹配的闭环逻辑。很多企业的决策仍高度依赖经验判断与层级传导，数据分析仅作为参考材料被“附加”于报告中，而非引领决策路径。同时，由于缺乏对数据指标的系统性设计与动态反馈机制，数据使用停留在“阶段展示”而非“持续优化”，无法实现洞察—决策—执行—修正的完整链条。要突破这一瓶颈，企业必须构建“数据决策闭环体系”，明确数据在决策流程中的触发点、干预点与评估点，推动从“以数据支撑决策”向“以数据主导决策”转变。同时应在组织内推广数据思维，将数据理解与运用能力嵌入管理流程与人才考评体系，实现决策机制的智能跃迁与效率重构。

三、智能技术部署盲区与本地化能力不足

在企业数字化转型过程中，智能技术虽具颠覆潜力，却因部署盲区与本地化能力不足屡遭掣肘。盲目追热、能力外包、适配失衡及技能错位等问题交织共存，成为制约技术真正落地的核心障碍，亟须系统性破局路径与深度适应机制予以破解。

（一）盲目追逐 AI、区块链等热点，脱离业务场景实需

当前不少企业在智能技术布局中存在“技术先行、场景滞后”的误区，盲目追逐 AI、区块链、元宇宙等前沿概念，忽视了技术与业务之间的真实需求契合。技术部署被“潮流驱动”而非“问题导向”，导致智能系统空转、效果低下。这种做法不仅增加了技术投入的机会成本，还使得企业在关键业务流程的数字化改造中错失契机。造成这一误区的根本原因为缺乏系统性的技术战略与场景匹配机制，其破解路径在于建立以业务痛点为核心的技术导入机制，构建“需求牵引—场景定义—技术映射”的闭环模型。同时，应推

动跨部门的“场景孵化实验室”，实现业务人员与技术团队的高频互动，共同定义智能化应用的边界与优先级。只有让技术回归业务本质，才能真正激发数字工具的价值潜力，实现从“技术跟风”到“价值驱动”的转变。

（二）技术能力依赖外包，核心算法与模型掌握能力缺失

在数字转型过程中，许多企业出于降本增效的考虑，普遍依赖技术外包来部署智能系统，尤其在人工智能、机器学习等高技术壁垒领域，将模型开发、算法训练等核心环节交由第三方完成，造成“能力外溢”与“知识空心化”风险并存。企业表面上完成了技术引入，实则缺乏对底层逻辑的理解与掌控，无法实现系统的自主维护、迭代优化与场景迁移。这一结构性短板严重制约了企业的数字韧性与技术持续演化能力。破解之道在于构建“能力内生化”的发展战略，设立技术内核团队，推动“算法自研—场景共创—模型迭代”的内部循环机制。同时，应通过产学研联合培养模式，引入复合型数据科学与工程人才，提升企业对智能技术的二次开发与本地优化能力，实现从“外部依赖”向“自主演进”的根本转变。

（三）缺乏本地化适配与行业理解，技术落地困难重重

智能技术的部署并非“一招通吃”，不同区域、不同产业的业务逻辑、运营环境、客户需求均高度异构，这就决定了技术解决方案必须具备高度的本地化适配能力。然而，当前企业普遍面临智能工具高屋建瓴、脱离实操的尴尬局面，技术提供方往往采用通用模型与模块化平台，忽视了垂直行业的语境与流程特征，导致技术落地水土不服。这类问题在制造、物流、医疗等复杂场景中尤为突出。为打破此困局，企业应推动“场景即服务”的部署模式，构建垂直行业知识图谱与场景适配库，打造行业级“技术语言”。同时，通过引入具备行业深度与技术宽度的“交叉型专家团队”，将智能算法与业务流程高度嵌合，实现“技术—行业—场景”三维联动，提升落地成功率与ROI。

（四）技术引入与员工技能错位，造成落地“最后一公里”障碍

智能技术虽具变革力，但真正落地生效时常被“人”的因素束缚。许多企业在引入智能系统后，发现基层员工缺乏操作能力，中层管理者不懂数据逻辑，高层决策者无法通过算法洞察驱动决策，从而形成“技术悬空”的落地困局。这种技能错位不仅削弱了技术效能，还会引发组织内部的抵触情绪

与文化冲突，形成系统性落地瓶颈。破解路径应从“组织能力重构”出发，构建以岗位重塑、技能再造、数据素养提升为核心的人才适配机制。可通过分层级、分岗位的“数字能力地图”进行技能画像，精准设计培训路径。同时，强化“人—机协同”的制度设计，确保员工在与智能工具交互中逐步掌握核心方法，实现从“被动适应”到“主动赋能”的转变。只有人机同步进化，智能技术方能走完“最后一公里”。

第三节 组织结构僵化与人才机制滞后

组织结构僵化与人才机制滞后已成为企业数字化转型内部推进的深层障碍。部门边界固化、协同机制缺失，削弱了流程重构与响应能力；人才结构失衡、数字素养不足，导致转型动能严重受限；激励约束机制与创新容器缺失，难以激发组织活力与基层创造力。因此，企业亟须通过组织再设计与机制重塑，激活协同潜能与人才价值。

一、组织边界封闭与协同机制缺失

组织边界封闭与协同机制缺失已成为企业数字化转型的关键障碍。部门壁垒、客户视角缺失、项目责任不清与架构重叠等问题交织叠加，严重阻碍流程重构与协同效率，亟须以结构重塑与机制创新实现系统性突破。

（一）部门壁垒严重，跨部门流程难以数字化重构

在许多传统企业中，组织结构长期沿用科层式管理模式，形成了各部门之间各自为政的“烟囱式”格局。信息壁垒、职责边界和资源分割使得跨部门协同难以展开，严重制约了数字化流程的整体重构。数字化转型强调端到端的业务链重组与数据流整合，而部门割裂导致流程中断、信息不对称、响应迟缓，致使数字系统无法形成闭环运行机制。造成这一局面的本质问题为组织权责机制与流程治理之间的断裂，因此想要破解这一难题，需推动组织从职能导向向流程导向转型，通过建立“流程为纲、数据驱动”的业务运营架构，拆除部门壁垒。同时，应推动“流程主理人”制度改革，明确跨部门协同的职责边界与绩效分担机制，并通过平台化中台建设支撑跨业务系统的联通，实现真正意义上的数字化一体协同。

（二）缺乏面向客户旅程的端到端运营机制

传统企业往往将运营流程切割为内部职能模块，忽视了客户从接触、转化、购买到服务全过程的体验闭环，造成运营视角与客户旅程脱节。缺乏“以客户为中心”的端到端机制，使得数字化重构停留在技术层面，难以真正驱动业务流程与组织逻辑的重塑。这一问题反映出企业在战略层面对客户价值的洞察不足，仍停留在“产品导向”或“流程导向”阶段。破解之道在于构建面向客户旅程的数字化运营体系，将客户生命周期作为流程再造的核心逻辑，从数据采集、行为分析到个性化服务形成动态闭环。同时，应通过数字触点与流程引擎技术打通前中后台，实现“前端聚焦客户体验、中台沉淀能力、后台高效支撑”的立体化架构，推动组织运行方式从“流程管理”向“体验管理”升级。

（三）项目责任边界模糊，导致推进过程中推诿扯皮

在数字化转型项目的实施中，责任边界模糊是常见而致命的问题。转型项目往往涉及多个部门、多个层级的协同参与，而传统的岗位设计与职责划分机制无法有效覆盖新型业务场景，导致在具体推进过程中容易出现职责不清、进展受阻、互相推诿的问题。这种治理失灵不仅影响项目进度，还损害组织的执行力与转型信心，而其根源在于项目组织机制与传统管理体系的脱节。为打破这一困局，应建立“项目制+平台化”的双重治理结构，将数字化项目纳入统一的任务管理平台，清晰划分各参与方的权责界面。同时，可引入“流程协同官”或“数字项目经理”角色，承担协调与监督职责，推动各方形成合力。更重要的是，构建以目标导向与协作效率为核心的责任评价与激励体系，让每个环节的责任清晰、成果可量化、过程有保障。

（四）新旧组织架构并存，权责不清，降低整体灵活性

在数字化转型中，许多企业试图通过设立新部门、新岗位来应对新的业务需求与技术挑战，然而旧有组织架构依然保留，形成了“新旧并行”的治理状态。这种架构并存的初衷为平衡过渡期压力，实则加剧了权责模糊与内部竞争，形成资源冲突与管理冗余，极大地削弱了组织的灵活性与响应速度。其深层症结在于缺乏一套系统的“组织转型机制”来统筹协调传统体系与新兴架构之间的功能分工与权责演化。为实现有效突破，企业应推动组织架构

从静态分工向动态演化转型，构建以平台化中台、项目型团队、敏捷小组为核心的灵活组织模式。同时，通过“数字孪生组织”技术手段模拟不同组织形态下的协同效率与运行成本，为架构调整提供科学依据。最终实现组织边界的流动化、权责分配的清晰化与执行系统的高效化。

二、人才结构失衡与数字能力短板突出

人才结构失衡与数字能力短板已成为制约企业数字化转型深度推进的关键瓶颈。高端人才引不来、现有人才用不好、培训机制跟不上、数据思维普及难，构成了能力体系的系统性断裂，亟须通过机制创新与能力重塑实现组织智能升级。

（一）高端技术人才引进困难，人才市场匹配度低

在数字化转型浪潮下，企业对高端数字技术人才的需求激增，尤其在人工智能、大数据、云计算等领域，复合型、战略型技术人才成为竞争焦点。然而，当前企业普遍面临技术岗位“有岗无人”与“高不成低不就”的双重困境，一方面高端人才供给稀缺、流动性强，另一方面企业缺乏系统的人才引进策略与吸引机制，导致市场匹配度持续走低。本质上，这是企业诉求与人才价值观错位的结果。为破解这一难题，企业需从被动招聘导向转向主动生态导向，通过打造有温度、有发展、有平台的组织环境吸引顶尖人才，构建“技术创新+职业成长”双轨驱动的人才引力场。同时，应加强与高校、科研机构、创新平台的深度合作，设立前沿人才试验区与联合实验室，通过“项目制联合培育+激励型产教融合”机制，为企业注入持续的人才活力。

（二）现有员工缺乏必要的数字素养与复合能力

大多数传统企业的员工队伍在职业训练中更多地聚焦于线下操作流程与传统业务逻辑，对数字工具的掌握、数据思维的建立、跨界能力的融合的重视不够。这种数字素养短板成为制约企业内部转型能力的核心瓶颈。一旦新系统上线、智能平台部署，员工往往无法有效对接技术系统，形成“系统先进—人力滞后”的内在矛盾。这并非单纯的能力不足，而是观念、知识结构与技能结构的复合性错位。解决之道并非一味淘汰与替换，而应通过系统性的“人力资本再造工程”重构员工能力模型。企业可构建以岗位画像为基础的“数字能力分级体系”，精准识别能力缺口，推动分层分群的数字素养培

训。同时，通过实战式学习场景和跨部门技能轮训机制，培养员工的复合思维与数字敏感度，推动从“能用”向“善用”乃至“共创”跃迁。

（三）内部培训体系落后，技能更新跟不上技术节奏

数字技术快速演进的特点对企业人才培养机制提出全新挑战，而传统培训体系多以静态教材、标准化课程为主，难以适应技术迭代频繁、场景变化多样的现实需求。这种“落后型培训”不仅无法激发员工学习热情，也无法形成能力沉淀与岗位适配之间的动态闭环。技能更新的滞后，最终导致企业技术投资的转化率大打折扣。关键问题在于培训逻辑未从“知识灌输”转向“能力生成”。为打破这一困局，企业需构建以“业务驱动—能力演进—实战迭代”为核心的动态学习生态。一方面，应建立内部知识共创平台，通过项目案例、问题复盘与经验萃取形成持续更新的学习资源库；另一方面，推动“线上+线下”“自主+导师”相结合的多元学习机制，构建基于岗位成长路径的学习地图，实现培训从课程型向生态型的跃迁。

（四）缺乏数据思维普及，造成“会技术不懂业务”或“懂业务不懂数据”的结构性断裂

数字化转型的核心不在于技术堆叠,而在于数据驱动的组织智能。然而在实际运行中,“懂技术不懂业务”与“懂业务不懂数据”的结构性脱节现象普遍存在,形成企业内部的知识孤岛。前者导致技术团队难以落地具体场景,后者则让业务人员无法转化数据为决策价值。本质问题在于组织缺乏系统性的数据素养培育路径,也未建立起数据协作文化。破解路径应聚焦“跨界能力”的重塑:一方面,推动技术人员“业务入圈”,通过岗位轮岗、场景驻扎等方式提高业务敏感度;另一方面,构建业务人员的数据理解力,通过“数据故事训练营”“数据决策模拟室”等新型机制,强化其对数据语言与逻辑的掌握。同时,应推动跨部门“数据共创机制”,以“问题导向的数据共研”为驱动,打通数据逻辑与业务场景的融合通道,最终实现“全员懂数据,全员用数据”的组织智慧跃迁。

三、激励约束机制与创新容器缺失

激励约束机制与创新容器缺失使企业数字化转型缺乏内生动力与持续活力。绩效考核脱节、协同激励匮乏、试点资源不足、员工创新机制缺位等问题交织，严重阻碍转型突破，亟须通过机制重构与文化引导激发组织创新

潜能。

（一）数字转型与绩效考核脱节，导致动能不足

在许多企业中，数字化转型被定位为战略性任务，却未能与绩效考核机制形成有效联动，导致中基层员工普遍缺乏参与积极性，转型任务成为“上层推动、基层被动”的形式主义工程。尤其在传统考核体系中，侧重短期产出、指标兑现与流程稳定，忽视了数字化带来的探索性成果与过程性价值，使得员工在转型任务中缺乏清晰目标与激励方向。其核心问题在于考核机制落后于转型逻辑，未能承认与评估数字创新的不确定性与周期性成果。破解之道在于构建“转型导向型绩效体系”，将数字化相关指标纳入绩效主轴，通过设立探索容错机制、阶段性评价维度、跨部门协作得分等方式，全面激活组织的转型动能。同时，应引入“变革绩效账本”理念，从流程改进、数据利用、平台贡献等多维度记录员工在转型中的实际参与和贡献，构建转型绩效与职业发展相结合的正向反馈机制。

（二）缺乏跨部门联动奖惩机制，影响协同效率

数字化转型的本质是跨部门、跨流程、跨层级的系统重构，而现行的奖惩机制多集中于部门内部，缺乏对协同行为的明确激励与约束，“各扫门前雪”的局面普遍存在。即便某一部门积极推动变革，也常因其他环节响应迟缓而前功尽弃，协同效益无法显现。这一问题实质上反映出激励体系未能“跟上结构变化”，组织仍以科层逻辑评价绩效，而非以平台逻辑激励协作。破解之道在于建立基于协同绩效的“联合考核机制”，推动任务导向型的跨部门团队建设，将共同成果作为评价与奖励依据。同时，引入“协同得分”与“协同排名”机制，对跨部门贡献进行量化与可视化，并与资源分配、职级晋升等挂钩，形成全员共识下的协作驱动。同时，应在组织文化中强化“共赢意识”与“流程责任观”，从文化和制度双重维度激发跨界协作的内生动力。

（三）创新试点缺乏资源倾斜，难以形成规模突破

在推进数字化过程中，创新试点项目往往成为试水和示范的重要抓手，现实中，许多企业的试点团队面临资源匮乏、权力有限、关注度低等困境，缺乏“生长土壤”，最终沦为“摆设工程”或“短命项目”。根源在于资源配

置机制未能真正体现“创新优先”与“试错激励”，更缺乏从试点到推广的清晰路径。破解路径在于构建“创新容器型资源支持体系”，即通过设立“战略孵化基金”、“场景共建机制”与“资源绿色通道”，为高潜力试点提供专属资金、数据、人才与流程支持。同时，应建立“创新项目晋级制”，根据阶段性成果推进试点分层演进，实现从小场景验证到全组织复制的路径可控、风险可承受、成果可评估。更重要的是，企业应在机制上为试点失败提供合理容错空间，鼓励探索与试验，从而真正地把创新从边缘活动推向战略中枢。

（四）没有构建内部创业机制，员工创新意愿低迷

在转型进程中，激发员工自下而上的创新动能是组织持续变革的关键。然而，许多企业缺乏系统的“内部创业机制”，员工虽有创新想法却无表达平台，虽有实践热情却无落地路径，逐渐形成“想而不言、言而不试、试而无果”的低能循环。传统组织架构与权责体系未能为员工提供项目主导权与资源调配权，使内部创新沦为“边缘想法”。破解路径在于建设“企业内部创业平台”，鼓励员工围绕具体业务场景、技术瓶颈或客户需求提出创新议题，并通过“项目孵化+导师制+种子基金”的机制推动从创意到试验的全流程孵化。同时，应设立“创新积分制”与“项目持股制”，使员工在项目成功中获得实质回报与身份转化空间，强化主人翁意识。此外，还可引入“企业创新黑客松”等快速创新机制，营造创新文化氛围，让员工成为组织进化的主动因子。

第四节　外部生态制约与制度体系不适配

外部生态制约与制度体系不适配已成为企业数字化转型面临的系统性难题。产业链协同断裂、监管规则滞后与政策激励偏差、资本投入不足等问题交织叠加，导致企业外部环境支持力弱、制度供给不适应、资源配置不均衡，严重削弱转型推进的系统韧性与战略确定性，亟须重塑协同生态、优化制度设计与激发市场动力。

一、产业链协同不足与上下游数字脱节

产业链协同不足与上下游数字脱节已成为制约企业数字化转型外部联动

的关键障碍。上游数字基础薄弱、下游响应滞后、平台标准缺失与协同机制匮乏交织存在，导致产业数据链断裂与生态效能低下，亟须系统化协同机制与平台型生态重构予以破解。

（一）上游供应商数字化水平参差不齐，接口整合困难

在数字化进程中，许多企业面临上游供应商数字化能力落差大的现实困境。一方面，部分大型核心供应商已实现自动化、平台化操作，具备较强的数据对接与协同能力；另一方面，大量中小供应商仍停留在纸质单据、人工操作阶段，接口协议混乱，系统标准不一，造成企业难以实现全链条数字化协同。这种技术落差不仅拉低整体供应效率，也使企业难以建立稳定、可预测的供应链数字画像。其本质是产业链缺乏统一数字协同框架与技术升级激励。破解路径在于构建“供应链数字共同体”，通过主导企业推动“协同接口标准化”与“技术输出平台化”，将核心系统能力向上下游延展。同时，应探索建立“上游协同分级机制”，鼓励中小供应商通过绩效评级、技术补贴等方式实现渐进式升级，形成由点到链的数字生态演化路径。

（二）下游客户需求个性化、快速化，企业响应机制滞后

随着市场环境加速变化与消费需求高度个性化，客户对产品与服务的响应速度、定制能力与互动体验提出更高要求。然而多数企业仍依赖传统的线性生产逻辑与标准化交付机制，“客户需求已变，企业还在老路”成为常态。这种响应机制滞后源于组织流程、数据链条与技术系统未能实现与客户的实时互动与动态反馈：一方面，客户数据采集与洞察能力不足；另一方面，内部生产与服务体系柔性有限，难以动态重构资源配置。破解之道在于构建“客户共生型数字链路”，一方面通过全渠道触点部署与智能数据分析，提升需求感知与趋势预测能力；另一方面引入柔性制造与模块化服务体系，实现从“以产定销”向“以需定产”的结构性转变。同时，借助 AI 驱动的客户旅程建模与实时响应机制，提升企业对市场变动的快速适配能力。

（三）缺乏统一平台与标准，导致产业数据链断裂

在数字化重塑产业链过程中，各企业纷纷建设各自的信息系统与平台工具，但由于缺乏统一的行业标准与数据接口规范，平台之间“语言不通”“系统不融”的问题越发突出。结果是数据链条难以贯通，流程协同碎片化，造

成信息孤岛、效率损失与决策延迟。这种平台割裂现象本质上是生态治理滞后于技术应用扩散的结果。要破解这一问题，应从行业层面推动“平台互联+标准共建”的生态治理机制。一方面，支持龙头企业牵头构建产业数据中台与协同接口协议，形成行业级通用语言；另一方面，通过行业协会、标准化组织推动平台互认机制与数据映射引擎建设，降低中小企业对接门槛。同时，政府层面可设立产业数字底座标准专项，推动跨链条数据标准统一，构建产业级“数据高速路”。

（四）跨企业协同机制薄弱，平台型组织生态尚未形成

当前多数企业仍处于“单点优化”或“局部数字化”的阶段，缺乏跨企业、跨链条的协同能力，难以形成平台型组织的生态联动模式。企业间信息不共享、资源不打通、流程不配合，使得整体产业效率被严重束缚。这种协同机制缺位缘于缺乏共赢型激励结构与平台治理逻辑。一方面，缺乏平台型企业推动资源重构的牵引力；另一方面，协同过程中的收益分配与数据安全机制尚未建立，导致企业顾虑重重、合作意愿不足。破解路径在于推动平台型生态组织重构，通过设立产业协同中枢或数据共创平台，整合上下游资源流、资金流与信息流，并设计“协同积分”“动态分润”“联合数据资产定价”等创新机制，增强企业参与协同的利益驱动与安全信心。同时，应鼓励龙头企业由单一链主转变为“平台引擎”，引领全链生态向多边合作、共建共赢演化。

二、监管滞后与政策激励缺位

监管滞后与政策激励缺位成为制约企业数字化转型环境塑造的关键障碍。数字监管规则模糊、政策导向失衡、数据法规空白及中小企业支持不足等问题交织共现，导致转型成本高、风险大、动力弱，亟须制度更新与政策精准发力。

（一）行业数字监管规则模糊，增加企业转型不确定性

在数字化浪潮席卷各行业的背景下，监管制度更新明显滞后，尤其在数据使用、算法透明、平台治理等关键领域缺乏统一、明确、可操作的监管规则，导致企业在数字化推进过程中面临高度不确定性。一方面，监管标准不明使企业难以预判合规边界，增加试错成本与合规风险；另一方面，不同地

区与行业的政策碎片化现象严重，造成“同业不同规”“同规不同解”的局面，使得数字化布局缺乏制度保障与可持续性支撑。本质上，这反映出监管理念尚未完成从静态规范向动态引导的转型。破解之道应从协同监管与数字规则共创双维发力：一方面，推动监管部门与企业、平台、技术机构构建常态化协同机制，探索“沙盒监管”“场景试点”等柔性治理工具；另一方面，加快构建面向未来的“算法伦理框架”与“平台责任规则”，实现监管方式的前瞻性演进与适配性增强。

（二）政策支持侧重“硬建设”，对转型过程缺乏精准激励

当前各级政府在推动企业数字化方面虽有诸多政策支持，但大多集中在基础设施、设备采购等“硬建设”领域，忽视了转型过程中关键的“软要素”支撑，如组织变革、数据治理、流程重构与人才培养等。这种偏重物理投入、轻视制度演进与能力建设的政策导向，使企业获得的资源支持与实际转型难点脱节，转型效果呈现“设备上线、管理落后”的空心化现象。其根本在于政策设计逻辑仍以传统产业升级思维为主，未能深入洞察数字化的本质特征。破解之道应在于构建“精准激励+过程补贴”双轨政策体系：一方面，通过设立“转型全过程支持基金”，围绕数字治理、平台建设、机制创新等进行差异化扶持；另一方面，强化“事中评价+阶段绩效”的拨款机制，鼓励企业在转型过程中不断自我优化、持续投入，真正地将政策资源导向组织能力的深度重构。

（三）数据确权、跨境流动等法规空白制约数据要素流通

在数字经济时代，数据已成为核心生产要素，但围绕数据所有权、使用权、收益权等确权问题，当前法律制度仍存在明显空白，尤其在工业数据、消费者行为数据、平台运营数据等方面，企业既无法有效主张权益，也无法保障合规使用，进而严重阻碍了数据资产化与流通机制的构建。更为复杂的是，数据跨境流动的法律边界模糊，使得涉及国际供应链或跨国平台的企业面临极高的合规风险。这种制度滞后本质上是数据治理理念未能跟上价值创造路径的快速演化。破解之道应从“权责共建”与“区域协同”两方面入手：一方面，建立多层级、类型化的数据确权机制，明确不同数据类型的归属逻辑与使用权限，推动数据资产登记、分级分类管理；另一方面，在国际合作框架下推进数据跨境流动的标准对接与合规机制协同，构建安全可控、

开放有序的数据流通生态。

（四）中小企业数字转型政策工具适配性不强，普惠性不足

尽管数字转型政策不断出台，但在实际落地中，中小企业往往难以真正受益。一方面，许多政策设计以大型企业为参照，申请门槛高、操作流程繁复，使中小企业望而却步；另一方面，现有工具以资金补贴或技术引入为主，缺乏针对中小企业数字认知不足、资源配置能力弱、专业人才匮乏等深层问题的精准支持。这种“政策脱靶”现象导致中小企业数字化水平持续边缘化，产业整体数字转型难以实现结构性突破，而其根源在于政策工具缺乏分层分类思维与场景导向设计。破解路径在于构建“中小企业适配型政策工具箱”，通过差异化的政策组合、精细化的服务模式、平台化的资源链接机制，为不同类型、不同发展阶段的中小企业提供定制化支持。同时，应设立“区域数字化普惠平台”，集咨询服务、技术导入、人才培训与融资支持于一体，打造一站式中小企业数字化赋能系统。

三、资本投入不足与转型资源错配

资本投入不足与转型资源错配正成为数字化转型的隐性桎梏。投资回报周期长、内部偏好传统项目、预算机制僵化以及财务评估体系缺失，导致数字项目难获持续支持与正确估值，亟须构建弹性资金机制与中长期价值导向的评价体系，释放转型潜能。

（一）投资回报周期长，资本市场对数字化投资意愿不高

企业数字化转型具有典型的“高投入、慢回报、不确定”特征，尤其在初期阶段，技术部署、系统建设、人才培养等投入庞大，但经济效益往往呈现“后置释放”趋势。这种时间差与价值兑现滞后性使资本市场在评估数字化项目时趋于保守甚至回避，特别是对中小企业和传统产业领域的数字化升级计划，资本意愿更为低迷。本质上，这是金融体系评价逻辑尚未适配数字化资产的风险收益结构，仍以传统项目“资产重、产出快”的线性逻辑为主。破解之道在于推动建立“数字资本认知重构机制”：一方面，开发适用于数字资产与转型项目的投融资模型，如基于数据价值、平台效应与用户黏性的多元估值体系；另一方面，鼓励设立“战略性数字产业基金”与“转型耐心资本池”，引导资本向具备长期潜力与系统效应的数字化项目聚集，实现金融资

源的结构性倾斜与价值判断机制的时代升级。

（二）内部资源分配倾向传统项目，数字转型缺乏持久支持

尽管许多企业已在战略层面明确提出数字化方向，但在实际预算分配与资源投入中，仍呈现出“传统业务优先、数字化靠边”的结构性失衡。传统项目因收益可视、路径清晰而获得优先支持，而数字化项目常被视为“成本中心”，缺乏稳定资金保障，甚至在转型过程中因短期业绩压力被迫中断或缩水。这种倾斜配置反映出企业内在治理逻辑尚未真正完成从“效率导向”向“创新导向”的转变。破解之道在于从制度层面构建“资源倾斜型战略执行机制”：一方面，设立数字化专项预算池，对重点平台建设、数据治理、智能升级等核心模块予以中长期稳定投入；另一方面，推动动态预算机制落地，以项目进展与绩效评估为依据，灵活调整资金流向。同时，在组织层面应推动“战略—财务—业务”三位一体的协同治理体系，确保资源配置与战略意图真正同频共振。

（三）企业缺乏转型预算池制度，战略弹性不足

数字化转型作为一项复杂的系统性工程，往往涉及跨周期、跨部门、跨职能的多维资源协调，需要具备较强的战略弹性与预算自主权。然而，当前多数企业在财务制度上仍延续刚性年度预算模式，缺乏面向转型任务的不定向预备资金，导致在技术试验、系统调整或应对突发性变革机会时，资金调度困难，战略执行断点频发。这种预算刚性限制了组织的反应速度与创新能力，是典型的制度性约束。破解之道在于构建转型预算池制度，即在企业战略资金架构中设立专门的数字化转型储备资金池，用于支持战略敏捷调整、探索性投资与前瞻性部署。同时，应引入弹性拨付机制，结合阶段性成果、战略优先级与风险评估结果，动态释放与重新配置资金，打破传统“项目先定—资金固定”的僵化逻辑，实现从预算控制向战略导向的制度性跃迁。

（四）数字项目财务评估体系缺失，难以体现中长期价值

数字化项目往往具有“非线性价值生成”与“阶段性收益递进”的特征，其主要效益常体现在流程优化、客户体验提升、数据资产积累与组织能力增强等方面，而非立刻转化为可量化的经济产出。然而，传统财务评估体系仍以静态财务指标为核心，如ROI、投资回收期、净现值等，这些短期导

向、静态分析方法难以准确评估数字项目的潜在回报，反而导致管理层对其价值预期产生偏差，进而影响决策支持与资源倾斜。其本质问题在于评估工具未适配“平台型、数据驱动型、生态联动型”新项目的价值逻辑。破解路径在于建立数字化项目价值评估新范式：一方面，开发涵盖数据资产增值、客户黏性提升、生态协同效应等指标的复合评价体系；另一方面，构建“财务+战略+运营”三维评估框架，引入实时监测与动态调整机制，使财务评估从静态追踪转向动态引导，全面体现数字项目的中长期战略价值与组织变革意义。

第十章

企业数字化转型中的风险、伦理与治理

在数字化转型全面加速的背景下，企业不仅面临市场结构重塑、就业生态变化、社会公平冲击与价值认同重构等深层影响，也暴露出数据安全、算法黑箱、技术依赖与治理失衡的多重风险。伦理困境可能会不断加剧，亟须重构隐私保护、算法公平与平台责任机制。为实现规范、安全与可持续的转型路径，企业必须通过顶层设计、智能监管、内部重构与多元协同，构建系统完备、治理有序、价值共识驱动的数字治理新范式。

第一节　企业数字化转型过程中的风险体系分析

企业数字化转型不仅是技术升级，也是一场伴随高风险的系统性变革。从数据安全隐患、算法黑箱与决策不可解释性，到技术依赖脆断，风险呈现出跨层级、多维度、高耦合的复合特征。若无前瞻性识别与动态化应对机制，企业将陷入不可控的技术陷阱与管理困境。唯有构建全链条风控体系，提升自主可控能力，完善算法伦理与合规治理，才能实现数字化的稳健演进与可持续发展。

一、数据资产安全的系统性与脆弱性

在企业数字化转型进程中，数据采集与存储风险、跨境数据合规冲突以及数据资产权属不清等问题日益突出，构成企业运营的核心隐患。唯有构建全链条数据安全体系、适应全球合规规则并厘清数据权利边界，方可确保转型的安全性与可持续性。

（一）数据采集与存储中的泄露风险扩散

在企业数字化转型中，数据采集与存储环节成为最核心的价值节点，也

成为信息安全风险最易爆发的高危地带。企业在多渠道、大规模采集用户行为、交易记录、设备数据的过程中，往往忽视数据采集权限与授权机制的合规性，导致敏感信息在未加密、未脱敏、未分级的状态下即进入业务系统，形成庞大而脆弱的数据资产库。一旦遭遇黑客攻击、内部人员泄密或系统漏洞，信息泄露将呈现“指数级扩散”，不仅造成企业信誉受损，而且可能引发监管处罚和大规模诉讼。更严重的是，很多企业在转型过程中“重应用、轻治理”，未建立起数据生命周期全链条管理机制。要系统化应对这一风险，需从数据架构层面加强“最小必要性”采集原则，构建分级存储、加密传输与动态权限管理系统，并通过多重身份认证、数据访问日志追溯等手段，形成闭环可控的数据安全防线，实现安全与效率的双重保障。

（二）跨境数据流动中的主权与合规冲突

在全球化与云化背景下，企业数据早已突破物理疆界，在多国服务器间动态流转。然而，不同国家间关于数据主权、隐私保护、网络安全的法律制度存在显著差异，企业一旦将数据托管于海外云平台或参与跨国数据交易，便可能陷入法律冲突与监管真空的双重风险。例如，《欧盟通用数据保护条例》（GDPR）强调用户数据使用的明确同意与本地化存储要求，而部分国家以国家安全为由强化数据出境审批制度，形成企业跨境运营的数据阻力场。面对这一风险，企业不能依赖传统“合规即安全”的静态思维，而应构建动态数据主权感知体系，强化合规智能识别、区域数据映射与多地部署策略，并推动参与国际规则协商与数据可信通道建设，主动适应“数字主权化”趋势下的全球运营逻辑。

（三）企业数据资产界定与使用权争议

在数据已成为企业核心资产的新时代，围绕数据归属、使用权与变现权的法律边界仍高度模糊，尤其在多方协同的数据生态中，原始数据所有者、平台处理方与算法开发者之间的权利划分长期处于灰色地带。例如，企业通过用户行为数据训练模型后，模型成果是否属于用户数据的衍生品？平台与用户之间的“授权协议”是否等同于合法让渡？这些问题不仅影响数据商业化进程，也为潜在诉讼与舆论危机埋下隐患。为打破这一困境，应推动数据资产“可确权、可定价、可追溯”的机制构建，明确数据原始权属、加工增值与再利用的边界，建立基于区块链与智能合约的数据使用轨迹记录系统，强化对数据资产流通的可控性、透明度与安全性，实现数字资产化治理的法治化与制度化落地。

二、算法黑箱与决策不可解释性风险

在企业推进智能化过程中，算法虽提升了效率，却伴随算法歧视技术偏见放大、透明度缺失与责任模糊等黑箱风险。若缺乏可解释性设计与治理机制，决策将沦为技术的盲区。唯有构建可审计、可复核、可追责的算法体系，方能确保智能转型的可信、安全与可控。

（一）算法歧视与技术偏见的系统放大效应

在企业广泛部署智能算法进行人力甄选、信贷审批、价格制定等关键决策环节时，算法歧视和技术偏见问题正以隐蔽而系统化的方式扩散。这种偏见往往源于训练数据中的历史偏倚、数据采集结构的不均衡或特征选择的隐性倾向，一旦其进入模型并反复被部署，偏见便会被算法持续放大、再生产，形成“技术性压迫”的循环机制。最具风险的是，企业往往将算法作为中立工具误用，忽视其本质上是人类决策逻辑的数字化编码，从而将社会不公合法化、制度化。要规避这一风险，必须构建算法开发前的偏见预警系统，在模型训练中引入多样性校正因子，并通过公平性指标与反事实测试机制动态监控算法输出。此外，还应通过独立第三方机构开展算法合规性审计，推动算法设计从“可用”走向“可信”，从而实现真正的技术公平与责任落实。

（二）黑箱模型对企业治理透明度的削弱

当前，大量企业在数据决策中采用深度学习、强化学习等复杂非线性模型，这些模型虽然在预测精度上具备优势，却普遍缺乏可解释性，形成所谓“黑箱结构”。当企业将战略规划、风控审批、客户分群等关键决策委托给算法执行时，管理层、员工乃至监管部门均难以理解其背后的推理路径与逻辑依据，造成企业内部透明度与外部问责机制的双重稀释。这种决策不可解释的状态一旦导致重大失误或道德争议，企业将面临责任溯源困难与社会信任崩塌的双重风险。破解之道在于，在可解释性优先与模型性能最优之间寻找平衡，通过采用可解释性强的模型（如决策树、广义线性模型）或引入“可解释层”对深层模型进行可视化拆解，并推动企业治理结构中设立“算法监督委员会”，加强对算法流程与输出逻辑的复核，从而重构透明、可信的决策机制。

（三）自动化决策失控下的责任界定困境

随着智能系统对企业运营决策的渗透不断加深，越来越多的关键流程实现了“全流程自动化”，如智能投顾、动态定价、智能合约执行等。这种自动化虽然提升效率，却带来了严重的“责任模糊化”风险：一旦系统做出错误决策，如误导性推荐、歧视性定价或业务中断，究竟应由系统开发者、部署者还是算法本身承担责任，成为亟待厘清的伦理空白地带。尤其在多方协同与平台生态中，责任主体往往交织重叠，形成“集体无责”的风险洼地。破解之道在于从企业治理制度上重新界定“算法决策责任链”，建立“人机协同冗余机制”，即对高风险决策保留关键人工复核环节；同时推动建立“可追责的算法日志”体系，实现决策全流程可审计与可追溯。此外，应推动出台《算法责任指引》类制度文件，从法律与伦理双维度为自动化决策筑牢责任护栏。

三、技术依赖所引发的系统性脆断

随着企业对外部技术平台、服务商及核心系统的深度依赖不断加剧，技术宕机、断供及风险外溢等问题带来系统性脆断隐患。若缺乏自主可控能力与多元冗余机制，将使数字化转型陷入高风险境地，亟须构建稳健、弹性、可替代的技术生态体系。

（一）核心技术外溢依赖导致的战略脆弱性

在数字化进程中，许多企业对外部技术平台、算法模型及底层系统架构形成高度依赖，尤其在云计算、人工智能、操作系统等关键领域，过度依赖“外部黑箱”技术正在悄然侵蚀企业的自主控制能力。这种依赖关系一旦发生断裂，如技术授权中止、供应链制裁或国际政策限制，将导致企业业务链条全线受挫，出现技术断供型瘫痪现象，进而引发战略性安全风险。当前，中小企业在技术选择中往往重“快效”轻“可控”，忽视自主可替代能力的构建。破解路径应聚焦于“可替代性评估—自主创新引导—生态协作整合”三位一体机制，推动关键技术模块的可控替代，形成“核心自有—边缘协同”的架构战略，并加强国产基础软件与开源技术生态的培育力度，从源头上筑牢技术主权防线，构建企业数字战略的安全基座。

（二）平台技术宕机对业务链条的连锁反应

在“平台即基础设施”的数字生态中，企业业务系统高度嵌入云平台、SaaS 服务、API 接口与第三方算法模型，一旦平台宕机、服务中断或升级异常，企业业务流程便可能瞬间瘫痪，客户响应中断、交易系统失联、内部管理混乱，造成不可逆的经济损失与品牌损害。尤其是金融、医疗、物流等对实时性与连续性高度依赖的行业，单点技术失灵极易引发连锁塌陷效应。当前，多数企业对平台依赖性过深、冗余性不足、备份机制薄弱，风险认知与防范准备明显滞后。应对策略需从技术韧性出发，建立异构平台部署机制，实现系统间负载切换与灾备分离；推动“业务脱平台能力”建设，确保关键系统具备独立运行条件；同时与平台方签订应急服务协议，建立多级响应机制，以技术多元化与机制弹性化增强整体运营抗压能力。

（三）第三方技术服务商的不可控风险传导

企业在转型过程中往往引入大量外包服务与第三方技术合作方，包括数据建模、系统集成、安全运维等关键环节。但在这种合作生态中，第三方服务商的风险极易以嵌入式方式传导至企业内部，如源代码后门、更新漏洞、服务商倒闭或法律纠纷等，都可能成为企业不可控的风险源。尤其在供应链协作密集、上下游技术耦合紧密的行业，一家技术服务商的失误足以引发全链路级联风险，形成多米诺式崩溃。当前企业普遍缺乏第三方风险评估能力，合作机制中缺失退出策略与监管接口。破解之道在于，在引入阶段实施“技术准入审查制度”，对服务商进行资质审计与信用评分；合作过程中设立“风险监控指标”，并定期开展系统级压力测试与漏洞扫描。此外，还应签署技术托管与紧急接管条款，保障关键节点的可控可替代，构建一个可视、可管、可退的合作生态体系。

第二节　数字伦理演化与企业责任重构

随着企业深度嵌入数字社会，传统伦理规范正面临系统性重构挑战。无论是隐私边界的模糊、算法决策的不公，还是虚拟现实中身份认同的裂变与平台责任的稀释，均暴露出现有责任体系的滞后与失效。企业数字责任需实现从合规导向向伦理导向转型，重构“技术—制度—价值”的内嵌治理机制，推动形成可解释、公平、可追责的伦理体系，以引领数字文明向善发展，守护人的尊严、自由与社会正义。

一、数字隐私与人格权的新型边界

在数字化环境中，隐私与人格权面临前所未有的挑战。精准画像、技术操控与形式化同意机制正悄然侵蚀个体的自由与尊严。唯有重构以知情、选择与尊重为核心的数字伦理体系，推动制度创新与技术内嵌治理，方可守护人的基本权利边界。

（一）精准画像对个人隐私的深层穿透

在数字化环境中，个人隐私的边界正在被精准画像技术持续穿透与重构。企业通过多维度的数据采集和深度学习模型，可构建对个体行为、情感、消费偏好甚至心理状态的动态画像，实现“数据知人胜于其本人”的精度。这种能力表面上提升了服务的个性化体验，实则在技术背后悄然侵蚀着个体的隐私自决权与身份自主权，特别是在无感知数据采集与算法推演过程中，用户往往未被明确告知数据使用范围与风险，形成“被知而不自知”的隐秘控制。更复杂的是，这种画像结果不仅服务商业用途，还可能被用于风险评级、广告歧视乃至政府监控，极易演化为技术性权力的操控工具。破解之道需从“透明—告知—选择”三位一体出发，推动画像算法可解释性机制建设，强化数据使用目的限制，并确立用户画像的知情权、删除权与拒绝权，构建真正尊重个体边界的隐私保护框架。

（二）技术操控对行为自由的隐性压制

在算法驱动下的数字社会中，用户行为逐步被平台通过推送机制、界面设计与内容排序进行潜移默化的引导，个体看似进行了“自由选择”的操作，实则受到算法逻辑的隐性支配。这种“温柔的操控”构成了对行为自由的新型压制机制，使用户陷入由平台设定的认知路径与消费动线，从而形成数字社会中的“行为圈养”。更值得警惕的是，平台通过连续反馈机制与沉浸式设计，激发多巴胺驱动的行为成瘾效应，进一步削弱个体自我控制力与价值判断能力。这种技术控制模式不仅挑战传统意义上的自由意志，也引发了对平台操守与技术伦理的深刻质疑。为应对这一局面，必须重构平台责任边界，引入“行为干预风险评估机制”，推动“可退出式推荐”“去沉浸式设计”等新型设计原则，并强化对技术滥用的法律规范与社会监督，重塑真正可控的用户行为自由空间。

（三）数据使用同意的形式化与伦理空转

尽管多数企业在数据使用前设有“用户协议”与“隐私政策”，但现实中，这种同意机制往往流于形式，协议内容晦涩冗长、权限嵌套复杂，用户难以真正理解并做出明智选择，导致数据使用中的“知情同意”沦为“默认授权”。这一形式化同意机制已偏离伦理初衷，成为企业规避责任、用户丧失权利的制度遮羞布。更具争议的是，一旦数据被授权使用，企业通常不设立后续跟踪机制，用户无法实时掌握数据的流转路径与使用状态，形成信息严重不对称。为扭转这一伦理空转困境，应推动建立“动态同意”与“分级授权”机制，使用户可随时调控数据用途与范围；同时推动“数据使用可视化平台”建设，让用户像查账一样查阅数据使用记录，并通过标准化用户协议模板与监管机制的完善，让“同意”真正回归知情、自由与尊重的伦理本义。

二、算法公平与社会正义的伦理考量

算法不仅是技术工具，还是价值分配的机制装置。若缺乏伦理嵌入与公正校准，易加剧对弱势群体的系统性歧视，模糊责任边界，侵蚀社会正义根基。唯有构建可解释、公平与负责任的算法体系，才能实现技术发展与伦理原则的协调统一。

（一）算法设计中的道德内嵌机制缺失

当前企业在推动算法部署时，普遍聚焦技术效率与商业目标，却忽视了算法设计过程中伦理价值的嵌入，导致诸多模型在初始阶段便埋下不公隐患。算法训练往往依赖历史数据，而这些数据本身就可能承载着社会结构的不平等、群体歧视或制度偏差，在无道德约束的技术逻辑中被“客观化”并自动延续，甚至放大。例如，在招聘系统中，过去因性别或学历形成的录用偏好可能通过算法再次固化，形成对弱势群体的技术性排斥。这一现象的根源在于技术中立假设的误用，掩盖了设计者价值取向的输入权力。破解之道在于重塑伦理算法设计范式，即在模型建立之初引入价值敏感设计原则，设立伦理审核关卡，并推动跨学科团队参与算法规则制定，使模型不仅追求最优解，还体现出社会正义与人文关怀。

（二）智能系统对弱势群体的系统性歧视

智能算法在缺乏公平机制时，极易在执行过程中造成对特定人群的系统性歧视，特别是在教育、医疗、信贷等涉及资源配置与生存机会的关键领域中。这种歧视并非源自主观恶意，而是算法训练样本代表性不足、特征提取机制片面或评价指标设定偏差，最终使少数群体被排除在模型主流逻辑之外。例如，在面向农村用户的贷款评分系统中，若缺乏对非正规收入模式的理解，算法就可能将其统一判定为高风险，从而进一步削弱其融入经济系统的可能性。应对这一伦理困境，必须推进公平算法评估体系建设，确立多维度的算法公正性指标（如群体间差异、个体一致性等），并引入“逆向测试”与“敏感特征保护”机制，推动系统性地检视和修复偏见来源，从而将算法转化为缩小差距、扶持边缘群体的力量，而非新的压迫工具。

（三）算法透明与可解释性的伦理底线

随着算法决策深入企业运营的核心领域，其“黑箱化”特征引发了广泛的伦理担忧，尤其在涉及利益分配、个体评价或公共服务资源分配时，算法不可解释性极易演化为责任逃避与权力滥用的温床。个体在被算法决定命运的同时，往往无从知晓“为何如此”，也难以申诉与纠错。这种信息与权力的极度不对称直接动摇了公平正义的基础伦理原则。因此，算法可解释性不仅是技术议题，还是保障正义的伦理底线。破解之道在于推动“可解释人工智能”（XAI）的发展，使模型的核心逻辑对用户、监管者乃至非专业公众都具有可感知性。同时应在企业内部确立“算法知情权”机制，赋予用户获得解释、提出疑问、请求人工复核的权利，并在公共政策层面引入“算法说明义务”，以制度形式强化算法决策的透明性、审慎性与责任性，实现伦理与效率的动态平衡。

三、虚拟现实与身份认同的伦理挑战

虚拟现实与数字人格的快速发展正挑战传统身份伦理与行为规范边界。从数字替身与虚拟人格权属不清，到沉浸式交互引发道德松动，再到深度伪造扰乱信任机制，伦理判断陷入模糊危机。唯有构建规范化、可追责的虚拟空间伦理框架，方能守护数字时代下的人格尊严与价值秩序。

（一）数字替身与虚拟人格的权利归属争议

随着虚拟现实与人工智能生成技术的发展，数字替身与虚拟人格成为个体在线存在的新形式。这些数字身份不仅复现了用户的形象、语音、行为特征，甚至具备自主互动和情感表达能力，逐渐演化为“第二人格”般的存在。然而，在法律与伦理层面，数字替身的权利归属长期处于模糊状态：是用户的“数字延伸”，还是平台的“技术产物”？尤其在虚拟角色被用于商业代言、社交互动甚至 AI 训练时，是否涉及人格权侵害与身份滥用？当前相关法律尚未充分覆盖虚拟人格的保护范围，企业在开发与使用过程中容易忽视其作为“拟人格主体”的道德与法律地位。破解这一局面应从建立“数字人格权”入手，明确用户对其数字替身在形象、语义、行为等方面的控制与收益权，同时推动平台公开算法模型训练路径，设立虚拟人格使用与生成的授权机制，构建有边界、可追责的身份伦理秩序。

（二）沉浸式交互对现实道德规范的解构

虚拟现实技术通过高度沉浸的感知环境，使用户在视觉、听觉、触觉等维度获得仿真体验，从而打破传统媒介的感知界限。在这种“拟在场”状态下，用户在虚拟空间中行为自由度显著提升，但也因摆脱了现实社会的伦理规范束缚，造成虚拟空间中骚扰、暴力、欺骗等行为频发。由于缺乏清晰的道德参照系统与法律约束机制，用户可能在虚拟世界中构建“人格分裂式”的行为认知，从而削弱对现实社会规则的认同与内化。更深层的问题在于，沉浸式体验的情感真实感足以影响用户的情绪判断与行为习惯，使虚拟行为逐步向现实人格渗透。为应对这一局面，应从平台端引入虚拟空间行为准则，对沉浸行为设定伦理阈值与行为边界，同时引导技术设计回归伦理友好型交互逻辑，通过情境提示、行为反馈与分级管理等机制，在虚拟沉浸与道德自律之间找到动态平衡点。

（三）虚拟空间中的“真伪伦理”判断危机

在以生成式 AI 与虚拟现实为基础构建的新型数字空间中，“真假不辨”正成为常态化现象。深度伪造技术可精准复制他人面貌与声音，使虚拟场景中的信息真实性陷入极度不确定，造成身份冒用、信息误导、舆论操控等伦理风险。而虚拟空间本身缺乏真实性验证机制与道德声誉机制，使可信任与可追责难以实现。例如，AI 合成主播传播虚假信息、虚拟偶像发表攻击性言论等事件频发，背后实质是“谁在说话、为谁负责”的判断断裂。要解决这一“真伪伦理”危机，需推动虚拟内容的“来源标识制度”建设，为虚拟信息嵌入数字水印、区块链溯源标记等技术手段，确保内容可验证、可追踪；同时建立虚拟责任共担机制，明确平台、开发者与操作者的法律与伦理责任，让技术回归真实、责任与信任的伦理轨道。

四、企业数字责任的扩展与再定义

在数字化深度嵌入企业运营的时代，传统法律框架已难以覆盖伦理新挑战。企业责任正从合规义务向价值担当转型，亟须将伦理机制纳入企业治理结构，构建多元参与、协同共治的责任体系，实现从“合法”向“正当”的跃升，引领数字社会良性发展。

（一）从法律合规向伦理合规的责任跃迁

在传统治理逻辑下，企业责任主要围绕法律合规、财务透明与消费者权益保护展开。然而，随着算法、数据、平台等成为核心生产要素，企业行为对社会的影响已远超既有法律框架所能涵盖的范围。数字技术的快速发展与法律规范的滞后之间形成了大面积的“伦理真空带”，使得合法但不合理的现象频发。例如，用户数据虽被“合法”收集，却被“非伦理”利用于诱导消费、价格歧视或心理操控。这倒逼企业责任范式从“最低限度的合法”跃迁为“主动担当的伦理”，在规则缺位处自觉承担道德义务。实现这一转型，需要企业建立伦理影响评估机制，将技术设计、产品功能与业务流程纳入伦理审查，推动从合规导向转向价值导向，从被动的规则遵守者，转变为积极的社会善治参与者与伦理创新引领者。

（二）企业治理结构中数字伦理机制的植入

当前大多数企业的治理架构尚未系统性地整合数字伦理维度，导致伦理问题常常处于“部门外化”与“责任悬空”的状态，难以形成持续有效的治理闭环。在 AI 开发、用户数据管理、平台算法推荐等关键决策中，缺乏伦理代表机制与跨专业审议流程，使技术推进与价值评估之间长期断裂。对此，应在公司治理体系中设立“数字伦理委员会”或“技术审查伦理小组”，由技术人员、法律专家、哲学顾问与用户代表共同参与重大数字决策审议，确保伦理视角在战略、执行与反馈各环节均得到体现。同时，应将伦理责任嵌入绩效评估、战略投资与技术采购等制度中，通过制度化路径推动伦理内生化转化，使伦理不再是外部约束，而是企业治理的内在支撑与品牌信誉的战略资产。

（三）多元利益相关者的伦理参与机制构建

在数字化平台生态中，企业已不再是单一价值链条的运作者，而是多方共创共治网络的组织者，涉及用户、算法开发者、数据供应方、第三方服务商、监管机构等多个利益相关主体。在这一多元结构中，伦理问题的解决不能依靠企业单边负责，而需构建多元协商型伦理机制，实现价值共识的协同塑造与风险治理的责任共担。例如，在算法歧视或数据滥用事件中，企业应建立用户反馈通道、外部独立评估机制与公开响应平台，让受影响方真正成为伦理治理的参与者而非旁观者。同时，应通过行业联盟或技术共同体，推动形成一套跨主体伦理协议，涵盖数据处理、模型训练、用户保护等核心领域，实现伦理责任的共享、共建与共治，推动从“企业自我承诺”走向“生态协同治理”的责任跃升。

第三节 企业数字化转型的治理策略与制度构建

企业数字化转型已进入从内部机制变革走向外部制度重塑的关键阶段，亟须构建系统性、协同化与前瞻性的治理体系。通过顶层设计引领治理方向，运用数字工具提升动态监管能力，重塑内部合规与伦理机制，并在多元协同与社会共治中增强话语权与制度影响力，企业方能实现从合规转型到价值引领的跃升，推动数字化进程走向规范、安全与可持续的新发展阶段。

一、系统性治理框架的顶层设计

面对数字化转型带来的多维挑战，企业亟须构建技术、伦理与制度协同共治的系统性治理框架。通过顶层设计强化战略引领、行业标准协同与风险评估机制嵌入，推动治理由碎片走向整合、由被动走向主动，实现数字转型的规范化、可信化与可持续化发展。

（一）建立“技术—伦理—制度”三维统筹机制

企业数字化转型面临的不仅是技术选择问题，还是深层次的价值取向与制度规范问题。传统治理模式多将技术视为工具性存在，忽略其背后的制度外溢与社会塑造效应，导致治理碎片化、伦理机制缺位与风险响应滞后。为打破这一结构性困境，必须构建一个涵盖技术架构、伦理价值与治理制度的三维统筹机制，实现“战略—规则—行为”的有机联动。在战略层面，将伦理审查与社会影响评估纳入数字技术部署前置环节；在规则层面，明确数据权属、算法边界、平台责任等核心规范；在行为层面，设立跨部门协调与问责机制，确保治理方案落地有效。这一机制不是简单的技术管控工具，而是一种制度性框架，要求企业从“功能治理”迈向“价值治理”，通过全链条制度构建推动数字转型的安全、公正与可持续发展。

（二）推动行业数字治理标准体系协同建设

当前，不同行业在推进数字化转型过程中普遍存在治理标准缺失、行业规范分裂与监管尺度不一等问题，造成企业间的伦理执行成本不对等、技术责任界限模糊，影响了数字经济的有序发展。面对技术快速更迭与场景不断扩展的现实，迫切需要建立起覆盖全生命周期、跨技术边界、具有行业适配性的数字治理标准体系，推动行业协同治理的系统化升级。一方面，应在政府主导下推动标准制定的前瞻性立法，涵盖数据使用边界、算法模型透明性、安全防控级别等关键环节；另一方面，应发挥行业协会与龙头企业的引领作用，建立自律公约与技术合规指引，强化行业内部的规则共享与治理对齐。同时，还需在国际层面开展数字治理标准对接与规则谈判，为中国企业参与全球数字市场提供制度支撑与伦理基础，实现标准引领、责任共担的行业治理格局。

（三）强化数字风险与伦理责任的综合评估体系

企业数字化部署往往注重技术功能的快速实现，而忽视其潜在的伦理代价与系统性风险，缺乏对外部影响的前瞻性评估。这种“技术优先—伦理滞后”的治理惯性容易导致社会信任的流失与制度风险的外溢。因此，构建一套系统、动态、嵌入式的数字风险与伦理责任综合评估体系已成为企业治理的必然要求。该体系应包括风险识别、影响测评、伦理校准与修复机制四个环节：在项目启动前开展风险识别与伦理影响预测，在实施过程中进行实时数据监测与预警，在运营阶段设立伦理反馈与纠错通道。同时应建立伦理评估指数与社会影响分级模型，量化技术部署的外部性与潜在风险，作为企业决策与监管介入的重要依据。这一体系的构建，将推动企业从事后治理走向事前预警，从内部自律迈向外部可审，真正实现高质量、负责任的数字化转型。

二、数字监管工具与动态治理机制

在数字化转型加速推进的背景下，传统静态监管模式已难以应对技术驱动的风险扩散。企业亟须构建以大数据驱动、人工智能辅助与多级协同为核心的动态治理机制，实现从事后干预向实时预警、从人工管控向智能合规的深层跃迁，提升治理韧性与前瞻性。

（一）基于大数据的实时风控与动态监管平台

传统监管多依赖事后检查与静态合规文件，难以应对数字化场景中高频迭代、快速变动的风险动态。尤其在算法自动化、平台生态复杂化的新背景下，风险往往“发生即扩散”，呈现出隐蔽性强、路径多变、边界模糊等特征，传统监管模式已显疲态。因此，亟须构建基于大数据与人工智能驱动的实时风控平台，将监管由经验型审查转向数据驱动感知。该平台应具备多源数据接入、行为识别建模、异常行为预警与风险等级分级响应等核心功能，实现在秒级维度对企业关键行为的动态监测。同时，监管方需与企业建立数据协作机制，打破信息孤岛，通过可信中台、加密联邦学习等技术，实现“数据可用不可见”的安全共享模式，提升监管敏感性与前瞻性。最终形成由数据智能驱动的“事前识别—事中干预—事后问责”闭环式监管体系。

（二）人工智能辅助下的合规智能化监测

在数字经济环境中，企业的合规要求呈现出多维交织、规则频繁变化与场景高度复杂的特征，传统依靠人工审核与静态合约的合规方式不仅效率低下，而且难以覆盖潜在的违规风险点。基于人工智能构建智能合规监测系统已成为数字时代企业治理的必由之路。AI 可通过自然语言处理解析政策文本，实时对接最新法律法规与行业标准；同时借助机器学习算法对企业行为进行持续审查与趋势预测，实现违规行为的自动识别与分级响应。这一过程不仅显著提升了合规响应的速度与覆盖面，而且能实现“规则—业务—风险”三者之间的逻辑映射，建立规则动态更新与企业行为智能适配的自学习闭环。为防范 AI 合规系统本身的偏误与道德风险，企业应同步建立人工复核机制与模型解释模块，确保算法行为具有可控性、透明度与伦理约束，推动合规从静态防守走向智能前置。

（三）多级治理架构下的协同响应机制设计

企业数字化风险呈现出多层嵌套、跨界传播、边界模糊的特征，单一治理主体难以全面识别与有效应对。因此，必须构建“中央—地方—企业—行业”多级联动的协同响应机制，打破组织壁垒，实现信息共享、资源协同与响应统一。一方面，在制度层面应设立国家级数字风险指挥中心，负责顶层协调、风险级别判定与应急资源调配，形成权威统一的响应中枢；另一方面，在企业与行业层面，应推动建立“内部应急小组+外部专家库”的联合预警机制，确保在风险突发时能够第一时间研判、决策与行动。同时，应构建覆盖数据安全、算法风险、平台行为等多个维度的跨主体应急演练机制，推动不同层级在日常工作中形成“虚拟协同能力”。这一多级机制既能应对高烈度突发事件，又能在日常工作中强化整体数字治理的联动性、韧性与快速反应力，构筑系统化的数字治理基础设施。

三、企业内部治理机制的重构路径

面对数字化转型带来的治理重构需求，企业亟须跳出传统职能分割模式，构建伦理审议、技术合规与组织协同并行的治理新体系。通过设立数字伦理审查委员会、推行技术合规官制度与融合治理结构，实现创新与合规的有机耦合，推动企业在转型中行稳致远、守正创新。

（一）建立数字伦理审议委员会与独立监督机制

在数字化深度嵌入企业战略、产品与运营流程的当下，技术所引发的伦理争议和社会影响日益复杂，仅靠传统的合规部门或风控部门已难以全面评估潜在风险。因此，企业应设立具有跨专业构成的“数字伦理审查委员会”，作为技术应用与业务决策的价值审查中枢。该委员会应由数据科学家、法律专家、伦理学者、用户代表与外部观察员共同组成，具备独立审议权、建议否决权与事后追责权。其主要职责包括对新技术上线前进行伦理评估、对敏感场景中的数据使用设定红线、对平台算法进行公平性复核等。同时，企业还应设立独立的“伦理监督办公室”，定期发布数字伦理年度报告，接受外部质询与媒体监督。通过构建“内部审议+外部监督”的双轨机制，企业可有效防范技术滥用、决策失衡与道德失范，提高自身在数字时代的公众信任度与制度透明度。

（二）推行技术合规官制度保障转型安全

在数字化转型过程中，企业面临数据安全、算法透明、平台责任等多维合规挑战。传统的法务或信息安全岗位往往难以应对技术复杂性与伦理敏感性的双重压力。因此，企业应推行“技术合规官”制度，设立专责岗位对接科技与合规之间的系统协调。技术合规官不仅需具备技术理解能力，还应具备法律、伦理与治理的复合型素养，能够在产品研发、数据采集、模型设计等前端环节进行合规把关，推动合规嵌入式创新成为组织常态。同时，技术合规官还应作为决策核心成员参与高层会议，提升合规在战略层面的地位，推动合规理念向技术研发一线下沉。未来，还可在关键业务单元设立“技术合规联络员”，构建从总部到一线的合规联动网络，实现全流程、全场景、全责任链的数字治理闭环。

（三）融合治理、合规与创新的组织协同模型

在以数据和智能为核心的新型组织结构中，治理、合规与创新不再是彼此独立的职能孤岛，而应共同构建一个内在协调、目标一致的治理协同体系。现实中，企业往往在追求创新速度时牺牲合规审查，在强化治理控制时抑制创新动力，形成两难博弈。破解这一悖论的关键在于设计具备“共识导向+结构嵌套+流程协同”的一体化机制。首先，应以企业文化引导构建“以责任为底、以创新为核”的价值共识，重塑技术向善的组织认同。其次，在结构设计上，推动合规部门与创新部门交叉嵌套，设立“交叉功能团队”，通过跨界合作激活治理活力。最后，在流程层面，将合规审核嵌入产品研发与用户测试流程，实现“协同设计—同步验证—动态优化”的迭代式机制。这一融合模型不仅有助于提升治理效率，还能赋能创新实践，使企业在快速演进中实现有纪律的跃迁与可持续的突破。

四、多元协同与社会共治的生态塑造

数字化深度演进的时代背景下，企业数字治理亟须突破单一主体模式，构建多元协同与社会共治的新生态。通过政企联动、公众监督、国际合作与话语权构建，实现从局部合规向全域治理转型，推动中国在全球数字治理中由参与者向规则塑造者跃升，形成开放、包容、负责任的治理格局。

（一）政企协作机制推动数字治理共建共享

在数字化进程日益加深的背景下，政府与企业的边界正在重新界定，企业不再是单纯的市场主体，而是承担数据资产、算法规范与平台治理等公共责任的制度参与者。传统以监管为主、单向施压的治理范式难以适应数字经济中的技术复杂性与规则演化性。因此，构建政企协作机制已成为数字治理现代化的关键路径。一方面，政府应从管控型监管转向嵌入式引导，通过政策共创、标准共建、平台共治等方式，提升企业在治理机制中的积极性与合规性；另一方面，企业应主动从合规执行者转型为制度合作者，参与风险识别、制度设计与规则优化，推动治理从单向嵌套走向双向互动。通过设立政企联合数字治理实验室、共建行业沙盒试点、探索公共数据开放平台等机制，推动形成协同有力、边界清晰、责任互补的治理新格局。

（二）社会组织与公众参与下的伦理监督机制

数字技术的广泛渗透，使企业的行为不再只影响消费者与市场，还可能重塑社会关系与价值判断，伦理监督的主体与路径也应随之转型升级。过去企业治理主要依赖内部制度与政府监管，然而在多元社会语境中，单一权威结构已难以覆盖伦理判断的多维需求。因此，亟须构建一个以社会组织为桥梁、公众参与为基础的伦理监督机制，将外部视角转化为制度动力。例如，可通过设立“公众伦理审议平台”，邀请媒体、非营利组织、学者与用户代表对企业的算法推荐、公平性策略、数据隐私政策进行开放式评价与对话；同时推动第三方伦理审计机构发展，实施独立评估与风险预警。这一机制不仅可以提升治理透明度，还可以激活公共讨论、重建企业与社会的信任桥梁，推动伦理监督从被动问责转向前端协商。

（三）国际合作框架中的数字规则话语权构建

随着数字技术在全球范围内的渗透与扩张，数字治理已从国内制度议题演变为国际规则竞争的战略高地。面对以欧美为主导的数据主权、安全审查与跨境流动规则体系，中国企业若缺乏主动参与全球治理的能力与制度话语权，将在国际市场中长期处于“规则接受者”地位。因此，必须通过企业、行业组织与政策层协同构建具有中国特色、国际适应力与伦理普适性的数字规则体系，争取在数据流通标准、算法透明机制与平台责任边界等方面发出中国声音。一方面，鼓励具有全球影响力的中国科技企业参与国际标准制定与多边数字治理组织，如 OECD、G20 数字议程等，提升制度设计层面的影响力；另一方面，推动构建“全球数字治理智库联盟”，整合法律、伦理、技术等多维资源，参与全球政策博弈，实现从全球接轨向价值引领的战略跃迁。

（四）构建具有全球影响力的中国数字治理国际话语权体系

随着数字技术成为全球竞争的新高地，数字治理正从技术管理层面上升为制度设计与价值引领的战略前沿。面对欧美国家主导的数据监管标准、平台治理规则与跨境数据流动协议，中国亟须跳出规则接受者的被动困局，构建具有全球影响力的数字治理国际话语权体系。这不仅关乎技术竞争，还关乎制度倡导、价值表达与文明选择。当前，国际数字规则呈现出意识形态嵌套、技术封锁工具化与治理框架封闭化的趋势，发展中国家特别是新兴市场经济体在标准制定、平台监管与伦理规范等关键领域中话语权严重不足。为此，我国应以“共商、共建、共享”为核心理念，以数字主权、技术伦理与全球发展权为议题支点，推动建设开放包容、平衡普惠的全球数字治理格局。在战略路径上，应积极参与 WTO、G20、OECD 等多边治理平台，在数据跨境流动、算法监管、平台责任等议题上提出具有中国特色、全球适应性与发展导向的制度倡议；推动建设全球数字文明对话机制，倡导技术向善、包容互信的价值体系；同时加快培育一批具有国际影响力的中国科技企业、智库与标准组织，以产业支撑、学术建构与政策输出共同形成系统化、体系化的国际话语表达能力，推动中国由数字大国迈向数字治理的制度强国与价值引领者。

第十一章

企业数字化转型的未来应对

企业数字化转型正迈向范式深变与系统重构的新阶段。数字思维取代工具逻辑，推动从流程优化向结构重塑跃迁；组织形态趋向平台化、去中心化与人机共生协同；数字智能技术跨界融合，催生生成式智能、虚实互动与生命科技嵌入式应用；战略治理体系重塑数据主权、信任机制与文化引导下的智能决策模式，共同构建出高适应性、强协同与可持续演进的未来企业新图景。

第一节　数字化范式的跃迁与重构逻辑

数字化范式由流程优化走向结构重塑，并加速从静态数据管理向实时智能决策的演化。未来，企业将以数据流为核心重构组织逻辑，以分布式智能中枢驱动动态响应，构建跨域融合、自我进化的系统性智能生态，实现从“工具辅助型”向“智能涌现型”范式的根本跃迁。

一、从“工具驱动”向“思维驱动”的转变

在企业数字化转型迈向纵深发展的当下，数字技术正从工具属性向思维范式跃迁，推动企业战略逻辑、组织结构与业务模式发生根本性重构，标志着从“技术应用”走向“技术内嵌”的范式升级，构建以数字思维为核心的创新引擎，成为引领未来竞争的关键路径。

（一）数字技术由外在工具向内嵌思维的战略演化

在企业数字化初期，数字技术往往被视为提升效率的外部工具，其功能主要集中于流程自动化、成本压缩与信息可视化，属于“工具驱动”范畴。然而，随着技术深度渗透业务全域，数字工具逐渐突破边缘化的辅助定位，

演变为构成企业战略核心的“思维嵌入体”。这种演化体现为企业在制定战略目标、组织架构、资源配置与价值链整合时，已经不再是“技术后置”，而是“以数为本”，将技术作为认知世界与建构组织运行逻辑的基础范式。这一变化的深层逻辑在于数字技术不仅提供手段，还重塑了企业“看问题、做决策、组织资源”的方式，使得企业必须从根本上转变思维方式，摆脱“线性流程—工具支持”的旧逻辑，转向“系统感知—智能协同”的新体系。企业要实现这一转型，需要从技术应用转向技术哲学的构建，即让技术逻辑与组织逻辑深度耦合，使数字能力成为思维能力的延伸。通过设立以技术驱动为导向的战略规划机制、引入数字思维导向的人才培训体系，以及在高管层级嵌入技术战略岗位，企业才能真正实现从“用技术”到“以技术为思”的范式跃迁。

（二）数字思维成为组织设计与创新孵化的核心起点

数字化转型的未来趋势不是“用技术解决问题”，而是“从技术中发现问题与机会”。这一认知的根本转变标志着数字思维的觉醒与主导地位的确立。数字思维不仅是技术素养的提升，也是一种深层次的逻辑重塑，它以数据为语言、算法为工具、系统为视角，重构战略思维的起点。在战略制定上，企业不再依赖静态市场调研与经验决策，而是以实时数据感知与预测模型为战略洞察基础，实现从“预测未来”到“模拟未来”的跨越。在组织设计中，数字思维推动企业由固定的职能模块转向以数据流与信息流为中心的网络化结构，促使权责分布与协同机制更加弹性化、智能化。在创新孵化中，数字思维不再追求传统的“需求—研发—市场”路径，而是通过数据洞察、AI生成与低代码工具快速迭代原型，构建出“认知—反馈—共创”的自演化系统。因此，企业必须建立制度化的数字战略思维训练机制，从组织文化、领导力风格、问题解决范式等多个层面培育全员数字认知，真正实现数字化转型由“战术响应”向“战略自觉”的质变。

（三）从“业务数字化”到“数字化构建业务”的范式升级

传统的“业务数字化”主要是指将已有业务通过信息系统进行辅助、优化或再造，这一过程大多是在不改变业务本质的前提下进行数字包裹与流程压缩。然而，随着人工智能、物联网、区块链等新兴技术的发展，企业正在进入一个“由数字技术原生构建业务”的时代。此种范式升级意味着企业不再将技术作为既有业务的附属工具，而是把数字能力本身作为业务构建的起点与核心逻辑。例如，数字原生企业通过AI算法创建个性化服务模型、用数字孪生构建虚拟工厂、基于平台生态催生新型商业模式，其业务边界、组织形态和收入来源均源于数字技术本体所带来的能力边界重构。更关键的是，数字化构建业务不仅是技术层面的问题，它还要求企业在战略层就设定“以数字构建未来市场与价值”的方向，在资源投入上优先保障数字基础设施建设，在组织流程上实现跨部门数据流通与实时反馈机制。这种深层次的升级不仅提升了企业的灵活性与创新性，也重塑了企业竞争的边界逻辑与价值创造的方式。企业若不能完成从“改造已有”到“创造未有”的跃迁，则将在新一轮数字生态竞争中失去主动权。

二、从“流程优化”向“结构重塑”的跃迁

企业组织变革正从流程层级的局部优化迈向以数据驱动、决策分布、平台协同为特征的系统性结构重塑。未来，组织边界将更加柔性开放，决策机制更加智能自洽，平台与生态架构将成为重塑企业竞争优势的核心支撑力量。

（一）数据驱动的网格化组织将成主流形态

随着企业迈向智能化运营阶段，传统的以流程线性连接、层级嵌套为特征的组织结构日益不适应数字时代的高频变动与复杂协同。未来企业组织的基本单元不再是基于职能的部门划分，而是围绕数据流动节点构建的“功能网格”，实现任务驱动、资源共享与信息协同的高度耦合。数据驱动的网格化组织以实时感知、灵活响应为核心特征，各节点具备自组织、自决策、自演进能力，形成多中心、扁平化的分布式架构。这一转型要求企业从根本上重塑业务逻辑，首先，要构建统一的数据底座，打破“部门墙”，实现跨域数据共享；其次，要通过智能中台赋能各业务网格，实现数据调用、模型计算与场景联动的敏捷执行；最后，要在组织治理上推动“权力数据化”，以算法设定边界与激励机制，替代传统指令链条。在未来，这种结构将成为企业高频迭代与快速试错的内在保障，真正实现从“效率优化型组织”向“智能涌现型组织”的跃迁。

（二）分布式决策机制重构组织控制逻辑

面对不确定性激增的未来商业环境，企业传统的“集中思维—指令执行”

控制逻辑已显滞后，其固有的层级传导路径往往在关键时刻导致响应延迟、资源错配与创新受阻。分布式决策机制的崛起正在颠覆这一范式。其本质在于将数据感知权、决策权与执行权分布给前线节点，使组织更具即时反应与边界自适应能力。未来企业的决策体系将呈现“中心+边缘”双层结构：中心负责战略规划与规则制定，边缘节点在算法支持下进行自主判断与本地最优行动。以人工智能、大数据分析与数字孪生为代表的智能技术将成为分布式决策的关键驱动器，而治理结构将由“以人控人”向“以数控智”演进。实现这一转型的关键在于构建高信任度的数据网络、设计面向任务的自治单元、建立分布式激励与容错机制。在未来，组织的敏捷性、韧性与创新性将不再取决于高层指挥的精准度，而是取决于底层节点的洞察力与自主行动的能力。

（三）平台与生态架构将重塑企业边界

企业未来的结构将不再是静态封闭的“金字塔”，而是动态开放的“平台+生态”体系。这一转型趋势源于两个根本逻辑：一是企业价值创造日益依赖跨组织协作，单一企业难以独立完成全链条整合；二是数字技术的中台化与模块化演进，使得企业具备了构建“自组织+他组织”协同体系的基础能力。平台型架构通过构建统一的业务能力底座实现资源的弹性调度与多元角色协同，其运行机制强调接口开放、服务即模块、能力即资源。生态型架构进一步向外延伸，通过连接客户、供应商、开发者、内容提供方等多元主体，构建以价值共创为核心的互利共生网络。未来，企业的组织边界将从“物理边界”演变为“数据边界”与“算法边界”，其核心竞争力也将从“内部资源积累”转向“生态整合能力”。要实现这一转变，企业需搭建数据互联平台、确立共享机制与治理规则，同时在文化上推动“生态思维”的转型，从“我能做什么”转向“我能连接谁”，从而在未来生态竞争中取得不可替代的位置。

三、从“静态数据”向“实时智能”的演化

随着企业步入智能化时代，静态数据的滞后性与局限性日益凸显，实时感知、智能中枢与快速响应成为核心能力。未来，谁能率先构建以“实时智能”为底座的决策体系，谁就能在高频变局中占据主动，实现从数据洞察到价值创造的加速跃迁。

（一）实时感知成为智能决策的新底座

随着数字基础设施的不断演进，数据不再是过去那种事后采集、间歇汇总的静态资源，而逐步演化为企业感知世界、识别趋势、预判风险的“实时神经系统”。在这一趋势下，传统基于历史报表与人工分析的决策方式已无法适应高频变化与动态交互的商业环境。企业必须实现数据采集的前置化、分析的即时化与反馈的闭环化，即构建“数据生成—分析加工—智能反馈”的全过程实时感知体系。这不仅意味着技术层面的变革，如引入边缘计算、流式数据架构和高并发处理引擎，还需要组织在认知层完成转型，使“事中监测”取代“事后总结”，推动各业务模块以数据驱动而非经验主导运行。未来，实时感知将成为企业运行的感官系统，它将不仅用于风险控制与运营管理，还将深度嵌入战略洞察、市场预判、用户交互等核心领域，成为智能决策的根基。企业唯有构建高精度、低延迟、强联通的数据神经网络，方能在竞争中抢占先机，实现动态优势的持续迭代。

（二）智能中枢推动决策机制自驱演进

在“实时智能”时代，企业不再依赖人为判断来触发响应与决策，而是依靠内嵌于系统中的“智能中枢”实现自感知、自判断、自执行的全过程闭环治理。这种中枢不仅是一个单纯的信息汇聚平台，还是基于多源异构数据、复杂算法模型与深度学习能力构建的企业数字大脑。它能对市场变化、客户行为、供应链风险等多维信号进行秒级感知与精准研判，并自动生成决策建议或直接驱动业务动作，从而极大地提升组织响应效率与决策质量。未来，企业的“智能中枢”不仅将嵌入运营端，还将向战略层、研发端、客户交互端深度扩展，形成面向全域的智能协同体系。关键在于构建灵活可扩展的数据中台、集成 AI 能力的业务中台，并确保决策机制具备可解释性、可控性与伦理性。在此基础上，企业将迈向“人—机共治”的新治理格局，智能中枢成为战略敏捷与创新突破的核心引擎，推动组织由“响应型智能”跃升为“预测型智能”与“进化型智能”。

（三）数据速度与响应力成为竞争关键指标

在数字时代，企业竞争的核心不再仅是产品、渠道或成本，还是“洞察快与行动快”的能力，而这一能力的基础正是对数据的响应速度与转化效率。

在静态数据阶段，信息传递与处理呈“滞后—集中—稀疏”特征，企业往往在决策时已错过最佳窗口。未来，数据的“高速流动性”将决定组织的“战略灵敏度”，谁能先一步获取信号、先一步完成识别与应对，谁就能在不确定的市场环境中占据主动。因此，企业必须构建“数据响应力”作为新型核心能力之一，既包括数据采集的广度与深度，也涵盖处理的时效性、反馈的精准度与执行的闭环性。关键措施包括部署全链路监控体系、建设低延迟数据通道、优化算法推理速度、提升自动化响应机制等。此外，还需在组织文化上强化“快速试错、动态调整”的行为模式，以支持高频决策节奏。在未来，这种基于“实时数据—即时反馈—快速修正”的机制将成为企业数字战斗力的直接体现，深刻改变传统竞争逻辑。

四、从“单点技术集成”向“系统性智能涌现”的过渡

企业数字化正从技术堆叠迈向系统性智能的深度涌现，跨域技术融合、多模态数据协同与自学习系统架构将催生具备感知、判断与进化能力的智能体组织形态，推动企业从流程工具化走向生态智能化，实现持续演化与动态重构的未来跃迁。

（一）融合式技术体系驱动跨域智能涌现

企业数字化已从“单项技术堆叠”迈入“多维融合演化”的阶段，未来技术体系将呈现出“融合即智能、协同即价值”的跃迁特征。在传统模式下，各项数字技术如AI、大数据、物联网、区块链等多以独立部署、局部集成的形式存在，缺乏系统联动与整体智能行为。未来，真正具备颠覆性潜力的是跨技术边界的深度耦合与场景融合，例如“AI+IoT+边缘计算”所构建的实时决策体系，或“区块链+云计算+数据治理”支持下的可信协同网络。这种技术融合不仅提升了系统智能性，还改变了企业对技术的认知方式——从“应用某种技术”转向“设计技术生态”。要实现智能涌现，关键在于构建一个开放且演化能力强的技术底座，推动接口标准化、模块解耦与语义互通。同时，需要将技术架构设计从“功能驱动”转为“能力场域驱动”，即围绕业务核心能力构建弹性集群，使得系统可以根据场景自适应组合与演进。企业要引领未来，必须从技术堆叠走向技术涌现，构建跨域协同、自我进化的智能系统生态。

（二）多模态数据融合增强系统感知维度

在未来高度智能化的企业系统中，数据将不再只是结构化的“数字语言”，还将呈现出图像、语音、文本、传感器信号等多模态并存的形态。传统数据系统以表格为中心，擅长处理规则逻辑与历史趋势，却难以应对非结构、弱信号与复杂情境。而多模态数据融合的趋势正使得系统从“线性分析”跃升为“情境理解”，将大幅拓展其感知范围与洞察深度。例如，在零售场景中，融合视频监控、语音识别与消费行为数据，可以实现对顾客情绪、路径偏好与购买意图的动态捕捉；在制造场景中，将设备传感数据与维修记录、技术手册语义分析结合，能实现复杂故障的智能溯源。未来，企业若要构建真正的“系统性智能”，就必须推动多模态数据的融合机制标准化，并发展具备“语义理解+时序建模+跨域推理”能力的融合引擎。同时，还需在组织治理上设立多模态数据融合治理框架，确保不同来源的数据合法合规、安全可信。这将为企业带来更具温度、更有洞察、更能协同的全景智能系统，驱动未来业务的敏捷感知与主动响应。

（三）系统智能行为演化出组织类生命体特征

未来，企业数字系统将突破“工具辅助”与“流程替代”的传统范畴，呈现出类似“生命体”的自组织、自学习、自适应能力。这种转变的核心在于组织内部的数据流、算法流与行为反馈形成高频闭环，构建出可演化的系统智能结构。在这一过程中，企业将不再是静态运行的“流程集合”，而是演变为具备“状态感知—意图理解—策略生成—自我修复”能力的类智能体。此类系统可通过持续学习历史数据与外部环境变化主动优化资源配置，预测风险并调整策略，实现动态进化。比如，基于人工智能与强化学习的供应链管理系统，能够在市场波动、物流阻断、原料价格波动等复杂变量影响下，自动重构采购路径与库存策略，远超出人工规则系统的响应力。要实现这种系统性智能演化，企业必须重构其数据治理、算法嵌入与反馈机制，使得技术不再依赖人类驱动，而成为组织“感知—判断—行动”链条的主动力。最终，未来企业将不再是封闭的管理结构，而是一种“智能涌现体”，具备与环境共演的适应力与进化性，在不确定的世界中持续保持跃迁能力。

第二节 数字经济生态中的新型组织演化

在数字经济生态下，企业组织形态正经历从集中式、稳定型向分布式、弹性化的深刻演化。平台型企业通过跨界重构与平台嵌套增强生态统领力，去中心化组织催生算法信任新机制与自治网络，人机协同推动“人—机—数”融合组织兴起，柔性联盟以项目化、共创化结构重构协作逻辑。未来，企业将构建开放互联、智能涌现、共治共生的新型组织生态，实现从控制型架构向演化型生态的跃迁。

一、平台型企业生态重构能力的强化

平台型企业正从资源整合者向生态统领者演进，通过跨界重构、平台嵌套与多元协同，构建复杂而灵活的共生系统。未来，平台生态将突破传统双边模式，迈向全域共生、多元价值协同的新阶段，成为重塑产业边界与数字经济格局的关键力量。

（一）跨界重构推动平台主导力向生态统领力跃升

未来平台型企业的竞争优势将不再局限于资源聚合与流量运营，而是全面转向跨界重构能力的战略升维。在数字经济日益融合的大背景下，单一行业界限正在逐渐模糊，用户需求也呈现出强关联与跨场景复合趋势，推动平台企业从原有“垂直整合”转向“横向编织”的价值体系。这一趋势的本质是平台从价值链终端迁移至价值网络中枢，既是协调者，也是重构者。例如，电商平台跨界整合物流、金融、内容、社交等多元能力，不再只是商品交易撮合方，还成为“生活全场景整合器”。未来，平台企业要实现从“主导力”向“统领力”的跃迁，需具备三方面能力：第一，设计可拓展的生态边界，主动吸纳不同行业主体融入平台体系；第二，构建通用型技术底座，实现跨领域服务的模块化与柔性组合；第三，强化平台治理力，确保多方主体在规则透明、公平竞争中实现共赢。通过系统化跨界整合，平台企业将在生态级价值创造中占据中枢地位，成为重塑数字时代产业格局的重要驱动力。

（二）平台嵌套平台催生复杂共生型结构

随着平台经济从单点突破走向系统布局，平台内部正在出现“平台嵌套平台”（Platform of Platforms，PoP）的结构演化趋势。这种结构标志着平台企业自身不再是单一的服务提供者，而成为一个多层嵌套、相互嵌合的复杂协同系统。典型如大型互联网企业，其电商平台嵌入支付平台、供应链平台、云计算平台、广告平台等多个子平台，各自具备独立运作能力，又通过数据、算法与接口实现高效协同，形成类“数字生态城市”的运行模式。未来这种“平台之上再生平台”的结构将成为平台型企业向生态型企业跃迁的关键路径，其优势在于具备更强的弹性调度能力、更丰富的用户触点覆盖以及更高的场景延展性。为实现 PoP 模式的有效落地，企业需解决两个核心挑战：一是平台间的数据孤岛与协同壁垒，必须通过统一的数据治理体系与接口标准予以打通；二是平台治理的复杂性上升，需要引入“治理中台”进行权限分层、策略配置与规则监督。在此基础上，PoP 将成为未来数字生态中最具韧性与演化力的组织形态，持续推动平台组织复杂性向智能协同性转化。

（三）平台生态从双边网络走向全域共生系统

传统平台模型多以“双边网络效应”为理论基础，即通过撮合供需双方实现规模扩张与价值放大。然而，随着用户角色的多元化与服务场景的碎片化，平台生态正经历由“撮合逻辑”向“共生逻辑”的深刻转型。这种转型强调平台不再只是连接者，还成为生态培育者、能力赋能者与价值协调者，构建出一个多主体、多角色、多路径交织的共生系统。在未来平台中，用户可能既是消费者，也是内容生产者、数据贡献者、创新共创者；商户不仅是交易者，也可能是服务提供者、品牌合伙人甚至平台共治成员。这种高度复杂化的生态结构将推动平台企业转向“价值分布机制”的再设计，以实现协同创新与责任共享的动态平衡。关键路径在于三个方面：第一，建立灵活的身份识别与角色管理体系，打破固有供需边界；第二，构建透明、公正且动态调整的利益分配机制，提升生态黏性；第三，引入信任计算、声誉机制与区块链技术，为多主体共治提供技术保障。未来的平台生态将更像一个具有“生命性”的系统，其生长动力源于多元主体间的共创共赢，而非单一平台对网络流量的垄断控制。

二、去中心化组织形态的兴起

在数字技术驱动下，去中心化组织形态正加速崛起，从 DAO、区块链到自治网络，重塑了传统管理与信任逻辑。未来，组织将趋向高度流动、智能协同与价值共创，突破科层边界，形成以共识驱动、算法治理与自主演化为核心的新型组织生态。

（一）DAO 开启组织形态的新范式

去中心化自治组织（DAO）正成为数字经济时代组织模式的重要突破口。与传统科层制组织依赖中心化管理与权力结构不同，DAO 通过区块链智能合约，实现了规则自动执行、成员共同治理与激励机制内嵌。这一组织形态的最大变革在于，其运行不再依赖具体“管理者”或“控制中心”，而是依靠共识协议、分布式技术与代币经济维系秩序，构建出自我调节、自我治理的“去信任化”协作模式。未来 DAO 将不仅限于 Web3.0 领域，还将延伸至供应链协作、跨国企业联合体、开放创新平台等场景中，推动组织治理从集权向协同跃迁。然而，DAO 在广泛推广中仍面临规则设计不完善、参与治理门槛高、智能合约漏洞等现实挑战。解决之道需从三个方面入手：一是构建复合型共识机制，结合算法治理与人工监督提升系统韧性；二是引入可编程激励机制，提升参与者治理意愿与持续贡献力；三是推动“治理即产品”理念，将 DAO 架构嵌入业务流程与平台接口。可以预见，DAO 将在未来形成一类全新的“超组织”，重塑合作信任逻辑与价值分配体系，推动数字经济组织结构走向高度流动化与智能协同化。

（二）区块链与智能合约重构信任机制

传统组织架构依赖中心权威与监管体系的根源在于“信任成本”的高企——如何确保信息真实、交易可信、履约可控，一直是组织运行的制度性难题。而区块链与智能合约技术的兴起，提供了一种技术层面的“低信任成本解决方案”。区块链以分布式账本保障数据不可篡改，智能合约则以自动执行逻辑约束交易条件，从而在无须中心裁决者的前提下，构建出系统性的协作信任机制。未来，这种基于算法信任的新型机制将推动组织运作方式发生深刻变化：在商业交易中，智能合约将取代大量中介与合约审核流程；在项目协作中，区块链可实现任务分发、过程监管与绩效清算的自动化；在员工治理中，甚至可以通过链上声誉系统评价个体贡献，实现动态激励与去中心授权。不过，该机制的落地仍需面临隐私保护、计算性能与合规风险等多重挑战。未来方向应聚焦“区块链+隐私计算”融合路径，发展链下计算协同与链上结算机制，同时推动治理技术与法律制度协同演进，最终形成既可信又可控且具弹性的去中心信任基础设施。

（三）从管理组织走向自治网络

去中心化趋势的最终形态不是技术应用的拓展，而是组织哲学的根本转型——从“被管理的组织”迈向“自演化的网络”。这一趋势不仅体现为治理结构的扁平化和角色身份的流动化，还体现为组织边界的开放性、关系的动态性与运作逻辑的生态化。未来的自治网络将类似“去边界生命体”，由任务型节点、价值型连接和共识型协议构成，其运行机制强调“任务即组织、参与即权利、共创即价值”。在这种形态中，组织不是固定的实体，而是围绕目标临时聚合、按需进化的协作网络。例如，在开放科研、社会创新、开源开发等场景中，越来越多的自治网络正在替代传统机构完成复杂协作。这种趋势对现有企业管理模式构成深远挑战——高层权威、流程管控与等级制度将难以适配网络化协作逻辑。应对之道在于，推动组织由“架构设计”转向“网络激励”，从“权力配置”转向“价值共识”，构建以算法、数据与信任为底座的网络生态治理体系。可以预见，未来的组织将更像一个不断涌现的协作场域，其活力源自连接、其秩序源自共识，其边界源自信任，在去中心化网络逻辑中实现持续演化。

三、人机协同组织模式的构建

人机协同正重塑组织形态，AI 代理深入岗位成为虚拟成员，共生机制推动人机并行协作，组织逻辑也由以人为本转向以“人—机—数据”协同为核心的新范式。未来，企业将构建动态、智能、进化型的混合组织，重塑任务分工与价值创造体系。

（一）AI 代理成为虚拟岗位核心组成

在人机协同加速演进的未来组织中，AI 代理正从辅助工具演变为组织中不可或缺的“虚拟岗位”，承担决策、沟通、执行等多种关键职能。相较于传统自动化系统，AI 代理具备自主感知环境、理解语义意图、生成任务方案与持续学习优化的能力，具备显著的“岗位实体化”特征。例如，在客户服务中，AI 代理不仅能处理常规咨询，还能根据客户情绪与历史行为生成个性化解决方案；在市场分析中，它们能够自动追踪行业动态并撰写战略建议报告。未来，AI 代理将深入嵌入组织的各级层级与流程节点，与人类员工共同构成

“混合岗位群”，其中AI处理高频、规则密集型任务，人类聚焦复杂、情境敏感型工作。这一趋势对组织管理提出三大挑战：一是岗位边界如何重新划定，二是如何建立AI绩效评估与行为可控机制，三是如何在伦理与法律框架下明确AI代理的责任归属。解决路径包括构建以“任务属性划分”为基础的岗位重构模型，设立AI行为监控与责任审计系统，推动AI与人协同培训机制的制度化。AI代理的深度嵌入，将从根本上重塑组织结构、任务配置与工作形态，催生“人机共岗”的新常态。

（二）人机共生组织塑造协同新范式

随着人工智能在组织内部角色日益深化，企业将逐步迈向“人机共生型组织”形态，即人类与智能体之间不再是替代关系，而是基于能力互补、认知协同与价值共创的并行伙伴关系。在这一新范式中，组织不再以人类能力为中心设定流程，而是以“最适分工”为核心设计架构，使人类与AI各展所长：人负责愿景设定、价值判断与复杂情境导航，AI负责大规模数据处理、模式识别与高频决策反馈。这种共生机制打破了传统组织的岗位刚性与决策路径单向性，使组织运行变得更为动态、柔性与智能。例如，在智能制造企业中，产线优化不再依赖人类调度，而是由AI根据实时产能、供应链数据与预测模型主动发起调整建议，由人类复核与引导落地。推动人机共生组织的关键机制包括：打造人机协同中台，实现知识共享与流程无缝衔接；引入人类意图识别与AI行为可解释模型，增强信任机制；建立“人—机”共同激励体系，提升协同意愿。最终，未来组织将演化为“认知分布型实体”，实现从“人主机辅”向“人机共创”的深层跃迁。

（三）组织逻辑从以人为本迈向人机关系本位

传统组织设计建立在“以人为本”的逻辑之上，其任务划分、流程设定与激励机制均以人类行为规律为基准。在未来智能组织中，随着AI、算法、数据系统全面介入价值创造链条，组织将逐步从“以人为本”向“人机关系本位”转型，即不再将人作为唯一的行动主体，而是将人、机、数共同构成的协同系统作为组织设计的出发点。这一逻辑变革不仅是权力分配或工具使用的调整，也是组织本体认知的颠覆：组织的边界将不再由人员数量、岗位类别或部门结构界定，而是由“人—机—数据”的协作密度与结构耦合度决定。例如，在未来的咨询公司中，一个项目团队可能由两位资深顾问、三位

AI助手、一个数据中台和一个知识图谱系统共同构成，其组织逻辑围绕知识流动效率与智能匹配能力进行优化，而非传统的人力配置标准。为适配这一变革，企业需开展“组织数智化”重构工程：一方面，在制度层面确立人机协作流程、智能系统赋权与干预边界；另一方面，在文化层面培育“人机共识”、鼓励技术信任与认知多样性。未来组织的有效性，将取决于其构建人机关系网络的能力，而非仅优化人的管理模式。

四、柔性联盟与生态共创机制增强

柔性联盟正在重塑企业组织形态，推动从稳定雇佣向临时化协作转型，组织边界日益弹性可变。未来，企业将以项目为核心、以任务为纽带，构建开放共创机制，激发多元主体协同创新潜力，形成高韧性、高响应力的动态生态系统。

（一）临时化与项目制驱动组织流动化重塑

在不确定性成为常态的数字时代，企业面临快速响应、弹性协作与跨界创新的多重挑战，传统以稳定雇佣关系和科层制为基础的组织结构逐渐暴露出僵化、迟缓与低效等弊端。未来，柔性联盟将以“临时化+项目制”的组织机制，重塑企业的协作模式与资源调度方式。所谓临时化，不是简单的短期用工，而是以目标为导向的动态聚合机制，组织围绕项目任务快速组建、灵活运转、适时解散，具备高适应性与低结构负担。项目制则是核心协同单位，其内部由来自企业内外、不同职能与背景的人员组成，以共创成果为评价依据，实现价值导向的多边合作。这种组织形态对治理机制提出新要求：一是需建立基于任务节点的协作协议与责任清单，替代传统职能划分；二是引入智能合约与协作平台，实现自动化进度管理与激励分配；三是构建“人才即服务”的人力云平台，支持技能快速匹配与项目滚动迭代。通过这种流动化机制，企业不仅提升了协同效率，也增强了面向变化的组织韧性，实现了从“固定结构型组织”向“任务流动型生态”的演进。

（二）边界可变性塑造弹性协作新格局

柔性联盟的核心特征之一是其组织边界的高度可变性。这种边界不是僵化的法人或制度边界，而是围绕价值流动与协作关系动态形成与重构的“弹性边界”。在数字经济生态中，企业与供应商、客户、技术开发者、内容创作者之间的合作关系日益多样化、非线性且去中心化，传统的“内部—外部”二元划分已难以适应复杂的多元协作现实。未来的组织边界将表现为开放性、可渗透性与实时适应性，随任务变化、市场波动或资源流转而调整。例如，在新产品研发中，边界可以拓展至科研机构与开源社区；在品牌传播中，边界可能拓展至意见领袖与用户社群。这种边界的弹性构建要求企业具备三项能力：一是边界治理能力，即通过平台化技术、统一接口与数据治理规则，使跨边界协作安全、高效且合规；二是角色转换机制，使员工、合作方、用户能在不同角色之间无缝切换；三是基于关系强度与价值贡献度的组织再配置能力，实现边界结构的主动演化。可变边界不仅提升了协作弹性，也使企业具备更强的创新吸收力与生态适应性，成为组织持续进化的关键支撑。

（三）共创机制推动多元主体价值协同

在平台经济与生态体系加速成形的背景下，企业从“孤岛式价值创造”走向“多元主体价值共创”已成为不可逆转的趋势。未来组织将不再单方面输出产品或服务，而是通过激活用户、开发者、供应商、内容创作者等多类外部主体，共同参与产品设计、服务优化与品牌建设，实现价值网络的共建共赢。这种生态共创机制强调四个关键逻辑：第一，开放性，即企业要设计具备广阔接口的协作平台，向外部主体释放参与空间与技术权限；第二，共识机制，通过数据透明、规则平等与价值承诺，构建信任基础与合作意愿；第三，权益设计，要创新合作模式与激励机制，如使用代币激励、份额共创、IP 联名等方式提升参与积极性；第四，价值反馈路径，要建立多层次的共创成果评价与价值再分配机制，确保贡献与回报动态匹配。未来，企业要构建的不仅是产品生态，还是“参与型生态”，即生态中的每一个节点既是资源输入者，也是价值创造者与规则共治者。只有如此，企业才能在生态共创中掌握主导地位，在不确定时代中汇聚分布式智慧，实现组织韧性与系统竞争力的协同跃升。

第三节　数字智能技术的跨界融合趋势

数字智能技术正以前所未有的速度跨界融合，推动企业全面跃迁至智能主导的新阶段。算力基础设施迈向云边端协同、异构算力体系与绿色低碳，生成式智能深度嵌入内容创作、智能岗位重构与人机交互范式革新，虚实融合技术重塑交互方式与价值边界，生命科技则引领人机共感、健康管理与智能系统的协同进化。未来，企业将构建以算力为基石、生成为引擎、沉浸为通道、生命感知为核心的多维智能生态，实现持续创新与系统性重构。

一、算力基础设施的超融合发展

算力基础设施正加速迈向云、边、端协同的多层融合架构，异构算力体系将支撑多模态智能高效运行，绿色算力成为未来可持续发展的关键引擎。企业需重构算力资源调度机制，实现高性能、低能耗、智能化的算力生态系统，赋能数字化转型新格局。

（一）云边端协同驱动算力结构转型升级

随着万物互联时代的到来，传统的以中心化数据中心为核心的算力架构正面临瓶颈。一方面，数据量呈爆炸式增长，中心云计算平台难以满足实时响应的业务需求；另一方面，边缘设备的计算能力不断增强，为数据就近处理提供可能。在此背景下，未来算力结构将加速从“云独大”向“云—边—端”协同演进，实现算力资源的按需配置与场景分布式调度。这种转型不仅提高了计算效率，还显著降低了数据回传延迟、网络负荷与能耗压力。例如，在自动驾驶、工业物联网、智慧医疗等对时效性要求极高的场景中，边缘计算承担前置判断与初步处理，中心云则负责模型训练与战略决策。推动这一协同架构的关键在于算力调度算法、数据一致性机制与异构硬件协同标准的全面打通。未来，企业需构建统一的算力资源编排平台，实现边云协同策略动态演算、计算任务智能分发与系统资源弹性调度，最终形成一个高效、灵活、自适应的多层级算力生态系统，支撑各类数字化业务的智能运行与敏捷演进。

（二）异构算力体系支撑多模态智能落地

在 AI、大数据、图像识别、自然语言处理等多模态智能快速演化的背景下，单一计算架构（如传统 CPU）已难以满足日益复杂的算法处理需求。未来算力体系将呈现明显的异构融合趋势，即 CPU、GPU、NPU（神经网络处理器）、FPGA（可编程门阵列）乃至量子处理单元协同组成多维算力矩阵，为不同算法场景匹配最优计算资源。这一趋势不仅是算力性能的跃升，也是智能能力结构的重构——GPU 适配并行图像处理，NPU 擅长低功耗深度学习推理，FPGA 具备灵活适配异构接口的能力，而量子计算将在未来解决高维组合与概率模型等“经典计算禁区”问题。问题在于，目前企业在部署异构算力体系时仍面临接口标准不统一、跨平台调度复杂与硬件资源浪费等现实障碍。破解路径在于推动“统一算力虚拟化框架”构建，使多种计算资源能够被抽象、统一管理与自动调配，并通过 AI 优化引擎进行动态匹配与任务并行拆解。最终，企业将不再以“配置性能”驱动系统设计，而是以“算法场景”驱动算力结构重塑，形成智能业务和技术架构深度耦合的协同进化格局。

（三）绿色算力成为可持续数字化的核心引擎

在全球“双碳”目标与绿色发展战略驱动下，传统高能耗、高密度的数据中心与算力基础设施模式显然难以为继。未来，绿色算力将成为数字经济可持续发展的核心引擎，不仅体现在硬件节能、能源替代上，还体现在算法设计、调度策略与系统架构上的全面低碳优化上。这一趋势正在催生一系列变革：其一，在硬件层面，更多地采用低功耗芯片、液冷技术与模块化设计，提高能源利用效率；其二，在算法层面，强化模型压缩、少样本学习与推理效率提升技术，避免“暴力算力”型训练；其三，在系统层面，发展“碳调度系统”，在任务分发中引入碳排放因子，实现算力与碳力的双重约束优化。例如，未来企业在进行跨区域任务调度时，将不再只考虑成本和性能，还要评估各节点的能源结构与碳足迹。绿色算力不仅是一项环境责任，还是企业竞争力的新变量。因此，企业应从战略层面制定“算力碳规划”，构建绿色算力指标体系、引入 AI 辅助能效监控平台，并推动绿色认证与碳账户机制的落地，真正实现“算得动、算得快、算得绿”的三维算力优化战略。

二、生成式智能的产业深度嵌入

生成式智能正加速嵌入产业核心环节，推动多模态内容创作、智能岗位重构与人机交互范式革新。未来，企业将构建“人+AI”协同体系，实现创意智能化、组织柔性化与交互自然化，全面释放生成技术的生产力潜能，重塑产业价值链与创新生态。

（一）多模态生成推动产品与服务智能化跃升

生成式 AI 的快速突破，标志着智能系统从“识别理解”迈向“创造表达”的质变阶段。尤其是多模态生成技术的兴起，使得模型不仅能生成文本，还能跨越图像、音频、视频、代码等多种媒介，赋予企业产品与服务以“具身智能”的新特征。未来，企业将广泛采用具备创作能力的AI模型参与设计流程、内容生产与用户交互，实现从需求输入到产品输出的全链条智能重构。例如，在时尚、广告、传媒、教育、家装等领域，AI将成为“内容共创者”而非“工具操作者”，赋予每一个产品高度的定制性与实时适应能力。这一变革的深层逻辑在于，多模态生成打破了人类与技术之间的信息壁垒，使创意、语义与视觉、声音之间实现高精度映射与协同演绎。然而，当前生成式系统面临的问题包括幻觉信息、审美趋同、合规风险等。为实现稳定嵌入，企业需从三个方面入手：一是搭建可控的AIGC模型训练平台，确保生成内容合规、可信；二是融合人类反馈机制，提高生成质量与个性化水平；三是构建版权保护与内容溯源机制，建立“可信生成链条”。最终，生成式智能不仅将提升内容生产效率，还将在产品服务设计中扮演战略性角色，推动产业实现“创意智能化”的新跃迁。

（二）数字员工与智能助理将重构组织岗位体系

生成式智能的发展正在催生一类全新的劳动主体——数字员工与智能助理，它们具备自然语言理解、任务执行、知识检索与内容生成等多重能力，可胜任文字撰写、代码编程、数据分析、客户沟通等知识密集型岗位。未来，企业组织中的“岗位”概念将发生深刻变化，从“人—岗”一一匹配转向“人—机”协同覆盖，即一个岗位由人类与AI助手共同完成任务，其中AI承担80%的重复性、高频次、流程化内容，人类聚焦战略判断、价值取舍与伦理决策。这一趋势将带来三个方面的冲击：一是岗位结构的再配置，组织不再按职能分设岗位，而是按能力与任务重构工作单元；二是用工关系的松动化，平台型用工、虚拟合伙人、按需调用等新型关系日益普及；三是绩效与激励机制的重构，组织需建立覆盖AI与人协同绩效的评价体系。企业要实现这一变革，需要从系统底层构建AI原生的工作流平台，实现任务拆解、角色分配、协同执行与结果追踪的自动闭环，并通过法律与制度明确“AI岗位权责边界”。随着“人+AI”的复合型组织形态成为主流，企业将形成高效率、低边际成本与持续进化的智能化岗位体系。

（三）意图理解跃迁驱动人机交互深度革新

生成式智能不仅是技术突破，还标志着人机交互范式的根本重构。传统人机交互以指令为基础，依赖明确命令与预设流程，限制了人类表达的自然性与系统响应的灵活性。而未来的交互逻辑将从“指令执行”跃迁为“意图理解”，即AI不仅理解表层语句，还能捕捉语境、识别隐性动机与动态调整响应行为，从而实现真正意义上的“语义协同”与“情境对话”。这一变化将带来应用层的全面重构：在客服场景中，AI将根据客户语气、上下文与历史记录主动推荐解决方案；在办公系统中，AI助手能基于用户工作习惯自动生成会议纪要、安排日程，甚至主动预警风险；在医疗、法律等专业场景中，AI将作为具备解释能力的智能顾问深度辅助决策。推动意图理解跃迁的核心在于模型能力、语义知识库与反馈机制三者的协同演进。为此，企业应加快构建本地化、多维度、高语义保真度的行业知识图谱，并引入交互式学习机制，不断精化模型对意图的识别与动态优化能力。当意图成为人机协同的主轴，交互将不再是工具性行为，而是共同参与式智能建构过程，极大地释放人类表达力与系统反应力，开创沉浸、高效、自然的人机新界。

三、虚实融合技术的价值重构路径

虚实融合技术正重塑企业价值创造逻辑，数字孪生拓展了从设计到运营的全生命周期智能管理，沉浸式体验重构人机交互与感知体系，元宇宙则构建起全新数字资产与虚拟空间协同秩序。未来，企业将在虚实共生中实现运营升级、用户连接与生态重构的深度跃迁。

（一）数字孪生拓展价值创造的全生命周期边界

数字孪生技术正成为企业实现“虚实联动、实时演进”的核心工具。其核心逻辑是通过构建与实体系统高度耦合的数字映射体，实现对现实对象、过程与系统的精准建模、同步感知与智能仿真。在未来，数字孪生不再仅是制造领域的产线复制品，还将向城市治理、能源调度、物流网络、医疗健康等复杂系统全面渗透，构建起横跨“设计—运营—预测—优化”的全生命周期价值创造体系。例如，在城市运营中，数字孪生城市能够实时反映道路拥堵、能源消耗与风险预警等状态，并以仿真结果辅助规划调整，实现“虚拟演练+实景优化”的双轮驱动。然而当前瓶颈在于数据更新滞后、模型偏差大、系统互通性弱，限制了孪生体的“真实感”与“演化力”。要实现高价值落地，企业需推进三项策略：一是打造多源异构数据融合平台，实现传感、网络、平台的高频数据闭环；二是引入AI驱动的自进化建模机制，使孪生模型具备动态学习与自动优化能力；三是推动行业孪生标准统一，实现多维场景之间的数据接口打通。未来的企业将以数字孪生为智能决策中枢，实现“预测即控制、仿真即运营”的运营模式跃迁。

（二）沉浸式体验重构人机交互与用户认知关系

虚拟现实（VR）、增强现实（AR）与扩展现实（XR）正快速突破技术边界，催生沉浸式体验新形态，全面重构人机交互逻辑与用户认知体系。不同于传统以视觉和触控为主的单维互动，沉浸式技术将视、听、触、味等多感通道叠加于三维虚拟环境中，使用户沉入式地“参与”交互而非“操作”系统，形成高度拟态、情境驱动的交互关系。未来，沉浸式体验将在文旅、教育、制造、医疗、办公等多元场景中普遍落地——从沉浸教学、数字博物馆，到虚拟装配车间与远程手术平台，实现信息体验方式的本质跃迁。但沉浸技术的发展面临三重制约：一是终端设备成本与舒适度尚未形成普及化标准；二是内容生态碎片化严重，缺乏高质量交互内容供给；三是用户隐私与数据边界问题引发伦理争议。应对之道在于，构建开放的跨平台沉浸内容生态，推动硬件厂商与内容方协同优化体验链条；构建“虚实界限识别机制”，引入动态权限管理系统，保障用户数字身份安全；推动“沉浸素养”教育，提升用户对沉浸内容的认知能力。沉浸体验将成为企业链接用户情绪、认知与行为的战略通道，引领下一代人机关系的深度革新。

（三）元宇宙构建数字资产与虚拟空间的协同秩序

作为虚实融合的极致形态，元宇宙不仅是一个沉浸式交互空间，还是一个由用户身份、行为逻辑与资产系统共同构建的数字文明雏形。其本质是一种“全要素数字经济体”，在其中，身份可以多维映射，资产可以原生生成与跨域交易，交互可以即时演化与情感驱动，催生出全新的价值体系与经济秩序。未来的元宇宙将不仅承载游戏与娱乐，还将成为企业经营、产品孵化、社群运营与组织治理的新场域。虚拟地产、数字服饰、链上身份与 DAO 等新型要素将逐步嵌入产业体系中，成为品牌延伸、用户运营与商业创新的新引擎。然而目前元宇宙仍面临三个核心挑战：一是跨平台标准缺失，虚拟资产难以互通与确认；二是监管真空与伦理风险突出，数字资产安全性与治理合法性有待加强；三是用户黏性与应用价值尚未形成稳定生态。未来发展路径应聚焦三个方向：一是构建元宇宙资产认证与确权机制，实现跨平台可识别与可信流通；二是推动治理机制“代码法治”与人类监管协同并行，提升系统合规性与透明度；三是打造“内容驱动+社交引擎+情绪交互”的元宇宙场景矩阵，提升用户真实感与参与度。最终，元宇宙将成为企业价值创新的“第三空间”，承载品牌共创、资产运营与用户链接的全新数字生态逻辑。

四、生命科技与企业数字化的融合前沿

生命科技正加速与企业数字化深度融合，脑机接口拓展人机协同边界，个性化健康管理嵌入组织运营体系，生物信息感知推动状态驱动型智能系统演化。未来，企业将在“认知—健康—行为”三维联动中重构人本驱动的数字系统，实现以人为核心的智能协同与持续进化。

（一）脑机接口重塑人机连接与认知边界

脑机接口（BCI）作为连接人类神经系统与外部设备的前沿技术，正推动企业迈向深度人机融合的新阶段。传统的人机互动依赖眼、耳、手等感官与行为中介，其信息传递效率与反馈响应存在天然瓶颈。而脑机接口通过读取脑电波、神经信号等神经活动，实现意图级的直接传输，为“无接触、无延迟、高精度”的人机协作提供可能。未来，这一技术将在医疗康复、神经增强、智能交互、沉浸体验等场景全面嵌入。例如，在企业办公系统中，脑机输入将替代键盘鼠标，提升高频决策与多任务处理的效率；在客户体验场景中，BCI 可实现对用户情绪与注意力的实时识别，推动情境式内容生成与动态产品推送。然而，BCI 应用尚处早期，面临信号稳定性差、设备侵入性强、隐私风险高等问题。企业需关注三个方面的突破路径：一是推动非侵入式脑电解码技术发展，降低使用门槛；二是构建基于脑信号的标准化接口协议，提升系统兼容性；三是建立脑数据伦理监管机制，保障用户认知自主权。BCI 将不仅是技术突破，还是企业重塑“感知—认知—行动”三维协同路径的战略抓手，开辟智能决策与人机共感的新空间。

（二）个性化健康管理融合企业员工系统

在“全生命周期健康”理念引领下，个性化健康管理正从消费医疗逐步嵌入企业组织体系，成为推动员工福祉与组织绩效协同演进的新支点。以穿戴设备、生物传感器、数字疗法、基因检测等技术为依托，企业能够构建员工健康画像、预测健康风险、定制干预方案，并通过数字平台实现动态跟踪

与个体反馈。这一转变使得健康管理从福利附属功能上升为“组织资本运营”的重要维度。未来，企业将构建“数字健康管理系统”，并将之嵌入人力资源管理、绩效考核、岗位安排与团队调度等核心模块，实现“健康—绩效—组织活力”的闭环管理。例如，通过连续监测员工睡眠与心理状态，结合工作强度模型调整排班与任务优先级，达到个体最优表现与组织整体韧性的平衡。当前挑战在于数据隐私保护、健康干预边界与技术可用性尚不成熟。为此，企业应推动三项机制建设：一是建立健康数据的去标识化与分布式存储系统；二是设立“健康自主权协议”，明确员工知情权与参与权；三是构建 AI 辅助的个体健康决策平台，提升干预科学性与及时性。未来，个性化健康管理将不再是成本中心，而是组织能力结构中的核心增益节点。

（三）生物信息驱动人机协同系统进化

在人工智能加速嵌入企业流程的同时，生命科学的快速发展正在为智能系统注入生物灵感与协同能力的新源泉。以心率、脑电、肌电、皮肤电反应等为代表的生物信息信号不仅可作为用户情绪、注意力、疲劳度等状态变量，还可实时输入至系统模型，构建出“基于生理反馈的智能迭代闭环”。未来，企业将通过集成多模态生物感知设备与边缘计算单元，打造“感知—理解—响应”一体化的人机协同系统，尤其在高风险、高强度、高交互的行业，如航空、制造、金融交易等领域，形成“认知负荷感知—工作内容适配—风险行为干预”的智能干预机制。例如，在车载系统中，驾驶员若出现疲劳迹象，系统可自动调整驾驶模式、推送警示或切换为自动驾驶模式，形成以“人类状态”为主导的系统动态重构机制。然而，当前生物信息系统面临高噪声数据处理难、个体差异性大与算法可解释性弱等挑战。未来发展应聚焦发展可穿戴高精度多模传感器；推进情绪计算与生理建模算法融合；建立“状态驱动型任务协同”机制，将生理数据嵌入企业流程引擎，实现智能系统以人为本的动态协同进化。这将开启企业数字化从“任务响应型”向“状态感知型”智能系统的深度跃迁。

第四节　面向未来的战略治理体系重塑

在智能化与不确定性共生的时代背景下，企业战略治理体系正经历从结构管控向系统进化的深刻重塑。数据主权与伦理治理日益上升为战略核心，数字信任机制推动从安全到价值的全周期保障，智能决策机制实现从经验到模型的跃迁，企业治理则由制度驱动走向文化牵引。未来，企业需构建以信任为基石、以智能为引擎、以文化为灵魂的治理体系，实现战略弹性、系统协同与自我演化的高度融合。

一、数据主权与伦理治理的战略抬升

在数字时代，数据主权与伦理治理正上升为企业战略核心议题。多地合规与跨境治理、数据确权与使用权分离重塑企业数据管理逻辑，伦理治理则引导企业由技术驱动走向责任导向。未来，构建安全、合规、透明与可信的数据治理体系，将成为企业可持续发展的关键支撑力量。

（一）多地合规与跨境治理成为企业战略议题

随着全球数据监管格局加速演变，数据主权问题已不再是法律或技术层面的局部挑战，而成为牵动企业全球战略部署的系统性议题。尤其在《通用数据保护条例》（GDPR）、《中国数据安全法》、《美国云法案》等多重监管框架并行下，数据合规已成为跨国企业不可回避的治理底线。未来企业所面临的挑战不仅在于法律条文的遵守，还在于如何在多地合规要求、跨境数据流动限制与数据本地化压力之间，找到战略均衡点与操作路径。例如，互联网平台、智能制造、金融服务等依赖全球数据协同的企业，将面临数据架构分裂、运营成本上升与服务效率下降等多重压力。为解决这一问题，企业需将“数据治理战略化”纳入董事会层面议题，推动从“合规被动响应”向“合规主动设计”转型：一方面，通过技术手段（如数据分级分类管理、分布式计算架构与本地化加密系统）增强应对多地法规弹性；另一方面，建立全球数据治理中台，统一管理跨境数据流、合规审计与授权调用。同时，积极参与行业标准制定与国际规则谈判，塑造有利于企业数字生态发展的制度环境。未来的数据治理，不仅是风险防控机制，也是企业全球布局能力的重要组成部分。

（二）数据确权与使用权分离构建数字资产新逻辑

在数据已成为核心生产要素与战略性资源的背景下，如何确立“谁拥有数据、谁使用数据、谁收益于数据”的权责边界，成为企业数字治理体系重构的关键起点。传统数据管理模式强调归属权或控制权，却忽视了数据在不同场景中的动态使用逻辑，导致数据价值释放受限、流通效率低下与滥用风险上升。未来，企业需建立基于“确权—授权—监控”的新型数据治理结构，核心在于推动数据“资产化”与“可控共享”并轨运行。一方面，通过区块链、智能合约等技术实现数据资产确权、可追溯与透明交易；另一方面，构建以“使用权”为核心的授权模型，允许数据在不脱敏或不迁移的前提下跨主体调用与算法参与。这种“使用权分离”逻辑打破了传统“一权独享”结构，为企业提供了灵活、安全、高效的数据协作机制。例如，医疗企业可在不暴露患者身份的前提下，与AI公司共享数据特征用于模型训练，既保障隐私又释放价值。推动路径包括构建数据信托机制、设立第三方数据托管平台、推动行业间“数据互操作协定”的标准化，最终实现数据从静态资产向动态生产力的跃迁。

（三）数据伦理治理引领企业责任型创新范式

在算法决策、数据驱动与人工智能快速渗透企业经营核心的背景下，数据伦理问题不再是边缘话题，而是关乎企业社会信任、品牌价值与长期发展的根本性议题。算法歧视、隐私滥用、黑箱决策、情绪操控等新型伦理风险层出不穷，要求企业从技术合法性向价值合理性跃升，将数据伦理作为战略治理的“第四支柱”，与绩效、风险、合规并列设定制度地位。未来，企业应构建“内嵌式数据伦理框架”，将伦理原则前置嵌入产品设计、算法训练、数据采集与业务流程全过程中，而非事后弥补。例如，在智能招聘系统中，需设置性别、年龄、地域等属性的平衡权重阈值，防止算法强化社会偏见；在个性化推荐系统中，设置“用户选择权”机制，允许个体干预模型逻辑，避免沉浸式操控。推动伦理治理落地，需要三项机制支撑：一是建立跨学科“数据伦理审查委员会”，实现多元视角共识平衡；二是构建可解释性与审计追踪系统，确保算法行为透明可溯；三是推动伦理激励机制，如将“伦理友好度”纳入企业ESG评价与市场披露体系。数据伦理治理的战略抬升，标志着企业由“智能驱动”向“责任引导”的深层跃迁，也将在未来竞争中塑造新一轮软实力优势。

二、数字信任机制的全周期构建

在高度智能化与泛在连接的背景下，数字信任正成为企业治理体系的核心支柱。零信任架构重构安全边界，AI 治理推动算法透明与伦理可控，信任资产化则引领价值评价新范式。未来，构建可验证、可解释、可量化的全周期信任机制，将成为企业稳健发展与生态共赢的关键基石。

（一）零信任架构重塑企业信任体系底层逻辑

在高度互联与高频交互的数字时代，传统基于边界防护与身份认证的“信任即访问”安全逻辑已难以支撑企业面对不断演化的网络威胁。尤其在云计算、远程办公、智能终端快速普及背景下，边界日益模糊，信任被动依赖“位置”与“设备”的做法正演变为系统性隐患。因此，“零信任架构”应运而生，成为企业重构信任体系的底层范式。其核心理念在于“永不默认信任，持续验证一切”，即在用户、设备、应用与网络之间实施动态认证、细粒度授权与行为监测，以保障系统的最小信任域和最小可攻击面。未来，企业需将零信任由安全策略上升为战略性治理架构，推动“安全嵌入式设计”，将访问控制、加密机制与审计流程融入数据生命周期全流程中。具体路径包括：构建统一身份与访问管理平台（IAM），打通跨端认证；部署微隔离与行为感知系统，实现精确授权与威胁预警；推动“信任评分”体系建设，引入风险动态调整策略。零信任不仅是一种安全理念，还是一种信任重构的机制革命，将成为数字企业构建高可靠、高透明、高适应性信任体系的关键支撑。

（二）AI 治理与算法透明成为信任重建新基石

随着人工智能在企业决策、营销、推荐、金融风控等核心环节中的深度嵌入，算法的黑箱性、歧视性与不可控性问题日益成为信任危机的焦点。未来，AI 不再是技术工具的简单延伸，而是具备独立判断能力、系统引导能力，甚至成为影响用户意志的“半自主系统”，其行为逻辑与伦理底线必须被看见、被质疑、被纠正。因此，企业亟须构建系统化的 AI 治理体系，从“算力驱动”走向“可信可控”。核心路径在于，一是推动“算法透明工程”，通过可解释 AI（XAI）手段，让模型决策逻辑可被人类理解、质询与复现；二是建立“算法风险评估制度”，对敏感场景（如信贷审批、人力筛选、刑事预测）设定风险阈值与问责机制；三是打造“人工干预通道”，确保人在关键节点拥有“否决权”与“纠错权”。此外，应同步开展“算法审计”与“算法素养”建设，推动从技术治理向制度治理与文化治理的延展。未来，企业构建的不仅是“高性能 AI 系统”，还是“可信赖 AI 生态”，以透明、可控与合规为价值导向，重建算法信任基础，提升品牌信誉与社会契约力。

（三）信任资产化重构企业价值评价体系

在数字经济逐步走向精细化管理与价值生态协同的趋势下，信任正在从抽象理念跃升为具象资产，成为继资本、品牌、数据之后企业第四类关键资源。用户对平台算法的信任、合作伙伴对数据共享的信任、员工对系统评价机制的信任构成企业生态稳定性与扩展力的核心基础。未来企业将不再仅以营业收入、利润等财务指标衡量内在实力，而是将“信任度”纳入战略评估维度，构建信任驱动的价值评价新范式。实现路径包括三个方面：其一，引入“信任指数”模型，将平台安全性、信息透明度、用户参与度、纠错能力等指标量化评估，形成企业数字信任画像；其二，推动“信任披露制度”建设，在年报或ESG报告中公开信任绩效数据，增强社会监督与公众认同；其三，发展“信任交易机制”，将可信企业、可信数据与可信行为纳入数字认证体系与信用流通平台，为其在供应链选择、融资定价、用户增长等环节提供价值溢价。信任资产化不仅提升企业风险管理能力，还将在不确定环境中成为稳定增长与跨界协同的关键桥梁，是未来数字治理中不可或缺的战略支柱。

三、智能决策机制的制度化演进

随着智能技术深度融入企业治理体系，决策机制正从经验导向迈向模型驱动，智能中台成为认知协同与策略生成的核心枢纽，AI参与治理也亟须制度性边界与权责机制支撑。未来，构建以智能辅助、人机协同与责任清晰为核心的决策体系，将成为企业治理现代化的关键路径。

（一）决策机制从经验导向走向模型驱动

传统企业治理体系往往依赖管理者的经验、直觉与历史数据进行决策，这种方式在高度复杂、不确定与非线性变化的数字环境中已显疲态。尤其在多业务协同、高频博弈与全球链条布局背景下，决策逻辑必须从主观判断转向模型预测，从静态经验转向动态演算。未来的企业决策机制将系统性地转向“模型驱动型智能决策”，以数据、算法与模拟系统为基础，构建“感知—理解—预测—选择”的闭环式判断体系。例如，在智能供应链中，企业可基于机器学习与系统动力学模型，实时模拟原材料成本变动对产销协同的连锁反应，提前锁定风险点与最优响应路径。这一机制的演进需解决三个核心问题：其一，构建高质量数据资产底座，支撑模型输入的广度与深度；其二，开发具备行业逻辑嵌入能力的智能算法，使模型不仅“算得快”，而且“算得准”；其三，建立“模型—人—制度”三者协同运行的决策流程，确保模型建议被有效采纳与修正。未来，企业不是在“替代人做决策”，而是通过模型提升组织的认知扩展力、推演能力与战略前瞻性，实现科学治理的结构性跃迁。

（二）智能中台成为决策支持的战略枢纽

在企业信息系统不断深化与智能应用全面渗透的背景下，决策场景正呈现出高度碎片化、数据多源化与任务复杂化特征，传统依赖单一系统或人工汇总的决策支持方式已难以为继。未来，企业将构建以“智能中台”为核心的决策支撑体系，实现数据、算法、规则与策略的集成管理与统一调度。智能中台不仅是技术平台，还是企业认知系统与组织能力的核心枢纽，它整合BI、AI、业务规则引擎、知识图谱与推理逻辑，形成具备问题识别、目标拆解与策略生成能力的“认知引擎”。在具体实践中，智能中台可在销售预测、营销投放、客户洞察、运维优化等多个业务域中提供“统一入口+定制反馈”的策略辅助，实现从“数据展示”到“策略输出”的跃迁。当前面临的主要障碍包括系统间数据孤岛、算法缺乏泛化能力、业务人员使用门槛高。为应对这些挑战，企业应构建三项能力：一是打造多源数据融合机制，实现跨系统数据打通与语义统一；二是推动AI即服务（AIaaS）落地，降低算法部署与调用难度；三是设计“人机混合反馈机制”，将中台建议与高管洞察融合运行。未来，智能中台将成为企业从信息驱动向认知驱动治理跃升的关键节点，推动决策效率与战略精度同步提升。

（三）AI参与治理需制度性边界与权责机制配套

AI系统日益嵌入企业治理核心环节，在财务风控、客户洞察、人力评估、战略模拟等领域拥有日益扩展的话语权。然而，AI并非“客观中立”的算法中介，其运行依赖数据输入、模型设计与反馈机制，可能隐含偏见、盲区或不可控演化风险。在AI深度参与企业治理的趋势下，建立清晰的制度边界与权责机制，是保障其辅助角色科学性与伦理性的必要前提。未来，AI的“治理地位”将趋于制度化，企业需明确AI“能决策什么、应交由人定夺什么、由谁对AI决策后果负责”。这一治理机制应包括三大方面：一是权责边界设定，即在公司章程或治理结构中明确 AI 系统的适用范围与权限边界，防止系统僭越战略领域；二是责任归属机制，对 AI 辅助下的决策结果明确最终归责人，避免出现“算法无人负责”状态；三是制度反馈机制，建立 AI 行为可追溯与可纠偏的闭环管控，确保其学习方向与企业价值观一致。此外，企业还应设置“AI 治理委员会”，实现技术、法律、伦理多方参与的平衡协商机制。唯有将 AI 治理从工具管理上升为制度设计，企业方能在智能时代实现高效与责任并重的治理现代化。

四、组织韧性与战略适应力的系统增强

未来，企业治理将从结构驱动迈向文化牵引，以价值观为战略协同的内在纽带，以变革文化塑造组织自进化能力。通过构建价值共识机制、强化文化反馈系统与激发全员变革动力，企业将实现从外部驱动向内生成长的治理跃迁，形成高度适应性与持续演进能力的现代治理体系。

（一）从结构驱动向文化牵引的治理转型

传统企业治理体系多以结构设计为核心，即通过明确的组织架构、制度流程与职能分工来实现效率与控制。然而，在高度复杂与不确定性加剧的未来环境中，单一依赖结构配置所形成的“刚性治理”已难以支撑组织的韧性与演化力。文化作为组织运行的“软逻辑”，正在成为连接战略意图与日常行为的重要支点。未来，企业治理将实现从“结构驱动”向“文化牵引”的深层转型，即将治理规范融入组织价值观、行为信念与集体认同之中，实现制度之外的自我约束与自我演进。例如，当企业推动数字化转型战略，如果员工对风险容忍度低、协作意识弱，那么即便结构合理、流程顺畅，也可能因文化惰性导致执行落空。因此，企业必须打造以价值共识为内核、行为规则为外延的治理文化体系。实施路径包括三个方面：一是设定明确的文化“锚点”，如创新优先、开放协同、数据透明等；二是构建“文化中枢机制”，通过制度传导、仪式建设与榜样激励将文化嵌入治理全流程；三是建立文化绩效反馈机制，将文化实践效果纳入组织评价体系，推动文化与战略双向校准。文化治理不是结构的替代，而是其底层逻辑的升级，是实现组织韧性与战略一致性的关键支撑。

（二）价值驱动战略协同机制的系统构建

未来企业的战略协同不再依赖传统层级控制或行政协调，而是建立在“共享价值观”与“共同目标”之上的价值驱动逻辑。尤其在平台型、生态型、跨地域与多元主体并存的组织形态下，若无统一的价值引导与信任纽带，战略目标易碎片化、执行路径易偏离、资源配置易内耗。价值驱动的战略协同机制，强调在战略制定、资源投入与绩效衡量等各个关键环节中，嵌入组织价值的统一表达，使每一项决策、每一个节点都与组织使命、远景和文化一致。这一机制的构建应从三个方面入手：第一，重塑战略沟通路径，建立基于价值对齐的“战略共创机制”，让员工、合作方、用户成为战略制定参与者；第二，设计价值映射型 KPI 体系，将组织价值拆解为可量化、可反馈的评价指标，推动战略执行与价值贯彻同频共振；第三，强化组织感知系统，通过数据洞察与行为反馈，实时监测战略与价值的一致性，动态调整协同节奏与资源配置方式。最终，企业将不再依赖单向布置与结构推力推进战略，而是通过“价值共鸣—认知共识—行为共建”的闭环，实现高黏性、高响应、高适应力的战略协同系统。

（三）变革文化塑造组织自进化能力

在持续技术突破、市场重构与制度演化的背景下，企业面临的最大挑战不再是一次性转型的“革命式任务”，而是应对长期、连续、非线性变化的“常态化变革”。因此，构建组织的自进化能力成为战略治理体系的终极命题。自进化的核心不是技术储备或资源冗余，而是一种深入组织基因的“变革文化”——鼓励试错、容纳多元、不断学习与积极迭代的文化氛围。这种文化将“变革”从高层推动的专项任务，转化为全员驱动的组织日常。未来，企业应打造“变革友好型生态系统”，包括三个关键机制：一是建立“组织反脆弱机制”，将外部冲击转化为内部学习机会，通过沙盘演练、应急反馈与情景模拟增强组织适应力；二是推进“去中心化试验机制”，赋权一线团队进行业务与流程的微创新，形成多点分布式变革源；三是设立“失败友好制度”，鼓励公开反思、知识复盘与经验共享，消除对错误的惩罚性文化，使失败成为组织进化的养料。在这一基础上，企业不仅能适应变化，还能以变促稳、以小胜大，构建具备持续重构能力的动态治理体系。

参考文献

[1] Amit, R. , & Zott, C. (2020). Business model innovation strategy: Transformational concepts and tools for entrepreneurial leaders. Wiley.

[2] Berghaus, S. , & Back, A. (2020). Disentangling the fuzzy front end of digital transformation: Activities and approaches. Information and Computer Security, 28(1), 52-79.

[3] Bharadwaj, A. (2000). A resource-based perspective on information technology capability and firm performance: An empirical investigation. MIS Quarterly, 24(1), 169-196.

[4] Bharadwaj, A. , El Sawy, O. A. , Pavlou, P. A. , & Venkatraman, N. (2013). Digital business strategy: Toward a next generation of insights. MIS Quarterly, 37(2), 471-482.

[5] Bocken, N. M. P. , Strupeit, L. , Whalen, K. , & Nußholz, J. L. K. (2022). Digital sustainability and business model innovation: A review and research agenda. Journal of Cleaner Production, 362, 132338.

[6] Bouwman, H. , Nikou, S. , & de Reuver, M. (2019). Digitalization, business models, and SMEs: How do business model innovation practices improve performance of digitalizing SMEs? Telecommunications Policy, 43(9), 101828.

[7] Bresciani, S. , Huarng, K. -H. , Malhotra, M. K. , & Ferraris, A. (2021). Digital transformation as a springboard for product, process and business model innovation. Journal of Business Research, 132, 540-547.

[8] Buhagiar, R. , Hinton, M. , & Nguyen, Q. (2022). Rethinking digital transformation: Identity, embodiment and the digital self. Information Systems Journal, 32(1), 4-23.

[9] Cai, R. , & Zhu, L. (2022). Digital platforms and data privacy: Ethical tensions, governance, and stakeholder engagement. Technological Forecasting and

Social Change, 175, 121354.

[10] Chen, D. Q. , Mocker, M. , Preston, D. S. , & Teubner, A. (2010). Information systems strategy: Reconceptualization, measurement, and implications. MIS Quarterly, 34(2), 233-259.

[11] Dwivedi, Y. K. , Hughes, D. L. , Kar, A. K. , Baabdullah, A. M. , Grover, P. , Abbas, R. , ... & Wamba, S. F. (2023). Artificial Intelligence (AI): Multidisciplinary perspectives on emerging challenges, opportunities, and agenda for research, practice and policy. International Journal of Information Management, 71, 102642.

[12] Fichman, R. G. , Dos Santos, B. L. , & Zheng, Z. E. (2014). Digital innovation as a fundamental and powerful concept in the information systems curriculum. MIS Quarterly, 38(2), 329-353.

[13] Fitzgerald, M. , Kruschwitz, N. , Bonnet, D. , & Welch, M. (2014). Embracing digital technology: A new strategic imperative. MIT Sloan Management Review, 55(2), 1-12.

[14] Furstenau, D. , van Dinther, N. , & Schwabe, G. (2021). Digital transformation and the new role of digital IT strategy. Information Systems Journal, 31(6), 761-802.

[15] Gebauer, H. , Haldimann, M. , & Saul, C. J. (2020). Organizational capabilities for customer value creation in servitization: A literature review. Industrial Marketing Management, 93, 107-118.

[16] George, G. , Merrill, R. K. , & Schillebeeckx, S. J. D. (2024). Digital sustainability and ethical data use in organizations. Academy of Management Review, 49(1), 1-24.

[17] Ghobakhloo, M. , & Fathi, M. (2021). Industry 4.0 and opportunities for small and medium-sized enterprises: A research agenda. Sustainability, 13 (12), 6562.

[18] Gimpel, H. , Hosseini, S. , Huber, R. , Probst, L. , Röglinger, M. , & Faisst, U. (2018). Structuring digital transformation: A framework of action fields and its application at ZEISS. Journal of Information Technology Theory and Application, 19(1), 31-54.

[19] Hanelt, A. , Bohnsack, R. , Marz, D. , & Antunes Marante, C.

(2021). A framework for digital transformation. Journal of Business Research, 129, 902-910.

[20] Henriette, E., Feki, M., & Boughzala, I. (2015). The shape of digital transformation: A systematic literature review. Proceedings of the 9th Mediterranean Conference on Information Systems (MCIS), 431-443.

[21] Hinings, B., Gegenhuber, T., & Greenwood, R. (2018). Digital innovation and transformation: An institutional perspective. Information and Organization, 28(1), 52-61.

[22] Horváth, D., & Szabó, R. Z. (2022). Driving forces and barriers of Industry 4.0: Do multinational and small and medium-sized companies have equal opportunities? Technological Forecasting and Social Change, 173, 121117.

[23] Jonathan, D., & Kuika Watat, J. (2020). Internal capabilities, external collaboration and firm performance in digital transformation: A dynamic capabilities perspective. Technological Forecasting and Social Change, 158, 120137.

[24] Kane, G. C., Palmer, D., Phillips, A. N., & Kiron, D. (2019). Accelerating digital innovation inside and out: Agile teams, ecosystems, and ethics. MIT Sloan Management Review, 60(3), 34-44.

[25] Karimi, J., & Walter, Z. (2015). The role of dynamic capabilities in responding to digital disruption: A factor-based study of the newspaper industry. Journal of Management Information Systems, 32(1), 39-81.

[26] Kohtamäki, M., Parida, V., Patel, P. C., & Gebauer, H. (2022). The relationships between digitalization and servitization: The role of servitization in capturing the financial value of digitalization. Technovation, 114, 102433.

[27] Koivisto, T., Lappalainen, I., & Halinen, A. (2023). Ecosystem orchestration and governance in digital transformation. Industrial Marketing Management, 108, 251-263.

[28] Kraus, S., Schiavone, F., Pluzhnikova, A., & Invernizzi, A. C. (2021). Digital transformation in healthcare: Analyzing the current state-of-research. Journal of Business Research, 123, 557-567.

[29] Legner, C., Eymann, T., Hess, T., Matt, C., Böhmann, T., Drews, P., ... & Ahlemann, F. (2017). Digitalization: Opportunity and challenge for the business and information systems engineering community. Business & Information

Systems Engineering, 59(4), 301–308.

[30] Liu, Y., & Chen, J. (2021). Digital transformation and firm performance: The mediating effect of dynamic capabilities. Information & Management, 58 (5), 103503.

[31] Lu, Y., & Ramamurthy, K. (2011). Understanding the link between information technology capability and organizational agility: An empirical examination. MIS Quarterly, 35(4), 931–954.

[32] Matarazzo, M., Penco, L., Profumo, G., & Quaglia, R. (2021). Digital transformation and customer value creation in Made in Italy SMEs: A dynamic capabilities perspective. Journal of Business Research, 123, 642–656.

[33] Mishra, S., Maity, S., Dhir, A., & Arora, N. (2023). Green digital transformation: A literature review and future research agenda. Technological Forecasting and Social Change, 187, 122279.

[34] Nambisan, S., Wright, M., & Feldman, M. (2017). The digital transformation of innovation and entrepreneurship: Progress, challenges and key themes. Research Policy, 46(3), 1–12.

[35] Sebastian, I. M., Ross, J. W., Beath, C. M., Mocker, M., Moloney, K. G., & Fonstad, N. O. (2017). How big old companies navigate digital transformation. MIS Quarterly Executive, 16(3), 197–213.

[36] Siebel, T. (2021). Digital Transformation: Survive and Thrive in an Era of Mass Extinction. RosettaBooks.

[37] Susanti, D., van Beers, C., & de Man, A. P. (2023). Digital transformation paths: A systematic review and research agenda. Technological Forecasting and Social Change, 187, 122248.

[38] Teece, D. J., Peteraf, M. A., & Leih, S. (2016). Dynamic capabilities and organizational agility: Risk, uncertainty, and strategy in the innovation economy. California Management Review, 58(4), 13–35.

[39] Tilson, D., Lyytinen, K., & Sørensen, C. (2010). Digital infrastructures: The missing IS research agenda. Information Systems Research, 21(4), 748–759.

[40] Van Veldhoven, Z., & Vanthienen, J. (2021). Designing a governance model for organizational data ethics. Information Systems Frontiers, 23(2),

327-343.

[41] Venkatraman, N. (1994). IT-enabled business transformation: From automation to business scope redefinition. Sloan Management Review, 35(2), 73-87.

[42] Verhoef, P. C., Broekhuizen, T., Bart, Y., Bhattacharya, A., Qi Dong, J., Fabian, N., & Haenlein, M. (2021). Digital transformation: A multidisciplinary reflection and research agenda. Journal of Business Research, 122, 889-901.

[43] Vial, G. (2019). Understanding digital transformation: A review and a research agenda. The Journal of Strategic Information Systems, 28(2), 118-144.

[44] Vial, G. (2021). Understanding digital transformation: Insights from the literature. The Journal of Strategic Information Systems, 28(2), 118-144.

[45] Wang, G., Gunasekaran, A., Ngai, E. W. T., & Papadopoulos, T. (2023). Big data analytics in logistics and supply chain management: Certain investigations for research and applications. International Journal of Production Economics, 250, 108518.

[46] Wessel, L., Baiyere, A., Ologeanu-Taddei, R., Cha, J., & Blegind Jensen, T. (2021). Unpacking the difference between digital transformation and IT-enabled organizational transformation. Journal of the Association for Information Systems, 22(1), 102-129.

[47] 严子淳，李欣，王伟楠. 数字化转型研究：演化和未来展望[J]. 科研管理，2021，42(4)：21-34.

[48] 侯普光. 管理者能力与企业数字化转型[J]. 西南民族大学学报(人文社会科学版)，2023，44(3)：127-138.

[49] 刘海曼，龙建成，申尊焕. 数字化转型对企业绿色创新的影响研究[J]. 科研管理，2023，44(10)：22-34.

[50] 卢福财，王雨晨，徐远彬. 头部企业在数字化转型中的作用[J]. 数量经济技术经济研究，2024，41(5)：92-112.

[51] 叶永卫，李鑫，刘贯春. 数字化转型与企业人力资本升级[J]. 金融研究，2022(12)：74-92.

[52] 吴欢，何雄浪，邓淮. 数字化转型、市场势力与企业经济绩效[J]. 产业经济研究，2024(5)：28-43.

［53］吴烨，罗芮钰，郁玉兵，李皓辉．数字化转型、创新能级与竞争优势［J］．财经论丛，2024（7）：102-112.

［54］姚建明．国企数字化转型［M］．北京：中国经济出版社，2024.

［55］孙雪荧．数字化转型何以重构智慧教育新空间［J］．教育研究，2024，45（4）：146-159.

［56］张文文，景维民．数字经济监管与企业数字化转型——基于收益和成本的权衡分析［J］．数量经济技术经济研究，2024，41（1）：5-24.

［57］张春媛，顾国达，张洪胜．数字化转型与中国多产品企业的出口产品质量［J］．浙江大学学报（人文社会科学版），2025，55（1）：26-45.

［58］张玉明，张馨月．数字化转型与中国多产品企业的出口产品质量［J］．浙江大学学报（人文社会科学版），2025，55（1）：26-45.

［59］戴翔，曾令涵，徐海峰．企业数字化转型提升出口韧性：机理及实证［J］．中国软科学，2023（5）：44-53.

［60］李万利，潘文东，袁凯彬．企业数字化转型与中国实体经济发展［J］．数量经济技术经济研究，2022，39（9）：5-25.

［61］李剑培，韦东明，顾乃华．政府引导、政策赋能与企业数字化转型［J］．数量经济技术经济研究，2024，41（11）：155-176.

［62］李卫兵，张星．数字化转型与企业交易成本［J］．华中科技大学学报（社会科学版），2023，37（6）：8-17.

［63］李晓华．制造业数字化转型与价值创造能力提升［J］．改革，2022（11）：24-36.

［64］李晓燕，钱婧，孙瑞彬．数字化转型中的组织惰性——高管认知的作用［J］．管理科学学报，2023，26（11）：81-101.

［65］李鑫，徐琼，王核成．企业数字化转型与绿色技术创新［J］．统计研究，2023，40（9）：107-119.

［66］林祖辉．内部审计数字化转型：方法论与实践［M］．北京：机械工业出版社，2024.

［67］柳春，余进韬，龚星宇，崔娜．企业数字化转型与高质量就业［J］．中国经济问题，2024（4）：97-113.

［68］欧阳生，宋海涛．制造业数字化转型实践［M］．北京：机械工业出版社，2024.

［69］牛璐，陈志军，刘振．资源与能力匹配下的中小企业数字化转型研

究[J]. 科学学研究，2024，42(4)：766-777.

[70] 王强，王哲璇，刘玉奇. 数字化转型提升企业组织韧性的实现机理研究[J]. 管理科学学报，2023，26(11)：58-80.

[71] 王田力，王竞达. 数字化转型、生命周期与企业价值[J]. 经济与管理研究，2023，44(7)：106-125.

[72] 王稳华，陆岷峰，朱震. 企业数字化转型的外部驱动机制研究：基于战略联盟视角[J]. 现代财经-天津财经大学学报，2024，44(3)：69-88.

[73] 王营，吕静. 信息安全管理对企业数字化转型的驱动效应[J]. 经济问题，2024(12)：29-36.

[74] 王靖茹，姚颐. 企业数字化转型、容错机制与研发创新[J]. 外国经济与管理，2023，45(9)：38-53.

[75] 董峰. 企业数字化转型理论与实践研究[M]. 长春：吉林大学出版社，2024.

[76] 许峰，董玉洁，詹崔婧. 城市数字化转型中的文化数字化发展研究——以政策演进为视角[J]. 山东大学学报(哲学社会科学版)，2025(1)：63-72.

[77] 谢康，易法敏，古飞婷. 大数据驱动的农业数字化转型与创新[J]. 农业经济问题，2022(5)：37-48.

[78] 赵宸宇. 数字化转型对企业社会责任的影响研究[J]. 当代经济科学，2022，44(2)：109-116.

[79] 赵宸宇，王文春，李雪松. 数字化转型如何影响企业全要素生产率[J]. 财贸经济，2021，42(7)：114-129.

[80] 郜攀峰. 创新要素集聚、数字化转型与经济高质量发展[J]. 统计与决策，2024，40(15)：98-103.

[81] 金星晔，左从江，方明月，李涛，聂辉华. 企业数字化转型的测度难题：基于大语言模型的新方法与新发现[J]. 经济研究，2024，59(3)：34-53.

[82] 陈旭，江瑶，熊焰. 数字化转型对企业绩效的影响机制和路径研究[J]. 经济体制改革，2023(2)：112-120.

[83] 陈晓东，杨晓霞. 数字化转型是否提升了产业链自主可控能力?[J]. 经济管理，2022，44(8)：23-39.

[84] 陈红，张凌霄. ESG表现、数字化转型与企业价值提升[J]. 中南财

经政法大学学报，2023(3)：136-149.

[85] 陶锋，王欣然，徐扬，朱盼．数字化转型、产业链供应链韧性与企业生产率[J]．中国工业经济，2023(5)：118-136.

[86] 马文甲，张弘正，陈劲．企业数字化转型对绿色创新模式选择的影响[J]．科研管理，2023，44(12)：61-70.

[87] 高翀，石昕，刘峰．企业数字化转型与审计师决策[J]．管理科学，2023，36(3)：116-129.